袁宝华回忆录

袁宝华 著

中国人民大学出版社
·北京·

袁宝华近照

1980年3月31日，邓小平与袁宝华在人民大会堂

2005年3月11日，习近平与袁宝华在钓鱼台国宾馆

1985年6月13日，陈云与袁宝华在中南海

1999年4月23日，朱镕基与袁宝华在中南海

1945年9月，袁宝华与战友在延安，左一袁宝华

1947年2月，袁宝华和同事在吉林省乾安县，左一袁宝华

1953年3月，袁宝华与访苏代表团部分成员在莫斯科苏维埃旅馆，左一袁宝华

1953年9月17日，袁宝华在庞家堡龙烟铁矿调研，前排左四袁宝华

1985年12月18日，袁宝华在宝钢总厂调研

1997年11月1日，袁宝华在中国人民大学建校六十周年和吴玉章奖金颁奖大会上讲话

袁宝华与家人在一起

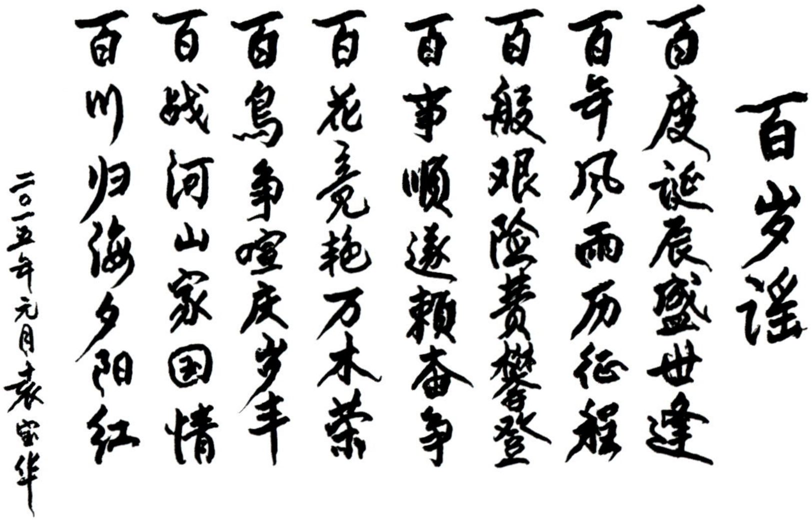

袁宝华作并书《百岁谣》

目　　录

第一章

我的童年和少年

一、我的童年
二、中学生活

一、我的童年

我的家乡在河南省南召县李青店镇即现在的南召县城关区。当时县城在云阳。李青店距云阳约70华里，靠山临水，在伏牛山主峰的东南边，距主峰约五六十里。镇的东边有一条河叫黄洋河。镇子所处的地方是黄洋河冲积的小平原，是南阳北部山区中较大的镇子。

当地生产柞蚕丝绸，镇上有一些手工缫丝厂和丝织厂。我国产柞蚕丝的地方并不多，柞蚕丝绸是南召的经济支柱，也是居民的主要经济活动和收入来源。我们那里还盛产一种叫辛夷的药材，山漆、桐油等也是当地的特产。从我记事时，就知道这里的商业很发达。几百年来，大批晋陕商人来此经营，是南阳附近著名的商业城镇，至今还有一处晋陕会馆。

1916年1月我就出生在这里。我家是当地最大的地主，有良田千亩，还开有商铺。我的父亲叫袁作相，念过私塾，视野开阔，还到开封参加过省议会，是当地有名的开明士绅。民国初年，士绅、官员、各路军队往来频繁，需要斡旋和开支很多，当地士绅就推举他当了区长。

父亲是独生子，继承了一份很大的家产。原配夫人生了两个女儿后去世了。我母亲余宗娥是续弦，嫁给父亲时只有十七岁，生下我们兄弟四人和一个妹妹，妹妹比我小七八岁。

我出生在腊月，按当地的算法，转过年就是两岁，所以我六岁进小学时，实际才四岁。到学校念书像玩儿一样，有时同老师捉迷藏，老师转过身在黑板上写字，我就在下面学鸡叫，弄得哄堂大笑。大哥老实，读书也认真。二哥调皮，时常带着我们去玩。小的时候整天就是玩。

那年代军阀混战，土匪滋生。1921年秋的一天黎明，鲁山王老五、李克光率杆匪千余人，攻进李青店，把二哥和其他乡亲当作“肉票”带走了。后来我父亲花重金才把二哥和其他乡亲赎回来。

自从土匪把李青店攻破以后，镇里就不平静了。大约是 1921 年底，我们全家搬到南阳城里，租别人的房子住。房东住后院，我家住前院。院子坐东朝西，前院有南北两院，共约十来间房子。父亲由于受到刺激，到南阳后十分消沉，开始吸食大烟。每日同两种人交往：一是新派人物，一是旧派人物。这两派人物对我们的影响都不小。

1922 年初我的几个哥哥进了南阳的中、小学，我进了住家附近的卧佛寺小学。我的第一任教师就是我家的房东。房东是个知识分子，经他介绍我父亲认识了他的妹夫周信，他毕业于北京大学，此时在南阳中学任教。他们二人很快成为好朋友。通过周信，父亲又认识了董作宾，他是语言文字学家，后来到了台湾“中央”研究院。父亲托董作宾把我大哥带到北京念书，当时董在北京考古研究所工作，是个新派人物。

旧派人物中有一位申老先生，是私塾先生，是我舅舅的老师，南阳乡下人。父亲请他给我们兄弟做家庭教师，我们白天到洋学堂上课，晚上跟申老先生念四书五经。到三年级时，《大学》《中庸》《论语》《孟子》都念完了，开始读《诗经》时，老先生病了。

我有两个舅舅。大舅当过骑兵连连长。二舅做过吴佩孚军队中的旅长，北伐战争吴佩孚失败后，回到南阳。他们俩联合地方武装势力反对上面派来的镇守使。镇守使就派人抓他们，他们跑到山里去了。镇守使就把我父亲和姨夫抓到县衙软禁起来。个把月后，我父亲被放了出来，之后就更消沉了。同南召一个姓符的先生，整天在一起说古论今，天天谈论《左传》。当时我已读完了“四书”，很喜欢听他们谈话，特别爱听他们讲历史故事。

二年级下学期，我进入南阳第四小学，这是个模范小学。读完三年级上学期，由于我成绩好，学校让我升入四年级下学期。这时，南阳新成立了一所南都小学，就是现在的南阳第二中学。由当地有名人士张嘉谋创办，他是国会议员，曹锟贿选时给了他一笔钱，他用这笔钱回家乡办了这所小学。这所新办小学很有吸引力。当时我三哥高小一年级肄业，大哥就让三哥和我一起考南都小学。结果，我们俩人都考上了。

开始时的校长姓阎，是北师大的学生，继任校长叫李益闻，是淮阳师范毕业后到学校任教的。我酷爱文学，对数学不太用功。第一学期的考试，数学得了零分。第二天上学又迟到了，一到课堂，老师就点我的名，挨了几教鞭，被当堂训斥了一顿。从此，我开始对数学用功了。后来考大学时，我报考的是物理系，可是我的数学分数比较好，负责新生报到的老师建议我进数学系。从高小开始，我就看了大量的小说。当时上海的书店有一种小小说，即把历史上的小故事摘出来，印成小册子，就像后来吴晗写的历史故事那样。

1925 年，孙中山先生逝世。虽然当时河南是北洋军阀统治，但学校老师还是给学生讲辛亥革命，讲黄花岗七十二烈士的事迹，讲“五卅惨案”。记得“五卅惨案”消息传到南阳，南阳立即掀起了游行抗议活动，我们都愤怒地走上了街头。这些事件对我影响很大，在我幼小的心灵里撒下了革命的种子。

1926 年初，南阳城也不平静了，我家更遭不幸。先是传说鲁山北面的土匪要攻南阳，大哥和大嫂带着三哥和我，到他岳母家躲避。后来，樊钟秀的军队（是一支由河南逃荒到陕北黄龙山区的人组成的部队，被孙中山称为“建国豫军”）参加北伐，包围南阳，向吴佩孚的驻军发起进攻。大哥、大嫂陪伴母亲回到南召，南阳城中留下父亲、二哥、三哥和我。围城三天，每天向城中打炮，躲也没处躲，藏也无处藏。一天晚上，部队攻进城时，父亲正在抽烟，点了个灯，进城的士兵见灯就开枪，正打中父亲的胸部，来不及抢救就去世了。这样一来，南阳住不成了，母亲和我们兄弟都回到了南召。

这年夏天我高小毕业，在家乡待了两年，没有别的事，每天就是看小说。家中不仅有四书五经，还有大量的历史小说，像《东周列国》《三国演义》等。我读书兴趣很浓，有时吃饭时还得母亲三番五次地叫，甚至母亲不得不把书本夺走。父亲去世后，母亲要管这么大一个家，心情一直不好。母亲不识字，但平素喜欢看旧戏，当时我们家乡有越调戏和梆子戏，闲时她还让我给她讲历史故事。

大哥看我们整天没事做，就让我们去念私塾，学习古文和尺牍。半年后，又让我们一起补习功课，准备考中学。老师也鼓励我们写作，办了一个小报，叫《星期之花》，几乎每个星期都有我写的文章。

父亲有一个好朋友叫宋公权，是书法家，因为他崇拜唐代的大书法家柳公权，所以改名叫公权。我大哥很敬重他，经常同他谈论写字。在我的卧室里挂有一条横幅，就是由宋先生书写的诸葛亮的《隆中对》。我过去学古文时没有学过《隆中对》，这下可以天天读了。回想起来，那些年虽没有进中学，但读书的兴趣却十分浓厚，收获也不小。

二、中学生活

1928 年南阳形势略趋安定。这一年我和二哥、三哥考入省立南阳第五中学，此时大哥已进入河南大学读书，只有母亲和大嫂在家中。母亲为人厚道，同佃户、乡邻相处和睦。她常说：“维持一人一条路，得罪一人一堵墙。”凡亲戚朋友邻里，谁有困难她都愿意接济。1929 年河南大灾荒，这一年她硬是把家中的存粮都送光了。只要是她熟悉或认识的人，凡是到我家，她不仅管吃管住，还送人家路费。在抗日战争时期，她做了许多好事。只要说是我的朋友或我们兄弟介绍的人，她都悉心接待。家里的田产收入，早年用来供儿子们读书，后来多用于支持儿子们的抗日救亡活动。“知子莫如母”，有几位亲友劝告她老人家：“宝华干的事危险大得很……”母亲总是说，我的儿子上学时是好学生，出校门，来往的朋友和他们一样都是好人，没有坏人，干的事都是好事没有坏事，有困难就应该帮。魏时萍就曾讲了这样一件事：1941 年他受敌特迫害，必须马上转移，身无分文，去找我母亲。没说几句，我母亲就已经明白了他的急需，立即拿钱。时萍说不需要这么多。我母亲说：“穷家富路，到外面用钱多……”我母亲不仅乐善好施、疼爱子女，还是一位有觉悟的革命母亲。李益闻先生牺牲后，敌特借机到我家逼迫敲诈勒索，母亲毫不畏惧，勇敢应对。乡亲们称颂她：“明大义，有钱会用钱，四个儿子三个大学生，三个共产党员！”1947 年我的家乡解放，土改时，当地群众没有斗她。就连“文化大革命”时期，也受到当地群众的保护。

在五中学习期间，我们兄弟参加过一次反对教务长的活动。当时那位教务长是南方人，因专制作风引起学生不满，一些老教员在后面支持我们，最后教务长被赶走了，但也开除了几个同学。这三年学习，为我日后的学业打了基础，但英语不好，大哥就利用假期回来给我补英语。

他还将当时亚东书局出版的《红楼梦》《三国演义》《西游记》《水浒》等古典小说，鲁迅的《呐喊》《彷徨》，郁达夫的《沉沦》《迷羊》，郭沫若的《女神》等许多书寄给我们。由于我读书兴趣浓厚，有时寒假也不回家，就在学校读书。

1931 年初中毕业后，三哥和我去开封考河南大学附属高中。此前河南大学只有预科没有附中。我们顺利考入河大附中，成为附中第一届学生。当时预科的学生中有王国权、姚雪垠等。

刚开学就赶上九一八事变爆发，这对我影响很大。同学们虽然只有十五、十六岁，思想朦朦胧胧的，但对时势、国事都有着同样的感受。当时，开封街上标语口号铺天盖地，各界人士上街游行声讨，开大会，做演讲。我本来对政治没有兴趣，看报纸只看报屁股（电影、戏曲广告），不看头版头条。但从这时开始，我每天看报最关注头版头条，国内外的各种事件使人忧虑日深。入学第二年，上海又爆发了一·二八事变。日本人在上海制造事端，蔡廷锴的十九路军展开抗战，失败后撤到福建，要求同红军联合抗日。面对日本侵略的威胁，蒋介石实行“攘外必先安内”，围剿红军，丢掉了东三省。接连不断的内忧外患，震撼着我们的心。记得当时我写过一篇作文，题目是《论时局》，写的就是这种局势下的忧虑心情。语文老师涂公遂给我的这篇作文写了热情洋溢的评语，其中有两句话我至今还记忆犹新：“年轻人就是要关心国家大事，才能真正从生活的小圈子里走出来。”涂公遂是大革命时期的共产党员，是跨党党员，曾是国民党省执行委员会的委员。蒋介石反共时，他脱党了，但还同情革命。

九一八和一·二八事变后，严峻的形势对年轻人影响很大。那时，对这些事件和变化，我经常与同学、朋友在一起讨论，试图探索人生理念等一些问题。大家对现实越来越不满，许多人向往革命，也有的不愿谈政治，想走学术道路。中学时期，我很崇拜鲁迅，他每出一本新书，我都要买。他对现实的批判，对国民党政府不妥协的精神，都为同学们所折服、仰慕和认同。

我在高中阶段参加过两次学潮。一次是九一八时期，反对河南大学校长许心武，他不准学生上街游行。许心武是从美国留学回来的工学博士，当时我们认为他是陈立夫、陈果夫的嫡系，后来才搞清楚不是。解放后，他没有跟国民党走，留在国内。当时，河南大学大礼堂是他设计建造的。1984 年我去河南大学，大礼堂还在使用，校方说设计、施工质量都是最好的。许校长是技术型人物，他反对学生运动。带头反对他的是王毅斋（杞县人，从德国留学回来，在家乡办了个大同中学，聘请进步人士讲课。穆青、张震寰就是大同中学的。开封解放后，他和嵇文甫一起带着学生奔赴解放区。反右时被错打成“极右派”）。王毅斋那时 40 岁左右，常穿缎子长袍马褂，站在席棚子搭的讲台上侃侃而谈，我和许多同学对他很佩服。那次闹学潮，我们主要是跟着大学生呐喊助威。第二次学潮是反对附中主任李宏斋。这个人思想保守，倾向国民党，抗战时期曾在省政府当官。此人人高马大，是个大胖子，学生们给他起绰号叫“李大将（匠）”。开学初期，学生们拥护他，他讲话挺精神，每天都与学生一起跑步，别的老师上课，他也常来听课。九一八后，他跟着国民党当局压制学生，引起大多数学生的不满，有几个教员也对他不满，反对他。带头反对他的学生叫苗树勋（后来入党，建国后曾任河南省委秘书长。“大跃进”时下放禹县，因反对浮夸风，受批判），这人也是胖子，眼睛大、嗓门高，与同学们接触多，很受同学们喜欢，所以一说老苗，同学们都愿跟着走。另一个积极分子是胡昭衡（笔名李欣，建国后曾任国家医药管理总局局长），诗词文章都有功底，同学们很羡慕他。这两人带头反对“李大将”，很受同学们拥护，最后把他反掉了。胡昭衡也因带头闹学潮，被学校开除，后到北京进了汇文中学，1935 年考进北大。学校开除胡昭衡的布告刚贴出，我就与三哥趁午饭时没人，砸开布告栏的锁，撕了布告。我大哥也参加了九一八反对校长的活动，也支持我们参加反对附中主任的活动。

同室好友胡子云与我同岁，我俩床头对床头，夜晚睡在床上经常小声聊天，聊人生观，聊前途，聊国家未来。我们俩都感到自己的未来与国家的前途总是密切联系在一起的，思想上得找一个出路。他这个人很有头脑。他父亲是个斗把式，得了尘肺而死。他父亲死后，生活无来源，在高二时到河南永城中学当初中教员，他走时鼓励我到北平念书。不想在七七事变后，我俩又不约而同在南阳相遇，共同从事党的地下工作。

第二章

一二·九运动的洗礼

一、考进北京大学
二、血与火的一二·九学生运动
三、南下宣传团
四、难忘“民先”

一、考进北京大学

1934 年，我中学毕业。刚满十八岁的我，选择到北平考大学，当时瞄准的目标是北京大学和清华大学。很凑巧，刚到北平就遇到了初中时的一位老同学。我俩在西单李阁老胡同的一个四合院里合租了一间房子做考前准备。房东是个老太太，带着她的儿子，没有别人。院里有几棵大树，还有一个很大的金鱼缸，老太太的儿子一天到晚在那里摆弄金鱼，她家有十几间房子，只租出一半，另一半闲着。整个夏天，我们在这里终日复习功课。最后，我俩都考上了。他进了清华，我进了北大。

北平这个古老的城市给我留下的印象很好。那时人口少、胡同多、四合院多，非常清静。当时北平有两个火车站，东站在前门箭楼的东面，平津、津浦铁路的旅客在东站下车；西站在西面，平汉铁路的旅客在西站下车。我从家乡来北平时就是在西站下的车。

考上北大，我住进北大宿舍，先住北大二院旁边的大学夹道胡同，两个月后，又搬到北大后边的椅子胡同。第二学期，搬到北大西斋。刘玉柱、姜世勋、胡昭衡、孙思白等同学都住在西斋。北大校舍，号称"三院""五斋"。"三院"就是一、二、三院。一院是红楼，北大的象征，是一座很有名气的五层红砖楼建筑物，当时在沙滩一带很显眼，建成于 1918 年，是用比利时一家公司的贷款修建的，文学院设在这里。红楼后边是北大的大操场，运动会和军训课都在这个操场上进行。二院在红楼西边的景山东街（又称作"马神庙"），是北大的行政中心，校长办公室、课业处、秘书处都设在这里，理学院也设在这里。这座庭院式建筑房舍很多，规模也很大，据说是清代和嘉公主府旧址，一进门是一片圆形荷花池，池北面是二院礼堂。三院在红楼向南一里多的北河沿，是清末的同文馆（后改为译学馆）旧址，面积很大，有几幢西式二层灰砖楼和一座礼堂，礼堂称作"三院大礼堂"，可容纳一千多人。新中国成立后，这里是国家计划委员会驻地，后迁三里河。“五斋”是指五座学生宿舍，即东斋（汉花园）、西斋（马神庙西口路北）、三斋（北河沿三院宿舍）、四斋（一院大操场北面）、五斋（女生宿舍，在二院与西斋之间），这些宿舍都距红楼不太远。

当时，学校规定，一年级学生三人住一间，二、三年级学生二人住一间，四年级一人一间。一些高年级学生一面在学校里学习，一面到外面去做事，如法律系四年级的学生还可以帮人到法院打官司。他们穿长袍马褂，整整齐齐。一年级学生都比较朴素，穿学校统一的制服。一年级时，孙思白和我同住，他是山东人，后来和我一起参加革命。还有一个是河北人，毕业后不知去向。我们三个人平时相处得很好。

进北大第一年，北平局势沉闷，市政当局是军事委员会北平分会，实际统治北平的是国民党宪兵三团，蒋介石的侄子蒋孝先是团长。他手下的特务常到北大“听课”，实际是监视师生，常有进步学生被秘密抓捕。这一年，我得了肺浸润，身体不太好，加之看到当时的局势，心情沉重，没心思念书，花许多时间看小说、写诗。我和几个河南籍同学还组织了一个文学团体，叫“曙社”。每星期聚在一起，宣读自己的作品，然后讨论。参加“曙社”的同学来自北平各个大学，有北京大学、师范大学、北平大学、中法大学、朝阳大学、清华大学和中国大学。那时北平有一个文学杂志叫《水星》，很有名气。一次《水星》发表了“曙社”一位同学的稿子，大家很受鼓舞，也很羡慕。我主要是写诗，也写小说。

到1935年夏，全国的政治形势发生了很大变化。日本帝国主义侵占东北后，又把侵略的目标指向关内，伺机向华北进攻；而国民党一味退让，还订立了卖国条约《何梅协定》。局势的变化促使我的思想也在变化。这时，我在数学系学习已经一年了，觉得数学系太沉闷，便与两名同学商量转到地质系。地质系的学习空气十分浓厚，而且经常去外地实习考察。系主任李四光教授名声很大，令人敬仰，大家都羡慕地质系。

转到地质系，一切都感到很新鲜。我们上一个年级，全系只有5个学生，我们这个年级也只有25个学生。这段时间我的思想变化很大，更关心时局了。我住在西斋，距阅报室很近，每天到阅报室看一小时的报纸。一些同学常常到我的房间里议论时局，有时要议论几个钟头，甚至一个晚上。越议论越为中国的前途担忧，越议论越感到这个书是很难读下去了。大家政治上感到沉闷，心情上也很苦恼。

这时我参加进步学生的活动也多了。与我同寝室的同学是国文系的，他是山西人。两个人住一个宿舍，房子中间用书架隔开。我住里边，用帘子挡着，他住外边，也用布帘子挡着。由于不在一个系，平时很少能说几句话。只记得他喜欢看京戏，几乎每星期都去看戏。1936年他休学回山西，给我寄了一封信，说他在山西参加了牺盟会，信中还说："在学校咱们两人住在一间房子里，这么长时间，没说上几句话，但常听到你们在开会，看得出来你们是进步学生，希望以后我们加强联系。"看了信，也使我悬了多日的心放了下来。因为在这之前，我把青年团的材料放在宿舍书架之间用报纸糊的夹缝里了。这年夏天，我放假回开封，等回来时，材料不见了，当时我估计是他拿走了。后来我在延安中央组织部工作时，在整理档案材料时，忽然发现了他的档案，他不仅参加了革命，而且入了党，当时在晋西北行署担任续范亭的秘书。他曾随续范亭一起到过延安，后来又回到晋西北。建国后，他曾担任天津外语学院党委书记。

这个时候对我思想影响最大的有两件事：一是红军北上抗日到达陕北，中华苏维埃政府和中共中央发表了《八一宣言》。记得有一天，许多同学正在我宿舍里谈论时局，忽然有人进来说，校园里贴出了共产党的《八一宣言》。我们都赶快跑去看。宣言号召全国人民有钱的出钱，有枪的出枪，有粮的出粮，有力的出力，有专门技能的贡献专门技能，实行全民总动员，并用一切新旧武器，武装起千百万群众，战胜侵略者。同时在西斋阅报室里还出现了由毛泽东、朱德署名的《为抗日救国告全体同胞书》。看了宣言和告全国同胞书，同学们高兴极了。"抗日"反映了四亿人民的心愿。二是范长江的《成兰纪行》长篇报道，使同学们知道了红军是如何冲破国民党反动派的重重封锁北上抗日的，也使许多人第一次知道了红军，知道了长征。人们对共产党不畏艰难，为国为民的精神万分敬佩。范长江是北大同学，在学校时和同学们一起参加过同国民党反动派的斗争。那时有一个国民党军事教官十分猖狂。上课时，他手里提着马鞭，穿着马靴走来走去，骄横傲慢。同学们都很不满，纷纷起来指责他，反对他。范长江忍无可忍，写了一篇文章讨伐这个教官。文章里有两句话淋漓尽致地表达了同学们的愤慨："视学生为牛马，等课堂为牧场。”随后范长江就离开学校，到《大公报》当记者。《成兰纪行》是他从成都沿红军北上路线艰苦跋涉三千余里，历经五十余天到达兰州，一路采访一路写的。他的报道在《大公报》上连载，我是篇篇都看。国民党当局对红军到达陕北非常恐慌，极力封锁消息。《成兰纪行》对我的思想启发和教育很大：红军吃草根，啃树皮，为了北上抗日，而国民党却围追堵截。同学们对国民党在日本帝国主义步步逼近下，一再妥协、退让，非常愤怒；对共产党和红军在感性上有了深刻认识。那时确实感到好似乌云隙缝中露出了霞光，中国前途有了希望。

二、血与火的一二·九学生运动

中国青年学生的爱国进步传统是从五四运动开始的。北平是五四运动的发祥地，北大是五四运动的起点和核心。北大学生，一贯有着关心国家、关心民族的光荣传统。他们不只埋头读书，还积极参加社会活动，敢于同反动势力作斗争。

当时我们这些学生虽然年轻，但都很关心国家和世界大事，有一种以天下为己任的抱负。这一时期，北大西斋阅报室经常挤满了人，宿舍里三五成群，议论纷纷。我和住在西斋的许宛乐（许东明）、王永宽、郝天和、孙思白、李书厢等同学，组织了一个没有名称的“时事小组”，常在一起讨论国内外大事。

1935 年，华北时局急剧恶化。《何梅协定》签订后，河北的局面就更乱了。紧接着《秦土协定》又使中国丧失了察哈尔的主权。北平城内更是惶惶不可终日，当时有个日本浪人竟在光天化日之下，跑到北大红楼前，狂喊要接收北大。一家晚报甚至刊出文章说：华北局面即将揭晓，日本人明天就要开进北平城。……那种国家垂危的情景，只要经历过的人，谁都不会忘记。局势发展到这种地步，同学们怎能安心读书？在华北就要沦陷的危急时刻，北平的进步学生、热血青年开始怒吼了！

同学们激动地呐喊："华北之大、已经放不下一张平静的书桌了！"同学们再也坐不住了，当时我和杨雨民跑到刘玉柱宿舍商量，一致的想法是，我们应当对中国的局势有所表示。

1935 年 12 月 8 日夜间，北平市学联决定发动各校学生，向南京政府派来北平处理华北问题的军政部长何应钦请愿。当时北大有个学生会筹委会，学生会尚未成立，因此，没有得到学联的通知。

12 月 9 日上午，北大一切如常。下午 3 时许，红楼门外沙滩街上，忽然人声鼎沸，人潮汹涌，东北大学和城内一些大学的抗日救国示威游行队伍来到了景山东街。队伍经过红楼前时，游行的同学高喊："北大同学，不要忘记五四运动的光荣历史！""发扬五四运动的革命精神！""北大，起来！""欢迎北大同学参加！"上午就听说城外的同学要进城来，游行队伍果然来了。立刻，同学们纷纷从教室、图书馆、实验室、宿舍里跑出来，汇入游行队伍的洪流中。当时我正在地质馆教学楼里作吹管分析实验，听到同学们的呐喊声，急急忙忙从楼里跑了出来，一头扎进游行队伍里，攥着拳头，高喊口号，涌入这不可阻挡的抗日救亡的铁流。刘志诚（刘居英，建国后任哈尔滨军事工程学院院长）跑回东斋，从床上撕下被单，写上"北京大学"四个大字，用两根竹竿一挑，加入浩浩荡荡的游行队伍。当天大约有三百名北大同学参加游行，许德珩教授和夫人劳君展也在其中。

游行队伍来到王府井南口，临近东交民巷使馆区时，反动当局派警察开始用水枪冲、用棍棒打，游行队伍与军警展开了英勇搏斗。队伍生生被打散了，一些人受了伤。我眼看着一位女同学被打得血流满面。这时一些同学们喊：到北大三院开会！于是大家怀着十分激愤的心情奔向北河沿，到达北大三院时，天已经渐渐地黑下来了。在会场上，北平学联的宋黎和北平地下党负责人俞启威（黄敬），号召大家不要被汉奸、亲日派的大刀、水龙头吓倒，呼吁当局要严惩破坏学生运动的肇事者。随即传达了北平市学联的决定：从 12 月 10 日起，全市学校实行总罢课，并准备举行大规模的斗争。同学们一致拥护，高呼："打倒日本帝国主义！""打倒亲日派！""严惩殴打学生的凶手！"

当晚，北大学生会筹委会开会，商讨成立北大学生会以及组织罢课的事情。讨论中，虽有少数人不主张罢课，但最后还是按照多数人的意见决定罢课。

12月10日晨，在红楼教室召开了第一次班代表大会，推举韩天石、朱仲龙（朱穆之）主持会议，讨论通过了学生会章程（草案）和选举学生会负责人办法，准备正式成立学生会。当天下午2时，在北大新宿舍露天场地（即新四斋U字灰楼院里），第一次北京大学全体同学大会召开了。时值隆冬季节，寒风呼啸，但同学们精神饱满、情绪高涨。大会首先由肖敏颂同学宣布开会，并宣讲了召开这次大会的意义，报告了前一天学生示威游行的情况，建议北大立即组织学生会。大家都表示同意。当即选举韩天石为大会执行主席，宣布北京大学学生会成立，通过了学生会的章程以及罢课宣言、参加北平学生联合会、反对成立“冀察政务委员会”、成立“北京大学学生救亡宣传委员会”四个决议。随后，由朱仲龙接着主持大会，进行选举。选出韩天石、朱仲龙、徐綦燊三人为学生会总务（相当于主席、副主席），王敬元（王大刚）、王德昭等二十余人为宣传委员会委员。

12月10日晚，在北大二院第十五教室召开了第二次班代表大会，选举产生了北京大学学生执行委员会，共四十人。于是，在抗日救亡的斗争中，诞生了具有广泛群众基础的领导学生运动的公开机构——第一届北大学生会。此后，党组织的有关指示，通过北大学生会出面，具体地贯彻到广大学生中。北大的抗日救亡运动进入了新的阶段。

北平市学联决定从12月10日开始实行总罢课后，北大学生会随之发表了北大的“罢课宣言”。其中讲了罢课的意义和目标，就是要积极开展救国工作，反对镇压爱国运动，支援一二·九游行中受伤的同学，释放被捕同学，严惩行凶军警。就在这时，南京国民政府教育部下令：“不许游行、不许罢课”，“要安心读书”，“国事悉候政府处理”。北大当局也贴出布告说：如有鼓动罢课者，一经查明，立即开除学籍。对此，同学们根本不予理睬，顶住了学校当局施加的压力。

总罢课开始后，北平市政当局更是气急败坏。他们派警车队，派保安队，进学校监视学生。北大各斋附近，每天都有便衣和骑车的军警。在一院图书馆门口，还停了一辆消防车，准备用水龙冲击学生。学校当局也多次贴出“告学生书”，要求学生立即复课。但是随着南京国民政府决定成立以宋哲元为委员长的“冀察政务委员会”的消息透露后，同学们更加愤怒。于是一场全市更大规模的游行示威在12月16日开始了。

12月16日的游行是一二·九运动的继续和发展，把抗日救亡运动推向了新的高潮。这一天，北平当局得知学生要举行游行，就在北大的门口设立了防线，武装军警包围并封锁了北大各斋院的门口，不让学生出去。但同学们毫不理会，都整装出发。北大生物系同学郝天和，平时温和老实，这一天像只猛虎，不顾军警阻拦，与另外一位同学举着大旗带头往外冲，一出门就被军警抓走。同学们哪管军警阻拦，前赴后继扛起大旗，迎着军警的棍棒，四人一排向前冲。横幅上写着"国立北京大学示威团"九个大字。冲出学校大门时，已有十几个同学被抓走。几经拼搏，游行队伍冲到了北河沿，与北大三院的同学会合。这时由北大领头，中途又有其他学校的同学会合进来的队伍逐渐扩大，同学们互相挽着手臂，喊着口号前进，沿途散发传单，张贴标语。

当游行队伍来到南长街南口，突然遭到更多军警和消防队的堵截，同学们与喷射水龙、挥舞棍棒的军警展开了英勇搏斗。在搏斗中，有的同学把水龙夺过来，射得军警四处逃散。同学们冲出南长街，涌向西长安街，一边高呼口号，一边继续向新华门方向前进。到了新华门东侧，又遇到了一道军警设的防线，没等学生队伍走近，手持大刀的军警就冲了上来。示威的学生向他们高呼："打倒日本帝国主义！""枪口一致对外！"军警对赤手空拳的学生拳打脚踢，乱砍乱杀，不少同学被打伤、砍伤。

这一天天气很冷，但是同学们热血沸腾、义愤填膺。受阻的队伍又汇聚到前门，准备在前门西车站广场开大会。可到了那里又遇到军警设的第三道防线，很多同学勇敢地继续往前冲，一直冲到天桥。这时，已经有上万人聚集在天桥，有工人、农民、市民、小贩，还有流亡到北平的东北同胞。他们同情学生，给学生们送茶、送水。在天桥，游行队伍和市民一起召开了声讨大会。大会一开始，市民与示威的学生一起挥动着旗帜和标语，高呼："打倒汉奸卖国贼！""反对成立冀察政务委员会！""武装保卫华北！""收复东北失地！"……口号声此起彼伏。市学联负责人俞启威站在一辆停驶的电车上，慷慨激昂地发表演说。大会当场通过了不承认"冀察政务委员会"，反对华北任何傀儡组织，誓死反对日本帝国主义侵略中国，要求南京国民政府停止内战、一致对外，要求爱国自由等决议。大会还通过了《告民众书》。最后大家前往东交民巷的外交大楼举行总示威。游行队伍又回到前门外西广场，向聚集在这里的工人、市民宣传不承认“冀察政务委员会”，“停止内战，一致对外”，不做亡国奴，号召全市立即罢工、罢课、罢市。

在城外的清华、燕京的游行队伍被军警截住不准进城，市学联派代表与当局交涉，最后同意分批入城。北大同学到宣武门内大街时，又遭到大批反动军警和大刀队的冲击。他们撕毁了北大校旗。女同学黄淑生被大刀砍伤，流了很多血。宣武门外的学生一直坚持到晚上七八点钟，大街上的路灯突然熄灭，大批军警再次对学生进行镇压，同学们虽奋力反抗，但又有很多同学被打、被捕。

被捕的同学出来后描述他们的遭遇。他们被捕后，监狱里的老“政治犯”唱着《国际歌》热情欢迎他们这些新难友。当时被抓进去的同学，既不是共产党员，也不是共青团员，但他们从监狱里出来后，很多人要求入党。郝天和出来后，给我们唱《国际歌》，我们都很惊讶。他讲在监狱里，老“政治犯”给他们讲了很多革命道理。平时这些人虽然看不到报纸，但他们对国际、国内形势的分析比经常看报的人还要深刻。

一二·九运动，是北平学生响应党的号召发起的，是中国共产党领导下的一次爱国学生的民族救亡运动，对促成全国抗日救亡运动新高潮的到来起到了重要作用，因此在中国革命史上留下了光辉的一页。从一二·九到一二·一六，北平学生掀起的抗日救亡运动声势浩大，传遍全国，吹响了呼唤全民族觉醒的号角。

毛主席曾把一二·九运动与五四运动相提并论：“一二·九运动，它是伟大抗日战争的准备，这同五四运动是第一次大革命的准备一样”，“它准备了抗战的思想，准备了抗战的人心，准备了抗战的干部”。

三、南下宣传团

一二·九和一二·一六血与火的洗礼，更坚定了我们抗日救亡的信心。一二·一六之后，全市大中学生一致罢课，运动波及全国，南京国民政府异常恐慌。他们想尽一切办法要求学生们复课，要扑灭这场革命烈火。于是学生和政府之间又针锋相对地展开了一场罢课与复课的斗争。国民党当局软硬兼施，一方面南京国民政府教育部发出提前放寒假的通知，阻止学生运动；另一方面蒋介石下令各学校当局和学生代表到南京“聆训”。对此，中共地下党组织领导下的平津学联决定：不能去南京，那是自投罗网，要组织平津学生南下，到农村去进行宣传，把一二·九抗日救亡的主张扩大到农村去，使学生运动与工农兵结合起来。学联提出，要想取得这次抗日救亡活动的胜利，就应接受1931年九一八平津学生到南京示威，被国民党血腥镇压，最后失败的教训。所以，我们响应了学联的号召，参加了“平津学生南下扩大宣传团”。

参加南下扩大宣传团的学生多为各校一二·九运动中的学生骨干和积极分子，共有500人左右。北大参加的有30多人，包括韩天石、刘志诚、江之源等人，我也是其中一员。大家是明知有风险，敢冒风险上，明知要吃苦，也心甘情愿。

一二·九和一二·一六之后，北平当局很注意学生们的行踪，最怕城内外的学生联合行动。在校门口和城门口，都布有很多军警监视学生动向。学生会通知大家：凡参加南下宣传团的同学，采取秘密行动，对集合时间、集合地点要严格保密。

南下宣传团按地区分为四个团。其中北平三个团，天津一个团。我在以北大为骨干的东城各学校学生组成的第一团里，大家选举韩天石为团长，北大同学编成第一中队，中队长为江之源。

南下宣传团定于1936年1月3日下午在阜成门外北平大学农学院集合，集体出发。为躲避监视、甩掉跟踪，我们三三两两出发，有的同学很早就出了城，有的同学从学校翻墙而出。下午，我们陆续到了农学院集合，5时许，南下宣传团从农学院出发，避开了军警，直奔距京南10里的大井村，队伍像夜行军一样，秩序很好。晚上住在大井村，我们挤在一间小屋里，女同学在炕上休息，我们男同学坐在地上，大家虽然累但都很兴奋。

第二天早晨4点钟左右，我们又出发，都戴上了白布袖标，上面写着“平津学生南下扩大宣传团”。行进中队伍很安静，过丰台车站时，大家特别小心，因为那里驻有日本兵营。当我们顺利通过丰台和南苑后，天也亮了。虽然此时天气寒冷，但我们情绪高昂，行进途中一路唱歌、喊口号、撒传单，一直到天黑赶到青云店镇。此时已经行进90多里。在青云店休整一天后，1月6日上午，宣传团往礼贤集前进。队伍一住进礼贤集的一个小学校，就开始向群众讲日本侵略，讲华北危机，讲当局投降，讲亡国、亡家，当亡国奴的生活等。每当讲到东三省沦陷惨状、家破人亡时，台上台下，热泪盈眶，怒火满腔。许多农民群众了解了我们的目的后，很钦佩我们的行动，给我们送水、送吃的。农民群众的爱国之心和纯朴品质，也深深打动了我们。离别时，真是难舍难分。群众自发为我们送行的离别场面，令人久久难忘。

1月8日，宣传团从礼贤集到固安县。固安县县长紧闭城门，派武装把守，不准我们进城。我们一团在城门外大车店住下来，就地进行抗日宣传。原来总团决定四个团在固安会合。这时一、二、三团已经到了固安城下，第四团是天津北洋大学的200名同学，一出天津就被军警打散了，到固安会合的人不多了，于是总团将南下宣传团调整成三个团，将四团并入一团。1月10日，宣传团在固安县召开全体团员大会，决定三个团在保定会合。一团走东路，从固安出发经霸县、雄县、任丘、高阳到达保定；二团走中路，经辛立庄、新城、容城到达保定；三团走西路，从固安向高碑店经徐水到达保定。全团统一口号为："打倒日本帝国主义！"

一路上，大家深入农家访问，许多出身殷实之家的同学，对当时贫苦农民受到的压迫和剥削有了更深更真实的认识，受到了生动深刻的教育。我们一团的同学，在固安城外更加努力地进行宣传，到更多的农民家中去访问，深受农民的欢迎。我们都学会了唱《九一八小调》，这支歌是一个很好的抗日宣传材料，从东北沦陷开始，一直唱到当亡国奴的痛苦：

> 中华民国二十年哪，九月十八那一天呀，关东起狼烟，哎嗨哎嗨哟，关东起狼烟。
>
> 侵略成性的小日本哪，发兵进攻沈阳城呀，炮轰北大营，哎嗨哎嗨哟，炮轰北大营。
>
> 南京政府死老蒋哪，下个命令给张学良呀，不准他抵抗，哎嗨哎嗨哟，不准他抵抗。
>
> 二三十万中国兵哪，他妈拉个巴子太稀松呀，逃跑一溜风，哎嗨哎嗨哟，逃跑一溜风。

东北同胞三千万哪，国破家亡真可怜呀，妻离子又散，哎嗨哎嗨哟，妻离子又散。

大好山河东三省哪，拱手让给日本人呀，苦了老百姓，哎嗨哎嗨哟，苦了老百姓。

全国工农兵学商哪，大家齐心来救亡呀，赶走小东洋，哎嗨哎嗨哟，赶走小东洋。

苏联本是共产国哪，自由平等新生活呀，人人都工作，哎嗨哎嗨哟，人人都工作。

我们在固安县城外等了三天三夜，反动县长还是不让开城门，于是宣传团员又编了一句歌：

一路风霜到固安哪，城门关了整三天哪，县长王八蛋，哎嗨哎嗨哟，县长王八蛋。

宣传团员们非常活跃，把这首《九一八小调》教会了固安北关一带的许多学生和青年。城里的学生和一些进步人士也对不开城门不满，他们就在城里自动进行抗日救亡宣传。这支《九一八小调》在城里也唱了起来。

1月13日，一团启程离开固安，一路宣传赶往霸县，夜宿牛驼村。第二天忽然听到消息说第二团在辛立庄遭到阻拦，第三团在高碑店被军警阻拦，这引起我们的警惕。我们白天宣传，夜间行军，甩开军警，到达了霸县。休整后继续南行，1月17日到达任丘县。当地驻有三十二军的一个团，这个团与冀察政务委员会有矛盾，我们抓住这个机会向该团官兵宣传，讲抗日救亡的道理，讲日本侵略、东北沦陷、华北危机。他们听了都非常气愤，表示支持学生的义举，还送来半口猪慰问宣传团。1月19日，宣传团到达高阳，20日夜宿石桥村。1月21日，我们的队伍整整齐齐到达保定。保定是古都，是河北省会，也是我们宣传团的目的地。只见城门大开，门外站着许多人，有戴礼帽的，有穿长袍的，他们自我介绍是保定各界人士前来欢迎宣传团的，请宣传团到大同中学休息。宣传团负责人提出要先宣传后休息，要经过省政府门前和市中心大街游行。他们表示同意，并愿意与我们同行。我们的队伍整齐地走过省政府门前，边走边喊口号、撒传单，高唱《救亡进行曲》，受到市民的热烈欢迎。在保定，我们进行讲演、表演、唱歌、撒传单、贴标语等，活动了两天。我们的目的已达到。为了学生们的安全，中共北平地下党通过学联通知学生返校。1 月 24 日早饭后，南下学生在保定车站乘闷罐车返回北平。这一天正是旧历丙子年的大年初一。

四、难忘“民先”

南下宣传团从 1 月 3 日由北平出发，1 月 24 日返回北平，共计 21 天。回北平的前一天晚上，在保定大同中学召开了全体会议，大家共同回忆这段经历，都感到此行收获很大。同学们走出校门，向劳苦大众宣传抗日，深入农村，接触群众，访贫问苦，看到了人民的疾苦，受到了很大的触动和教育。我们通过所见所闻，更加明确地认识到农民饥饿贫困的根源，就在于帝国主义和封建地主阶级的压迫与剥削，中国革命既要反对帝国主义，也要反对封建主义，只有这样人民才能真正得到解放。同时大家也体会到团结的力量和革命情谊的可贵。即使素不相识的人，一说是南下宣传团的，大家都很亲热。这一点，我的体会也很深。一次我负责押送一团行李，因为路不熟，一天一夜没找到大队伍，直到第二天黄昏时分，才碰到了三团的杨学诚。三团在高碑店被打散后，他也在找队伍，我们虽互不相识，但感觉分外亲切，心情特别激动。他帮我押着行李，一起找到了队伍。

二十多天的战斗友情，大家难舍难分。许多同学提出我们回到北平后应保持经常联系。这时，有人提议：“保持这样一个团体组织不是更好吗?”此意一出，大家立刻响应，于是商议给这个团体起个名字。有人提出叫“抗日救国先锋团”，有人说“救亡先锋队”“青年救亡队”，又有人说“民族解放救国团”，一位天津同学提出叫“民族解放先锋队”。大家一听感到这个名字好，说加上“中华”二字就更好了。于是决定：平津学生南下宣传团的团员都是“中华民族解放先锋队”（简称“民先”）的发起人，都是当然的“民先”队员。为了把“民先”快速组织起来，会上推举了九位筹备委员，负责筹备事宜。

“中华民族解放先锋队”于1936年2月1日正式成立，2月16日发表了“民先”《宣言》。北大“民先”也同时成立，队长是杨雨民。与此同时，各校“民先”也先后成立。北大“民先”的成员是在南下宣传团的基础上加上原来留校同学中的积极分子（有50人左右），按宿舍区分片组成分队，每个宿舍区有几个小队，由一个组织干事或组织员负责。我负责西斋的“民先”组织工作。“民先”成立后，就立即开展各种活动，每一次活动都提高了队员的觉悟，队伍也随之壮大。

1936年春节刚过，北平当局就开始对爱国青年学生进行镇压和大逮捕。先是北大的进步学生江之源和一位北大工友被捕。2月29日，军警在北大三院搜捕，韩仕中等同学被捕。面对白色恐怖，“民先”队员和部分积极分子没有被吓倒，仍然在圆明园举行了“三一八”纪念活动。3月31日，我们在三院为死在狱中的中学生郭清举行追悼大会，这是一次对北平当局迫害抗日学生、镇压抗日运动的抗议和控诉活动。武装军警包围了北大三院，我们推倒后墙，抬棺上街游行。“三三一”抬棺游行队伍被军警打散，50多人被捕，其中有北大的谢云晖、赵祥铸、叶纪霖、何兆仪、张毓珣等9位同学。吴沛苍、韩天石、巫省三、叶纪霖4位同学被开除学籍，学生会被迫停止活动。

“民先”成立两个月来，同学们抗日救亡热情高涨。但这期间作为组织者也暴露出来一些问题，主要是如何注意斗争策略和团结广大师生。在党的领导下，我们对“民先”的工作进行了总结。一致认为“民先”工作要深入，就要注意团结更多的积极分子，一方面要多团结校内广大师生，壮大“民先”的队伍；另一方面由卢荻（陆平）、宋尔廉等教育系的同学，创办民校，加强与校外学生和群众的联系。于是，我们组织了“黎明歌咏团”，由杨隆誉任团长，赵超任指挥，建立起“民先”沙滩分队，“读书会”“剧团”也相继成立起来。我和孙思白等同学在西斋大门的东墙上还创办了《炮火》壁报。这个壁报每周出刊一次，一直坚持到七七事变前夕。我主要负责画报头、写社论，同学们有的写文章，有的写诗歌，有的画漫画，踊跃投稿。《炮火》壁报办得有声有色，受到同学们的欢迎，吸引了更多的人参加我们的活动。

面对反动当局的迫害，同学们改变了斗争策略。6月1日，北大上课钟声敲响，教授们照常到校，但学生均未进教室。上午9时，同学们聚集在三院大礼堂讨论恢复学生会，到会有800多人。讨论刚刚开始，北平当局突然派大批军警宪兵到场，不准学生开会。校方派课业长樊际昌、秘书长郑天挺到场，劝阻学生开会，理由是学生会已“停止活动”，无权召开大会。同学们被迫退出礼堂，集中到三院操场，商议讨论后决定：将学生会改名为北大学生救国委员会，当日下午投票选举执行委员会委员。6月2日中午，前学生会执委分组到各斋收集选票，共收到600多张，下午北大学生救国委员会正式成立，有21人当选为执委会委员。其中“民先”成员占了大部分，有刘玉柱、葛佩琦、姜世勋、石蕴华、宋尔纯（宋应）、朱仲龙、陈忠经、李欣、薄怀奇、卢荻等，还有我。我和傅安华、谭菁华为宣传委员。执委会中还包括了主张抗日的国民党学生，选举前，就和他们谈好了的。

学生救国委员会成立后，组织了宣传队、纠察队、讲演队，出版了《救国快报》。我负责编写、刻印和发行。6月3日下午，学生救国委员会在北大开会讨论，决定6月4日起复课。

1936年5月初的一天，是最值得我纪念的日子。这一天我加入了中国共青团。9月，根据党中央的决定，共青团员均转为中共党员。从此，我在党的直接领导下学习、工作，献身于党的事业。

当时，北平地下党在清华开办了一个训练班，北平各校都派人参加。我也参加了。训练班共有四五十人，多是“民先”骨干，由吴承仕、黄诚、肖敏颂讲抗日民族统一战线问题。从此，我们在地下党领导下学习并贯彻抗日救亡运动中的策略和统一战线政策，注意发挥各种社团的作用，注意对不同派别的统战工作。这一时期各种进步社团也有了较大发展。我参加的“社联”也发展了唐尊准、万仲寅、马同骧（马乃庶）、莫家鼎等同学加入。我在加入共青团前，由韩振庭（韩代望）介绍加入了“左联”，常在“左联”出版的《浪花》半月刊上发表文章，其中一首新诗《挖河》，至今记忆犹新：

泥水里忍不住饥肠万转，
泪水模糊了我困乏的双眼。
命运的恶浪冲击着生活的漏船，
从心底我暗自咒骂昏聩的老天！

泥水里忍不住饥肠万转，

寒风颤抖着我破烂的衣衫。
枯瘦的脊背忍受着无情的皮鞭，
屈辱的岁月啊，你总该有个完！

泥水里忍不住饥肠万转，
怒火燃烧在种满仇恨的心田。
河堤上嚎叫着那个吸血的魔鬼，
那个猪一样的胖家伙，那个委员！

这一时期，北大“民先”发展很快，队员有100多人，其中西斋就有30多人。宋尔纯担任队长。“民先”的活动也得到大多数同学的理解和支持，影响越来越大。

我们成功地发动了6月13日罢课游行。起因是5月28日天津举行反对日本增兵华北，抗议海河浮尸的大游行遭到镇压，消息传到北平，引起人们的愤怒。为支持天津市民，北大救委会于6月12日晚上在西斋新宿舍的院子里召开全体学生大会，宋尔纯主持。在讨论通过罢课决议时发生了分歧，多数同学支持，但以法律系四年级一个姓孔的国民党学生为代表的一部分同学不同意罢课，形成两种意见，只好举手表决。但因人多，总是数错，有同学提议赞成罢课的站在左边，不赞成罢课的站在右边，左右分明。这时，站在左边的同学边喊边使劲鼓掌，把右边的同学给拉过来不少，终于通过了罢课决议。“六一三”声援天津抗日示威游行进行得很顺利。学校当局很害怕，宣布7月1日提前放暑假。

1936年下半年新学年开始，中共中央早在1935年11月1日发布的《关于青年工作的决定》传达到北大。《决定》取消了国民党统治区的共青团组织，团员能够转党员的就转党员。这样我就由共青团员转为共产党员。根据上级党组织决定，北大党组织成立学生会党团（刚开始不叫党支部），成员有曹盼之、宋尔纯和我。曹盼之为中共北大地下党的负责人。

华北抗日救亡运动在策略上也有调整，北方局提出要拥护宋哲元抗日，要看到宋哲元和蒋介石是有区别的，要“反蒋争宋”。我们根据北方局的指示调整了抗日救亡运动的策略，在青年中进行抗日统一战线的思想教育工作。

这时北大成立了新学生会。新学生会把各方面力量都包括在内。我和宋尔纯、曹盼之、刘玉柱等 9 人当选为执委。学生会总务部长是刘玉柱（建国后任核工业部副部长）。

新学生会一成立，就发起了“新北大运动”，包括校内民主管理、改善学习和生活条件、开展各种学术和文体活动、男女宿舍开禁，以及发动老同学在新学年开始时迎接、团结新同学的活动等。还专门出了《北大学生迎新专刊》，我分工负责新学生会宣传工作，写过两篇文章，一篇介绍地质系，一篇介绍西斋生活。当时《大公报》专门发表文章赞扬“新北大运动”。

1936 年 10 月，鲁迅先生在上海逝世。北大的许多青年学生为之感到悲痛。在“民先”的组织下，北大文艺研究会 10 月 29 日在三院举行了追悼会。“民先”和学生会为支援绥东抗战活动，专门召开大会，动员同学们搞捐献活动。政治系周文光（周克刚）同学主张少吃一顿饭，把饭钱捐献出来。杨隆誉同学以“黎明歌咏团”的名义请来王西征教授在二院教唱《百灵庙战歌》。“民先”还以歌咏队的名义欢迎吕骥和陈波儿率领的上海文艺界赴绥东前线慰问团到北大。

1936 年底西安事变发生，党内传达了和平解决西安事变的指示，指示包括，要响应张、杨的八项抗日主张，释放政治犯，停止内战，一致抗日等。大家虽然对释放蒋介石还想不通，但组织上是服从的。为贯彻党的指示，使同学们理解中国共产党的主张，学生会决定召开全体学生大会，号召同学响应张、杨的八项抗日主张，和平解决西安事变。可是，在三院礼堂开全体大会时，为了选会议执行主席、副主席，北大两派学生再次发生对立。双方抢起话筒来，一会儿这个主持会议，一会儿那个主持会议。当我宣读提案时，学生中的国民党分子造谣说袁某人宣读的提案没有经过班会通过。其目的就是把会议搞散，使决议无法通过。西安事变和平解决后，学校当局搞了一场“庆祝”蒋介石“脱险”闹剧，并乘机再次宣布解散学生会，指使各校的国民党分子借机成立了一个北平“新学联”，企图搞垮北平学联，挑起学生间的矛盾。蒋梦麟校长把刘玉柱、陈忠经、葛佩琦和我找去，大骂一顿，他说什么要是按照你们的主张，不是天下大乱了吗？如果那天通过你们的决议，我怎么向上面交代。蒋梦麟平时看上去温文尔雅，可是那一天真是暴跳如雷。

在激烈的斗争中，“民先”队伍不断壮大。北大“民先”队员已发展到 200 多人。北平“民先”在最困难时，至少也能动员 5 000 名学生出来参加活动，其中北大的“民先”及其影响下的群众居多数。

1936年秋，由反动当局操纵的“新学联”与我党领导的学联展开了争取学生会领导权的斗争。这时期北平学运已经分裂，市里有两个学联，所以争取学生会领导权是一件重要的活动。当时北大地下党支部书记是曹盼之，我和许德富是支委。北大“民先”分队负责人由莫家鼎、王惠兰和我三人组成，莫家鼎任队长。新的“民先”分队，在党支部的领导下立即投入学生会的选举活动。这是一场激烈的战斗。北平学运分裂后，虽然北大学生会一直没有出现组织上的分裂，但是在思想和行动上都分裂了，与过去联合选举的情况完全不同了。这次要动员全体“民先”队员进行战斗，要求每个队员都能团结二至三人。北大共有13个系，52个班，全校连研究生在内有千余人。我们对每个班、每个人，都逐一作了分析。只要一个人团结三个人，我们就是多数，就可以得到600多张选票，就能稳操胜券。我的小本子上写满了人名，作了各式各样的记号，记录着队员的心血。万仲寅同学专门给我写信，建议要采取几条有力措施，争取选举胜利。

选举结果，我们取得了胜利。这一届学生会仍由刘玉柱负责，陈忠经、葛佩琦、朱仲龙担任副主席，执委大多数是“民先”队员。经过“民先”事先的布置，还把一个国民党学生选进来。学生会选举斗争的锻炼，考验了每一个人，提高了每一个人的觉悟，原来组织不那么严密的也严密了。大家认识到，不论什么事情，只有思想一致、行动一致、齐心合力才能干好。学生会选举之后，我们更加注意团结“民先”以外的同学。住在西斋的一个河南籍同学，他的哥哥是国民党正太路特别党部头头，这位同学在我们的争取、团结下，后来也参加了我们的“啦啦队”。在党的领导下，“民先”组织北大女同学会，团结了许多女同学，扩大了女“民先”队伍。“民先”的文化活动也很丰富，我们还组织观看了崔嵬和张瑞芳演的《放下你的鞭子》，那时张瑞芳是北平艺专的学生。

这期间国民党预谋制造了“五四”流血事件。北平学运分裂后，双方都要召开纪念“五四”大会。为了寻求团结，北平学联号召大家去北师大参加纪念五四运动大会。但参加大会的各校进步学生遭到预伏在师大操场的暴徒袭击，不少人被打伤。北大学生王官豹被打得头破血流。这次流血事件加深了学运分裂，但它也进一步使同学看清了国民党的嘴脸，使更多的同学向“民先”靠拢。

面对日本帝国主义步步进逼的局势，“民先”十分注意组织队员学习军事知识，多次组织大家到西郊大觉寺、老虎洞进行军事训练，在香山樱桃沟等处举办夏令营，请有军事知识和作战经验的人讲授游击战术。红军还派了一个军官到北平，给大家讲游击战课。这些活动增强了大家的军事能力，为迎接抗日战争做了准备。

1937年暑假我未回河南，为的是参加在樱桃沟举办的夏令营。谁知活动还没结束，七七事变就爆发了。日本军队打进了北平城。我们立即组织“民先”队员参加支援二十九军的抗战活动。到7月底，二十九军撤出，我接到地下党通知，已暴露身份的“民先”队员立即撤离，到抗日前线和后方去。就要离开北大了，大家恋恋不舍。一天晚上，我和八九个同学，夜游中南海，回顾往事，展望前途，畅谈自己的理想和抱负。大家互相题词，赠言鼓励。记得我给唐尊准的赠言是：“能做事的做事，能发声的发声。有一份热，发一份光。”这也是我当时的心声。

8月6日我离开北平先到了天津。大部分同学经天津乘船离开。记得去冀中的有杨雨民、周文光、李洪年等；去山东的有孙传文、刘志诚、张震寰、张昭训、于经海（于眉）、朱国平、韩仕中、孙兴诗等；去晋绥的有宋尔纯、阎顾行、曹盼之、李欣（胡昭衡）、刘耀宗、金明、周怀谨、王骥卿（王季青）、刘立贞（刘亚生）、杨树义（肖杨）、许德富、湛湘汉（沈湘汉）、常振誉（常振玉）等；去太行山的有杨维、宋尔廉、朱仲龙（朱穆之）、刘祖椿、韩振庭、薄怀奇、倪学惠、孙瑞符、汪洪文、刘继勋（刘火）等；去晋察冀的有李俊明、董文羲（董越千）、卢荻、王耀华等；去淮北的有谢邦治、刘玉柱、刘江凌等；去中原的有姜世勋、顾瑞芳（顾大椿）、吴成高（吴若岩）、王惠兰等；去苏北的有石蕴华、谢云晖等；去国民党区的有莫家鼎、杨隆誉、何兆仪、黄劭显、李年、关士聪、陈忠经、吴磊伯等；去延安的有邓力群、何锡麟、王俊升、张毓珣、吴文熹（吴文焘）、王经川（魏伯）、马同骧、李书厢等。

我们中的许多人在党的领导下，奔赴各个抗日战场，忘我地工作和战斗。一些同学牺牲了，如李俊明、姜世勋、杨树义、金明、孙瑞符、王耀华、倪学惠等，我们永远怀念他们的不朽业绩。更多的同学在斗争中锻炼成长，成为革命事业的骨干力量。

回想三年来在北大的生活，是我人生道路的重大转折。如果说，我高中时代的思想变化是启蒙性质的，那么真正的思想变化是到北平以后。这同当时的背景有密切关系，外敌入侵，紧逼北平，这对我和我们那一代年轻人影响太大。上世纪90年代，日本NHK广播公司记者问我："为什么像你这种家庭出身的人还要参加革命?"我告诉他，是日本帝国主义把我逼上了革命道路。我的思想变化与我参加抗日救亡的过程分不开。

"中华民族解放先锋队"的生活是我终生难忘的，它激励我，教育我，不管到哪里，"民先"队歌永远铭刻在我的心中：

前进，前进，向前进！
我们勇敢、活泼、坚定，
大家一条心，为了争取民族的天明，
主张民主，反对侵略，掀起解放的战云！
前进，祖国的孩子们，
我们是民族解放的先锋队，
高举起我们的队旗，
向着解放的路上，前进！
前进，前进，前进，向前进！

第三章

南阳的抗日烽火

一、回南阳闹革命

1937年8月6日，离开北平后，我和一些流亡同学到了天津，我和刘玉柱、周南等住在一个饭店的大厅里。本想稍事休整再南下，突然在《天津庸报》上看到一行大字标题“共产学生大批逃津”。同学们都感到天津不宜久留，立即买了船票，8月13日登上英国怡和公司的一艘去上海的轮船。船到大沽口突然说要返回天津，一问原因是上海爆发中日战事（史称八一三事变）。当时船上有400多名平津学生，大家商量绝不可再返回天津，立即派代表同船长交涉，他接受了学生的要求，改驶烟台。

轮船驶入浩瀚的渤海，我的心情也如同海上的汹涌波涛，华北危机，上海战事又起，祖国的将来会怎么样?！更增添了心中的不安，心情怎么也平静不下来，回到船舱信手在日记中写下《渤海之夜》，记下我当时的心情：

渤海的夜风，扯着我薄薄的单衫。
海浪昂头怒吼，浪花在船舷飞溅。
潮湿的空气挟着颤抖的歌声，
抚着流亡者痉挛起伏的脸。
啊，静静的古城！啊，海河的急湍！

渤海的夜风，扯着我薄薄的单衫。
狂风卷起巨浪，摔向无际的黑暗。
一点孤星在天边明灭，
朦胧可见一线岗峦。
啊，祖国！我梦一样地呼喊。

第二天船到烟台，我们这些流亡学生住在烟台玉皇顶第八中学，我又坐船到掖县虎头崖，在一个小码头登岸后，正巧遇到一军人，自称是韩复榘驻军的一个师参谋长，是北平人。他急于想知道北平情况，我做了介绍，他很同情，给我写了一张纸条。凭他的这张纸条，我们又顺利换乘汽车到潍县。北平同学已在潍县设了招待站，一到那里，领取介绍信免费上火车到济南，住在济南师范学校，休息三天。平津学生开会商定：一部分南下江南，一部分西去山西，河南籍的学生则派一批代表先回开封建立平津流亡同学会，我是去开封的代表之一。

同我一起到开封的有郭海长、刘芝兰（北平女一中学生会负责人）和她的弟弟等几个同学。我的两个哥哥当时都在河南大学，大哥教学，三哥读书，我住河大不成问题。其他同学在国民党开封县党部礼堂搭地铺。8 月底，我和平津流亡在开封的同学一起酝酿成立了“平津流亡同学会”，我被选为执行委员。主要是到各校去做救亡宣传，举办座谈会和一些文艺活动。时值上海“救亡演剧第二队”来开封，其中有冼星海，我们配合他们进行宣传活动。同时接待了从山东过来的平津同学，转送他们去山西抗日前线。我在开封住了约一个月，南阳平津同学要成立“宛属平津流亡同学会”（南阳古称上宛，简称宛，“宛属”即南阳地区），来信要我回南阳。但这时我的党组织关系还没接上，心中着急。在济南时，曹盼之告诉我，回到开封，按规定暗号会有人同我联系。可一个月过去了也没接上。这件事，我后来仔细回想，可能是联系人粗心。北平中国大学学生唐滔默（建国后在财政部科研所工作），学运时我与他互相熟悉，他家在开封。一次，我到他家看他，在闲聊中他突然问我是不是中共党员，我很吃惊。因为他没按规定的暗号联系，我只知他是“民先”队员，就没承认自己是党员。那时我们都年轻，没经验，可能就这样阴错阳差没接上关系。

平津同学郭以青、张曜午、张剑工、勇秀杰、蒋振东、裴同生等已先我回宛。回南阳后，郭以青首先以暗号和我接上了党的关系，并动员我留在南阳工作。关系接上了，心也踏实了，我同意了留宛工作。因为我本来就是想回家乡搞抗日救亡活动的，于是我向同学们介绍了济南、开封等地的平津流亡同学组织起来开展各种抗日救亡活动的情况。大家非常兴奋，主张效仿他们，立即组织起来，开展抗日救亡活动。于是由郭以青、张剑工、张曜午、陈玉玺、李新章等人和我筹备建立了宛属平津流亡同学会，并在《宛南民报》上登载了筹备会启事，借用南阳民众教育馆中院的两间过屋作我们的办公地点。

为了使“同学会”成为公开的群众团体并取得合法的地位，我们走访了驻宛东北军（四十九军）军长刘多荃（刘澜波的哥哥），取得了他的支持，并报国民党南阳专署备案。当时，全国抗日救亡运动正在蓬勃兴起，军民抗战情绪高涨。南阳专署迫于形势，批准了建立“宛属平津流亡同学会”的呈报。

1937年10月中旬，我们在国民党南阳县党部礼堂隆重举行“宛属平津流亡同学会”成立大会。为扩大影响，大会邀请当地各界代表、知名士绅和军政要员参加，出席者有300余人。会议由张曜午主持，国民党南阳党务专员王友梅、朱玖莹，国民党南阳县党部书记崔资鉴到会。最引人注目的是河南省第六区联防处主任别廷芳带数十名卫兵参加了大会。别廷芳是地方民团武装的头头，当时南阳没有军队，只有刘多荃一个军部。别廷芳则有两个师在宛，地方治安主要靠他们。别廷芳在会上讲话，除对“同学会”的成立表示祝贺外，还对该会名称提出疑问。他说“流亡”二字不吉利，应删去。为了争取他对救亡工作的支持，我们采纳了他的建议，改称“宛属平津同学会”。大会通过了“同学会”的章程，选举郭以青、张曜午、张剑工、陈玉玺、勇秀杰、乔毓秀和我七人组成常务干事会。下设组织宣传股，我负责登记、组织和宣传工作。

“同学会”为了联系更多的青年学生参加救亡活动，以南阳城为中心，在附近城镇设立了若干分会。在“同学会”的影响和支持下，南阳城、南召县、邓县、镇平县、内乡县普遍建立和发展了群众性的抗日救亡团体，促进了南阳地区抗日救亡活动的广泛开展。

在我们回来之前，南阳地区的地下党组织基本上被国民党破坏了，党员有的被捕，有的上山参加了游击队。我们回来后，同当地少数未暴露的零散党员接上关系，恢复了南阳地下党组织。10月下旬，在南阳复兴中学秘密成立了中共南阳特别支部。由郭以青任书记，我和葛季武为委员。郭以青原是我在南阳中学的同学，入党较早，后到北平，1936年我参加“社联”是他介绍的。葛季武是黄埔军校四期学生，在黄埔入党，“四一二”后被抓了起来，关在监狱里好几年，因肺病吐血才被放出来。他一直在为党工作，我们到南阳时，他在复兴中学任教务主任。他也联系一些未暴露的党员，郭以青常住在他那里。南阳地下党组织恢复后，南阳抗日救亡运动也逐渐轰轰烈烈地开展了起来。

南阳“同学会”在党的领导下，采用灵活多样的形式，从城市到农村，开展了广泛深入的抗日救亡宣传活动。开始时我们三五人一组，后来组织了宣传队，到街头、闹市和城郊乡村，利用漫画（绘制的日军侵华地图）、演剧、唱歌、演讲，揭露日本军国主义者的侵华野心和侵略者的残暴罪行，讲述平津沦陷的经过和军民奋起抗日的情形，强烈地激发了群众的民族义愤和抗日爱国情绪。有时讲到日寇的野蛮暴行和军民奋起抗日的情形，台上台下都在哭。我担任歌咏队指挥，到南阳城内各中、小学校，向师生们教唱救亡歌曲，去城镇和郊区演唱。我们演出的街头剧《放下你的鞭子》效果特别好，乔毓秀饰演歌女，张曜午饰演老人，我饰演一个青年工人。演员演得投入，有时把台下观众感动得泪水汪汪。一次，一个军人（飞行员）竟忘了是在看演出，突然跑出来夺下卖唱老人手中的鞭子，责问为什么要打女儿。还有一次，由于剧情逼真，当我按剧情要求准备进场时，被负责维持秩序的人拦住，经我解释他才明白过来。宣传队所到之处，很受民众的欢迎。

我在北大办过《炮火》壁报，到南阳后继续刊出，隔日一期，每期一大张，贴在民众教育馆的墙上。《炮火》设有“战局电讯”“救亡简讯”“形势问答”“时局评述”及“新闻”等专栏，连续刊出近百期。由于壁报栏目多，内容新颖，通俗易懂，快速及时，很受民众欢迎。

我们还和当地“青年救国会”“妇女救国会”一起开展募捐活动，资助和接待流亡过境的爱国青年和救亡团体。当时有不少青年学生从南阳过境去延安或竹沟（河南地下省委所在地）。对持有各地“平津流亡同学会”介绍信者，我们均予以热情接待，给以帮助。在这个时期我们还接待了一些延安来南阳的青年。例如，东北军军官叫田禾，从延安抗大毕业后来南阳，我介绍他到南召县联防队干部训练班任教，主讲游击战课程。还有个徐州人叫杨默，思想进步，我请他和勇秀杰一起搞石印抗日救亡画报。我们还接送了许多抗日宣传团体，如河南大学教授范文澜率领的“战教团”，姚肇平率领的河南省教育厅“巡回演出三队”，队员有贺煌、晏甬、王麦、王亚凡、马可等。中共河南省委秘书长危拱之领导的开封扶轮小学“孩子剧团”，以及米醉月任团长、李柏任副团长的“汜水话剧团”（亦称十姐妹话剧团）也来过南阳。

以“同学会”为主，1938 年 2 月成立了“武汉新知书店南阳分店”

(同年秋改名为“新生书店”)，葛季武任经理。书店大量经销总店发来的进步书刊，如《新华日报》《群众》周刊等，还有从延安寄来的《论持久战》《抗日游击战争的战略问题》等书，但这些书不放在外面公开出售。书店一度成为南阳一带进步青年活动的中心之一，也是南阳地下党组织的一个交通联络站。

南阳的救亡活动触动了国民党地方当局，他们开始与我们争夺平津回宛学生活动的领导权。1938 年 2 月他们搞了一个名为“旅汴同学会”的组织，企图以此把平津同学会搞垮。我们识破了他们的阴谋，反其道而行之，立即扩大平津同学会会员范围，不限平津，凡流亡在南阳的同学都可参加。这一招果然很灵，会员迅速扩大两三倍，由原来的几十人，猛增到近 200 人，使他们那个“同学会”胎死腹中。顽固派一计未逞，又生一计，他们罗织罪名，欲加迫害，毫不掩饰地打出反共大旗，说“平津同学会”里有共产党，不能参与地方活动，企图置“平津同学会”于非法。针对当时的情况，中共南阳特支决定将“平津同学会”工作重点转入农村，并决定留少数会员在城内坚持工作。我和傅真如到南召，其他会员分赴唐河、南阳、方城、邓县。大家分赴各地后，都以“平津同学会”会员的公开身份和找职业的名义作掩护，按照党组织的要求，组织更大范围的民众，开展救亡活动。

与此同时，南阳地下党组织也开始注意做驻宛各类军队的工作。

二、掌握 7 000 支枪杆子

1938 年春节前，我回到故乡南召。这时南召县地下党组织刚刚恢复，成立了中共南召区委。书记是胡子云（我在河大附中同学，1937 年七七事变后党派他回南召恢复党组织），组织部长王凤举，宣传部长党及辰（建国初期进藏担任十八军宣传部长），军事部长傅真如（北平中国大学学生，大我 10 岁），我任统战部长。根据区委意见，我的公开身份是南召国民抗敌自卫团司令部联防处政训副主任。联防处是1937年11月11日成立的，主任叫杨庆昌（字蔚五，河大学生，国民党复兴社外围成员，杨家为恶霸地主，是暗杀彭禹廷的元凶）。军训主任叫周杰邦（黄埔军校毕业，杨虎城部队的一个营级军官，参加过“双十二”事变，是南召自治派骨干周锡侯之弟），政训主任是傅真如（是傅的公开职务）。这样我除了有“平津同学会”会员的公开身份，又可用政训副主任的身份从事救亡活动。由于蒋介石消极抗战，导致中央军节节败退，战火将要燃烧到南阳。中共河南省委为进一步发展伏牛山敌后抗日游击根据地，决定将地处伏牛山的南召作为省委的重要工作区域。

当时，南召县是由自治派实权人物李益闻主政。他是一位进步人士，南召白土岗人，早年家境贫寒，毕业于河南淮阳师范。在淮阳求学时，曾受改良主义的熏陶和五四运动的影响，逐步形成了他的治国安民的志向。20年代曾任南阳南都小学校长，后来回南召办教育。30年代初，他投奔正在宛西推行自治方略的彭禹廷（冯玉祥部秘书长，是我军高级将领彭雪枫的叔叔）。他依靠彭的力量，先后两次回南召组织民团，并把镇平自治派的主张搬到南召。李益闻深得彭禹廷的倚重。在彭禹廷武力支援下，他提倡“地方武装自卫、经济自给、百姓自治”的“三自”方针。为此，他成立了南召县自治办公处，自己担任主任，在镇平、内乡、淅川、邓县同时推行地方自治，与国民党县政府分庭抗礼。他想以此推翻国民党在地方的反动统治，也受到当地民众的拥护。所以，我们要在南召开展救亡活动，必须先做好他的工作。李益闻提倡的地方自治，自然遭到地方势力和国民党地方当局的痛恨。地主武装反对他，被彭禹廷部队镇压了下去。不久，地方顽固派收买彭的警卫暗杀了彭禹廷，国民党河南省政府主席刘峙趁机派兵“讨剿”李益闻，李被迫避难到内乡。李益闻本来就痛恨国民党的腐朽黑暗，这一次同国民党的裂痕就更深了。七七事变后，中原时局突变，国民党已自顾不暇，更顾不上南召这块山区，李益闻又在别廷芳部的支持下，第三次回到南召。

李益闻是我的小学老师。由于有这层关系，我一回到南召，他就找我，非常亲热，通过交谈，我对他关于时局和改造南召的想法表示赞成。他也知道了我正在搞救亡活动，非常高兴。先我回南召的党员，都以平津流亡学生的名义，通过李益闻的关系安排在自治派军政财文等机关中供职。我担任政训副主任也是他安排的。经过一段时间的工作，李益闻似乎知道了我们这些人的共产党员身份。但他信任、喜欢这批有抱负、有志向、虎虎有生气的进步青年。同时，我们也不断地向他宣传共产主义思想，他也不止一次表示有意同共产党人合作改造南召的愿望。

当日寇大举进攻中原的危难时机，中共中央决定发展中原的革命力量，1938年初，派彭雪枫来中原地区创立敌后根据地。彭雪枫是南阳镇平县人，这次来南阳也算是回归故里，工作起来方便。彭雪枫是宛西自治派领袖彭禹廷的侄子，彭禹廷虽然被害，其名望当时仍响震河南。1938年夏，中共河南省委由豫东转移到竹沟，并成立了河南省委统战工作委员会，彭雪枫担任主任。当时统战工作的关键是要做好南阳专区国民党当局和实力派人物别廷芳的工作。别廷芳当时是宛属十三个县的民团司令，掌握二十多个地方民团，装备较好，派精锐民团驻守南阳。因此，争取别廷芳或使其保持中立，是一件极其重要的事情。他是打着自治的旗号割据宛西地盘的一个"土皇帝"，既不容许国民党染指他的地盘，也不允许共产党在他的管辖区闹革命。当时，一方面国民党军队节节败退，华北沦陷，中原告急，日寇飞机经常飞临南阳上空；另一方面，共产党抗日声威大震，八路军获平型关大捷，共产党人朝气蓬勃。正是在这种形势下，彭雪枫亲自写信给别廷芳，请他为民族利益，为国家大计，也为他自身着想，捐弃前嫌，停止敌对行动。别廷芳有所触动，也为时局所迫，行为有所收敛，表示他自己不骚扰和进攻共产党，还要协助共产党打击土匪武装。别廷芳的转变是统战工作的极大成功，争取了这个"土皇帝"的中立，赢得了时机，这对后来刘少奇、李先念和彭雪枫等分别挺进鄂北、豫东和皖北，建立豫皖苏、豫鄂陕根据地，壮大新四军起了积极作用。

李益闻这次在南召组织武装，正式名称叫"南召国民抗敌自卫团"（原称"联防处""联防队"）。他吸取了前两次的教训，采取了灵活的策略，他让杨庆昌做县联防司令，自己做"太上皇"。李益闻是南阳地区国民党抗敌自卫团委员会委员，他代表南阳地区司令部指挥南召县的工作。我和杨的关系也比较好，利用这个关系，我们取得了国民党南阳地区保安司令部的支持（保安司令部是复兴社系统的）。我在南召国民抗敌自卫团司令部（即原联防处）的工作，主要是建立地方武装，发展党的组织。这支部队有三个团，共九个大队，每个大队四个连队，共7 000条枪。枪支基本上是地主、富农的，而背枪的人却是贫苦的农民。

由于李益闻倾向共产党，虽然联队长、分队长大都是地主子弟，倾向我们的不多，但指导员大多是共产党员。分队长以下的班长绝大多数是穷苦农民。这部分人是我们依靠的对象。为了控制联防队的武装，把人争取过来，我向李益闻和杨庆昌提议，对全县联防队班长抽调轮训，进行军事和政治教育，由我和张超然、王次如、吉德林四人负责，每期训练 50 至 60 人，每期时间为半个月。我们在训练中进行个别考察和秘密教育，发展共产党员。总共训练了四五期，在受训的 250 多名班长中，有 100 多人加入了共产党。随后，又通过县司令部、区团部把一部分党员班长提升为分队长、联队长，使全县的大部分武装掌握在共产党员手中。与此同时，县委还选派部分党员到竹沟参加由中共河南省委举办的训练班学习，学习回来后，担任基层政权、地方武装干部，成为基层党组织的骨干力量。我们还以国民党新生活运动的名义成立了“南召县战时服务团”，由我负责，各区建立分团。通过“战时服务团”的活动，发动群众，发现积极分子，扩大党组织。

1938 年下半年，是南召地区各方面工作大发展的半年，也是抗日活动有成效的半年。当时，南召有一家姓王的地主，仗着自己的武装势力，公开和我们对抗。我们集中兵力把他家包围起来，李益闻派了一个迫击炮连放了几炮，王姓地主就投降了。这件事对我们的士气鼓舞很大。

1938 年 1 月，我到武汉，与武汉“民先”办事处和武汉青年救国团建立了联系。武汉“民先”办事处负责人是于光远和武衡，青年救国团的负责人是刘玉柱和姜世勋。我住在新知书店，书店负责人是徐雪寒和华应申。通过青年救国团的关系，我还与中国青年救亡协会（简称青救会）建立了联系。协会负责人是国民党元老叶楚伧的儿子叶南，叶南夫人袁晓园的妹夫赵梅生是早年北大学生，我党的老党员。赵梅生在青救会任组织部长，他委托我在河南建立河南青年救亡协会。1938 年 2 月，我和李年（北大同学）一起回到南阳，向特支汇报了武汉的情况和他们的建议。

1938 年 5 月，中共河南省委同意成立河南青年救亡协会（简称省青救会），指定我为筹备人之一，我赶到郑州参与筹备工作。参与筹备的还有姚雪垠等人。筹备工作还算顺利，可刚要开会，开封失守，郑州不保，会议只得迁到舞阳召开。此时，国民党炸开黄河花园口大堤，说是要阻挡日寇深入。结果是豫东一片汪洋，难民涌向豫西。我们于 5 月 20 日在舞阳召开了成立大会，豫东代表由于路途不通没有参加。大会由谢邦治主持，参加大会的有民先总队部丁发善（后改名丁秀），南阳学生救国会代表刘玉柱，中国青救会组织部长赵梅生，还有姚雪垠、田莉、苗保太、孟玉华和我等，共 20 多人。我当选为协会执委，组织工作由我和谢邦治负责。开会之前，谢邦治、丁发善和我先秘密开了一个党的碰头会，讨论如何领导这次会议的问题。代表会议结束时，发表了《河南省青年救亡协会成立宣言》。宣言是姚雪垠执笔起草的，发表在武汉《新华日报》和洛阳一家报纸上。

三、南阳形势逆转

1938 年 5 月徐州失陷后，日寇又西犯豫东。为准备长期抗战，中共河南省委机关迁往豫西竹沟。省委根据中共中央指示精神，作出了“向西发展，开展豫陕边工作”的部署，并决定以南召、南阳、镇平、方城为基础，“重点发展南召，作为全省的总根据地”。由于南阳城不断遭到日本侵略者飞机的轰炸，已失去其政治军事中心的地位，故“决定将南阳中心县委改为工委，移到镇平”。当时，省委通知南阳中心县委书记郭以青到竹沟，向彭雪枫汇报工作，彭雪枫代表省委决定，将唐河、桐柏两县党组织划归中共豫西南特委领导，并派省委委员王阑西和省委巡视员李炳之，常驻南阳指导工作，指导实施向西发展的方针。

根据省委的指示精神，中共南阳中心县委于 1938 年 7 月中旬撤销，成立中共豫鄂陕工作委员会，书记由郭以青担任（后来由李炳之担任），余致和任组织部长，工委委员有我、杨德成、葛季武等。中共豫鄂陕工委建立后，根据省委的指示，制定了新的工作方针：集中全力向西发展，大力发展党的组织，巩固与扩大抗日民族统一战线，积极开展抗日救亡群众运动，掌握武装，准备开展沦陷后的游击战争。

遵照这一方针，豫鄂陕工委在半年多时间里，做了大量工作：发展党员，扩大党组织，组织抗日武装，同时积极开展统战工作。统一战线是共产党领导革命走向胜利的“三大法宝”之一。宛西地方自治派势力很强，抗战爆发后，国民党军队节节败退，各界人士对国民党大失所望。尤其是国民党河南省机关撤到宛西后，地方自治派同国民党的矛盾日益加剧。国民党要控制自治派，自治派怕被国民党吃掉，但又不敢公开得罪国民党。地方自治派对共产党本来也持反对态度，但随着民族危机的加剧，看到共产党领导的抗日武装挺进敌后创建了抗日根据地，给日本侵略者以沉重打击之后，自治派对共产党的态度有了变化。在这种情况下，加强党在豫西南地区的活动，做好对自治派的统战工作，就使开展抗日救亡活动的阻力小多了。

国民党为了分化和瓦解宛西地方自治派势力，想方设法拉拢别廷芳。1938 年 8 月，蒋介石在武汉召见别廷芳，对他大加赞许，并委任他为河南第六区抗敌自卫团（后改为抗敌自卫军）司令。别廷芳受宠若惊，从武汉回南阳后，他公开拥蒋反共，逮捕了同情共产党的镇平自治派上层人物王扶山，下令取消“镇平青年救国团”。面对这种局面，豫鄂陕工委采取了紧急措施，重点是通过李益闻做别廷芳的工作。李益闻与别廷芳是至交，他向别廷芳揭露了蒋介石企图唆使地方势力互相残杀而坐享其利的阴谋，力劝别廷芳不要上蒋介石的当。别廷芳听后恍然大悟，立即释放了王扶山，并委派他到方城、叶县一带推行地方自治，使豫西南骤然恶化了的形势得以缓解。

1938 年 8 月，中共南召县委决定支持南召自治派的主张，除掉南召国民党复兴社头目、财务委员会委员长蔡毓强。蔡是南召地方反动势力代表人物，是联防处的反对派，也是县里掌握实权的人物。李益闻以县抗敌自卫团司令部的名义，向别廷芳控告蔡毓强组织团体、反抗政府、图谋不轨的罪行。别廷芳派他的副官主任到南召逮捕了蔡毓强，在押送途中将其枪决。除掉蔡毓强，对南召顽固势力震动很大，他们更为恐慌。一贯反对共产党和自治派的国民党县党部书记长赵广心闻讯连夜逃离南召，这对南召的抗日斗争形势更为有利。

豫鄂陕工委非常重视做抗日救亡团体的工作。引导这些团体的青年学生深入城乡，通过教唱救亡歌曲、演出抗日剧目、创办进步刊物等形式，揭露日本帝国主义的侵华野心和残暴罪行，宣传共产党的全面抗战路线，反对国民党的片面抗战路线和压制民众运动的政策，号召与侵略者奋战到底。还广泛开展募捐活动，直接支持抗战前线。此外，还注重发现和培养青年积极分子，吸收他们加入党组织，为抗战培养人才。如在南召现代中学就发展了50名中共党员，又通过举办训练班和送他们去竹沟学习，培养出30多名武装骨干，使现代中学成为共产党培养抗日力量的一所新型学校，被人们称为“小抗大”。

1938年10月，武汉沦陷，抗日战争进入相持阶段。中共中央长江局确定了新的工作方针：把抗日战争的重点转移到沦陷区，发动群众，开展敌后抗日游击战争，创立敌后抗日根据地。非沦陷区党的任务是：发展党的组织，开展群众工作，准备武装力量和支援敌后抗日斗争。根据这个方针，河南省委决定撤销豫鄂陕工委，恢复南阳原辖区的党的建制。

1939年1月，省委派李炳之主持豫西南特委工作。李炳之是大革命时期的党员，到南阳后以北仓女中教员的身份为掩护。郭以青任副书记兼宣传部长，余致和任组织部长，葛季武任军事部长，我任青年部长。不久，特委改称地委，我一直任地委委员。豫西南地委建立后，南召就建立了县委，胡子云任县委书记，党及辰任宣传部长，王林任组织部长，傅真如任军事部长，我任统战部长。

就在这个时候，新任中南局书记的刘少奇于1939年1月25日途经洛阳，到了南阳，住在南阳城东关的交通旅馆。1月26日下午，王阑西和郭以青二人到刘少奇住地汇报工作。郭以青重点汇报了南召县统战工作的情况，王阑西汇报了与驻南阳的国民党十三军军长张轸建立统战关系的情况。当时，王阑西以河南省委代表的身份和张轸秘密接触，并达成协议：若日寇侵犯鄂中和南阳一线，其部即与我方联合抗日。张轸慨然应允支援竹沟抗日根据地一批枪支弹药。

少奇听取了汇报并作了重要指示。他指出：在抗日民族统一战线中出现了一股逆流，国民党反动派害怕群众起来抗日，害怕群众拥护我们。总之，是怕进步势力，怕共产党，不愿再前进了，要倒退一下子了。在他们统治的地方，压制抗日救亡运动，打击我们。全国许多地方都出现了这种动向。对此，你们要有精神准备。你们贯彻六届六中全会精神是积极的，你们积极发展党组织，掌握武装力量，在河南大部分地区沦陷的情况下，这种考虑是有一定道理的。现在的情况有了新变化，日寇还不大可能大举西犯。这样，你们这里将会稳定一个时期，而国民党当局则正要借此稳住阵脚，同地方封建势力在反对我们这一点上取得一致。所以，就整个中原地区来讲，是发展的形势，是开展游击战争的好时机。但南阳地区就不同了，这里是国民党统治区，和敌后应有所不同，应该是隐蔽精干，保存力量。

关于张轸愿同我方联合抗日和支援我们枪支弹药的问题，少奇指示，联合抗日，我们欢迎。但眼前不能要枪，要枪容易暴露，要向对方说明情况，可以变成钱，以解决我们的困难。同时，要和张轸秘密来往，不要被特务发觉。要告诉张轸，把关系保存起来，后会有期。不必要的来往，对他、对我们都没有好处。最后，少奇告诫说：被国民党注意的地方，譬如新生书店（是豫西南地委交通站，设在南阳城中心）要少使用或停止使用；已暴露的党员、干部，可以撤到竹沟去。

1 月 27 日少奇一行离开南阳后，豫西南地委立即召开会议，传达了他对豫西南工作提出的“隐蔽精干，保存力量”的工作方针。当时我党在国统区工作还在一味膨胀、对国民党反动派防范心理不足，少奇的指示更显得意义重大。所以，豫西南地委决定在全区党组织中进行阶级教育和保密教育，做到公开工作与秘密工作相区别，警惕国民党反动派的打击和破坏。地委还决定，已暴露的干部，要立即转移。

南召的抗日斗争形势和统一战线工作十分复杂，在这种环境中工作对我来说，的确是很大的考验。在一首《寄北》的诗中，就流露了我当时的心情。

漫漫冬夜欲曙时，展笺心绪乱如丝。
天边孤星悠明灭，海上落日照大旗。
把臂喃喃祝双影，低眉脉脉忆小诗。
延安城头千里雪，寒风薄情透征衣。

果如少奇的分析，1939 年上半年南召的形势发生了变化。国民党不断给我们施加压力，我们的工作越来越困难。回想 1938 年，我们发展得太快，在城市、农村建立了很多党的组织，一开始成立三个区委，接着扩大到六个区委。到 1939 年初，全县共产党党员已经发展到将近 400 人。1940 年我离开县委时已发展到 600 人。那时国民党的省政府、省党部、省军事机关，都搬到南阳地区来了。他们最怕“后院失火”，因此非常注意这个地区共产党的活动，特别把南召作为他们的主要打击对象。

这一年，我们用了很大精力来对付国民党的压力。我们在南召县成立了一个“南召县工作委员会”，这不是党的组织，是一个统一战线组织，主任是李益闻，副主任是自卫团司令杨庆昌。委员一共有 21 人，既有共产党，也有国民党，还有一些是没有党派的人，有人开玩笑说这是“三三制”。当时不知是谁以工作委员会的名义出了个油印小册子，把我们的政治工作纲要刊载出来了。被国民党抓住了，硬说这是共产党的组织，说我是共产党县委负责人，也说李益闻是共产党。但他们没有证据。

这时，国民党中央决定在各县成立国民兵团（兵役机构），在南阳地区将取代抗敌自卫团。这事关重大，李益闻当即派我到南阳去向别廷芳汇报。1940 年 1、2 月间，我到南阳，别廷芳马上见了我。他说：这事我已经知道了，你们的事情以后难办了。他提出了“县里让出，区里顶住”的策略，就是说县里自卫团的职务可以让给国民兵团，区团的名字也可以改，但兵权不让。他讲已经和国民党省党部谈好了，县自卫团司令可以改任县党部书记长。虽然摘掉了自卫团司令部的牌子，我们还照常指挥各区的工作，并没有多大的变化。后来，杨庆昌还代替杨挺升任县党部书记长，傅真如也到县党部任干事。南召抗敌自卫团改为国民兵团的事，别廷芳之所以关心，是因为南召抗敌自卫团属于别廷芳地方实力派的体系，所以，别廷芳采取明从暗抗的办法。我们借用别廷芳的力量，正是抓住他同国民党的矛盾，利用南召自治派在那里开展工作，到 1940 年上半年基本上稳住了阵脚。

1940 年 4 月别廷芳因患直肠癌病逝，局势发生了急剧的变化。他的去世，对南召自治派，特别是对李益闻是一个沉重的打击。因为别廷芳是铁腕人物，是地方自治势力强有力的后盾。别廷芳去世后，他的侄子别光汉接任司令，此人能力不行，威望也不高，国民党也不重视他。

1940 年下半年的一天，在国民党县党部当干事的傅真如把国民党省政府、省党部联合发的秘密通知拿给我看。通知上写着，国民党要派一个党政视导团来解决南召、西华、伊阳三个县的共产党问题。形势一下子就紧张了。1939 年已经有一批从外地来南召的干部撤退了。在这种形势下，县委紧急商定，本地干部要撤退。怎么撤？因为我们办了个现代中学，完全按照延安抗大的课程训练干部。于是决定，先撤一般干部和青年学生，转移到其他地方去。至此，老百姓心中的“小陕北”（南召）、“小延安”（李青店）、“小抗大”（现代中学），完成了历史使命。

1940 年的秋天，我的心情十分苦闷，当时曾写下了这样的诗句：

秋风起，秋风凉，秋雁声声过池塘。
窗外明星来相照，夜半披衣起彷徨。

四、组织决定去延安

我的处境也越来越危险了。当时，杨庆昌等人到洛阳受训，国民党省党部负责人直接找他和我大哥袁峻峰谈话，问我的情况，说我是共产党，要我到洛阳去。他们一听感到不妙，撒了个谎说：袁宝华已到云南昆明西南联大念书去了，不在南召了。随后立即写信派人送给我，告诉我国民党省党部指名要抓我（在“文革”中，造反派在南京第二历史档案馆查国民党档案，有关南召共产党分子，其中就有我），让我赶紧想办法离开南召，同时还说党政视导团很快就要到南召来。我得到消息后，马上报告地委，地委报告省委，省委派地委书记刘清源来通知我，要我和傅真如撤退到延安去。但傅真如表示身体不好，我决定一个人去延安。

临走之前，我向刘清源请示让李益闻和我们一起撤退，我也找到李益闻说：“看现在的情况，你在南召待下去比较困难，你能不能下决心离开这里。”他得知我要到陕北去，就说：“我如果离开这里，南召就全垮了。我在这里能支撑得住。”他表示要留下来维持局面。我只好作罢。令人痛心的是，1942 年南召事变，李益闻被国民党认作共产党地委负责人惨遭杀害，同他一起牺牲的有二三十人。南召革命力量遭到血腥镇压。南召事变和李益闻被害都与傅真如的自首叛变有关。组织决定我们两人去延安，他拒绝了，没有去。跑到南京找他在国民党中央工作的姐姐，不久在南京自首，国民党又派他回到南召组织三青团。我们党的上层关系他知道不少，所以使南召地下党遭受很大损失。兰州解放时他被我军俘获。当时他心存幻想，给我写信，我将信转给组织。此人在兰州被镇压。

李益闻是我孩提时代的老师，他对我很了解，也非常信任。我借助与他的关系开展工作，使南召的抗日活动开展得轰轰烈烈。他性格坚毅，宁死不屈，人生经历几起几落。1991 年我回故乡南召，县委要为李益闻立碑，请我写碑文，我一夜未睡用毛笔写成，刻在石碑上。南召人民对李益闻很推崇，他在南召搞地方自治，不但搞武装，还搞经济建设，植树造林，改地造田，办手工业，发展家庭作坊，成绩卓然。时至今日，我仍然怀念这位老师。

南召的抗日烽火，使我这样一个青年知识分子，在革命的大风大浪中得到了锻炼和提高。对一个二十多岁的青年来说，主要的不足就是没有经验，不会保护自己，不善于做隐蔽工作，没有意识到这个问题的重要。

离开南阳后，一直没有回去过。1960 年 4 月我路过河南时，由于工作繁忙，未能回去看望，写了一首《南游》表达怀念之情：

轻云散漫碧空流，春风伴我又南游。
中原沃野三千里，柳绿麦苗惹乡愁。

在离开故乡 51 年后，1991 年我终于踏上了家乡的土地。看到家乡的巨变，不由感到万分兴奋，欣然步原韵吟诗一首《故乡行》：

故乡河山足风流，五十年来几梦游。
而今后生多俊秀，不须杯酒释杞愁。

第四章

革命圣地延安

一、奔赴延安
二、进中央党校
三、陈云领导下的中央组织部
四、延安整风
五、延安生活

一、奔赴延安

从南阳去延安必经西安。去西安有两条路，一条是乘火车经洛阳去西安。洛阳当时是国民党河南省党部、省政府所在地，我不能自投罗网。另外一条路比较崎岖，需要步行，但却比较安全。我选择了这一条路去西安。为避风头，我离开南召，先到南阳杜河店舅舅家隐蔽了四十多天。11 月下旬，天气渐渐冷下来后，由表兄和他的一个朋友送我，骑着自行车，沿着镇平、西峡口、商县、蓝田的崎岖山间小路，日夜兼程，颠簸七天后到了西安。

到西安的当天，我住在北大老同学李年的家里。李年是河北人，他曾随我到南召搞抗日救亡活动，并在南召入党。因父亲患病，组织同意他回到西安照顾父亲。他父亲有一位老同学做陕西省民政厅长，李年给这位厅长当机要秘书。第二天，我住进了八路军西安办事处。这真是一个新天地！长期做地下工作的人，在这里的感觉就是到家了、解放了！这儿的人不论来自天南海北，彼此亲如一家，用不着你瞒着我，我瞒着你了。在办事处，我遇到了张成廉（何湘），她也是南召县人，她从延安出来，准备回家治病。见面后，甭提有多高兴了。她向我详细介绍了延安的学习和生活情况，我听得津津有味，备受鼓舞。本来早就一心向往延安，现在更是恨不能立即插翅飞向延安。

去延安，当时并非易事。胡宗南的部队对从西安到延安这条路盘查极严，不允许八路军的军车往来。我们只好在办事处招待所里等待机会。当时同我一起等待的还有一些同志，我们想如果实在不行，就化装过去。这样虽然危险，但为早一点进延安，谁都不害怕。办事处的同志为了稳定大家的情绪，确保大家的安全，总是对我们说：你们等着，有机会，会有机会！

很快，机会来了。中共中央统战部副部长南汉宸带着朱德总司令致胡宗南的信函来西安谈判。到西安后，由于形势发生了变化，朱总司令的信需要修改，改后要重新抄写，谁来抄呢？找来找去，找到我。南汉宸对我说：“你的毛笔字还可以，你来抄吧。”在他西安之行任务完成后要回延安时，办事处确定我们跟他一起去延安。

1940 年 12 月，我们 30 多人随南汉宸坐一辆大卡车向延安进发。他坐在驾驶室里，我们挤在后边有帆布篷的车厢里。大家都高兴极了，终于可以到延安了。办事处的同志怕在途中出意外，要我们事先做充分准备，教我们遇到岗哨如何回答，编出一些能说服人的理由。告诉我的身份是八路军某部的，不能说是从南阳来的，只能说是从四川来的。其实当时我从未到过四川，要是人家真的盘问起来，那就真抓瞎了。

汽车开到铜官县（现铜川），被国民党军警挡住，南汉宸不慌不忙地拿出胡宗南、蒋鼎文给朱总司令的回信，理直气壮地斥责岗哨：“你们长期封锁道路，不让我们过去，使我们好多人都滞留在西安，现在有你们长官的信，还要刁难，真是岂有此理！”一番斥责之后，搞得那些国民党军警哑口无言，只得放行。

汽车一进入边区南边的鄜县（现富县），操着东北口音的司机就大声对我们喊：“同志们，可以放声歌唱了，我们已经到家了。”车上立刻沸腾起来。我们还以为是到了延安，谁知不是延安，而是刚刚进入边区。大家伙儿就在车上讨论开了：“我们从国统区到西安八路军办事处就像进入‘解放区’一样。现在可是从‘解放区’到解放区了。”当时大家高兴得不得了，年轻人都扯着嗓子唱了起来。

我终于来到了向往已久的革命圣地延安。

二、进中央党校

到了延安，我住在中央组织部招待所，等待组织部同志的谈话和分配。那些比我先到延安的同志，纷纷找上门来，谈别后之事，叙战友之情，分外亲切。我分别找有关部门的同志汇报了南阳的统战和青年工作，在中央青委看到李昌、韩天石，李昌是中央青委的负责人，青委下设一个青年干部学校，工作搞得红红火火。在统战部汇报了南阳地区的统战工作，王明是统战部部长，他小病大养，不怎么上班。实际负责人是副部长柯庆施，一个科长是廖鲁言，他负责大后方统战工作，另一个科长是刘澜波，他负责军队的统战工作。

不久，中央组织部王玉清找我谈话，征求了我对分配工作的意见，我要求学习。1940 年 12 月，我开始了令人难忘的中央党校学习生活。

中央党校坐落在延河西岸。当时共有十几个班，几百个学员。我被编在 45 班，全班一共三四十个人，大部分是青年知识分子，班党支部书记黄杰是位女同志，黄埔军校武汉女生队的第一批学员，资格很老，工作经验非常丰富。我被选为党小组长，全组十来个人，杜星垣和他的夫人、周建南的夫人都在这个组，还有两位陕北干部。

中央党校非常强调理论联系实际。在这段学习生活中，我系统地总结了在南阳做地下党工作时的经验教训。我把那几年在南阳时压在心里的话，一股脑儿地倾吐出来，小组的同志帮我分析，大家你一言我一语，结合他们的革命经验帮助我，使我收获很大。二十多岁的我，一下子感觉比过去成熟多了。这期间，黄杰的爱人牺牲了，大家都很悲痛，组织为了照顾她，不再让她担任支部书记，大家就选我做了支部书记。

当时，中央正准备召开七大，开展整风运动，总结党的工作经验和苏区工作经验。中央党校校长邓发是中央政治局委员，政治局每次开完会，他都在党校传达精神。一些政治局文件的讨论稿、他的发言稿都是由杜星垣和尹锡康帮助抄写，杜星垣还在小组里给大家讲中央的新精神。

中央党校的生活比较艰苦，学员们吃饭都在露天，每个人发一个小铁盆和一把勺子。食堂的菜，就是白水煮土豆，里边加点羊油和盐，冬天在露天吃饭，羊油都漂在表面。主食是陕北小米，小米加工粗糙，壳子又多，许多人患上盲肠炎。虽然党校也搞生产，但“生之者寡，食之者众”，生活条件确实很差。尽管如此，在中央党校汲取的“营养”，令我受益终生啊！

三、陈云领导下的中央组织部

我们在党校学习了3个月。学习结束后，我被分配到中组部工作。中组部在延河西岸、杨家岭的对面，紧邻中央党校。我在中组部工作到抗战胜利，整整四年半。这段生活是在“团结、紧张、严肃、活泼”八个大字中度过的。

陈云当时是中组部部长。他从新疆回来后，担任中央政治局委员、书记处书记。李富春是副部长，蔡畅大姐刚刚从苏联回来，还没有正式到妇委去，也住在中组部，参加组织部的组织生活。我刚到中组部时人员比较多，有100多人，设有干部科、地方科、交通科和秘书处。开会时，一个大会议室坐得满满的。干部科科长是王鹤寿，副科长是乐少华（原是上海机器厂的一名产业工人，党组织送他到苏联学习，回国后在方志敏领导的抗日先遣军任政治部主任，后来抗日先遣军失败，他在战斗中负了伤，辗转来到延安）。地方科科长是王德，交通科科长是王林（他长期做党的地下交通工作），秘书处秘书长是武竞天（建国后任铁道部副部长）。

1941年6月，德国法西斯向苏联发动侵略战争。日本帝国主义极力把中国变成它扩大侵略战争的后方基地，加紧对解放区“扫荡”和“蚕食”，大搞“治安强化运动”，同时继续对国民党采取诱降的方针。在日、伪、顽的夹攻和封锁之下，延安生活资料极端紧张，吃穿用都成了问题，党中央号召全党全军实行“精兵简政”，精简机关，充实部队，加强基层，克服财政经济困难。

1941年下半年，中央机关开始精简机构。中组部将地方科、交通科分出去，只留了干部科和秘书处。中组部全部工作人员，包括中央党务委员会，以及陈云和他的秘书在内，只剩下16人。其中干部科7人，4人负责档案管理，3人负责干部调研；秘书处加秘书长5人，负责干部调配工作。陈云兼党务委员会书记，只有 1 个秘书、1 个干事。精简机构后，中央组织部从延河西边搬到了延河东边杨家岭沟口的北山坡上。人们要去中央机关，首先经过的就是中组部。

中组部的工作十分繁忙，尤其是机构精简以后，更是忙得不亦乐乎，每天日程都排得很满，要求也非常严格。每天工作结束，吃完晚饭，一定要到科长、副科长那里汇报工作。主要汇报这一天做了些什么事情，与哪些人谈了话，做了些什么调查，最后给人家写了什么结论，有什么意见，意见正确不正确，以及还有些什么需要向领导请示的问题等。天天如此，从不间断。当时我年纪轻，精力也充沛。每天一大早还没起床，要求谈话的干部就来敲门了。抹一把脸，等不到吃早饭就要跟来的人谈话，谈了一批以后，才能去吃早饭。一天到晚总感到觉不够睡。紧张归紧张，生活却很愉快。在工作之外，业余文体活动还是很丰富的，看戏、看电影、唱歌、打球。部里组织了一个排球队，李富春亲自担任指导，有时我们还到兄弟单位去打打比赛。

在中央组织部工作的几年里，陈云的一言一行给我留下了终生难忘的印象，他是我们做干部工作的楷模。

陈云主持学习也很有特色，每人一个小马扎，围坐一圈，边读书边讨论。对此他风趣地说，平时大家都坐硬板凳，学习时优待，坐“软椅子”。所谓软椅子，叫作马扎，就是用麻绳拉起来，上边放一小块自制毛毯片。陈云抓学习，在延安是出了名的，可贵之处是持之以恒。不论工作多忙，他从不放松，每周两次坐下来学，是板上钉钉、雷打不动的制度。那时学习主要是读马列原著，念一段，讨论一段，一字一句地学。这段时间里，我学了《共产党宣言》，学了恩格斯的《反杜林论》中的“社会主义从空想到科学的发展”一章。先后还听柯伯年、吴亮平的辅导。每次辅导，陈云会提出许多问题引导讨论。当时已到延安准备出席七大的代表住在中组部，也来参加我们的学习，如陶铸，每次都抱一大摞儿马恩列斯的书，引经据典。有时他与人争论起来，面红耳赤。张鼎丞（时为中央党校二部主任）有一次来中组部，陈云留他吃饭，要我向他介绍中组部的学习情况。张鼎丞听了高兴地说，你们这个办法好，我们也要这么学。这种讨论，启发思路，有利于弄清问题。学习中大家提问题，辅导人员解答，有的问题他们当场也解答不了。每遇这种情况，陈云往往风趣地笑问，当年你们是怎么翻译出来的？他们说，有的句子实在没办法译，只能照字面意思直译。这句话给我留下深刻记忆。

学习毛主席的《改造我们的学习》《整顿党的作风》及《中共中央关于调查研究的决定》等文章，虽通俗易懂，但领会不同，争论不少。有陈云主持，他的解释最权威。有时，我们也学习一些自然科学知识。对于干部工作，陈云常说，管干部要善于发现干部的长处，才有可能发现人才。延安时期组织部门工作的最大特点是“谈话”多。尤其一些从各根据地或国统区来到延安的人，或曾受过处分的，或从敌监狱出来的，都想到中组部诉说衷肠，我们要根据已知的情况与他们谈话。一次，从国统区来了一位老同志叫匡亚明，他多次被逮捕入狱。40年代初出狱后，他不辞艰辛到了延安，王鹤寿和他谈话，谈后写了一个报告，陈云看了说，这个结论写得好，还组织大家学习。匡亚明多次被捕，所谓“历史复杂”，王鹤寿通过交谈，把匡亚明每次入狱的“问题”，一个一个摘出来，通过各种渠道进行调查，再一件事一件事分析这个人的长处（优点）和短处（缺点），然后得出结论：匡亚明是个很好的同志。陈云倡导的调查、分析、发现“长处”的方法，使我们这些组织部的年轻人，在如何辩证分析问题方面得到了教育和锻炼。找到和发现干部的长处不等于不重视其短处，是在肯定他们长处的基础上，启发并帮助他们逐步认识和克服短处。

在贯彻党的干部政策中，陈云提倡用90%的时间做调查研究，用10%的时间做结论。所以，有关根据地党的建设，有关干部的提拔、使用，有关非党干部的团结与培养等等，我们都亲自找从前方或根据地到延安的同志谈话，听取他们在战争环境中建党的经验，找各地来延安的一些知名的非党员干部座谈，了解党的知识分子政策及团结使用中的问题等等。

陈云常说，中央机关的工作，第一是了解情况，第二是掌握政策，第三才是自己的日常业务工作。他的工作方法是抓大事。中央组织部，诸如调查研究、干部政策、重要干部的调配等，他必亲自抓。如抗战后期，为加强东北地区的工作，中央决定调一批干部到东北去，他都是亲自挑选、谈话，再报中央。他抓大事，但不包办，充分调动工作人员的积极性。中组部日常干部调配工作，他都放手让下面同志去处理。为做好调查研究工作，陈云主张每人都应有分工，有人侧重“门市”，有人侧重政策研究。对我们这些学生出身的干部，侧重放在“门市”，如接待、谈话、工作分配等，目的是多与实际接触。同时，他强调分工不“分家”，“门市”、调研不能绝对分开，“门市”也要结合工作做调查研究。他说，这是送上门的第一手资料。

我在中组部工作近五年，住处与陈云是多年的邻居。机关搬到杨家岭后，坡上窑洞上下三层，秘书处住坡下一层，陈云、王鹤寿和党务委员会住坡中层，干部科住坡上层，上下有一木栏扶手的土台阶。一次晚饭后，他提着马灯到我住的窑洞和我聊天，聊了一两个小时。他详细地询问了我的经历，让我谈了自己的思想变化，他也讲了他的经历、他自己思想变化的过程。他说，一个人在革命关头和关键时刻，正是接受考验的时候。大革命失败后，他回到乡下，他的亲友纷纷来劝他不要干了，夸他聪明能干，今后路程还长，干什么都行，为什么非要干共产党。那时，他也翻来覆去想，结果还是认定要走自己选择的路，绝不半途而废。他说服了亲友，说服不了的干脆不理睬。他说，只有这样，才能把这条道路坚持走下去。他又讲了他在苏区工作的一段经历，怎样联系群众，与群众打成一片，怎样通过讲故事与红军战士聊天交朋友等等有趣的事。本来我们这些青年对部长心中还有点敬畏，但在聊天中不知不觉距离拉近了。他告诉我，青年知识分子最大的毛病是过分看高自己，把自己高居于群众之上，而不是在群众之中。不能和群众打成一片，这样的人本领再大，也无用武之地。他说不与群众结合，就不能施展你的才能。针对我当时的一些思想倾向，他说你在党内的经历短，思想锻炼少，又有点骄傲自满、自以为是，这是犯主观主义毛病的根源。主观不符合客观实际，可是自己还以为是正确的。他听我讲了在南阳的经历后说，一个南召县范围不大，能有七千条枪，力量不小了。这是好事，但也可能是养成你自我估计过高、自以为是的原因之一吧。“听君一席话，胜读十年书”。陈云的话使我似乎还朦朦胧胧的头脑突然清醒了一些，我真的从内心接受了他的分析。后来在一次学习会上，陈云翻看我的学习笔记，边看边批改，可惜这个笔记本后来丢了。但他在我整风学习笔记本上书写的“自以为是，自恃聪敏”那八个字，我终生难忘，不断以此告诫自己。

当时的延安，李富春是中共中央副秘书长兼财经工作部部长，主抓经济工作。陈云对富春抓经济工作很欣赏。他常说我们做政治工作的人都应有一段做经济工作的经历，这样工作才不至于空、不至于虚。他说毛主席特别重视经济工作。一次晋西北区党委书记林枫向毛主席汇报工作，说他把主要精力放在解决根据地军民的吃饭穿衣上，毛主席听了他的这番话很欣赏，说所有根据地人民政府都要用90%的精力解决农民的“救国私粮”（口粮）问题，用10%的精力解决“救国公粮”就可以了。陈云讲，将来我们党得到天下，要巩固天下就必须使全国四亿五千万同胞都有一个饭碗。陈云是新中国经济工作的重要领导人，也是中国社会主义经济建设的开创者和奠基人之一。

在陈云的严格要求下，我们都培养出一条铁的纪律，就是严格保密。中央机关，尤其是中央管干部的机关，要熟悉每一个干部的情况，而且每一个干部到中组部来，都会毫无保留地把自己和自己知道的事情告诉组织，甚至个人的隐私也要告诉组织。对这些情况，我们不能互相交流，只能直接向领导汇报。王鹤寿的保密思想、保密观念、保密习惯对我们影响也很大。他所在的干部科开始也管干部接待、审查、调配，后来只管干部政策研究。他十分强调保密。

四、延安整风

1942年的延安整风，是一次大规模的马克思主义学习运动。这是我到延安后参加的第一个大的政治运动，亲身体会到党中央是如何发动群众，如何执行政策的。2月1日，毛主席在中央党校开学典礼上作了《整顿党的作风》的报告，以精辟的论述、深刻的分析、生动的语言，把开展整顿“三风”的重要性、主要内容和要求，讲得清清楚楚。中组部全力投入到整风运动中去。陈云亲自召开动员会。整风的文件有近30个，大家逐字逐句地读。学习最认真的是徐特立。本来中央已经发了文件，可是徐老还是把文件抄到自己的本子上，仔细阅读。

毛主席告诉大家，要抓紧在延安这个相对和平的环境中学习。这时正准备召开党的七大，各地选出来的七大代表，大都集中到延安中央党校里学习，中央党校从一个部发展到六个部，也有些代表住在中组部。中央组织了由中央和地方及军队领导人参加的高级学习组和中级学习组。中央机关是集中学习。边区和各根据地也都各自组织学习。主要是学习、讨论党的历史经验教训，当时把党六大前后的历史资料编成两大本作为学习材料。

延安的学习氛围十分浓厚，到处都是干部和战士学习的场景。我住的那孔窑洞，既是我的卧室，又是中组部的图书室。窑洞不很宽但比较深，我用书架在窑洞中间隔开，外边是办公和与干部谈话的地方，里面放一张床作为我的卧室。房屋中间有好几个大书架，摆满了书。这些书都是各地来延安的干部送给中组部的，其中有当时出版的许多世界名著。整风学习以来，到我这里看书、借书的人也多了起来。给我印象很深的是胡乔木来借书。我们这里有一套《鲁迅全集》，红布书面，字是烫印的银色字。一天胡乔木找到我，他要查鲁迅的一篇文章。他知道中组部藏有一套《鲁迅全集》。后来我才知道他是为了给毛主席起草整风报告用，在整顿文风那篇讲话后面附了一篇鲁迅的文章，就是从这部《鲁迅全集》中摘出来的。也由于近水楼台，《鲁迅全集》我从头到尾读了一遍。

那时延安人人谈学习，许多人一见面三句话不离学习的事。当时王首道是中央办公厅秘书处处长，负责机要工作，中央开会时他作记录。有一天吃完饭，我们到延河边去散步，遇到王首道便打个招呼，这时过来两个延安大学的女学生，他把人家拦住，出了个题目就要考这两个女同志，她们一开始很窘，后来还是回答了出来，真有点“路考”的意味。

延安整风最突出的特点是，强调调查研究，提倡实事求是。毛主席提出“没有调查就没有发言权”，并亲笔写了“实事求是”四个大字，嵌在延安中央党校大礼堂的山墙上。1947 年胡宗南进犯延安时，中央党校被破坏，老乡们悄悄地把这四个字的刻石埋藏起来，直到 1948 年后，这四个字又恢复原样。

整风学习大大提高了全党马克思主义水平。就我自己来说，入党前读过《共产党宣言》，当时不甚了了。在延安再学习《共产党宣言》时，硬是一字一句地学，大大提高了理论水平，也培养了良好的学习态度和热爱学习的习惯。

整风树立了实事求是的思想路线。中国革命和建设能够克服重重困难，最后取得胜利，正是“实事求是”的道理为干部和群众接受，变成巨大物质力量的结果。实事求是，一切从实际出发，理论联系实际，是反对教条主义、形式主义，克敌制胜的法宝，是延安精神的重要内容。它是在延安时期开创的一代学风，也是我们党一贯坚持的思想路线。

我第一次亲眼看到毛主席，亲耳聆听他的讲话，是在1941年11月中央机关召开经过精简后的第一次全体干部大会上，地点在中央办公厅门口的小广场上，大会由李富春主持。毛主席讲话给我留下的突出印象是他很朴素、很随和、很风趣。当时生活已经好转，可毛主席还穿一件有补丁的灰布棉大衣。他这次重点是讲实事求是，反对主观主义。他要求中央机关的干部办事情都要调查研究，从实际出发，避免主观主义。他说：你们可不要小看主观主义，主观主义也是个主义呢！他说，过去我们湖南人看到外国人手里提个文明棍，穿的裤子裤缝都是直的，于是断定外国人的腿不会打弯儿，要不为什么裤缝是直的，走路还要拿棍子呢？毛主席通过深入浅出的解释，深刻地说明了主观主义的巨大危害。他指出，中央机关的任务就是要了解真实情况，掌握正确政策。主观臆断不能了解真实情况，不能了解真实情况怎么能掌握正确的政策呢？必须反对主观主义，深入进行调查研究。要做到实事求是，了解实际情况，把马克思主义理论同中国革命的实际结合起来，就需要进行深入的调查研究。他说，我们不了解外国，现在又不能到外国去调查研究，可是有外国人在延安，应该向这些人作调查。印度援华医疗队有个巴苏华医生，就在延安医院里工作，你们要了解印度的情况可以去找他；要了解印度尼西亚的情况，可以找阿里阿罕；了解日本的情况，就找延安日本工农学校（“日本士兵反战同盟”主办）校长冈野进（日共主席野坂参三）。

张闻天等中央领导同志都亲自带头响应毛主席的号召，真正“沉”下去，到农村、到工厂进行调查研究。只有王明这样的人小病大养，不做工作。那时中央专门作了关于知识分子干部的决定和关于团结非党员干部的决定，都是中组部经过一番调查研究，找了很多人谈话之后起草的。为起草文件，陈云亲自找了许多从大后方来的较知名的非党人士谈话。后来，陈云到西北财经办事处搞财经工作，每个星期都要开一次座谈会。那时调查研究已经形成了风气。毛主席提倡的调查研究，对提高延安干部的素质起到明显的效果。

延安整风运动进入后期审干时，我们这些从国民党统治区来的人，几乎都成了审查对象。这也不奇怪，因为当时发生过国民党利用大批青年向往延安，乘机派遣特务的事，所以查一查很有必要，问题是负责这项工作的康生等人心术不正，他们扩大打击面，伤害了很多好同志。如中央统战部副部长柯庆施一案，当时轰动整个延安。这是康生一手制造的一个大假案。审干开始，有人看到杨家岭中央大礼堂的二门背后墙上有用刀子刻的“柯部长是国民党特务”几个字。康生就据此迫害柯庆施，后来被毛主席制止。我算幸运，由于整风期间我在中组部工作，中组部的风气正，审查中对我比较客观。

通过延安整风，密切了干群关系，密切了党群关系，全党的群众观点大大加强。许多中央领导同志亲自作出了榜样，徐特立、陈毅到杨家岭给勤杂人员学习班讲课。徐老讲中国共产党南征北战，陈毅讲苏北反顽斗争。当时干群关系十分融洽，许多高级干部都与一般群众建立了深厚的友情。如任弼时曾主持给一位姓杨的老炊事员祝寿，他还风趣地写了一副对联：“杨老不老老当益壮，祝寿长寿寿比南山。”整风后期，我和几个同志帮助机关服务人员学文化。他们多是前方送来的小鬼，文化水平低，但是都明白自己是为人民服务的，学习都很认真。我教他们学文化，让他们每天记日记，给他们改错字，改不通的句子。

在延安还有一件事对我影响比较大，就是彭真从晋察冀抗日根据地回延安后，作了一系列报告，主要讲晋察冀党的政策问题。我虽然没有在根据地工作过，可是在白区工作了一段时间，也受到启发。陈云对我们说，毛主席听了彭真关于根据地建设各项政策的报告之后，认为要建设新中国，就必须像晋察冀根据地一样，进行一系列的建设，不光是党的建设、军队建设，还有很重要的政权建设和群众工作。彭真讲过一句话：“政策可以调动所有人的积极性，为我们取得抗日战争的胜利来服务。”毛主席很欣赏这句话。晋察冀根据地多是山区，条件很艰苦，敌人实行“三光”政策，制造无人区，生活日用品极其缺乏，有些可以自己做，如火柴、洋蜡等，有些自己做不了，最缺乏的是医药，怎么办？就是提高价格，要什么东西，就提高什么东西的价格。把价格提高后，北平、天津、保定、石家庄、张家口、太原、大同等地的商人都纷纷自动地送来。

后来有人问李先念，说你从延安出来时，随从不过两三个人，枪不过几条，到鄂东以后，能很快发展起来，延安给了你什么东西？先念说："中央没给我一分钱、一条枪、一粒子弹，就是给了我政策，就发展了起来，发展出一个钻入敌人心脏的大根据地。"

他们的亲身经验，对我后来到东北农村建立基层政权起了重要作用，我有了更深刻的体会。

五、延安生活

延安不仅是一个大学校，而且是一个大家庭，同志之间不论职务高低，相互帮助，团结共事。中组部十几个人来自五湖四海，虽经历、性格各自不同，但相处十分愉快。在延安各个不同单位之间也是这样。每当工作学习之余，大家在延河边上来来往往，有的虽叫不出名字，但也知道他是哪个单位的。有一阵子，为集中供应，成立中央管理局，统一管理中央机关的生活。每次管理局杀了猪，通知各个单位去领肉，大家热热闹闹地吃大锅饭，胜似一个大家庭。

延安的物质生活是很困难的。1940 年前后，国民党断绝了对八路军的一切供应。而 1941 年、1942 年前后，又是日军进攻我各根据地最猖狂的时候，轮番"拉网扫荡"，什么"铁壁合围""梳篦推进"，像用木梳篦头发一样地"拉网"搜索，烧光、杀光、抢光。在敌、伪、顽的夹击下，各根据地异常困难，延安也一样。用毛主席的话说，我们的地盘缩小到茶壶盖的最上边了，越来越小。虽说根据地缩小了，但共产党、八路军却扩大了，此时的延安也正是人丁兴旺的时候，奔赴延安的青年人络绎不绝。紧张的是粮食，我们紧张，边区人民更紧张，政府把公粮从 20 万担减到 16 万担，老百姓还是拿不出来。因此必须自己动手。当时，最响亮的口号是“自己动手，丰衣足食”。毛主席很风趣地讲：面对困难有两条路可走，第一是既然困难，咱们别干了，解散吧！大家又不愿意。第二是不解散就得克服困难，那就是自己动手，丰衣足食。

我到延安晚一些，没赶上挖窑洞。挖窑洞是重体力活，把山坡切成一个斜面，挖进去，把土掏出来，那里的黄土层都是几百万、几千万年形成的，挖起来相当费力。我在中央党校参加过修窑洞，修窑洞也不大容易。但我赶上了开荒种地，虽说开荒会导致山坡水土流失，但为了生存只得如此。开荒主要种小米、玉米、土豆。我们中组部主要是种土豆，另外在自己的窑洞前种点菜。带领我们开荒的是中央办公厅生产处长韩增胜。他后来担任了国家计委办公厅主任、国家经委委员兼办公厅主任，他是1935年陕北老游击队员、老红军，农民出身，农活干得非常利落。中央机关的所有干部基本上都参加过开荒，由于没有经验，搞生产也常出笑话。蔬菜是季节性强的作物，比如菠菜，你种我也种，一窝蜂都去种菠菜，菠菜长起来不等人，吃不了，没办法只好拿去喂猪。开荒生产最著名的是王震的三五九旅，在南泥湾开荒种地开展大生产运动。

通过大生产，生产出粮、棉。可棉花怎样织成布又是一道难题。延安布匹十分紧张，军衣供给困难，以前通过商人从边区外贩来一点布匹，国民党严密封锁，这条路也断了，只有自己动手纺纱织布。一时间，机关部队几乎人手一“车”（纺车），那时周恩来带头纺线。中组部的同志都参加了纺纱，开始效率很低，纺出来纱线粗细不匀。纺了一阵子，我就开始动脑筋了，自己动手改造纺车，在大纺轮和纺锭中间加了一个加速轮，大纺车带着加速轮上的小轮子，加速轮上的大轮子带着纺锭。未经改造的纺车抽一根纱，要转三圈，加上加速轮的改造车，手摇一圈就是一根线。用改造车纺细线，三股合在一起可做缝纫机用线，叫机器线。纺机器线，一两棉花可以纺一万尺线。我就是纺这种线，在杨家岭中央机关比赛时，还得了第一名。1943年《解放日报》还专门报道过我纺线的新闻，说中央组织部的袁宝华在杨家岭纺纱比赛中用一两棉纺出一万五千尺线。我喜欢动手、动脑的习惯也是从年轻时候养成的。

也是在延安，我第一次见到周恩来副主席。1943年底，为准备召开党的第七次全国代表大会，周副主席和邓大姐从重庆回到延安。我们在杨家岭听他讲话。他从世界形势讲到国内形势，讲了党的抗日统一战线，讲了我党对国民党又团结又斗争的方针，讲了我党在国统区的工作，通篇结构严谨，逻辑性强，深刻生动，显示了政治家的非凡才能，具有很强的吸引力和说服力。听了报告，大家对当时中外形势豁然开朗，对争取反法西斯战争的胜利、民族解放和建立新中国更加充满了信心。更让我兴奋的是，此后不久周副主席亲自给在延安的北大同学交代一项任务。记得是 1944 年春天，当时有一个“中外记者西北参观团”到延安，参观团中的杨西昆是国民党中央组织部的科长，也是我们在北大的同学。此次他却以国民党中央宣传部工作人员的身份参加参观团，有其不可告人的目的。为揭露他的面目，我们按照周副主席指示，由北大老同学王震的夫人王季青出面，举行了一个简单的家庭宴会。这个人来了一看都是老同学，就主动坦白了。这样问题就解决了，达到了既斗争又团结的目的。这件事在周副主席开始布置时，任务讲得非常明确，至于如何揭露、揭露到什么程度，周副主席很放手，由我们根据当时的情况来定。没有想到，他是这么信任我们这些年轻人。

大约在 1942 年底的一天，陈云突然对我说，李益闻被杀害。噩耗传来，我十分悲伤。李益闻先生不仅是我的启蒙恩师，更是我抗日救亡的忠诚战友。李益闻先生早年致力于教育事业，殚精竭虑，多有建树。后积极参加反帝爱国运动，奔走呼号，唤起民众，从不顾及个人安危。抗战开始，他积极拥护中国共产党的抗日救国主张，与我南阳地下党及进步民主人士建立密切合作关系。他的被害使南召人民失去了为之鞠躬尽瘁的亲人，中国共产党失去了同生死、共患难的战友，我则失去了一位可尊可敬的良师益友。当时我写了一首诗《悼亡》，沉痛悼念我的老师。

十载师友半死生，风雨如晦忆雉城。
噩梦频惊天欲曙，闻鸡不寐感驼铃。

在抗日战争中，中国共产党人、八路军和新四军做出了巨大的牺牲，我的许多战友和同志前赴后继、英勇牺牲。在延安，每一次噩耗传来，我的心情都十分沉痛。

从 1940 年 11 月到 1945 年 9 月，我在延安工作、学习、生活了近 5

年。我从学生到抗日救亡战士，从白区到革命圣地，从一个旧天地到一个新天地，环境发生了翻天覆地的变化，工作发生了翻天覆地的变化，思想也发生了翻天覆地的变化。这一段并不漫长的日子，是我人生征途中最重要的一段。不论是工作锻炼，还是生活磨炼，特别是参加延安整风运动，使我的政治觉悟、思想意志有了很大的转变与提高，这在我一生的工作和人生道路上，留下了不可磨灭的印记。

第五章

建立和巩固东北农村政权

一、赴东北参加基层政权建设
二、乾安的剿匪与土改
三、开展大生产和支前运动
四、洮安县的“三大自由”

一、赴东北参加基层政权建设

1945年5月8日，德国宣布无条件投降。7月26日，中美英三国发表《波茨坦公告》。8月9日，苏联百万军队进入中国东北，向日本关东军大举进攻。8月15日，日本宣布投降。延安各界群情沸腾，为抗战八年的胜利欢欣鼓舞。当晚，举行了狂欢，延安山上山下到处火把通明，锣鼓喧天。延安有一位画家画了一幅画，就叫《胜利之夜》。

苏联军队进军东北前后，党中央就陆续派遣大批干部挺进东北与我“抗联”会师，为在这里建立巩固的根据地做准备。最初，组织上决定我随张秀山、文敏生率领的干部队到河南开展工作，已经找我谈了话，我也做了回河南工作的准备。可是不久，胡宗南的部队出潼关，占领了陇海线，把从延安去河南的路切断了。于是就确定这批干部到华北去，我参加了赴华北干部队。队长卢晓是冀中暴动时的老同志，支部书记赵飞克（桥梁工程专家，毕业于伦敦大学桥梁工程系，在英国参加了共产党）是延安大学秘书长，我是支部委员。干部队有二三十人，来自四面八方，有李华（一二·九运动时参加中共北平市委工作，做过八路军西安办事处处长，建国后做过冶金部副部长）、周仁杰（红军时期团长，建国后做过海军副司令员、原中顾委委员）、作家李又然。还有诗人郭小川的夫人。

我们从黄河的碛口过河，第一次在这里听到黄河船夫的号子。过河后到了临县三交镇，这里是刘志丹牺牲的地方，我们在这里凭吊了刘志丹。临县也是晋绥分局所在地，见到了在晋绥分局做组织部副部长的北大老同学宋尔纯，他已改名宋应。从那儿离开后翻越云中山，路过一个叫奇村的地方，这是日本侵略军的一个据点，当时日本人还没有撤退。为了夜里从奇村绕过去，太阳还没落山时，我们就宿营了，住在一个偏僻的山村。我想到一个农民家里买点粮食，刚一推门吓了一跳，一个三十来岁的妇女一丝不挂地坐在炕上，我赶忙退出来。问村里的人才知道，因为家里穷，没有钱买衣服，只有一套衣服，丈夫穿出去了，她只好待在家里。过去只听说过山里人穷，大姑娘没裤子穿，还不相信，现在亲眼看到，心里很难受。从延安出来，为了轻装，只带了一床被子，几件衣服，几本书。我拿出一套衣服给她。据老乡说，像这样的农户，在村子里不止一家。

日本军队占据着奇村的据点和附近的铁路，虽说当时日本已宣布投降，但这里的侵略军还没有放下枪。穿越铁路和滹沱河后，还要绕过一个日本侵略军的据点，要走几十里路才能跨过他们的封锁线。冀中地委一位姓范的负责人，带着夫人和孩子一起走，孩子很小，还不会走路，过封锁线时怕孩子出声给大家带来危险，就用被子把孩子包紧。但等过了滹沱河，孩子已经被闷死了。我们都很悲伤，孩子的妈妈强忍悲痛，草草埋了孩子马上就走，不能在那里久留，现在想起来都很心酸。离开五台山，又进入了“无人区”。日本侵略者在这里实行残酷的“三光”政策，有一个村只剩一家人，一个60多岁的老人带着一个孩子，家里什么东西也没有。我们问老大爷，有什么能卖给我们吃？他想了半天说还有两个糠窝窝，拿出来后上面还带有冰碴子。

干部队到河北阜平休整后继续前进，11月到达张家口。这里是晋察冀边区政府所在地，也是我们要到达的目的地。晋察冀中央局组织部要分配我到边区工矿管理局做人事科长。我找到局长，说明我已在机关干了5年，不想再坐机关了，坚决要求到基层工作，他很理解我。最后我又找到当时任晋察冀中央局副书记兼组织部长的李葆华，要求到东北去，他同意了。12月9日，我在张家口参加完一二·九纪念大会，便离开这里。

离开张家口时，我们组成了赴东北干部队。严达人（他是位传奇式人物，他的家庭是苏州无锡一带的大地主。大革命时，他把家里的土地都分给了农民，参加了红军）任队长，我任支部书记、副队长。我们这批干部主要是从延安出来的干部，我们从张家口出发，经宣化、怀来、延庆，到承德。12月下旬从承德坐火车到阜新，因为火车没有煤烧，只能烧木头，所以走走停停，从承德到阜新不过300公里，竟走了两天。当时，东北民主联军司令部设在阜新，我把干部队的介绍信送到司令部去，林彪大笔一挥，决定让我们跟黄克诚一起走。黄克诚那时是新四军三师师长，他指示我们干部队随八旅行军。八旅旅长张天云，政委陈志方，参谋长庄林。庄林是天津法商学院的学生，是一二·九时期的老朋友，老朋友相逢格外高兴。陈志方又是严达人的老朋友，他们对我们干部队照顾得很周到。

12月下旬，干部队离开阜新，行军途中听消息说秀水河子战斗已结束。这是我军进东北后与国民党军队打的第一仗，我军以优势兵力歼灭敌人。1946年1月初，新四军三师攻克通辽，赶走了驻守通辽的国民党先遣军（由东北土匪和伪满警察组成，日本投降后，国民党给这些人以委任状，称为先遣军）。1月12日我们进城后，根据黄克诚指示，干部队留在通辽，帮助将要建立的通鲁地委（通辽和开鲁，现属内蒙古）开展群众工作。干部队除严达人和个别同志去了哈尔滨，其他同志全部留在通辽，在这里新组建起通鲁地委。通辽城中居住的多是汉族人，周围都是蒙古族同胞放牧的牧区。当时通鲁地委书记是喻屏（我和喻屏在延安认识，那时他是七大代表，常到中央组织部），副书记是刘汉生（建国后做过地质部副部长）。地委委员兼通辽县长宋乃德是新四军干部，理财能手。进城后，先把日本鬼子积存的一批物资保护起来，所以，接收通辽后没受到大的损失。

当时通鲁地委决定成立农村工作队和城市工作队。农村工作队又组织了若干工作团下乡发动群众，改造政权，为土地改革做准备。不是在县里开大会、发号召，把原来的乡长、保甲长免掉，而是派工作队员深入到群众中去，一家一户地发动群众，由他们选举出新的保甲长。我担任城市工作队队长，率领工作队成员深入到基层做城市工人、贫民和青年的工作，发动他们起来建设自己的家园，组织青年学生参加政治学习和职业学习，推动城区新政权的建设。

在这个地方工作了不到两个月，中央决定成立吉江省委，保卫长春，我又奉命同喻屏去新成立的省委工作。省委设在前郭旗（即现在吉林省松原市），省委主要是由新四军三师的干部组成，刘震（三师副师长，建国后曾任空军副司令员）任书记、刘彬（建国后做过冶金部副部长）任副书记兼宣传部长、郭峰（“文化大革命”后任辽宁省委书记、中顾委委员）任省行署主任、喻屏任省委组织部长、宋乃德任行署副主任。我任省委组织部干部科科长。在通辽的工作由一批山东来的干部接替，组织新的通鲁地委。

我们3月3日随着新四军三师离开通辽，3月6日到郑家屯（即吉林省双辽市），当时西满分局设在郑家屯。李富春是西满分局书记，黄克诚是副书记。富春见到我非常高兴，详细询问了我们从延安到东北一路的艰辛曲折。

从通辽到郑家屯虽然只3天路程，但路上非常危险，我们是边行军，边剿匪。一个曾经投降了的土匪金龙，在我们离开通辽后叛变了，当时新四军三师调了两个团去对付他，把他们消灭了。3天的路程，每天晚上都如临大敌，每到一个地方宿营前都要把战备工作做好。

从3月15日到6月12日这近三个月里，我一方面和工作队的同志一起总结通辽这一段工作的经验教训，一方面开始新的工作。新组建的吉江省委是个十分精干的班子，在前郭旗车站附近的省委机关平时只有刘震等几个领导，省委直接管辖10个县。由于形势发展特别快，最缺乏的就是干部，挑选并组建一支有战斗力的干部队伍是当时省委组织部最重要的工作。省委曾明确指示：发展党和培养基层的工作干部（党和非党的），是开展工作的关键。我们的外来干部很少，远不能适应工作发展的需要。没有成千上万的新生干部的培养，根据地是无法生根的。我协助喻屏配备各县的干部队伍，同时组织大批干部下乡工作，几乎整天都要找下去任职的干部谈话，进行干部调查和工作分配。

在这期间，组织上派我去整顿《吉江新报》。为了宣传党的方针政策，发挥宣传工具的作用，我从干部中挑选了一些热爱新闻宣传工作的同志充实到报社做业务骨干。在大家的努力下，《吉江新报》办得有声有色。我还担任了设在扶余的建国学院的副院长，院长是郭峰。建国学院把我们党在苏北根据地培养和培训干部的经验用到东北，对各级干部特别是青年干部进行短期培训，增强他们的党性，提高他们的政策水平。建国学院为当地培养了一批革命意志坚定、扎根基层工作的青年干部。特别是一批蒙古族青年干部经过学习后，政治觉悟和工作能力明显提高，在巩固当地地方政权中发挥了重要的作用。那时，附近县里有些新组建的地方武装相继发生叛变，但由建国学院蒙古族学生为骨干组成的骑兵团则始终掌握在我们党手中。这批蒙古族青年个个都能骑马打枪，这个部队变成我们地区维护治安、巩固政权的主力部队。

1946年4月18日，我东北民主联军同国民党军队在四平展开激战，我军坚持了一个多月。6月初，我军主动撤出长春，国民党军队控制了松花江以南地区。根据这种变化，东北局决定将吉江省并入辽吉省。刘震调东北二纵队任司令员，喻屏到辽吉省委做民运部长；刘彬做辽吉省委三地委书记，郭峰做副书记，我做组织部副部长。

二、乾安的剿匪与土改

1946 年 6 月，地委决定派我到乾安县接替唐克任县委副书记。为什么要我去接替唐克呢？说起来也正反映了当时我军从各根据地齐聚东北初期的无序状况，就是有点乱。在唐克去之前，乾安县原县委班子是陕北绥德抗大的一批干部，他们来得比较早，在那里建立了地方政权和武装，县委书记是八路军一二〇师的科长张健（建国后曾任湖南大学党委书记），县长是周时源（四方面军的一员战将，在土地革命战争期间当过师长）。建立吉江省委的时候，由于兵荒马乱，我们不了解这里的情况，以为这个地方没有我们的政权和县委书记，就派唐克去当县委书记。张健真是好，唐克来后，他主动请求做副书记。后来地委了解到这个情况，把唐克调回，由我做副书记、副县长，张健做书记。周时源是武将，一天到晚忙于剿匪，我则帮助他理财，发动群众搞经济工作。

郭峰等地委负责人都想把我留在地委工作，但我要求到基层去，因为我长期待在机关里，一直想到实践中去锻炼，机会难得。那年的 6 月 12 日，我在日记中写了这样一段话："决心下去还是长期待在机关里，这一点上毫无选择余地，我决心下乡。"从前郭旗到乾安是一片草原，走几个钟头都看不到一个人，那真是典型的"风吹草低见牛羊"。看到这美丽大草原，触景生情，我当时在日记中写道："展平的草原铺在眼前，心里也宽敞起来，所有新的感觉纷至沓来，天空中飘浮着夏天的云彩，茂密的草绿油油的像溶化了一样，马群炸裂了，向远方奔驰，草原上荡漾着一层轻尘。"

乾安县位于吉林省西北部，在八卦上是乾位，所以叫乾安。乾安地处偏僻，远离铁路线，交通很不便利，四周都是成片的大草甸子，土匪活动十分猖獗。日本投降以后，这里的反动地主、敌伪残余勾结土匪，打家劫舍，抢掠民财，经常袭击我区政权，杀害我党政干部。全县境内有这类土匪20余绺，人数达1 000余人。1945年12月，这里就发生了地方武装反水事件，杀害我干部和战士18人，企图推翻人民政权。所以剿匪是头等任务，不把这些反动势力的嚣张气焰打下去，就不能消除广大人民群众的惧怕心理，巩固我们的人民政权。

在乾安县里工作的同志由两部分人组成：一部分是从抗大来的老红军，他们有丰富的军事作战经验；一部分是随唐克来的新四军苏北地方干部，他们有丰富的群众工作经验。当时两部分同志在工作中不太协调。县公安局长是一个老红军，唐克他们发动起来的青年工人、积极分子在工作中和公安局的战士发生了冲突，双方都把枪拿出来了。两部分人就对立到这种程度。所以，我到乾安后，首要的工作就是做好这两部分人的团结工作。面对这两部分人长期形成的工作方法、生活习惯、语言风格等特点，请大家坐下来开展批评与自我批评，消除隔阂。

当时乾安的外部形势十分恶劣。例如，在我军从长春撤退时，一些区武装叛变，叛匪和土匪合伙包围了县城。我与三师的一个团一起去解救县城，击溃了土匪。

乾安工作头绪多，局面很混乱，但对我的锻炼成长作用很大。要把一个刚刚解放了的县的政治与社会秩序稳定下来，让人民生活安定下来，的确是一个十分严峻的挑战和繁重的任务。要让人民在政治上彻底翻身，经济上走向富裕，这副担子非常沉重，说实话，只停留在机关，不到基层是体验不到的。

经过一段时间的工作，大大加强了干部的团结，消除了他们之间的对立情绪，大家携起手来共同工作。在我去之前，县委就基本上把乾安城里的贫民包括木匠、铁匠、皮匠、理发师傅等都发动起来了，组织了工会。组织起来的城市工人对建设地方政权起了很大作用。第一批入党的就是这些人。有一个皮匠，在革命工作中很快地锻炼成长，建国后他做过这个县的县委书记，后来还做过吉林省工业厅副厅长。

当时城市并不是县委的工作重点，也没有什么经济建设。对于县委和我们来说，只能把城市作为旅馆看待，所有工作的基础都在农村。那时城市也很困难，到了冬天冷得不得了，由于当地不生产煤炭，加上输电线路中断，真正过不去的时候还要拆一部分房子烧火取暖。我们在通辽工作的时候，由于煤炭严重匮乏，电厂靠烧黄豆发电。在乾安最困难的时候，还把电线杆上变压器里的油倒出来点灯照明，这就是当时城市的状况。

1946 年 1 月中共中央给东北局的指示信中要求，必须在 1946 年内完成初步的、可靠的创建工作。否则，我们就有可能站不住脚。这里讲的“创建工作”，指的就是创建远离中长铁路线的广大农村革命根据地。因为国民党在美国海、空军的支持下，大量部队运抵东北，中长线大部被其占领，形势对我十分严峻。乾安虽地处偏僻，但东南距长春 200 公里，东北距哈尔滨 300 至 400 公里，地理位置十分重要。因此，我们把工作重点放在农村，组建工作队住村住屯，访贫问苦，调查研究，发动群众。

东北地区与关内不同，长期在日本殖民统治下。许多老百姓不知道共产党，也不了解八路军。日本投降后，他们只知道中央军，认为中央军是正规军，八路军是杂牌军。在这种情况下，如果不抓紧时机发动群众，让群众了解我们，就很难站住脚。各工作队普遍遇到的问题是地主武装的顽抗，要发动群众进行清算和土改，建立人民政权，必须彻底解除地主武装，解除农民的后顾之忧。当时乾安地主都有武装，过去是看家护院，欺压农民。现在是依仗着几条枪，公然与我对抗，威胁向我靠拢的积极分子。我带领工作队在剿匪部队配合下，将敢于对抗的地主武装彻底消灭了，枪毙了领头的恶霸地主。这一仗威慑力量很大，地主都害怕了，有的逃到长春，有的举手投降，交出武器。赞字区一个反动地主武装抵抗我们的工作队，我们派主力部队把他彻底消灭掉，枪毙了顽抗的地主。赞字区这一仗打得很漂亮，其他各区的反动力量也都不敢明着与我们对抗了。

乾安县原是内蒙古前郭旗的一部分，属蒙古王爷领地。所以，这里的农村有两大特点，一是农民没有自己的土地。整个县里没有一家农户有自己的土地，当地的地主也都是二地主，经营的是沈阳地产公司的土地。二是一望无际的村、屯看不到一棵树，因为农民没有地，种了树也是别人的，所以不种树。只是在县城周围有一圈树，像篱笆墙。到了冬天，农民除了烧草以外，还烧玉米芯子。虽然困难很多，可是农村的工作开展得还是很顺利。农民求翻身、求解放的心情是很强烈的。但也担心工作队站不住脚，他们要遭殃。乾安的斗争经过两次反复：一次是日本刚刚投降，我军一个连被反动武装围攻；一次是唐克和抗大这批干部去了以后，又被地主的武装包围过。

工作队在农村的工作方法，就是毛主席倡导的调查研究方法。工作队每到一个地方蹲点，都住到农民家里，先进行调查研究，直到把情况弄清楚了，再开展工作。通过这段工作，我才真正体会到了毛主席在《湖南农民运动考察报告》中所提出的“痞子运动”和“革命先锋”的意义。亲身体会到一个地方农村工作能否真正开展起来，主要还是要靠这里的积极分子。他们无所畏惧，胆大敢为，虽然他们身上多多少少都有些毛病，但他们敢率先起来造反。我们在农村开展工作，靠的就是农村中这批胆大的人，先把他们发动起来，武装起来，缴获地主的枪让他们背上，吸收这些人参加工作队。这样各个区都很快建立起了区政权、乡政权。区政权靠县里派的外来干部工作，乡政权靠这些积极分子工作。这些人敢干，敢于清算，敢于斗争。所以，整个乾安县到处都搞得轰轰烈烈，群众真正被“运动”起来了。斗争规模之广，群众热情之高，都远远超过了我们的预料。例如，安字区群众被发动起来后，敢撕破脸皮与地主斗争。工作队的干部放一把“火”，然后完全放手由群众自己动手去干；农会主动提出缴枪、分粮、分地、分牲畜；地主富农软下来了，“自愿”把他们占有的土地、房屋、牲畜等送到农会，分配给贫穷农民。这样的事一日有数起。

为了建设和巩固区基层政权组织，工作队还举办了乡干部训练班。全区有 5 个乡，乡长、副乡长、指导员都由农会领袖担任，他们多数是新党员。原来的屯牌长都被取消，完全由农会取而代之。农会对本乡户口、土地、牲畜、车辆、清算物资、出差征收等都有详细的登记。各屯都组织有自卫队。全区有快枪 826 支，区政府将持有快枪的人编成快枪班，每天早晚两遍出操，夜晚查更放哨。许多屯子都取消了原来由地主雇用的更官，自己组织起来轮流打更，坏人私逃、牲畜走私等现象大大减少。不少屯子里插着红旗，农民臂膀上缠着红袖章。县城的人们争相传说：乡下可热闹了！

1946 年 9 月 18 日，我们召开全县农工代表大会，成立县农工建国会，我被推选为会长。不久县委书记张健调走，我接任县委书记。接着周时源也调回主力部队，由王晓天接任县长。农工建国会的成立，把全县的农民、工人都组织起来了，使他们的积极性更加高涨，更加主动地参加到反霸、剿匪、清算和土改斗争中去。

地主和土匪的反抗一直没有停止。农工代表大会刚刚开完，就发生了安字区区委书记王昭然被杀事件。在群众帮助下，我们抓住杀害他的凶手和背后的指使者逃亡地主，立即处决。之前从长春过来的一股土匪逃到所字区，张健亲自带着队伍去追剿。经过这次打击，反动武装有所收敛。我们抓住这一时机开始培训干部，我亲自给大家讲课。通过培训，进一步提高干部，考察干部，了解干部，调整干部。参加培训的都是新发动起来的积极分子，这样，全县的干部队伍得到加强，随后各项工作都顺利开展起来。

我们创办了乾安快报《农工报》，宣传党的政策主张，报道各个地方农民翻身的消息，对乾安县的工作起了指导作用。我用笔名“老喂”写了不少文章刊登在《农工报》上。

1946 年这一年，乾安在土改、清算、剿匪和巩固政权等工作中主要经历了三个时期：

第一个时期的工作主要集中在城镇。这是新形势下在边远地区建立根据地的立足点，是农村工作队的“后方”。为此，我们先在县城发动城镇基本群众进行反奸清算斗争，进行减房租斗争，没收地主及敌伪汉奸财产斗争，参加斗争的积极分子大都是知识分子、自由职业者和城镇贫民、手工业者等基本群众，获得的斗争成果粮食、布匹等生活资料及时分给贫民。同时，在五一国际劳动节纪念日，成立了县总工会及木、泥、铁、皮、缝、油、酒、饭馆、理发、挑运、菜园等十多个工会及小贩会、贫民会等。

第二个时期的工作主要是依靠城镇向农村发展。工作的重心是镇压反动地主（多为二地主），建立农村区政权。继续放手发动群众，掀起全县规模的清算运动。收缴地主的枪支，摧毁旧屯政权，分土地，分牲畜。全县近一万户农会会员初步分得土地近六万垧。制止了少数区乡在清算斗争中侵犯中农利益的偏向。建立农会，为农村工作的广泛开展打下了基础。

第三个时期是全面开展土改和清算斗争，也是城里城外反奸除霸的大决战。我们的目的是以复查土地斗争为中心，通过秋收、分粮、发地照，开展生产自救，参军、支前动员工作等，进一步调动群众的积极性，整顿组织，改善领导。农民有了土地，他们发自心底的呼声就是保卫胜利果实，所以参军、支前一呼百应。记得 10 月刚刚动员，半个月，青年农民志愿参军的就有三百多人。翻身农民把正在东北展开的那场战争视为自己的事。支前工作更是热火朝天，11 月全县出动大车近九百辆，担架四百多副，民工四千多人。群众日夜推碾磨面，送往前线。同时，选种积粪，准备春耕也在积极进行中。

总之，1946 年这一年，经过艰苦卓绝的努力，我们实现了中央关于根据地一年内“必须完成初步的可靠的创建工作”。当然，这还只是第一年，工作也只能说是初步的，问题还不少。如土改和清算斗争也出了一些问题。当时，乾安学习兰西经验，在复查土地和清算斗争时，有的屯子提出对地主要“扫堂子”。所谓“扫堂子”，类似关内有的地方出现的“扫地出门”。这种做法，有违党的土改政策。有的屯子还斗争了富农，甚至侵犯富裕中农的利益。虽说这多是农村中那些“勇敢分子”的行为，但它严重违反政策，是不允许的。这种做法还传播到县城，有一些人对小工商业者也要斗争，首当其冲的是商会会长，这个人平时虽有点油嘴滑腔，满嘴革命词句，做起事来也有点滑头滑脑，但他毕竟是个商人！这些“勇敢分子”在腊月天把他上衣剥光，拉到广场上打。我听说后觉得不妥，立即给城区区委书记打招呼，要他马上去广场制止，告诉我们的同志，这样干会造成工商业者人人自危，对我不利。果然有一个中药店的老板怕斗争，跑到县委要求躲避。我当时有点顾虑，这样做势必将县委置于群众的对立面。我对这个老板说，你如没有罪过，群众不会跟你算账，你放心做买卖就是了。由此我想到，群众一旦动起来，没有正确引导不行，城市尚且如此，农村不知如何？第二天我赶到农村。出城的第一站，也不过一二十里地的一个屯子，就看到这里的情况与往常很不一样。一些干部看到我，都围上来，说他们战果辉煌，搜到多少金镏子（戒指），多少白洋，多少什么东西。我到屯公所一看，两个妇女赤裸上身被捆绑吊在梁上。他们说是两个地主婆，不肯讲出金银财宝藏在哪里。当场我不好制止，出来后我要他们马上把人放下来。他们说，她不交代。我说，不交代，也不能吊着，吊出人命来怎么办？有人告诉我，已经有一个地主上吊了。当时意识到这种情况可能不只这里，我立即电话通知各区工作队下去检查，但要注意两点：一是不能给群众运动泼冷水，要讲清楚政策，多加开导。告诉他们，地主已经威风扫地，挖浮财必须按政策办事，要反复说明道理，迅速纠正这种做法。二是已出现的偏差，责任在县委，是我们没有讲明政策，发现问题迟，这些也要向干部和群众讲清楚，既要保护基层干部的积极性，更要强调违反政策是党的纪律所不允许的。在土改和清算斗争工作初期，一些屯子里把地主男女老少都抓起来、关起来，从城市到农村造成恐怖气氛，对我们开展工作很不利。好在我们纠正得快，没有再发展下去，但也造成了一些不良的影响。这件事给我的教训很深刻。

经过土改，群众生活都得到了不同程度的改善。乾安这个地方解放前群众多是“扛活”的（雇农）。情况比较好一点的也只是个“老板子”（赶大车的），最困难的是“小半拉子”（小扛活的）。《半夜鸡叫》中的高玉宝就是这样的“小半拉子”。经过土改，农民群众最大的变化是精神上的空前解放，政治地位的空前提高。当然，经济上实惠最大。我刚到乾安的时候，农村中大姑娘穿得都破破烂烂，土改以后，女孩子也都穿上花衣服戴上皮帽子了，这是明显的实证。

三、开展大生产和支前运动

1947年是乾安农民分到土地后的第一年，也是翻身后的农民要过上好日子的第一年。这一年春天，全县的清算、土改基本告一段落，我们把主要精力放在了发动群众，大搞春耕生产上，当时叫开展大生产运动。这个运动，对激发农民群众的翻身热情，巩固土地改革的胜利成果，提高人民群众的生活水平，保证我军前线部队的供给，巩固和扩大东北根据地，起了重要作用。

1947年3月，我们接到辽吉省委的信，信中指出在土地改革中一些地方存在着严重的“夹生饭”现象，要求“彻底分地，真心翻身”。一些地方之所以出现“夹生饭”现象，就是因为没有真正解决土地问题，群众对分地有顾虑，明分暗不分，地主多留地，留黑地。给农民分了地，农民却不知在哪里，有的农民竟不敢要分给自己的土地。地主阶级的政治优势还没有倒，还在操纵着农村的土地改革。因此，省委要求各地县干部深入到基层、深入到农村、深入到群众中去，扎根串联，访贫问苦，发动群众，彻底进行土改。为了消灭“夹生饭”现象，动员农民开展春耕生产，总结交流各屯春耕生产的经验，县委召开了第二次全县农工代表大会，向全县发出了开展大生产的号召。

针对农民群众中存在的种种顾虑，我在全县大会上开展了说服动员工作，启发引导大家深入思考，开展“挖怕根”活动。当时不少农民“怕挖根”，所以我们就联系庆祝胜利、讨论时局来提高农民群众坚定胜利的信心。阳字区代表在会上袒露了农民“怕挖根”的思想根源，找出“怕挖根”的原因，主要是怕“变天”，因此要“挖怕根”，必须让大家认识时局的发展趋势，认识民主联军的强大战斗力，认识蒋介石的反动本性，认识被解放的广大贫苦农民自己的力量，认清胜利前途。

许多人一针见血地指出，“夹生饭”主要是“大师傅”没做好，干部作风不正，没有走群众路线。大家提出，要先选出模范，向模范学习，彻底克服“夹生饭”现象。我们提出以“坦白、民主、积极、艰苦”四个条件作为标准，推选出一批工作做得好的模范，号召全体代表学习他们的群众观念和群众作风。在这次大会上，大珠字井农会报告了他们屯的生产计划，提出了六个主要任务：柴打够，粪上足，消灭熟荒，搭犋编组，种棉纺纱，人人种树。他们向全县各屯农会提出了开展竞赛的倡议，在全县掀起了开展生产竞赛的热潮。参加竞赛的有 151 个屯，23 个妇女会，2 个大作坊。

我在大会结束时作了总结报告，号召全县代表以崭新的精神风貌对待工作，并提出了新的要求：第一，懈怠不得。清算和土改是一场尖锐的斗争，“房产土地不让人，儿女财帛动人心”，被清算的恶霸地主不会甘心，广大翻身解放了的贫苦农民不能睡太平觉。第二，糊弄不得。翻身翻到底，就得顶真干，“维持会”“糊弄会”，都是糊涂鬼作怪，是老乡们说的那样“买个馒头揣怀里，自己哄自己”。在这些问题上脚踏两只船，终有一天会掉下去。第三，灰心不得。针对有的干部说：“红头、红头，红到头该黑了。”看起来好像是“怕群众”，实际上还是“群众怕”，群众还没有真正解放出来。只要我们的政权和广大干部一心为群众，那就会万年红。我还提出：广大贫苦农民只有发了光荣财，才算真翻身。往年穷人露屁股富人露脸，现在穷人变成两头露，翻身还只翻了一半，因此还得继续斗争。上一年斗人，就是搞清算和土改；这一年斗地，就是搞大生产运动。

为了顺利地在全县开展大生产运动，我提出了三条主要措施：第一，干部带头。要当动手干部，不要当抄手干部。第二，自愿搭犋。劳动互助要坚持自愿原则，不能强迫命令。第三，发动比赛。掀起热潮，造成运动，发挥群众的生产热情，保证生产运动的胜利。

这次会议之后，消灭“夹生饭”和春耕生产运动在全县范围内轰轰烈烈地开展起来。这一年，乾安农业收成空前地好，广大农民都喜气洋洋。我也兴奋地写下了这样的诗篇：

万象更新新乾安，晴日映雪不知寒。
歌舞声里斯民乐，都道天堂在人间。

对领导干部带头参加生产劳动，我写道：

亲自动手渡难关，也为群众减负担。
挈畚积肥踏春雪，驱车采薪入莽原。
耕耘以时足自给，纺织唯勤宜偷闲。
革命劬劳亦乐事，暇时把杯祝丰年。

会后，我决定到大珠字井（乾安在地图上是方方正正的，每个屯子都叫井）蹲点，了解和解决“夹生饭”现象，探索全县开展大生产运动的途径，做解剖麻雀工作。

大珠字井是乾安县鳞字区的一个中等屯子，位于县城东北 25 里，算是县里的中心地区。全屯土地面积 1 080 垧，其中盐碱地和坡地 500 垧，可耕地 580 垧。全部土地中，五分之一是县有公地，五分之四是沈阳地产公司的土地，归县城里的集成粮栈经营，由粮栈把土地转租给本屯种地户。全屯大小种地户都没有自己的土地。日伪政权被推翻后，沈阳地产公司也顾不上这里的土地了，所以在青苗遍野的季节，这个屯子仍然是光秃秃的，没有一点绿意。全屯共有 73 户，其中地主（包括二地主）5 户、富农 5 户、富裕中农 4 户、中农 8 户、贫雇农 50 户、小贩 1 户。全屯共有 459 人，其中扛活的 38 人，小种地户和榜青户、打闲户一年一搬家，无法安心从事生产。屯子里王姓、高姓地主横行霸道，贫苦农户深受其害，但又慑于他们的势力，不敢反抗。高姓地主一直担任屯长，王姓地主担任鳞字区保长。由于这两家在当地把持着政权，所以大珠字井成为地主的堡垒，使发动群众的工作很难打开局面。这个区的区长经常到地主家吃饭，区里来往的人也都住在地主家。

大珠字井发动群众工作很不深入，只是简单地分配土地，没有真正把群众发动起来，这是典型的“夹生饭”。我感到问题很大，于是召开了县委扩大干部会议，在全县范围内展开了轰轰烈烈的清算复查，消灭“夹生饭”运动。在大珠字井，消灭“夹生饭”运动只进行了半个月，贫苦群众就普遍得到实际利益，过去的顾虑没有了。

大珠字井在重新开始分地以前先进行了动员，要求干部起模范带头作用。屯子里接连召开了干部会、积极分子会、农会会员大会、群众大会，提出分地的具体办法。在召开发照大会时，全区干部都来参加了，其他各区也派代表来。一些区的秧歌队，从十几里、几十里外赶来隆重庆祝。在分地大会上，就连地主、富农都表示，几辈子都是给人家看地头，今天才开始种上自己的地，是农会给的好处。我问农户们：“地冻了，界牌子怎样插呀?”大家都掩饰不住分得土地的喜悦说：“这一回分地，不用插牌子，我们也记得清楚。”

发照后，他们结合屯子农民的实际情况，提出“翻身要种地，种地才发财”和“准备春耕”的口号。农会号召全屯做到“耕二余一，一面换新，顿顿有菜，夜夜有灯，家家养猪，人人种树”。这些口号，对于刚刚翻身的农民来说，极有号召力，它表达了农民群众对美好生活的向往。该屯妇女会长宣布了她的生产计划：“种棉花一垧，自己伺候，可收净花五十斤；自己纺纱，全家五口，做到被服一面新；全屯现有纺车一百多架，组织起来，保证做到一面新。”

农会对全屯的春耕生产和秋后盖粮仓也都做了积极安排，一是提出动员口号。利用农民熟悉的语言动员农民备耕生产，如“种地不上粪，一年白费劲”，提倡集粪施肥；“宁种丢槎，不种收槎”，提倡消灭熟荒；“种地不种细，到了一无济”，强调种细粮；“家有千棵柳，不往外面求”和“穷养猪富读书”，号召栽树养猪；“人勤地不懒”等等，动员群众准备春耕。二是动员农户捡粪。当时除了小种地户外，许多农户都没有积下粪，大家对春耕信心不高。我们就用农户熟悉的积肥先进户的事例做动员。这样一来，大家都有了信心，马上动手捡粪。三是准备人吃马喂。在耕作期间，大珠字井约有三分之一的农户粮草不足，我们把秋收前没收地主的40石余粮用来救济缺粮贫民。此外，就是动员打油子草作为马饲料。四是准备棉麻籽、麦种。前一年棉花下种太迟，小麦又遇旱天，收获很少，棉籽、麦种无处筹集。面对这种情况，由政府和实业公司从其他地区购置种子解决。五是研究种棉办法。大珠字井和别的屯子一样，过去没有大量种棉花，只试种了三四年，还有两年收获不好，信心不高。因此，必须事先研究好种棉办法，做好宣传。六是抓紧转变懒人。清算斗争后，屯子里烟赌几乎绝迹，秋收中屯子里有名的懒人大都转变了，原有跳大神的也不干了。过年期间农会还用闹秧歌、订生产计划代替旧的迷信活动。

乾安是东北战场前线的后方，形势紧张时，南边的长农、长岭、长双辽三个县都变成游击区。三个县的县委搬到了乾安南边的所字区、兰字区和安字区，地委、分区也搬到赞字区。解放战争东北有名的“三下江南”战斗，两次经过乾安县。二纵队司令员刘震带着纵队过县城时，我和县长带着慰劳军队的物品去看望他。

战争期间，为部队输送兵员和战勤给养是一项经常性又很重要的工作。我在乾安工作一年多，这个人口只有八九万的小县，仅动员参军人数就将近3 000人。经过土改和大生产运动，广大农民群众参军支前的革命热情明显高涨。一次我到鳞字区和让字区检查参军动员工作，原计划5天的工作，只用3天就完成了。区乡屯干部都说，乡亲们憋不住了，在区里召开的会议上，争着抢着发言，自动报名参军，乡屯干部当场就有10人报名。两区各乡之间立即竞赛起来，都表示要完成100名，大大超过原来所要求的数目。

各区、乡、屯都涌现出不少父送子、妻送郎、干部带头上战场的动人事迹。唐字井农会会长送三个儿子入伍；大珠字井妇女会副会长动员丈夫报名后，又动员弟媳送郎参军；学字井优待委员在动员会上报了名，他的母亲和妻子不同意，他与她们争辩了几天，最后说服了她们。那种感人场面真是“父母叫儿打老蒋，妻子送郎上战场”“老婆扯不了我的腿，爹娘不让也不行”。参军歌曲回荡在乾安县的乡乡屯屯。我们还及时总结、宣传、编快报、发消息，歌颂英雄模范事迹。

乾安县支前工作搞得轰轰烈烈，参军工作越做越好，我概括了八条经验：

1. 打通思想。要想打通群众的思想，必须首先打通干部的思想。在各区召开的干部会中，我们经常发现本地干部怕我们走掉，怀疑我们“能站得住吗?”找到这个病根，就对症下药。先解决我们会不会胜，咋打会胜，啥时能胜的问题。解决了这三个问题，就是吃下了三颗“定心丸”。经过这么一番工作，干部们的思想大半已经通了。但要完全通，还必须过“五关”，即胜败关、生死关、美人关、父母关、乡土关。有了胜利的信心，有了不怕死的精神，才能决心报名参军，不恋乡土。

2. 优待军属。没有优待军属这个物质基础，参军动员工作就会困难重重。大珠字井农会根据本屯的实际情况，把县委提出的6项优属办法扩充为15条，效果很好。这15条办法就是：分好地；分好房；代耕地；发优待粮；补助衣服；补助柴草；过节补助；旧债缓还；负担减轻；免地照税；帮助挑水；照顾病灾；亡故葬埋；照顾其妻儿老小；本人请假回来时，款待并欢迎欢送。这15条优属办法成为该屯参军动员工作取得明显成就的有力保证。鳞字区光字井就用这个办法完成了任务。新兵审查完毕，立即优待其家属，对新兵会起很大的宽心作用。

3. 按照实际情况提出动员口号和参军条件。县委提出六大动员口号，如“参加八路军，拔掉老穷根!”“翻身翻到底，参军为自己!”并规定动员条件为“三要三不要五不准”：年轻力壮、成分好、自愿者要；地痞流氓、警察国兵、胡子反动不要；不准雇、抓、骗、派、抽签。阳字区则具体规定为“六不准”。所字区当胡子的人多，人称“匪区”，就提出“争一口气，争好名誉”的动员口号，参军任务一下子超过40%。安字区区委书记王昭然被叛匪刺杀，该区以“为王区长报仇”作为口号，号召成立“复仇连”。

4. 动员工作的方式、方法要一般号召与具体指导相结合、大会与小会相结合、个别动员与大会动员相结合，突破一点，推动全局。首先由有工作基础的屯子做起，由个别找动员对象做起。大珠字井就是运用了这个方法，获得成功。先开大会一般号召，再开小组会深入动员。找好了对象，最后再开大会，志愿参军者纷纷报了名。安字区一个屯子没有找对象个别动员，一开始就开会，结果会议一直开了三天三夜，没有一个报名的，后来改变了方法，进行个别动员，很顺利就完成了任务，并成为参军模范屯。由已报名参军的人去动员，由军属去动员，由军队协助动员，由妇女会去动员都是有效的办法。

5. 干部带头，干部子弟作模范。这是动员群众参军的重要保证，但不能普遍号召干部带头，更不能过分强调干部带头，以免干部消极退缩，只能选择对象个别动员和启发觉悟，使他们自动报名参军。同时，必须让在群众中有威信的干部带头，才能扩大影响，不然就会得到相反的结果。珍字乡乡长带头参军，仅珍字井就有 15 个青壮年跟着报名；大师井优待委员报名参军，带出 9 人参军；鳞字区后兴乡主任带出 27 人；安字区安北乡主任带头报名，除亲自动员 18 人参军外，还推进了两个乡的工作；让字井队长报名后，有 14 个青年跟着他入伍。这样的例子举不胜举，这些人都是党员，又都成为参军英雄。安、让、道、兰四个区，干部和干部子弟参军人数占新兵总数的 27%。

6. 造成热潮。这是动员群众参军的重要工作。用大会动员、发动竞赛、鼓动宣传的方式，就可以造成热潮。兰字区在动员大会上当场报名的就超过了任务数。鳞、让两区联合大会上，区与区、乡与乡、屯与屯，都比赛起来，并写了挑战书向各区提出竞赛，让字区被激起来了，超额完成任务 23%。道、阳两区讨论并提出英雄模范的当选条件，大大发挥了干部和群众的积极性。大珠字井分五组比赛，作了比较深入的动员，群众情绪异常高涨。新兵戴花披红，骑马乘车，光荣游街游行。妇女会、秧歌队欢迎欢送，农会宴请敬酒，鳞字井驻军专门派了一个连队作为“仪仗队”，迎送各乡屯新兵。《农工报》专门报道各区参军消息和英模事迹，各区都出快报、传消息。这一切在农村中造成了空前的参军热潮。

7. 掌握政策。对阶级敌人及坏分子坚决清洗，保持参军人员的光荣和纯洁。除事先向干部说明动员条件外，入伍前必须进行个别审查。

8. 做好巩固工作。参军动机非常复杂，对革命有认识而自愿参军的人还是少数，他们是那些带头报名的干部和干部子弟、积极分子。大多数是为了得到优待，也有为感情所包围，不得已而参军的。在当时那种父母妻子动员、至亲好友约伴、干部鼓励的形势下，确实感到其情难却。还有的是为躲避债务，不得不报名参军的。更有地主富农要借此表现表现，提高一下自己衰落了的地位。也有一些坏人想进一步“翻把”，仗着军属的牌子要回牲口、房地和东西。参军动机如此复杂，就必须做好巩固工作。各屯报名后，要及早把他们集合起来，开展丰富多彩的文娱活动，稳定情绪，请积极分子教育帮助落后分子，揭露破坏活动，选举英雄模范。经过审查后，立即优待其家属。部队派来的接收人员，对巩固新兵起了更大的作用，他们了解新兵心理，关心新兵困难，态度端正作风好，这都影响着新兵的情绪。

除参军支前外，其他如粮、草、担架等支前工作也搞得红红火火。我通过对安字区调查，掌握了第一手材料。为指导全县各区、乡、屯的支前工作，我提出几点建议刊载在《农工报》上。第一，组织起来，干部带头。战勤要快又要好，不公落埋怨，误事受批评。干部要带队去，群众才乐意，才敢放心大胆跟着去。第二，人歇马歇碾子不歇。大小碾子一个不停，不分黑天白日，人和牲口跟劲推，换班吃饭换班歇。第三，腿到嘴到，好好宣传。干部腿到嘴到多宣传，群众心里明亮，工作就顺溜了。谁办事好要夸奖，写快报递消息传出去，干部一比赛，群众也来劲了。第四，口到手到，认真检查。办事顶真不糊弄，反对不大离。光说不做是空的，光听报告吃老亏。

四、洮安县的“三大自由”

1948年初，我奉命从乾安县调至洮安县任县委书记。我是依依不舍地告别了乾安，当时我在日记中写道：“荏苒六百日，依依去乾安。”我在乾安工作将近两年，产生了深厚的感情。离开乾安时，群众热情送我的情景，我至今记忆犹新。离开乾安，我就到了白城子，白城子那时还是一个镇，是洮安县城所在地，也是辽吉省委和四地委所在地。我到任不久，四地委撤销，洮安县就直接归省委管了。洮安县委班子一共五六个人，我担任县委书记，副书记是赵振干和赵岚，组织部长是徐坚，宣传部长是蒋谷峰，赵岚兼县长，副县长是彭一，还有一个女同志是县委委员并担任城关区区委书记。县委和县政府在一个院子里，就是两栋房子，大家办公、睡觉都各在自己的办公室里。

我在洮安工作了半年，时间虽短，但也经历了几件大事。

第一件大事是动员春耕生产，组织大生产运动。这是洮安县土改以后的第一个春耕，洮安的土改我没有参加，它是在东北局宣传兰西经验的号召下进行的，“扫堂子”搞得比较“左”。所以，动员大生产的时候就有两种不同的意见：一种意见是放宽政策，动员大家集中力量投入春耕生产，因为这对支援东北解放战争非常重要；另一种意见则是要巩固和发展土改的成果，既然把农民组织起来了，不仅要组织互助合作，还应该搞得更高级一点。洮安县有两个区组织了大把青。东北人把种地叫耪青。耪青是个体劳动，土改前大家一起给地主干活，打倒地主了，农民给自己干活了，大家还留恋一起干，说一个人干没劲。这样，区里就组织并提倡采取大把青，就是把分配了的土地、农具、牲口等都又收上来归属大家。这不是毛主席讲的“个体经济基础上的集体劳动”，而是完全变成集体经济了。这两个区的干部劲头比较大，他们都是给地主当长工出身，原来老干部在那里当区委书记时，劲头就比较大，老干部离开以后，新干部做区委书记了，劲头更大了。这样一来，在县里召开的动员春耕生产干部会上，两种意见就激烈争论起来了。

遇到这种情况，我不得不在开会前先下去做调查研究。我到靠近县城的三合区，向这个区的区长做调查研究，他反复讲，现在还不到搞大把青的火候，搞大把青要脱离绝大多数农民，因为刚刚分了土地、农具和房子，现在又要把土地、农具包括牲口都作为公共财产，农民一下子接受不了。这位区长很实在，他是个老农民，他反复讲这个道理，我被他说服了。

回来后，我找喻屏汇报，他当时是辽吉省委的民运部长。我把两方面的意见都摆出来，他询问我的意见，我说：在这种情况下，最好政策上放开一点，允许人家搭犋自由。那时种地就要搭犋，一家分一个牲口，没有办法耕地。在春耕生产中有些困难户，要允许人家借贷自由，那时手里有钱的人不敢拿出来贷款，需要钱的人又没有地方去借，春耕生产总需要投入些资本。农民到春耕生产的时候，需要买一点东西，还需要卖一些东西，可是当时市场已经没有什么交易活动了，所以要允许人家买卖自由，这方面不应该限制。限制买卖主要是针对有一个时期，一些农民刚分了土改果实，怕国民党反攻倒算，把分的果实卖掉了。由于不准买卖，结果有一阵子农村市场销声匿迹了。我们经过认真分析，认为在这种情况下提出政策上放宽，有利于发展生产力。如果把刚分的土地、农具、牲畜，一下子归于集体，农民接受不了，不利于发展生产。喻屏听了表示同意“根据实际情况来干”。

我在春耕生产动员大会上作报告的时候，一方面肯定了农民想走集体道路的积极性，另一方面说明我们的经济发展还没到那个程度。提出来在政策上要实行“三大自由”，即“搭犋自由、借贷自由、买卖自由”。省委肯定了我的意见，当时就在省委机关报——《胜利报》上把我这篇报告登在头版头条。这是当时发展农业生产的重大政策，这个政策极大地激发了翻身农民春耕生产的积极性。动员大会后，全县迅速掀起了春耕生产的热潮。

这件事过后20多年，在“文化大革命”期间，东北有些人要批判时任东北局副书记喻屏，把“三大自由”作为一项罪状扣到喻屏头上。他们到北京来找我，问我：“三大自由”是不是喻屏提的？我说：“不对，我提的‘三大自由’来自群众，无非是喻屏同意了，这个账不能算在喻屏身上，应该算在我身上。”

第二件大事是防治鼠疫。春耕生产刚刚布置完成，洮安就发生了鼠疫。东北人民政府派卫生部长白希清陪同苏联医疗队到白城子。白希清是东北有名的医生，在日本人统治时期就和我们地下党有关系。他和苏联一位教授带着医疗队，在洮安整整工作了一个月，把鼠疫的蔓延势头控制住了。东北的鼠疫总是过几年发生一次，主要原因就是草原上野鼠稠密到一定程度，只要有一个带菌就会传开。一般性鼠疫还可以医治，当时的办法是只要发现，马上开刀把肿块取出来。最担心肺鼠疫，这对我们威胁很大，人们都不敢下地了，下地就有传染鼠疫的危险。好在一个月的时间就控制住了，生产没有受到太大的影响。通过这件事，我们在全县大张旗鼓宣传清洁卫生，做到家喻户晓。家家户户都搞清洁卫生，消灭家鼠和野鼠。

第三件大事就是抗洪救灾。洮安境内有一条洮儿河贯穿全县，洮儿河决口会波及周围许多地方。洮东区区长姓穆，是当地人，他对洮儿河比较熟悉，他几次提出警告，说搞不好洮儿河要决口，洮东区是最薄弱的地方。那时省里正全力组织支援前线，顾不上这些问题，县政府也为支援前线忙得不可开交。正在这个节骨眼上，突然发了大水。洪水从洮东区决口后，把洮儿河沿岸两个区的耕地全部淹了。幸亏那个地区是丘陵地带，人们可以搬到高的地方去，所以生命没有受到太大的威胁。这样县里又把全部精力投入到救灾上，我和赵岚坐一辆马车，带了两麻袋东北票子，沿着洮儿河的河堤一直走到灾区，给灾民发救济款。赵岚做事谨慎小心，他对带这么多钱总不放心，晚上他睡在麻袋上面。我们到了洮东区，穆区长带我们去他家吃饭。他家里一粒粮食都没有了，只有豆饼可吃。他把豆饼切成片给我们吃，这是我平生第一次吃豆饼，实在难以下咽。

在白城子一共工作了半年时间，那真是艰苦难忘的岁月。我曾写下一首新诗记述了洮儿河两岸发生的巨大变化，诗是这样写的：

洮儿河——静静的洮儿河，
往昔的苦难，你可曾忘却？
跑关东的终年血汗，换来了
　　日寇、王爷、地主的重重枷锁！
你的汁水哺育着他们
　　在死亡线上挣扎、过活。
你呜咽东去，日日夜夜，
　　向谁诉说？

洮儿河——静静的洮儿河，
黑暗的闸门，你一肩承托！
万里春风苏醒了千年冰雪，
　　受难者的血泪激荡着百丈金波。
狂流滚滚犹如战鼓雷鸣，
　　翻身农奴燃遍了斗争的烽火。
你咆哮而来，奔腾澎湃，
　　高唱战歌！

洮儿河——静静的洮儿河，
千里径流，不曾有一个旋涡。
你带来了大兴安岭青松的涛声，
　　也带来了科尔沁草原欢悦的牧歌。
你滋润着白城平畴的沃土，

也滋润着各族儿女的心窝。
你犹如晴空的雄鹰，
崭新的天地从此开拓！

1948年9月，一纸调令要我到辽吉省委后方工作委员会担任传部长。喻屏任后方工作委员会书记兼四地委书记，后方工作委员会管辖的地区基本上是四地委所属的以白城子为中心的附近几个县，加上乾安、大赉、安广（这几个县原属于三地委）。组织部长是王大钧。后方工作委员会主要是我们三人，另外还有委员安铁志，他是工人出身的老同志。那时在白城子有洮安县委、辽吉省委、四地委和喻屏领导的后方工作委员会。所以这一时期我的工作有所变动，但是工作地点没有变。

后委存在的时间比较短，仅几个月时间，就从辽吉省委转到嫩江省委，成为嫩江省委的分委。分委不仅是党的组织，还是一个行政组织，相当于一个地区，负责人是王文，不久又决定取消分委，我们就都到了省委。

到省委后，喻屏做省委副书记，王大钧做组织部副部长，我做研究室副主任。研究室主任是高如松，他是大革命时代的老同志，在中央组织部时我们曾一起工作。省委秘书长是刘淇生，他原是农安县委书记，我们也在中央组织部一起工作过。省政府秘书长是赵飞克，他原是农安县县长，我和他一起从延安出发到华北。嫩江省委书记是顾卓新，组织部长是冯纪新，宣传部长是王阑西，后来，孙秧做宣传部代部长。当时省委就这几个人，吃饭时都围着一个桌子。

东北全境解放后，北平也解放了，中央指示要加强青年工作，省委决定我任青委书记，实际是兼青委书记。青委就三个人，我、李浩、骆子程。

1949年初中央通知，4月在北平召开新民主主义青年团成立大会，省委决定我带领李浩和齐齐哈尔的青年工人张国忠，参加由团长韩天石率领的东北代表团。

团代会开得比较紧张，中央领导都到会讲了话。主报告是任弼时做的，他身体不好，没讲完就病倒了。朱德和叶剑英都讲了话。主持会议的主要是冯文彬，他传达了毛主席的指示，主要内容是七届二中全会的精神。会议期间我还去看望了陶铸，他当时是四野的政治部主任。当时北平正在开全国妇女代表大会，曾志也在京参加妇代会，陶铸正准备南下。

4 月 21 日，毛主席在香山接见了全体代表，大家非常兴奋。之后就到香山饭店边上的一个小礼堂开会，听朱德总司令报告。朱总司令告诉大家：昨天晚上到今天早上，百万大军过长江了，最新的消息是已经进了南京城，国民党的军队土崩瓦解，像摧枯拉朽一样。大家听了这个消息非常高兴。

我们回到齐齐哈尔后，立即召开了省青年代表大会和省学生代表大会，我作了传达报告，这个讲话后来发表在《嫩江新报》上。

1949 年 6 月，我奉调到东北工业部，从此离开了地方工作岗位，走上了工业建设战线。三年的地方工作，是我不可多得的人生经历，在地方和基层工作，天天面对的都是具体问题，只有深入实际进行调查研究，掌握第一手材料，才能作出正确决策。在地方工作，什么事情都必须自己拿主意，这就要求你必须不断地思考，学习好的工作方法，开创性地进行工作。在工作中虽然容易犯错误，但是也容易发现和纠正。所以，这三年培养了我独立思考、独立工作的能力，增长了才干。

第六章

东北工业部与新中国工业的起步

一、东北工业部
二、刚解放时的东北工业
三、东北工业的恢复和发展
四、编制东北工业计划
五、东北工业部的教育和科技工作
六、抗美援朝大搬迁
七、建设新中国工业的重要战略决策

一、东北工业部

1948 年 11 月 2 日，东北全境解放。

解放后的东北，遵循毛主席的指示将工作重点由农村转向城市，利用原有工业基础建设东北工业基地。为支援东北工业基地建设，中央调集了一大批干部充实到东北经济部门，特别是工业部门。

在去北平参加第一次全国团代会时，东北局通知我先到沈阳集合。一到沈阳，我就去看望王鹤寿，他当时是东北局副秘书长兼东北人民政府工业部（简称东北工业部）第二部长。王鹤寿平时对人不苟言笑，实际很热情。我对这位延安时期老领导有很好的印象，所以专门去看望他，他要我留在沈阳工作，我当时没有思想准备，回答说等开完会回来再说吧。不久嫩江省与黑龙江省合并，要调我到东北局，北大老同学韩天石（当时在东北局青委工作）希望我到东北局青委，王鹤寿则通知我去东北工业部报到，说是东北局的决定。我当时也很愿意做经济工作。这样，建国前夕的这一决定，成为我大半生从事经济工作的开始。

1949 年 6 月我调入东北工业部。被调入东北工业部的这批人中，有的搞过工业，如柴树藩在鞍钢解放时就做过军代表；唐克在齐齐哈尔市工作时，当过公共事业局局长。调我到东北工业部，无非是我上过大学，比较年轻，身体好，到新的岗位能很快适应工作。

东北工业部，1946 年在哈尔滨成立。东北全境解放后，从哈尔滨搬到沈阳。当时，东北工业部统管东北地区轻、重工业和军事工业，是东北人民政府主管工业的部门。第一任部长王首道调中央后，陈郁接任部长，邵式平担任副部长。我到东北工业部时，部长还是陈郁，他曾长期在苏联学习，回国后从事工人运动，是中央候补委员。陈郁调中央后，王鹤寿担任部长，副部长是吕东、安志文和乐少华。吕东曾担任辽东财委副主任，在晋察冀担任过印钞厂厂长，长期抓经济工作。乐少华同时兼军工局局长。夏耘是秘书长。

东北工业部的办公地点在沈阳市和平区马路湾街心广场西侧的一幢三层楼房里。这是一幢日伪统治时期的建筑物，外面镶嵌着米黄色瓷砖，楼下一层是当时市内规模最大的一家新华书店，东北工业部就设在楼上。

东北工业部是综合性管理部门，实际是管理东北工业的司令部。这个部的特点是办事快，不扯皮。

东北工业部的直属企业有鞍山钢铁公司、本溪煤铁公司和抚顺矿务局，并负责管理有色局、化工局、建材局、机械局、电工局、轻工局、纺织局、电业总局、煤矿局、兵工局和后来成立的石油局等工矿企业管理部门。东北工业部内设计划处、经理处、基建处、设计处、人事处、行政处、卫生处、专家办公室和部长办公室等业务处室。

计划处是东北工业部里的大处，业务范围很广，组织机构比较庞大，编制 198 人，实际工作人员 180 人左右。处长是柴树藩，我担任副处长。不久，柴树藩调中央工作，我接任处长。副处长是余建亭、赵岚和王之玺。

东北工业部对计划工作非常重视，从哈尔滨搬到沈阳不久，1949 年 1 月 12 日就发布了《关于建立各级计划机关的指示》，决定成立工业部、局、直属公司、分局、厂、矿各级计划机构。明确规定东北工业部计划处的工作任务是：（1）了解东北工矿的全面情况；（2）在财经委员会的整个财经计划下，制定东北公营工业计划（包括生产计划、修复或建设计划）；（3）审查各局的生产计划与修复或建设计划；（4）通过报告制度及巡视工作，检查生产计划及修复或建设计划的进行情况；（5）研究与规定各业经济定额，作为检查推进工作之准绳；（6）出版刊物总结和交流工业建设的经验；（7）关于技术工作经验之总结及一般指导事宜；（8）提出上述工作之报告。

在《指示》中，对工业部计划处处长配备、机构设置和任务都有明确的规定，设处长 1 人，副处长 1～3 人，处下设：（1）冶金室：负责有关钢铁、有色金属、金矿各业计划之审查、制定、检查及调查统计等事宜。（2）煤矿技术室：负责有关煤矿林木各业计划之审查、制定、检查及调查统计等事宜。（3）机电土建室：负责有关机械电气各业计划，及一般机电土木建筑工程计划之审查、制定、检查及调查统计等事宜。（4）化工轻工室：负责有关化学、轻工、纺织各业计划之审查、制定、检查及调查统计等事宜。(5) 综合计划室：负责有关东北综合计划之审查、制定、检查及调查统计等事宜。(6) 资料室：负责本处图书资料之保管整理，搜集编译及出版刊物等事宜。(7) 秘书室：负责本处一般行政、文书、人事、事务及不属于各室之工作等事宜。(8) 工程师室：负责有关工矿设计及技术问题之咨询指导等事宜。

在《指示》中明确要求各局、各直属公司内成立计划处；在各分局、公司、厂、矿下面成立计划室或计划科。规定了工业部计划处与各级计划机关是工作指导关系，要定期召集计划会议，检查与布置工作，总结经验。

当时东北地区各个省都设有省工业局，东北工业部归东北财政委员会管。

二、刚解放时的东北工业

新中国成立前，从全国的工业状况看，东北地区工业尤其重工业基础比较好，但东北地区工业属于殖民地型工业。日本侵略者为了掠夺东北地区的丰富资源，满足侵略战争的需要，在东北地区进行了一些重工业投资建设。据 1943 年的统计，东北地区的钢产量为 87 万吨，铁产量为 170 万吨，分别占当时全国产量的 95%和 94%。1945 年 8 月日本投降后，东北地区的工业几经洗劫和破坏，大部分工厂、矿山都已停产，生产能力已经丧失，厂房设备破烂不堪，成为一片废墟。鞍钢在日伪统治时期叫昭和制钢所，经过日伪几次扩建，形成了年产钢、铁各 100 万吨规模的能力，设备比较齐全。当时，不但在中国，在远东也是数一数二的最大钢铁联合企业。日本投降后，日本人将鞍钢的关键设备拆卸、破坏。1945 年 8 月，苏联出兵东北，占领鞍山后，又拆走了 2/3 的设备，连同其他的物资共 7 万余吨，其中包括第二炼钢厂、第二初轧厂、大型轧钢厂、无缝钢管厂、薄板厂、轨梁厂的大型设备，使一个完整的钢铁联合企业变成了一个烂摊子。

苏军撤走后，国民党于 1946 年 4 月 15 日接管了昭和制钢所，经过改组，成立了鞍山钢铁有限公司。由于国民党忙于打内战，勉强开工生产钢铁几千吨后，鞍钢再次遭破坏。在我们解放鞍钢时，到处是杂草丛生，冷炉残机，一片凄凉。

本溪煤铁公司是大型煤铁联合企业。日本人投降撤退时，有意将铁水凝固在高炉里。1945 年苏军又将工厂的重要机器设备全部拆走，总重量约达 1.4 万吨。1946 年 9 月，国民党资源委员会接管，改称本溪煤铁有限公司。国民党接管后不但不组织恢复生产，反而任由聚众抢劫，使这个本已百孔千疮的煤铁企业又遭到严重破坏，直到本溪解放没流出一滴铁水。

另外，苏军还将东北其他城市的重要机器设备都当成战利品搬走，包括沈阳的 6 000 吨水压机，抚顺铝厂的水银整流器等，给东北工业造成严重的破坏。

我们接收下来的工业，就是这么一个烂摊子，给我们医治战争破坏和重建造成了难以想象的困难。

东北的工业基础大体可分为三大块。第一块是北满和东满地区的工业，我军接收沈阳前，管理的工厂、矿山大都集中在这里。北满地区主要是军工、煤矿，有些轻工，但不多，主要企业有齐齐哈尔炮厂、发电厂，鹤岗、鸡西、双鸭山、穆陵煤矿，以及酱油厂、火柴厂。当时煤矿没有风镐，都是拿十字镐刨煤，产量很低。东满地区主要是铜矿、铅锌矿和几家较大的造纸厂，如天宝山矿、石岘纸厂等。第二块是南满地区的工业，主要是鞍钢、本溪煤铁、抚顺煤矿和沈阳的机械制造等。第三块是旅顺、大连特区。

东北局对接管工厂、矿山非常重视，每解放一个城市，第一时间就派军代表进驻工厂、矿山。军代表严格按党的政策接管伪满和国民党经营的企业，防止偏激行为，得到了东北社会各界的支持，为东北工业的迅速恢复和发展创造了条件。被接管的工厂、矿山由于连年遭受战争和拆迁的破坏，实际上都已停产几年了，设备被拆、被盗，残缺不全，已存的零星机器设备也多年失修，损坏极其严重。有的工厂因日本人控制技术，图纸、技术资料、操作规程都被毁掉，恢复生产建设所需的设备、原材料和资金奇缺。所以刚解放时，大部分工厂无法恢复生产，只能先将前线急需的军工企业恢复生产，此外要将老百姓生活急需的面粉厂、纺织厂、生活日用品厂尽快恢复生产。

三、东北工业的恢复和发展

东北经济恢复先从北满地区开始，因为北满地区解放早一点，所以恢复工业生产从这里开始。首先恢复燃料工业，当时主要是恢复鹤岗、鸡西、双鸭山三大煤矿，还有一批小煤矿。那时东北地区过冬取暖是个大问题，燃料匮乏。1945 年，我刚到阜新时，看到那里的电厂烧黄豆。在通辽工作时，看到许多工厂也是烧黄豆。从承德到阜新，我们乘坐的火车烧木头。为了确保军需生产，当时东北局设立了军工局，王逢原是这个局的副局长（建国后曾任国家经委副主任），主要管军事工业，供应部队军需产品，保证战争需要。有些产品既是军需又是民用的，如榨油、肥皂、酱油、火柴、食品等轻工产品，归东北工业部管。恢复电力是当务之急，但电力十分紧张，主要是必须确保大城市用电。恢复公用工业也十分紧迫。除此之外，东北工业部还着重抓了黑龙江省金矿的恢复。当时金矿局局长是刘炳华，他原来是新四军三师供给部部长。东满地区矿山的恢复，包括铜矿、铅锌矿的恢复，由孙鸿儒、苑子纪、刘学新等负责。

1949 年初，东北全境解放后，东北工业部从哈尔滨搬到沈阳，就立即着手恢复南满地区工业，工作中心从北满地区转到南满地区，派出一大批干部接收工厂，并在工业部下成立了 10 个直属专业局。计划处化工轻工室主任杨俊就是那时派到沈阳化工厂做厂长的。

在恢复东北工业过程中，东北工业部的工作概括起来有这样几个方面：

1. 大量调集干部。

毛主席提出要建设好东北工业基地，东北要出产品、出经验、出人才。要完成毛主席的指示，迅速恢复生产，加快工业建设，急需大量的干部和技术人员。那时候人才奇缺，从哪里调集呢？主要来自四个方面：

一是延安及其他老解放区的“小米加步枪”式的老八路，其中一部分是建国前夕参加工作的知识分子。这部分干部是“宝贝”。接管城市后，主要靠他们领导恢复生产和重建工作。为支持东北工业基地建设，从1950年起中央派了大批矿山地质勘查人员到东北，包括地质部的侯德封、程裕琪、我的老同学关士聪等，一干就是3年。鞍山钢铁公司是国家首先恢复的重点项目，据统计，派到鞍钢去的干部，仅1949—1955年就有7 300多人，领导干部中县级以上的有500多人。

二是东北留用的一部分日本技术人员和国民党政府中的技术人员。日本投降后，有一部分技术人员未来得及撤走。我们没有把他们作为俘虏，而是以礼相待，让他们参加恢复建设。当时，东北工业部人事处专门设立了日本职工科。在我们计划处内还有一些原属国民党资源委员会的专家和日本专家、工程技术人员。这些留用人员对东北工业的恢复是有贡献的。例如冶金室有个日本专家梅津常三郎，他发明了贫矿磁选烧结法。1949年10月1日，中华人民共和国成立那天，他和夫人穿着新衣服，参加庆祝活动。他们中的很多人回国后对中国一直是友好的。

三是从社会上大量招聘的工程技术人员。国民党统治下的中国，贪污腐败，经济崩溃，造成了大批工程技术人员失业；战争又迫使许多工厂关闭，大批人员被解雇。在这些人当中，有技术知识和管理知识的人员不少。全国解放后，东北人民政府立即派人到失业人员较多的上海、武汉、重庆、北京、天津等城市招聘有生产技术和懂管理的失业人员，动员他们到东北各厂（矿）企业中，参加恢复生产。人事处处长林泽生到上海、武汉、重庆招聘来一大批人员。费子文就是从重庆招聘来的，后来他担任了第一任中国有色金属公司总经理。上海有一位搞玻璃仪器的企业家，他把自己在上海工厂的全部设备、工人和他的家属搬到沈阳。这一批人大部分都成为我国工业战线上的骨干。

四是分配来一批新毕业的大学生。那时候新毕业的大学生一部分随军参加南下工作团，另一部分人到东北参加经济建设。1949年毕业的大学生大部分到了东北，仅计划处就接收了几十人。这些新生力量给东北工业发展打下了坚实的基础。对这些大学生的作用，王鹤寿有句名言：东北工业之所以迅速恢复和发展，其主要经验是“老干部＋大学生”。据统计，鞍钢一年就接收了 2 000 多名大学生。

此外，从苏联回来了一批在战争期间我们派去学习的烈士子弟，如蔡博、赵士格等，他们都投入到了恢复东北工业的建设中。

2. 广泛发动群众。

依靠和发动群众是我党的优良传统。在日本殖民统治下，东北的工人过着牛马不如的生活，受尽了蹂躏，吃尽了苦头。工人们说，好不容易盼到日本投降，迎来国民党接收大员，可是这些人所到之处一个个都装满了各自的腰包，不顾工人的死活。共产党和人民解放军来了，他们才见到天日，获得了解放。广大职工看到的是，军代表不仅清正廉洁，而且真心实意为国为民治理工厂、发展生产，帮助他们解决实际困难。他们认识到自己是工厂真正的主人，以主人翁的姿态积极参加恢复生产的那种热火朝天的劲头，空前高涨，生产恢复之快大大出乎人们的意料。

鞍山钢铁公司是恢复东北工业的重中之重。1948 年 2 月 19 日鞍山解放，中共辽东分局于 4 月 4 日派人接管了鞍钢。同年 12 月 26 日东北财委正式批准成立鞍山钢铁公司，开始恢复生产的各项工作。军代表在接管鞍钢之初，曾就“鞍钢何时可以恢复生产”问题，询问曾任昭和制钢所副经理的日本人濑尾，他认为，恢复生产谈何容易！需要美国的设备，日本的技术，再加上 20 年的时光。但没有同美国建交，日本又是战败国，看来，这片厂区只能种高粱了。濑尾悲观的言语传到职工中，反而更激发了广大工人的激情。炼铁专家周传典曾说：日本殖民统治时，中国工人只能在平台下边干杂活、碎活、重活、累活，沾不上技术的边，只能当苦力，工长都是日本人。解放了，中国工人就是要争这口气。

鞍钢工人以实际行动作出了令人振奋的回答。他们自己动手修复设备。缺少部件，他们组织起来从厂内厂外的破铜烂铁堆里拣，发动职工和家属，开展献器材运动。例如炼铁厂老工人孟泰，每天下班后都要在厂区烂铁堆里翻腾拣“旧零件、旧管子、管子接头、三通”等。在孟泰等一批老工人的影响和带动下，工人们纷纷加入清理残存物资的行列，知情者领着大家挖掘日本人和国民党逃跑时藏匿起来的零部件和设备。

解放了的鞍钢工人在不到一个月的时间里，收集到的各种器材达 21 万多件。仅 1949 年，国家奖励鞍钢护厂、献交器材立功人员就有 141 名，修复各种设备立功人员 1 551 名。当濑尾参观鞍钢“献纳器材展览会”时十分惊讶，他赞叹：还是共产党的办法好，恢复工作可以大大提前了。

1949 年 7 月 9 日，鞍钢二号高炉点火，这是恢复生产的标志性事件，鞍钢举行了开工典礼，庆祝恢复矿山和钢铁生产。东北人民政府李富春、林枫副主席到鞍钢祝贺并代表党中央送来了“为工业中国而斗争”的锦旗，鼓励鞍钢全体职工发扬不怕困难的大无畏精神，继续奋斗，建设好鞍山钢铁基地。我们计划处和工业部各局的同志都参加了这一开工盛典。

相比鞍钢，本溪钢铁厂的恢复更困难。日本人走时故意冻结在高炉里的铁水如同一个实心秤砣，从炉中抠出来非常困难，是工人和解放军工兵一点一点地炸掉，才恢复了高炉生产。

3. 开展创造生产新记录和合理化建议活动。

恢复生产后，紧接着开展了创造生产新记录、开展合理化建议活动。1949 年 10 月，东北工业部作出了《关于开展群众性创造生产新记录的决定》，这个活动进一步调动了广大职工的积极性和创造性。在这场活动中，涌现出了一大批建国初期的著名劳动模范。机械厂工人赵国有创造了切削塔轮的新记录；党会安、赵富发创造了切削丝杠的新记录，前者提高效率 5 倍，后者提高效率 10～12 倍；张尚举画线组创造了 6 尺车床画线的新记录，提高效率 15 倍。当时工人们喊出的口号是“推翻旧指标，创造新记录”。全国著名劳动模范王崇伦、张明山都是那时涌现出来的。王崇伦研制的“万能工具胎”，张明山的“反围盘”就是那个时候产生的。在不到半年的时间里，鞍钢就有 5 000 多名工人和技术人员创造了 17 222 项大大小小新记录。其中鞍钢 6 号平炉超过了当时资本主义国家快速炼钢的新记录，毛主席专门发贺电嘉勉。

为了把群众性的开展创造生产新记录和开展合理化建议活动深入地开展下去，东北工业部先后发出《关于创造新记录的通报》《关于进一步组织和推广新记录运动的指示》和《关于创造新记录运动中定员问题的决定》等文件。对新记录创造者、对生产技术和工作有所改进与创造者，给予物质奖励。

在开展创造生产新记录、开展合理化建议活动中，不仅要求提高数量，还要求提高质量和经济效益。在东北工业部的《关于开展群众性创造生产新记录的决定》中指出：目前工业部门经营管理最基本的一环是实行经济核算，我们要求产品多、质量好、资金周转快、成本低，我们要求突破现状，我们要求创造各式各样的新记录，我们要生产效率高的新记录，要产品质量好的新记录，要减少废品的新记录，要节省原料的新记录，要提高回收率的新记录，要提高设备安全运用率的新记录，要减少及消灭事故的新记录，要降低成本的新记录，要改变管理制度的新记录（如检查制度、统计工作等），我们要各式各样的新记录，经过创造新记录发动群众性自下而上地选定各种定额，为加强经济核算制度打下初步的基础。

刚接收工厂时，我们主要抓厂一级管理，解决对工厂的控制权。后来发现，车间是薄弱环节，便开始注意车间工作，及时总结和推广车间管理经验，还专门翻译出版了苏联的《车间主任经验谈》一书。书中介绍了苏联 6 位不同车间主任的工作经验，内容十分丰富。这本书的出版，对东北工业恢复过程中的车间管理，起了很好的作用。

4. 抓统计工作。

怎样编计划是我们遇到的难题。新中国开始编计划，东北是最早的。计划处搞计划编制时，最困难的是没有资料。为了解决这个问题，东北工业部决定，在计划处设立统计室，由一位老同志和一些年轻人，包括从美国留学回来的人组成。刚开始人们不了解统计的作用，许多同志认为："革命工作做了就行，何必统计呢？太麻烦！"我们请教苏联专家，他们想了个办法，建议王鹤寿把高岗请来，让各个单位汇报 1 月份的生产情况，要求必须用数字说明。1950 年 2 月 4 日，高岗来到工业部，要求所属公司和局的负责人一个单位一个单位地汇报，这一招把问题暴露了出来。在汇报中除鞍钢能用数字回答外，其他都没答出来。高岗没有多批评，他坐在那儿对大家来说就是个压力。这次会议我印象比较深。东北工业部的苏联总顾问波格达廖夫，建议我在会上讲怎么样建立统计报表制度和统计要求。统计室主任洪亮准备了一套报表，要求各公司和局从 1950 年 1 月 1 日起，每日、每月终一定要按要求填报表，报到部计划处。这样，部与各局、厂、矿之间开始建立了产品日报和月报制度。在 30 小时之内工业部部长便可了解整个东北各厂（矿）的主要产品生产与完成情况。根据日报便可总结出季度生产量，以此检查计划完成情况。这是统计工作在东北工业部的一个飞跃进步。一开始搞统计工作是靠打算盘，只有少数几个人会用手摇计算机；统计系统建立起来后，人员多了，会用手摇计算机的也多了。当然，东北统计工作的发展有一个人不能忘记，他就是东北统计局局长王思华。他是个老党员，也是老教授，七七事变后带着全家人从北平奔赴延安，在马列学院任经济学教授。他到东北后，先在辽北省任省政府秘书长，后到哈尔滨做黑龙江大学校长。东北财委成立，他任统计局长，后来调京接替薛暮桥任国家统计局局长。他从理论上说明了统计工作的重要性，对我们帮助很大。

为加强和提高对统计工作重要性的认识，东北工业部于 1950 年 3 月 1 日发出了《关于加强统计工作的指示》。这是开展统计工作的重要文件。《指示》提出：统计工作是管理企业的主要环节之一，没有统计工作，就谈不到计划经济与经济核算。为了加强统计工作，要求各局（公司）必须切实做好以下几项工作：一是有系统地建立统计工作的组织机构；二是加强基层（厂矿、车间、坑口）的统计工作及记录工作；三是加强对于统计资料的分析研究工作；四是扩大综合统计的工作范围；五是按时作出统计，迅速填送报表；六是按期召开各级统计会议，研究解决统计工作中的问题；七是严格执行统计工作的纪律；八是责成我们计划处于这一年 4 月底以前，检查各单位对于这一指示的执行情况。各局（公司）须向东北工业部作书面报告。《指示》严肃提出：统计工作不仅是企业管理上的技术问题，而且是保证国民经济发展的重大任务与经常工作。东北工业部为切实搞好统计工作，为计划经济服务，做了许多探索，也积累了一些经验，为后来各大区以至中央各部强化统计工作作出了贡献。针对统计工作，东北工业部专门发布过很多文件，主要有：

1949 年 7 月 1 日制定施行 1950 年修正的《暂行统计规程》，共三章 30 条；

1950 年 3 月 1 日发布的《关于加强统计工作的指示》；

1950 年 6 月 28 日发布的《关于加强记录工作责任制的指示》；

1950 年 8 月 7 日颁发的《关于加强基本建设专业统计工作的指示》《统计机构暂行设置办法》；

1950 年 12 月 27 日发布的《关于 1951 年统计工作任务的指示》；

1951 年 12 月 6 日以部长名义发出的《关于统计工业重新分工令》；

1951 年 1 月 1 日颁布，1952 年 1 月 1 日修订的《暂行统计规则》，共八款 47 条；

1952 年 2 月 10 日发布的《关于 1952 年统计工作的指示》《关于 1952 年统计分析工作的指示》《暂行统计表格审查办法》；

1952 年 7 月 4 日发布的《关于原始记录工作的指示》；等等。

由于领导的重视、大家的努力和认识的提高，1950 年的统计工作成绩很大。一是普遍地、系统地建立了统计组织机构，充实了统计人员。1950 年 2 月底，各企业有统计组织机构的，仅占开工厂矿数的 15.2%；至 9 月底增加到 88.6%，绝大多数企业已有了统计组织机构，无组织机构的也配备了统计人员。组织机构的普遍建立与人员的大量配备，为后来的统计工作打下了组织基础。二是推行了新的统计表格。苏联专家对建立统计报表制度抓得很紧。按照苏联的经验，实行了报送双轨制。新的表格与制度的实行，使统计工作面貌为之一新。新表格的指标，都是计划中的主要指标，使 1951 年计划的制定也有了可靠的根据。新的统计表格使统计工作条理化，为以后的统计、计划与企业管理创造了条件。三是建立了详细的日报制度，能够及时检查计划执行情况。领导干部房间都挂一块大牌子，绘制图表，标明生产进度，用曲线画出生产情况，今天红线到哪儿，明天到哪儿，到月末一目了然。一开始只有数量，后来又陆续增加了一些其他指标内容。后来我到北京，向陈云汇报这种做法，他很赞赏，要求在他的办公室也放上一块，每天都要有进度统计。四是大力进行普查工作，使工业部能确实地掌握到设备基本情况，给制定计划以可靠的数字。五是普遍开展了在职人员的业务学习。有 9 个单位开办了训练班及夜校，充实了统计工作的力量，逐步提高了统计人员的素质与水平。在 1950 年的工作中，各单位出现了一些模范的统计单位与优秀的统计工作者。

东北工业的恢复，有一个重要的有利条件，就是利用旅顺、大连工业基地，当时叫旅大特区。特区在东北解放战争和工业恢复中发挥了特殊作用。旅大，日伪时属“关东州”。苏军依据与国民党签订的《中苏友好同盟条约》开辟大连为自由港。此时，我们就有一批干部进入大连。苏军成立关东公署（后改称旅大行政公署），主任就是韩光（解放后曾任国家科委主任）。我党（地下）市委书记是欧阳钦（建国后曾任黑龙江省委书记）。大连工业基地由三部分组成：

一是苏联远东电业公司。日本投降后，苏军接收了大连日伪敌产（包括工厂），在大连设立了“远东电业公司”。这个公司归苏联外贸部管，他们派人做经理，把所接收的大量工业企业都组织到这个公司里，包括大连石油炼厂（石油七厂）、大连水泥厂，还有几个机械厂、造船厂。远电公司完全按苏联的方式管理，严格到男职工必须刮胡子，女职工必须穿裙子。1950 年新中国与苏方商定将远东电业公司交中方。东北工业部派王玉清（鞍钢副总经理）去接收，并任远电公司经理。这些工业企业后来成为我们东北工业建设的重要基础。

二是建新公司。在解放战争期间，我们从解放区调集一批干部在大连建立了一家公司，名为建新公司。公司经理张珍（建国后担任过化工部部长、五机部部长），是我晋察冀边区军工企业的一位老同志。建新公司下有四个工厂：大连化工厂、大连碱厂、大连钢厂和大连机械厂。机械厂做炮弹壳，有好多冲压机。大连化工厂主要做炸药的原料。这些企业保存得比较完整，我们从这些企业中也学到了一些管理工业企业的经验。

三是大连工业厅，属旅大行政公署管辖。张有萱做工业厅厅长。他是旅顺工大毕业的，后来在太行山参加抗日活动，抗战胜利后到大连。1949 年冬，大连工业厅办了一个工业展览。当时大连市政归苏联管，到大连看展览还要拿介绍公函、护照，一直到 1950 年大连的管辖权才还给我国。这是新中国举办的第一个工业展览会，通过参观工业展览会，我们学到了很多工业知识。

在东北工业恢复中，厂长负责制也起了很大作用。实行厂长负责制是学习中长路的管理经验。中长路是中苏两家合办的，全称为中国长春铁路，是东北的主要干线，由中长铁路局管。中长路在企业管理上实行一长制，所谓一长制就是权责统一的负责制，把企业作为一个经济实体，把企业职工作为一个产业大军。当时，中共中央东北局专门召开一次城市工作会议，介绍了中长路的经验，经过大家反复讨论认为，一长制的提法容易引起误解，还是叫厂长负责制，就是国家授权厂长，厂长对工厂承担全责。这一制度的关键是如何处理好工厂党、政、工三者关系。为此，东北局在城市工作会议期间，召集各方面的人员深入探讨，最后提出厂长是一把手，书记是二把手，工会主席是三把手。在城市工作会议的决议里，第一条是依靠群众，第二条是依靠党的领导，第三条是厂长负责制。东北城市工作会议决议报告党中央，中央批准了这个决议。薄一波一直主张厂长负责制，他主持国务院三办工作的时候，向中央写报告提出来要实行一长制，这个报告毛主席和党中央也批准了。后来李雪峰主持华北局工作的时候，对此提出了不同意见。实行厂长负责制，对东北工业来说是件大事，引起的震动比较大。后来批判一长制时，震动就更大了。

东北工业恢复得很快，在恢复的基础上又不断地进行了技术改造，所以无论在数量上和质量上都有了很大的提高。

四、编制东北工业计划

恢复东北工业需要制定计划，东北工业部曾制定过 1948 年工业计划，对当时恢复工业生产起了一定的指导作用，但由于当时东北处于战争之中，大部分工厂被国民党军队占领，加上我们对刚刚接管过来的工矿企业情况不了解，缺乏技术队伍和干部队伍，没有制定计划的经验，所以许多计划未能实现。在编制 1949 年计划时东北全境已经解放，所以编制计划的条件比 1948 年要好多了。

为了编制好 1949 年计划，东北工业部事前准备工作考虑得十分细致、周密，对制定《1949 年工业计划大纲》的内容要求，有三大部分。

第一部分，要求制定 1949 年计划时，必须精确说明情况，并制定了附表：(1) 厂矿名称、地址、建设年月、规模及简史，接管及经营经过，附厂矿及附属地带平面图或厂矿分布图。(2) 设备：直接生产设备、动力设备、修配设备、运输设备、土地房屋和其他设备。(3) 产品：主要产品及次要产品、副产品的名称规格，伪满时最高产量及销售状况，1948 年逐月产量，现存产品数量，可能产品及产量，最好附

《产品目录》及历年生产量表。（4）主要原料及材料：伪满时代所用原材料名称，数量来源及每一生产品单位所用原材料之定额，现库存主要原材料及详尽清册。（5）资产：过去伪满历年投资额及资本总值，现存资产估价。（6）职工：过去历年职工人数，最高人数，现有职工总数及厂长、矿长、科长各级干部人数，职员人数，各类技术人员人数，技术工人、熟练工人、普通工人、杂工、学徒人数，警卫武装人数，最好能说明过去生产中的各种人员定额，职工政治、思想、生活状况，职工福利，劳动保险等。

第二部分，对制定1949年修复（或建设）与投资计划，提出了具体要求：凡是新建或不能正式生产，而在恢复建设过程，需国家投资者，皆制定复工（或建设）计划以区别于生产计划。其内容应包括：（1）根据总方针提出今年修复方针及将来的远景。（2）目标：今年修复哪些主要设备及要求恢复的生产能力和各项工程如何配合，各种设备的开工程序。（3）各项工程进度，每月完成程度。（4）需要什么技术人员，需要职工人员及工数多少，并逐项说明解决办法。（5）需增添什么设备，并逐项说明其解决办法。（6）各种材料多少，燃料、木材多少。（7）运转量多少，多少车皮，自何地运往何地。（8）电源要多少。（9）总投资预算要多少，设备器材、职工薪俸、管理费总合共需投资多少，必须由国家投资多少。

第三部分，对制定1949年的生产计划，要求凡正式生产的工厂皆订生产计划，内容包括：（1）总的生产任务及分月产量计划。（2）技术改进计划。（3）动力计划。（4）经理工作计划，具体包括：1）原材料供给计划；2）生活品供应计划；3）运输计划；4）成本核算；5）财政收支计划；6）成品分配计划。（5）人事计划。

制定1950年的计划，是东北财委布置下来的。当时东北财委的主任是李富春，副主任是叶季壮。我1949年6月到东北工业部，8、9月就开始制定1950年的计划。

在制定1950年计划之前，东北工业部就下达了《关于制订年度计划准备工作的指示》，指出：1949年国营工业计划，由于我们缺乏经验，缺乏对于必要情况的掌握和缺乏必要的准备工作，具有很多缺点，还带有不小的盲目性。根据以上经验，年度的工业计划必须提早进行制定，必须于事先做好准备工作。年度国营工业计划的总的要求是三年内恢复伪满时最高工业生产设备的水平，并加以必要的改造。应当有一个三年的生产恢复计划，同时有一个 1950 年的详尽计划。为编好计划，王鹤寿在干部会上作了《1950 年的生产修复计划问题的报告》，阐述了为什么要做计划、对计划的看法、计划的作用、计划要有现实性也要有进取性、做计划和贯彻计划中的困难、做计划要顾及国家的困难、做计划是个新问题等计划工作中的重要问题。

对我们来说，制定 1950 年计划是一次重要的学习。我们是在制定计划的过程中学习编制计划。那时为了算工时和定额，手里拿着秒表站在车床边上实测记录。许多基本管理制度，都是在恢复生产和制定计划的过程中建立起来的，包括成本管理、经济核算，都是那时建立起来的。

编制 1950 年东北工业计划，主要是从四个方面着手进行。

第一是按照东北财委的要求编制计划。东北财委召开会议专门讨论计划制定，李富春主持会议，叶季壮作了长篇发言，因为计划不仅仅是工业计划，还包括其他各个部门的计划。东北财委各处的处长都讲了计划目标。管交通的处长叶林（后来做了国家经委副主任），讲了东北交通的情况和 1950 年发展的目标以及他的一些设想。管煤炭、电力和造纸的处长叫闵一凡，是德国留学生，他喜欢说笑话，说他管这一摊子是七个字：倒霉（煤）触电纸老虎。言外之意就是煤炭的生产不太好，电力也供应不上，造纸工业虽说刚刚恢复起来，但都不是很有起色。其他的处长都讲了自己管的那部分情况。

第二是做深入细致的调查工作。在东北经济计划里，工业计划是最重要的部分。我们领受任务后，忙得不可开交。吕东每个星期都要主持开两三次会议讨论计划，办法就是按行业，一个行业一个行业讨论。东北工业部有十几个直属单位，每个单位都要做自己的计划，我们在这个基础上制定整个东北工业计划。对 1950 年的工业计划，我印象很深的是制定生产计划比较容易，因为可以根据设备能力，安排计划指标，然后提出所需的燃料、电力、原材料等。最难做的是财务计划。我们这些人是新转到工业部门来的，不仅缺乏生产知识，更缺乏财务知识，做理财，更是难上加难。对我们来说，编计划就是上训练班，要学习每一个行业的知识，要了解每一个行业的情况。所以，那个时候编计划确实很不容易。

第三是请苏联专家帮助。苏联总顾问波格达廖夫对计划抓得很紧。他天天到办公室上班，他的办公室和我的办公室很近，经常把我找去谈话，问情况、提意见。从他那里我学到包括生产、计划、财务方面的很多知识。他带来的专家分到部直属十几个单位。王鹤寿亲自做动员，把各个局和公司的负责人找来，要求大家尊重苏联专家，听从苏联专家的意见。对苏联专家的建议，要抓紧落实。

第四是新老干部结合。东北工业部计划处有 180 多人，是比较大的一个处，不仅管计划，还管生产和技术。计划处由四部分人员组成，第一部分是骨干，大多数是从老解放区来的干部，这些人熟悉工业，有基本知识，是计划处的骨干。第二部分人员也是骨干，他们参加革命时间稍晚一些，大部分是在东北参加工作的，他们有大专以上文化基础。第三部分人员就是新毕业的大学生，如朱镕基（曾任中共中央政治局常委、国务院总理）、林宗棠（曾任航空航天部部长）。第四部分是从关内招聘的一大批工程技术人员，这个队伍的力量也相当强大。

我们这些人来自五湖四海，紧密团结，工作干劲相当大，不分上班下班，大家都是连轴转。我刚到东北工业部的时候，住在办公室，既在那里办公，也在那里休息。后来提出要正规化，要求把办公室和宿舍分开，开始大家还不习惯，说我们长期以来就是在办公室办公，在办公室会客，在办公室睡觉，现在一下子分开了不方便。为此，部领导还动员了一番，说我们进城了，情况发生变化了，工作方式得改变，宿舍和办公室要分开。搬到宿舍住以后，就是每天回到家里，我还要继续工作一段时间。

经过大家的努力，1950 年的计划成功地编制出来了。各个单位编制计划也在竞赛，机械局计划处处长欧阳山尊抱着他们的计划，第一个跑到我这儿来说：我算不算第一名？我说：你是第一名。他非常高兴。不久之后，他调到人民艺术剧院做导演去了。十几个单位的计划处长都相当能干。通过编制 1950 年的计划，计划处业务又扩大了，人员也增加了。新增加了军工室、生产计划室、基本建设计划室、劳动成本计划室。生产计划室主任先是韦刚，后来是朱镕基。1950 年计划的编制给后来的计划工作打下了基础，通过一段时间的工作，增长了知识，取得了经验。1950 年的计划内容比较齐全，从生产计划、基建计划、劳资计划、财务计划都有了。1950 年这一年基本是按计划执行，直到 10 月份抗美援朝开始才被打乱了。

计划处工作的一个重要特点，就是深入基层、深入实际。为什么要深入基层、深入实际呢？因为我们好多同志没有搞过工业，新毕业的大学生也没有接触过实际，东北工业的技术装备比关内要先进，从关内招来的老技术人员也需要重新学习。这些年轻人下去之后，接触了实际，学习了知识，得到了锻炼。处里出了一个内部刊物《生产情况》，在 3 年之内出了一二百期。我要求每一个人出去调查回来后都要写报告，由《生产情况》及时反映大家接触实际、调查研究的成果。给我留下很深印象的是吴千的报告，他是金陵大学毕业，学电的。他到小丰满做调查，回来写出了很详细的报告并且提出建议来。这样做不仅对完成工作有好处，而且也培养和锻炼了他们。

我们还采取了一个方针，就是鼓励大家创新。我印象最深刻的是林宗棠，他提出了许多好建议。他们所提的好建议我都加以表扬，并公布在大家都看得见的地方。再一个就是我们计划处选拔了几个同志到基层去任职。林宗棠就是其中一个，虽然他大学毕业不久，但他有股冲劲和创新精神，吃苦耐劳、团结群众。他还是排球队员，东北工业部的排球队离开他不行，他能把大家团结起来。后来我向工业部建议派他下去，1951 年派他到沈阳机床一厂做副厂长，厂长是叶选平。派杨桦到鸡西矿务局做副矿长。让机关里的年轻人到基层担任领导职务，经受锻炼，这对年轻干部的成长很有好处。

东北的计划工作比全国早，所以，1950 年秋中财委召开全国计划会议的时候，计划局长宋劭文（原晋察冀政委会主任，华北人民政府农业部长）要我介绍东北编制工业计划的经验。出席会议的还有 3 位副局长：孙越崎、钱昌照（孙、钱两位都是原国民党资源委员会的委员长）、杨放之（曾留苏，抗战时在汉口曾协助周恩来办《新华日报》，建国后任国务院副秘书长，外国专家局局长）。杨放之是专职副局长，会后，又约我到他家，详细询问制定计划的全过程和经验教训。我说我是刚刚做计划工作，说不出什么经验教训，只是给我印象最深刻的是要抓定额管理，只知道设备能力，不知生产定额，制定不出切实可行的计划来。说着说着，我冒出一句：定额是计划的灵魂。其实，这句话是苏联专家讲的。他们对定额的标定，是派人到工厂手拿秒表站在机床前，标定工作时间和效率，一直标定到工厂的厂长。在做实际标定的基础上才能制订出合理的定额表，即平均先进定额。无论生产、财务、劳动计划，都要先抓制定定额工作。不想，杨放之记住了这几句话，第二天他在会上说，我向东北工业部袁宝华讨教了，看来定额很重要，定额是计划的灵魂，没有正确的定额，难编出可行的计划。他要大家注意这个问题。当时，我的话虽然有些绝对，但那时定额对编好计划确实很重要。

那时候我每月都要找十几个单位的计划处长开一次会，要他们汇报情况，总结经验，提出问题，大家一起研究解决。

五、东北工业部的教育和科技工作

东北工业部很重视办学校，培养人才。几个主要的工业学校都由东北工业部直接领导，包括哈尔滨工业大学、吉林工专、沈阳工学院等。1950 年 9 月，由阎沛霖亲自负责，将沈阳工学院、抚顺矿山专科学校、鞍山工专、沈阳兵工中专等学校合并在一起成立了东北工学院，并将本溪钢铁公司总工程师靳树梁调去当院长。他是解放前本溪煤铁公司的负责人，工程师、老专家。在抗美援朝搬迁的同时，我们还扩建了哈尔滨工业大学，新建了哈尔滨建筑工程学院、东北工业部干部学校。在长春伪皇宫的旧址上办了长春地质学院，一开始我们给教育部写报告，教育部没有同意，后来我们不经他们同意就办起来了，办起来后也就同意了。长春地质学院比北京地质学院办得早，在那里毕业了一大批学生。

东北工业部除了抓教育，还抓科研。部领导对科研工作的要求就是结合生产实际，为恢复生产，提高经济效益服务。东北的科研机构主要是东北科学研究所，它的前身是日本人建立的伪满大陆科学院。我们接收后改为长春科研所。阎沛霖、佟城等到该所工作。1946 年 5、6 月间我军从长春撤出时，佟城将大陆科学院的主要资料转移到哈尔滨。辽沈战役后，1948 年底第二次解放长春，佟城又将全部资料重新搬回来，开始整顿、恢复工作。当时，阎沛霖任东北工业部教育处处长兼长春科学研究所所长。以后，武衡到该所任所长。王大珩所在的光学所，也是那时候建起来的。东北科学研究所下属一个地质调查所，开始我兼所长，佟城任副所长，后来由佟城做所长，郑绂为副所长。1950 年，根据东北经济建设的需要，将长春科学研究所和大连科学研究所合并，成立东北科学研究所，这是东北科学研究工作的高层领导机关，大连所改为东北科学研究所的分所。东北科学研究所配合东北工业的恢复和建设，进行资源调查，开展科学研究，培养技术人才。当时生产中遇到难以解决的问题，就交给科学研究所去解决。我印象最深的是鞍山红矿选矿和辽西瓦房子贫锰矿选矿两个题目。同时，根据各个专家的特长开展了多方面课题的研究工作。如张宪武主持的大豆根瘤菌的研究，取得很大成绩。武衡到北京汇报了有关资源调查的情况后，中财委组织了一批地质专家到东北进行了为时两年多的勘察，基本上搞清楚了鞍山、本溪铁矿区和辽南有色金属矿的情况。

东北工业部还专门发通知，要求加强各个单位的中心实验室。工矿企业中的科研力量，当时主要集中在中心实验室。鞍钢从恢复生产开始，在苏联专家帮助下，就抓紧建立了中心实验室，直接归马宾领导。中心实验室负责检验、化验等多方面工作，具体解决生产中的各种技术问题，对发展生产提高质量起了很大作用，推动了厂矿质量责任制和技术责任制的建立。除鞍钢以外，本溪钢铁公司、抚顺矿务局、东北电业局等单位都有自己的中心实验室。这是厂矿中的第一批科研机构，是工业战线上一支重要的科研力量。

在东北经济恢复时期，无论是专业科研单位、工矿企业，还是学校，所有的科研工作都是与工业生产实际紧密联系，直接为经济建设服务的。在东北工业部开展创造新记录运动中，鞍钢创造平炉炼钢时间新纪录、提高高炉利用系数，沈阳冶炼厂镁砖炉试验成功等新技术，都是广大工人和技术人员共同的科研成果。

此外，我们还筹备成立了新中国第一批科研机构，热情地欢迎海外的知识分子回国参加祖国建设。张沛霖、方柄、张作梅是最先回来的。他们怀着为祖国服务的爱国之心，带着中科院介绍信从北京来到东北。我在工业部接待了他们。新中国的成立使他们激动万分，在国外就已经准备好金属研究所的设计图纸，一回国，马上就要求开展建所工作。他们还介绍了李薰等在英国的情况，转达了不少海外知识分子回国的要求与愿望。后来，中科院吴有训院长与东北工业部商定将金属研究所设在沈阳，以便于和鞍山、本溪、抚顺等地技术人员的联系与合作。由李薰主持工作。李薰是个豪爽的人，他的意见我们都尊重，尽力按他的意见办。金属研究所是我国第一个金属材料方面的综合性研究机构，为新中国冶金工业的发展壮大作出了巨大贡献。

六、抗美援朝大搬迁

1950年10月开始抗美援朝。确定要出兵的时候，毛主席就给东北局打了招呼，要有准备，敌人不会甘心，会报复。他们要报复，首先要轰炸东北工业基地。东北工业基地主要在南满地区，中央决定，南满地区的工业向北满地区迁移。除了鞍钢、本钢、抚顺煤矿、城市电厂之外，其他工厂都搬迁。

大量搬迁的是机械厂。沈阳第一机床厂和第五机床厂迁到齐齐哈尔，后来叫齐齐哈尔第一机床厂、第二机床厂。大连钢厂整个搬到大冶，就是后来的大冶钢厂。后来的大连钢厂是抗美援朝后由留下来的工人和技术人员重建起来的。安东（现在叫丹东）冶炼厂在海边，它的规模和沈阳冶炼厂差不多，也是日本人建起来的，是刘学新负责恢复的，车床的皮带刚挂上，还没有开工，战争就爆发了，工厂也要往北搬迁。一些轻工业工厂，如造纸厂等都要搬迁。搬到北满地区的一大批工厂，主要集中在哈尔滨和齐齐哈尔这两个地区。

在搬迁过程中，一面搬迁，一面生产。这边机器搬走，留下的照样生产。那边找到房子，刚安上机器，立即生产。全国劳动模范马恒昌是沈阳第五机床厂的工人，他的机器搬到新的地方，地角螺丝还没装上，放在木头板上就开始生产。当时机床比较落后，大部分是皮带机床。南满地区搬不走的工厂，都采取了防空措施。那时已经下定了打烂再建的决心。抗美援朝，不只是军事活动，经济部门也在全力组织生产，支援前线，保障后勤。

事物总是一分为二的，抗美援朝工业大搬迁，南满地区的工业受到了影响，但北满地区的工业发展起来了。哈尔滨是个消费城市，经过搬迁逐渐成了工业城市，成为北满地区的工业基地。南满地区的机械工业、轻工业搬到北满地区，北满地区的齐齐哈尔、佳木斯、牡丹江、白城子等城市也都发展起来了。南满地区工业北迁，厂子搬走了，部分老工人没有走，老厂利用未迁设备很快也恢复了生产并发挥了重要作用。这三年是搬迁、恢复、发展，而且吸收和培养了大量人才。

在抗美援朝中，东北工业部计划处工作十分紧张。当时，1950 年的计划正在执行，所以，一方面要修改计划，一方面要在搬迁工厂的基础上制定 1951 年的计划。虽然东北处在抗美援朝的前沿，由于美军始终没敢轰炸东北内陆，所以南满地区的工厂北迁后，北满地区要新建，南满地区要使留下的设备恢复生产，制定和调整计划工作都非常忙。当时中央有了全国三年恢复方针，根据这个方针，1952 年东北要进一步发展南满地区、北满地区工业，计划工作量很大，对此，根据专家的建议，东北工业部新成立了设计处和基本建设处，以适应东北工业发展需要。

抗美援朝期间，为疏散机关家属，我母亲和我夫人朱傲石及孩子都搬到长春去了。傲石出身官宦人家，她的长辈们在清朝、民国时期都当过官，她是个很含蓄、克己、达观的人。我是在齐齐哈尔的嫩江省委工作时与她相识，1949 年全东北解放后，我们结婚。这时也把我的母亲接来东北。

大约在上世纪 80 年代，医生确诊傲石患有膀胱癌，没有告诉她，医生告诉了孩子，孩子们告诉了我，我本想先隐瞒一段，不想医生不小心让她看到了病历，但她很看得开。所以手术后 20 多年情况都很好。她从冶金部政策研究室离休，后因癌细胞扩散至泌尿系统，开了两次刀。当医生的儿子和媳妇对我说要有精神准备，很可能过不去了。第一次开刀傲石 50 多岁，恢复得比较快，第二次开刀 70 多岁了，恢复得比较慢。但傲石很坚强，她硬是坚持到 2004 年 5 月 5 日不治离世。

在抗美援朝大搬迁中，大家都斗志高昂，保家卫国，不计报酬，不顾疲劳，连续作战。人们确实很累，有时坐在那就睡着了。东北机械局副局长聂春荣，搬迁工厂来往奔波，疲劳得不得了，坐下就睡，有人开玩笑把他皮腰带上别的手枪拿走，他都不知道，就困到这么个程度。

七、建设新中国工业的重要战略决策

建设东北工业基地是党的七届二中全会后，中央为恢复和建设新中国经济采取的一项重大战略。在新中国成立前，中央确定“让东北工作先走一步”的方针，将一大批经济工作干部调到东北，参加恢复东北工业建设。“一五”期间，中央将苏联援建的新中国第一个汽车制造厂、第一个重型机械厂、第一个制造发电设备的三大动力厂等关系国民经济全局的许多重要项目都放在了东北。

1949 年 12 月，毛主席到苏联访问，1950 年 2 月《中苏友好同盟互助条约》签订。开始谈不拢，斯大林有顾虑，怕我们变成铁托。毛主席刚到苏联时，苏联报纸上称毛泽东先生，而不是毛泽东同志，随毛主席去的都被称为先生。所以毛主席对能够签订《中苏友好同盟互助条约》很感慨，几次讲话都说，要把我们的经济建设建立在自力更生的基点上。毛主席讲，没有经济上的发展，就没有经济上的独立；没有经济上的独立，哪有政治上的独立！他当时对东北工业寄予很大的希望。他从莫斯科回来经过沈阳，在沈阳专门召开干部会议，作了重要讲话。他提出东北工业基地的建设要对全国有三个贡献，就是“出产品、出经验、出干部”。

1949 年下半年，在新中国成立前，刘少奇、高岗去苏联与斯大林谈判，苏联派了一批经济专家与他们一起回来。这批经济专家大都留在了东北，其中工业专家留给了东北工业部。东北工业部的总顾问叫波格达廖夫，他是苏联一个轻工业部的部长。当时，东北所有的重要工厂都有苏联专家。鞍钢在日本人撤退以后，生产不正常，第一炼钢厂来了三个苏联专家，昼夜工作、轮流值班，最后使炼钢厂的生产恢复了正常。这批苏联专家在东北工业恢复和发展中确实起了很重要的作用。当时要求各个局每天晚上都要把苏联专家的活动情况和建议向部里汇报。这样搞了三四个月，变成了一项制度。

少奇从苏联回来，在东北的干部会上专门作了一次讲话，他说：新中国的建设，要有物质基础，东北要作出更大的贡献。他要求我们虚心地向苏联专家学习。

陈云、李富春、王鹤寿对东北工业和东北经济的恢复与发展作出了重大的贡献。陈云对经济工作很熟悉，东北全境解放后，他在沈阳工作了不到一年的时间，东北经济恢复这一段，是在陈云领导下开的头。东北工业恢复主要是李富春抓的，李富春担任东北人民政府副主席兼东北财委主任，专门抓经济工作。后来，成立东北计划委员会，东北财委的人到了东北计委。那时中央政府还是设立财委，东北就建立了计划委员会。

领导东北工业建设是由工业部部长王鹤寿负总责，高岗是支持王鹤寿的。"东北工业要搞好"，这是毛主席的指示。应该说东北工业成绩是显而易见的。东北工业搞出成绩来，这也就成了高岗的成绩！当时我们都学习他的文章，我记得文章题目是《荣誉属于谁?》。高岗这个人有个特点，他把工作任务交给你，就信任你，放手让你干。他善于用人、会用人，像当年马洪这样有能力的年轻人，提得很快，马洪后来担任了东北局的副秘书长。

东北工业部领导了整个东北工业恢复工作，为新中国的经济建设奠定了很好的基础，的确做到了"出产品、出经验、出干部"。东北工业部这段工作经历对于我个人来说，真的是增长了知识，得到了锻炼，为我后来的工作打下了基础。

第七章
赴苏联谈判的日日夜夜

一、谈判前的准备工作
二、代表团离京赴莫斯科
三、参观学习苏联企业
四、斯大林逝世
五、艰难的谈判
六、“156 项工程”的重要意义

一、谈判前的准备工作

1952 年，我随周恩来总理、陈云和李富春到莫斯科参加商谈和确定苏联援助我国经济建设的具体项目，征求苏联政府和斯大林对我国制定第一个五年计划的意见。在苏联前后生活了 10 个月，这 10 个月的日日夜夜至今仍历历在目，难以忘怀。

新中国成立后，我们面临着繁重的经济恢复和发展的任务。一方面，要治理战争创伤，恢复生产，发展经济；另一方面，要抗美援朝，保家卫国，支援前线。经过一年多艰苦努力，1951 年经济恢复工作取得很大成绩。这时，根据中央“三年准备、十年计划经济建设”的思想，中财委于 1951 年 2 月开始试编我国第一个五年计划，包括需请苏联援助和帮助建设的项目。在当时，竭尽全力进行我国第一个五年计划的建设，争取苏联对我国的经济援助，是中央的一个重要战略决策。

新中国成立后，苏联对于是否援助中国还有些疑虑，直到抗美援朝，斯大林才相信中国共产党的国际主义是真的。这时苏联才主动提出愿意帮助我们设计和建设一批项目。当时我们的外交方针是“一边倒”。因为新中国成立之初，在帝国主义的重重封锁之下，只有苏联承认我们，不一边倒也不行。

编制全国计划是毛主席提出来，由周总理亲自主持“一五”计划领导小组工作。负责编制“一五”计划的是中财委计划局，实际是李富春亲自抓。中财委计划局的人不多，办公地点在朝内大街孚郡王府（又称九爷府），为编制“一五”计划的事，我暂时到中财委工作。那时，计划不好编，困难在于大家没有这方面的知识，资料也有限，南方一些城市才刚刚解放，全面情况了解得少。编计划只能根据需要，计算指标。所以，“一五”计划一开头比较粗糙，后来几经修改，直到去苏联前还在修改。

东北是我国重要的工业基地，国家“一五”建设的重点在东北，东北工业部制定年度计划已有经验，但没制定过五年计划，所以东北拟订的“一五”计划建设规模十分庞大。计划第一个五年，要向苏联订购成套设备约 35 万吨，总价值为 17 万亿元旧人民币（每 1 万旧人民币合 1 元新人民币），折合卢布为 17.56 亿。一般设备为 13 万～14 万吨，约合 8 万亿元旧人民币。此外，国内建筑设备安装的五年计划是 81 万吨，其中非必需安装设备为 10.5 万吨，必需安装设备为 70.5 万吨。技术人员 420 人，工人 1 万人，安装工人平均安装一吨设备需要 25 个工时。五年内土建任务是 24 万平方米，土建工程技术人员最高达到 5 400 人，工人达到 9 万～10 万人。土建的定额是每平方米 6 个工时，留用苏联专家 36 人。其中 1953 年需聘请专家 95 人，1954—1957 年需聘请专家 150 人，基本建设顾问需聘请 330 人，要派出实习生 1 600 人。另外，还要聘请设计方面的专家 72 人，教育方面的专家 59 人。

东北的许多工业建设项目，在制定“一五”计划时就已开始设计和施工了。1951 年 2 月，我到北京参加全国工业会议，在会上就确定了一批建设项目，并立即开展了工作。如富拉尔基北满钢厂，1951 年请苏联做了初步设计，并做了部分技术设计，当时该钢厂的规模为 15 万吨。还提出了富拉尔基电站的建设，电站的第二台机组要求苏联 1952 年交货。佳木斯铜网厂已在莫斯科签订了设计合同，该厂最初是一个单独项目，后来将铜网厂和佳木斯造纸厂合并在一起。沈阳风动工具厂，已在莫斯科审核完设计。此外，还有沈阳第一机床厂、阜新电站、哈尔滨铝加工厂、吉林铁合金厂、201 厂（碳素电极厂）等，这些建设项目都在去苏联之前就已列入计划，并向苏联方面提出，请他们帮助设计。

1952 年上半年，我们做完了东北工业的第一个五年计划。我带着这个计划，到北京参加全国“一五”计划编制。刚到北京时，中央和国家机关的“三反”运动还没有结束，中财委其他人都在参加运动，就是柴树藩他们编制计划的人忙忙碌碌。

在北京，我还参与了编制“一五”全国地质工作计划。那时，中央设有中华人民共和国地质工作指导委员会，主任委员是李四光，副主任委员是谢家荣。李四光调走后，谢家荣代主任。他下边的一批工作人员，许多都是原来国民党资源委员会地矿处留下来的人，大都是我北大的同学。当时的地质工作就是在国民党资源委员会地矿处基础上发展起来的，基础很薄弱，工具也落后。尽管如此，在新中国成立后的三年里，还是派了一批人到各地进行地质调查。地质做的计划也比较大。地质计划由地质工作指导委员会负责，我参与这件事。地质部是在1953年初成立的，宋应（即我北大地质系同学宋尔纯）调来任副部长，何长工任代部长，李四光任部长时，何长工任常务副部长。

在赴苏联谈判之前，我们做了详细的准备工作。中央为了搞好与苏联对接的第一个五年计划编制，决定由周恩来总理亲自主持计划领导小组工作，具体负责的是中财委计划局，当时计划局人不多，就从各大区抽调人员参与这项工作。1952年7月25日，我从东北赶到北京，立即同即将前往苏联谈判的同志一起投入紧张的准备工作。在临行前的20多天中，我们夜以继日地讨论项目，列设计项目表，写设计项目说明，做设计项目和设计清单，做地质勘查资料和清单，提出专家与设备要求和技术要求等。同时还要准备好“一五”计划的总说明、计划方针和计划概要，详细推敲了重工业计划。对我们所准备的材料，要求统一、准确。

经过紧张的工作，我们做好了赴苏谈判前的准备工作。

二、代表团离京赴莫斯科

我国政府代表团在1952年8月15日晨5时离开北京。

代表团正式成员共5人：周恩来任团长，陈云和李富春（中财委副主任）任副团长，成员是张闻天（驻苏联大使）和粟裕（副总参谋长）。

代表团的顾问都是政府和军队有关方面的负责人：宋劭文（中财委秘书长兼计划局局长）、陈郁（燃料工业部部长）、王鹤寿（重工业部部长）、汪道涵（华东工业部部长）、王诤（中央军委通讯部部长）、刘亚楼（空军司令员）、罗舜初（海军副司令员）、邱创成（炮兵副司令员）、雷英夫（军委作战局局长）和师哲（外交部政治秘书）等。

代表团的随员也是各部门的有关负责人，包括吕东、柴树藩、沈鸿、白杨、齐明、陈平、王世光、钱之道、李苏和我，以及一批翻译等。

出国之前，我们集中学习了一段时间。8 月 13 日，陈云召开会议对我们提出了纪律要求：一是不讲越过职权的话，不该讲的不要讲，该讲的也要先请示后再答复对方；二是在行动上，外出必须经过请示，批准后才可行动，会客必须有正式手续；三是在风俗习惯上，要入国问俗，按规矩办事；四是不能乱敬酒，不准喝醉酒，主要是因为苏联人爱喝酒，而且一喝就要喝醉；五是外出坐车要听从安排。刘亚楼在苏联生活的时间比较长，情况比较熟悉，他给我们讲了注意事项。我们的生活和活动都由他负责安排。在准备出国时，我们每个人都做了一套衣服，还做了厚呢大衣、夹大衣，发了皮帽子。周恩来没有做夹大衣，仍然穿着那件旧的蓝色的夹大衣。

代表团共乘坐三架飞机，一架飞机只能坐一二十人。当时张闻天已在莫斯科，周总理、陈云、李富春、粟裕四人分乘两架飞机，与其他顾问、随员坐在一起。飞机从北京起飞后，途经蒙古首都乌兰巴托和苏联伊尔库茨克、克拉斯诺亚尔斯克、新西伯利亚、斯维尔德洛夫等机场，于 17 日下午 6 时半（莫斯科时间是刚过中午）到达莫斯科。我们代表团经过的各个机场，苏联方面都做了精心的安排。为了保证中国政府代表团的安全和顺利航行，他们要求每个机场在我们的飞机没有起飞前，其他客机不得起飞。

在伊尔库茨克，我们的飞机停飞休息，看到有不少苏联旅客在候机室，我们代表团中会俄语的同志就热情地同他们打招呼，问他们的飞机什么时候起飞，他们答道：等周恩来的飞机起飞后，我们再起飞。

到达莫斯科后，周总理在机场发表了热情的讲话。周总理住在中国驻苏联使馆，陈云、李富春和粟裕同我们都下榻在莫斯科著名的苏维埃旅馆。我在这里住了 10 个月。说来非常巧，1988 年我再到苏联访问时，在莫斯科仍住在这个旅馆，一晃已是 35 年后了。

到莫斯科后的第二天，我们就立即开始了紧张的准备工作。认真准备和核对材料，学习和讨论苏联报纸发表的苏联第五个五年计划大纲草案。

8月20日，斯大林同周恩来总理举行了会谈。会谈前，周恩来已将我国“一五”计划主要内容的书面材料交给了斯大林。21日，苏联报纸纷纷报道了周总理同斯大林会谈的消息。周总理、陈云副总理在苏联期间，先后同斯大林举行了两次会谈并发表了中苏双方谈判公报。公报指出，中苏双方讨论了有关中国与苏联两国关系的重要政治与经济问题。在这两次会谈中，双方达成协议，即苏联政府在1952年底以前将共同管理中国长春铁路的一切权利以及属于该铁路的全部财产无偿地移交我国政府，并完全归我国所有。9月22日，周总理、陈云、粟裕和部分顾问、随员离开莫斯科回国。

由于我们到莫斯科时，正赶上苏联全力准备召开苏共第十九次代表大会（会议在10月5日召开），苏联计委主席萨布洛夫正筹备苏共十九大，苏联方面顾不上研究我们的第一个五年计划。李富春和我们20多人留下来继续做准备工作。我当时是东北工业部秘书长，是重工业部的代表，又是民用工业部门的代表。

三、参观学习苏联企业

我们到苏联后，大家都急切想了解苏联经济建设的成就，想参观他们的工矿企业，学习他们的经验。到莫斯科后，又遇上他们正在筹备召开党代会，所以就应我们要求，安排我们到企业参观学习。从9月7日到16日，我们在莫斯科参观了苏联工业技术展览馆、建筑展览馆、莫斯科大学，考察了斯大林汽车工厂、红色无产者机床制造厂及第一滚珠轴承厂、电缆厂、变压器厂、卡里伯厂、莫斯科煤气厂、吉那摩电动机厂等。之后由杨维、马宾等一些在苏联学习的同志和驻苏使馆商务参赞李强陪同，我们到更多的企业参观学习。李富春指定由我带领搞工业的一行约 20 人，包括柴树藩、沈鸿、钱之道、陈平、王世光、齐明等到苏联地方企业参观，苏联外交部专门派了两个懂汉语的官员陪同我们参观。

离开莫斯科，首先到了斯维尔德洛夫斯克，在该州一位副州长和主管工业的负责人陪同下，我们参观了乌拉尔基重机厂和基洛夫工业大学。乌拉尔基重机厂很有名，在第二次世界大战期间以生产坦克闻名，战后该厂把一辆坦克放在厂门口的台基上作为纪念。我们从来没有看到过这么大和这么先进的工厂，所以大家看后都很有感触，赞叹不绝。当时乌拉尔基重机厂已有万吨水压机了，沈鸿参观后感慨万分，激动地说："我搞了这么多年的工业，从来没有看到过这么大的机器，将来我们一定要自己制造一台万吨水压机。"的确如此，想想日本人在东北经营那么多年，沈阳重机厂也不过只有 2 500 吨水压机。沈鸿的这个誓言后来终于实现了。由他担任总设计师，林宗棠担任副总设计师，在 1962 年上海江南造船厂成功地制造出了中国第一台一万二千吨水压机。

离开斯维尔德洛夫斯克后，我们又到卡敏斯克乌拉尔加，参观乌拉尔铝厂。这里是苏联的一个铝工业基地，当时我国抚顺铝厂的年轻技术员正在这里实习。

从卡敏斯克乌拉尔加出发，到达下塔吉尔市，参观该市的人造树脂厂和下塔吉尔冶金工厂。下塔吉尔冶金工厂是沙皇时代的老牌钢铁厂，经苏联"一五"计划改造，已成为现代化联合钢铁企业。在这里我们遇到了几位由东北工业部派来的实习生，他们来自鞍钢，在轨梁厂实习。29 日，我们穿越欧亚界碑，赶到第一乌拉尔城，考察了第一乌拉尔钢管厂。

从我们参观的这些工厂的状况来看，苏联在第二次世界大战中确实付出了巨大的牺牲，这些工厂为苏联赢得二战的胜利作出了巨大贡献，立下了汗马功劳。

苏共第十九次代表大会后，乘苏方有关部门开始研究我们的方案之机，我们几位搞工业的同志，由我带队到斯大林格勒（现名伏尔加格勒）继续考察。从 12 月 19 日到 23 日，我们对该市的红十月钢厂进行了系统、深入的调查研究。以前在乌拉尔参观时，几乎一天参观一个甚至几个企业，总有一种走马观花的感觉。这一次在红十月钢厂参观，我们对他们的生产、管理进行了非常详细的了解。同厂长谈工厂的管理，同计划科长谈工厂的计划和车间工作，还特地去参观了工厂的技术馆和职工住宅。当时给我很深的印象是战后苏联的劳动力缺乏，工人流动性很大，许多工厂都用改善职工生活条件与工作条件来吸引别的工厂的职工“跳槽”。我问厂长眼下的主要困难是什么，他坦率地说是工人留不住。那采取什么办法留住工人？他说：尽量多盖住宅，鼓励工人结婚。他们结婚以后，马上分给他们房子，他们生了孩子，就不愿走了，就会在这里长期干下去。另一印象是，工厂车间地上的油泥多。我们每天回到旅馆，鞋底油泥踩脏了新铺的地毯，感到很不好意思。这说明工厂的管理还很粗放。

我们参观学习的日程排得很满，几乎马不停蹄，前后共考察参观了 14 个工厂、20 个博物馆。莫斯科的博物馆我们基本上都看了一遍。参观工矿企业，使我们大开眼界，对现代化的大工业有了切身感受，学到了他们管理企业的经验。沈鸿搞了多年工业，经验丰富，在参观时我们有不懂的东西，他就给我们讲。有时钱之道也给我们讲讲。他们两位在延安时就一直在军工部门工作，是陕甘宁边区的劳动模范，毛主席曾接见过他们。其他同志包括我都是半路出家，只有他俩是科班出身。

在参观考察中，我们对二战期间苏联经济遭到的严重破坏触目惊心，许多工矿企业都被摧毁了，他们作出了巨大的牺牲，付出了沉重的代价。而战后苏联经济恢复得确实很快。这也与他们从战败国拿回大量战利品有关。例如，苏联的照相机厂就是从德国拿来的技术、设备，引进的技术人员；从中国东北搬过去的机器设备安装后，马上形成了生产能力，所以恢复得快，而且有很大发展。我们所到之处，也看到和感受到苏联人民举国上下，万众一心，夜以继日地工作。许多工厂差不多都是提前一年完成五年计划。当时他们有很强的紧迫感和危机感，感到美帝国主义张牙舞爪，一些战争贩子叫嚷发动第三次世界大战。苏联人民经过战争，2 亿多人口牺牲了 2 000 多万。就苏联来说，一定要争取和平，再也经不起一个接一个的战争了。

苏联人民对中国人民十分友好，他们对中国共产党不到三年时间夺取全国政权，并宣布“一边倒”的外交方针非常赞赏。当苏联报纸报道了中国政府代表团到苏联访问的消息后，我们不论走到哪里，都受到苏联人民的热烈欢迎。我们刚到莫斯科的那些天，一旦我们外出，就引起许多苏联朋友的关注。譬如，我们去乘地铁，马上就有不少人站起来给你让座；我们去商店购物，服务员更是热情周到地为你挑选；我们参观工矿企业，苏联同志总是热情地宴请我们，他们一个个都喝得醉醺醺的上前来给我们敬酒，与我们拥抱、亲吻。当时，苏联同志之所以那么高兴，是因为在他们看来，在东方有个社会主义中国，他们的安全感大大增强。十月革命后，他们长期孤军奋战几十年，并遭受了德国法西斯的疯狂攻击，付出了那么大的牺牲，才取得了第二次世界大战的胜利。所以，中国共产党取得胜利，使有四亿五千万人口的中国走上了社会主义道路，这对苏联不只是一个极大的支援，而且是一个安全的屏障。20世纪前半叶两个最重大的事件，一个是苏联十月革命的胜利，一个是新中国的成立。新中国的成立是又一个“十月革命”的胜利。苏联需要中国。

四、斯大林逝世

1952年10月5日，苏共第十九次代表大会召开，刘少奇率中共代表团参加了大会。东欧国家的主要领导人也参加了大会，他们都下榻在莫斯科苏维埃旅馆。一时间我们的住处非常热闹。

这次党代表大会，通过了苏联第五个五年计划大纲。苏联是计划经济发源地，是我们的“老大哥”。这个计划大纲，对我们这些刚刚从事计划工作的人，是一次难得的学习机会，对我国“一五”计划中拟请苏联援助的项目，提供了重要依据，对我们更好地制定“一五”计划并坚定实现“一五”计划的信心，也是极大的鼓舞。

从苏共第十九次代表大会结束，到斯大林逝世的四个月，是我们和苏方准备谈判的紧张的四个月。由于每天都要研究和讨论我们提出的项目，大家几乎都要把谈的项目背下来了。我主要负责冶金方面的项目。

在这段时间里，除了熟悉项目，准备谈判之外，还做了许多其他工作。一是接受国内的任务，与苏联外贸部有关人士商谈已确定的项目。这些项目后来都加进了中苏双方共同确定的156项项目之中。二是了解和听取东北工业部派到苏联学习的实习生的汇报。当时从东北工业部派去的实习生有八九十人，分布在各个行业和企业。通过他们，我们知道了不少苏联企业的生产情况和管理方法。

1953年3月5日，斯大林逝世。这对苏联人民来讲是万万想不到的，每一个苏联人都悲痛万分。在我们住的旅馆中，服务人员整天哭泣，眼睛都哭肿了。用苏联人的话说，斯大林去世了，我们怎么办？

听到斯大林逝世的消息，我们也感到十分震惊。6日晚，我们聚集到我驻苏大使馆举行追悼仪式，富春发表了悼念讲话。7日下午，中国代表团第一个进入莫斯科工会大厦圆柱大厅，向斯大林遗体告别。斯大林的灵柩停放在四周摆满了鲜花、花圈和棕榈的高高的灵台上。按照通常的外交惯例，外交使团的团长应走在最前面。当时驻苏联外交使团的团长是瑞典大使，他应走在前面。苏联为了突出中国，安排苏联外交部副部长陪着瑞典大使走得很慢很慢，安排一位司长陪同中国代表团很快走到瑞典大使的前面，第一个进入工会大厦圆柱大厅。第二天苏联报纸报道：中国代表团第一个进入工会大厦圆柱大厅，向斯大林遗体告别。

毛泽东当时因身体原因没有前往。3月8日下午，周恩来总理率中国政府代表团飞抵莫斯科，参加斯大林的追悼大会。斯大林的追悼大会在莫斯科红场举行，苏联把周总理安排在同马林科夫、莫洛托夫等苏联党政领导人站在一起，显示中苏关系的特殊性。

斯大林逝世后，苏联的政局开始动荡。赫鲁晓夫搞了个第一书记，由他担任这一职务。接着，赫鲁晓夫就开始彻底否定斯大林，这就给苏联后来的变化留下祸根。如果要分析苏联解体的演变过程，应该说是从赫鲁晓夫开始的，戈尔巴乔夫无非是完成了这个分裂过程。他们彻底否定斯大林，就等于否定了列宁逝世后到斯大林这30年的苏联历史，实际就是给社会主义抹黑，动摇人民对建设社会主义的信念。苏共第二十次代表大会后，我们党中央先后发表了《关于无产阶级专政的历史经验》和《再论无产阶级专政的历史经验》。至今，这两篇文章仍值得我们读一读。

五、艰难的谈判

在正式进行谈判之前，我们集中学习了一段时间，这是苏共中央政治局委员、部长会议副主席兼计划委员会主席萨布洛夫的建议。早在斯大林逝世前，他提出在开始讨论项目之前，先由苏联国家计划委员会的副主席和部门负责人轮流给我们讲一讲关于怎样做计划的问题。1953年1月26日确定了讲授的内容，并从1月30日开始讲授，到2月26日结束。在近一个月的时间里，由苏联计划委员会的14位副主席和主要委员分别给我们讲课，前后共讲了20次。我们二十来个人，分头把听课内容详细记下来并加以整理，编辑成一本书，其中“黑色冶金、有色冶金、生产费和周转费”三章，以及开头两部分是我整理的。计划工作的组织和计划工作的方法是我负责审查的。这些整理的文稿后来汇集成《经济计划概论》一书，正式出版。

苏联专家讲授的主要题目有：国民经济计划工作的组织和国民经济计划的平衡方法；工业生产计划；黑色冶金计划；有色冶金计划；燃料工业计划；电力工业计划；机器制造工业计划；基本建设计划；劳动计划；干部教育及技术人员与工人的分配计划；人民财政收支计划；商品周转计划；生产费与周转费计划；农业计划；财务计划；物资技术供应与物资平衡计划；统计工作；新技术计划；等等。

此外，还请苏联建设事业委员会、冶金部的专家讲授了“苏联建设事业委员会机构设置”“都市改建问题”和“苏联地质工作问题”等专题。

1953年4月初，正式进入关键性的谈判阶段。在此之前，我们同苏联方面也不断接触，但都是谈零星、个别的项目。李富春和米高扬先后谈了三次，中方参加主谈的除了李富春外，还有宋劭文、我和钱之道。

李富春和米高扬是熟人，见面没什么客套话，寒暄几句就进入正题。米高扬是贸易部部长，担任主谈，卡冈诺维奇是谈判主要助手，参加谈判的也是四个人。米高扬先通报了对我国“一五”的意见，大意是从社会主义阵营考虑，中国工业化首先应优先发展重工业；要保证计划的完成，培养自己的专家；加强地质勘探；发展手工业；大力发展农业；发展商品流通；工业总值增长大于职工人数增长；劳动生产率的提高大于工资的增长；技术人员增长速度大于工人增长速度。这些是苏联的经验，也符合我国实际情况。

我们当时的建设热情极高，主观上都想把劲鼓足，想多依靠苏联的援助，所以做的计划比较大。例如铁路，“一五”计划草案提出5年修铁路一万公里。卡冈诺维奇是交通专家，他问：为什么一上来就修这么多铁路？我们说，我们国家同苏联一样，幅员广大，地域广阔。他问：有那么多钢轨和枕木吗？如若这些苏联可以援助，但谁给你修这么多车站、上水装备、通讯设备？我们回答，请苏联给予支援。苏方表示，他们也负担不起，力所不能及。对此，富春电话请示国内，很快回复，改为五千公里。

我负责冶金项目的谈判，谈判对手是苏联计划委员会负责冶金工作的副主席。谈判在他的办公室进行，我们前后谈了20多次。他很认真，对每个项目都事先做研究，抠得非常细。我们没有搞现代化工业企业设计的经验，好多问题一时回答不上来。特别是矿山项目，前期工作做得太粗，很难满足设计要求，许多矿山资料不完整，勘探资料远远不能满足设计的需要，给项目和设计谈判带来了很大困难。

我们只好打电话把谈判情况报告中央，并请地质部副部长宋应到莫斯科，专门把我国对矿山进行的最新勘探情况向他们作了通报，他们表示同意和理解，认为我们做到这一步就可以了，不能对中国同志要求得太严格，因为中国当时还不具备对矿山进行详细勘探的能力。苏联地质部一表态，他们国家计委的同志也就基本同意了我们提出的项目。

关于钢铁项目，我们提出：除了改造鞍钢之外，还必须新建两个大钢铁厂，一是包钢，二是武钢（当时叫华中钢铁公司）。苏方对包头钢铁厂的建设很有兴趣，认为包头钢铁厂条件比较好，地理位置也好，背靠苏联。而对华中钢铁公司的建设，则不感兴趣，认为武汉处于台湾飞机轰炸的范围之内，武汉的矿山储量太小，必要性不大。后来，国内又提供了大冶铁山发现很多新资源的新情况，他们才同意设计武钢。

关于铝项目，我们提出，除了恢复抚顺铝厂之外，计划再建两个铝厂，一个建在贵州，另一个建在郑州。对于这两个项目，苏方也不赞成。他们认为根据中国的情况，有两个铝厂就够了。铝生产多了，中国自己用不了，卖给谁？卖给苏联，他们也不要。在东欧已集中建了一批铝厂，苏联已经够用了。他们认为中国有两个铝厂，年生产能力就能达到 10 万吨，够用了。他们还举例说，在苏联卫国战争期间，铝产量最低时每年只有 4 万吨，可还是制造了 4 万架飞机。

其他领域的谈判也是一样艰苦。沈鸿负责机械工业项目，由于我们提出的项目较多，苏联抠得特别细。沈鸿是专家，他的谈判对手是苏联国家计委一位委员，几乎是天天为项目“吵架”。

每天谈判早出晚归，对当时我们这些年轻人来说，能为新中国建设做点事是一种幸福，所以情绪始终是高涨的。谈判桌外，我们同苏方各部门的人，也常常一起喝喝咖啡，聊聊天，他们也很劳累，话里话外听得出来，苏方也有难处。

苏联为援建中国也做了很大的努力。用苏方人员的话说，中国是个大国，提的项目工作量大，接受这些项目就必须修改他们自己的计划，与援助东欧国家不同。苏方人员还说，援建中国的项目他们要根据进度供应设备，有些还要供应材料、派遣专家。据说为中国项目仅设计单位他们就增加了 3 万人。

当然，正常的国家间谈判都应该是互利的，中苏谈判也如此。苏联也有求于我们，特别是苏联需要的战略物资，如稀有金属钨、锡、锑、钼、汞及天然橡胶等项目，谈判时进展较快。苏方提出在海南岛种植橡胶林。人造橡胶技术当时苏联也没有完全过关，苏方援建的我们的兰州人造橡胶厂，调整多年才投产，说明技术并不成熟。这类技术西方对他们也是封锁的。在当时的社会主义国家中，只有中国的海南岛可种植橡胶。为了得到天然橡胶，我国在海南岛下了大本钱。当时担任农垦部部长的王震将农业专家何康（后来曾任农业部部长）从广州的研究部门调到海南岛，成立了热带植物研究所，还办了个大学，培养了一批人。海南岛种橡胶成功后，又在与海南岛处于同一纬度的云南西双版纳试种成功。

到 4 月中旬谈判进入尾声。我们原设想由苏联帮助设计的项目 150

个，其中有60项苏方没有接受。理由：一是缺乏技术资料，二是中国自己可以设计，三是可推迟到第二个五年计划，四是目前还没有能力建设，五是我们没有必要建设，六是苏联方面技术也不过关。

在谈判过程中，我们深深感到苏联政府提供的援助虽不是无偿的，却是真诚的。记得后来陈云也多次说过：苏联是社会主义国家，那时他们对我们的援助是真心诚意的，有的设备，苏联刚试制出两台，他们一台，给我们一台。为维护中苏友谊，新中国成立后，“一五”计划开始时，苏联将旅顺、大连交还中国。中长铁路两家共管多年后，交还中国。中苏合营新疆有色金属公司、中苏合营大连造船厂也于50年代交还中国。作为友谊的象征，“一五”计划中有些项目的确定，我想也有对我国补偿之意，因为战后苏军从我国东北拆走了大量的设备。

谈判基本结束时，李富春派宋劭文回国向中央汇报。4月17日，毛主席亲自主持政治局会议，专门听取了宋劭文的汇报，重点汇报了与苏联新议定的91个项目和原已决定的50个项目，一共是141项。对苏联答应援助中国的项目，以及苏联希望中国向他们出口一些稀有金属的要求，毛主席基本上表示赞同。这是中央第一次讨论五年计划。毛主席说：苏联削了的项目，有的缺乏地质资料，实际不能干；有的自己可以干，何必给别人干；有的可以缓干。削了大家都舒服了，削了我们的主观主义。五年计划完成、完不成、超额完成都有可能，我们必须完成，争取超额完成。钱多了，修铁路，办学校，为农民办事。

会议赞同中国在苏联设立经济参赞处，要求经济参赞处负责五件事：项目设计、成套设备引进、聘请专家、交流技术资料、派遣实习生。

宋劭文还汇报了苏联部长会议副主席萨布洛夫对我们制定计划的建议，即制定五年计划要留有余地，计划指标应该能让企业提前一年完成，至少能提前一个季度完成。社会主义国家力量还很薄弱，缺乏经验，订的计划指标太高，最后完不成，工人、农民、知识分子要哭鼻子了。做计划的同志还要估计到一些不可预见的困难。

宋劭文返回莫斯科后，苏方应我方要求，正式提出了援建项目清单、减调项目清单和要求中国向苏出口物资的清单。4月25日下午，我们从苏联贸易部取回协定草案文本和附件，经过大家多次认真仔细审查与核对，终于在1953年5月15日正式签订协定。参加签字的中方是李富春、宋劭文、我（代表民用工业）和钱之道（代表军事工业）。苏方是米高扬、卡冈诺维奇、科西钦科和卡维尔（苏联贸易部第一副部长）。

在正式签订的协定中，明确了苏联帮助中国设计并援助建设的项目为141项。其中，在我们去苏联谈判之前就已议定的项目50项，赴苏联谈判过程中新确定的项目91项。后来，苏联方面又同意追加了15项涉及军事工业方面的项目，使总项目数增加到156项。这就是“156项”的由来。

“156项”（实际施工的是150项）主要分为五个部分：

1. 国防工业共44项。它们是航空工业12项：南昌飞机厂、株洲航空发动机厂、沈阳飞机厂、沈阳航空发动机厂、西安飞机附件厂、西安发动机附件厂、陕西兴平航空电器厂、宝鸡航空仪表厂、哈尔滨飞机厂、哈尔滨航空发动机厂、南京航空液压附件厂、成都飞机厂（成都航空发动机厂）；电子工业10项，如北京电子管厂、西安电力机械制造公司等；兵器工业16项；航天工业2项；船舶工业4项。

2. 冶金工业共20项。它们是钢铁工业7项：鞍山钢铁公司、本溪钢铁公司、吉林铁合金厂、富拉尔基特钢厂、武汉钢铁公司、热河（承德）钒钛厂、包头钢铁公司；有色金属13项：抚顺铝厂、哈尔滨铝加工厂、吉林炭素厂（电极厂）、洛阳铜加工厂、白银有色金属公司、株洲硬质合金厂、杨家杖子钼矿、江西大吉山钨矿、江西西华山钨矿、江西岿美山钨矿、云南锡业公司、云南东川铜矿、云南会泽铅锌矿。

3. 能源工业52项。它们是煤炭工业25项：峰峰中央洗煤厂、峰峰通顺三号立井、大同鹅毛口立井、潞安洗煤厂、辽源中央立井、阜新海州露天煤矿、阜新平安立井、阜新新邱一号立井、抚顺西露天矿、抚顺东露天矿、抚顺龙凤矿、抚顺老虎台矿、抚顺胜利矿、通化湾沟立井、兴安台二号立井、鹤岗东山一号立井、鹤岗新安台十号立井、兴安台洗煤厂、双鸭山洗煤厂、城子河洗煤厂、城子河九号立井、淮南谢家集中央洗煤厂、平顶山二号立井、焦作中马村立井、铜川王石凹立井；电力工业25项：北京热电厂、石家庄热电厂、太原第一热电厂、太原第二热电厂、包头四道沙河热电厂、包头宋家壕热电厂、阜新热电厂、抚顺电厂、大连热电厂、丰满水电站、吉林热电厂、富拉尔基热电厂、佳木斯纸厂热电厂、郑州第二热电厂、洛阳热电厂、三门峡水利枢纽、武汉青山热电厂、株洲热电厂、重庆电厂、成都热电厂、云南个旧电厂、西安热电厂、陕西户县热电厂、兰州热电厂、乌鲁木齐热电厂；石油工业 2 项：兰州炼油厂、抚顺第二制油厂。

4. 机械工业 24 项。它们是：沈阳风动工具厂、沈阳第一机床厂、沈阳电缆厂、沈阳第二机床厂、长春第一汽车制造厂、哈尔滨量具刃具厂、哈尔滨电表仪器厂、哈尔滨锅炉厂、哈尔滨汽轮机厂、哈尔滨电机厂、第一重型机械厂、哈尔滨电碳厂、哈尔滨轴承总厂、洛阳滚珠轴承厂、洛阳矿山机械厂、洛阳第一拖拉机厂、武汉重型机床厂、湘潭船用电机厂、西安高压电瓷厂、西安开关整流器厂、西安绝缘材料厂、西安电力电容器厂、兰州石油机械厂、兰州炼油化工机械厂等。

5. 化学工业和轻工业共 10 项。它们是化学工业 7 项：太原化工厂、太原氮肥厂、吉林氮肥厂、吉林染料厂、吉林电石厂、兰州氮肥厂、兰州合成橡胶厂；轻工业（包括医药）3 项：华北制药厂、太原制药厂、佳木斯造纸厂。

协定正式签订后，我们大家都开始整理资料，做好善后工作，准备回国。其他未了事宜则交大使馆办理。富春由于要乘坐飞机回国，所以动身晚些。王世光、齐明、陈平和我 4 个人，带着装满十几个箱子的大批资料，乘火车回国。我们 5 月 24 日下午乘上火车，经过整整 9 个昼夜的颠簸才回到北京。

至此，历时近 10 个月的苏联谈判画上了圆满的句号。

六、“156 项工程”的重要意义

“156 项工程”为新中国现代工业建设展开了全面布局，形成了完整体系，奠定了坚实基础，具有重要历史意义。在制定和实施第一个五年计划的过程中，中央慎重地考虑了苏联援助工程项目的地区布局。当时确定的基本出发点是：

第一，要发挥东北老工业基地的作用。因为东北解放早，工业基础比其他地区雄厚。那时，东北工业战线已经集中了一大批工程技术人员和管理干部，无论在工业基础还是在人力物力上，东北都有优势。所以，中央决定把钢铁、有色、汽车、机械制造的许多重要项目放在东北。

第二，要尽可能利用一些老工业基础，建设新工业基地。譬如重庆、太原、武汉等，这些城市都有一些工业基础，要尽可能利用它们。至于其他地方，如南昌、成都、兰州、洛阳、西安、包头等内地城市，要建设新的工业基地。

第三，要避开沿海敌人可能骚扰的范围。这样既可以防止国民党的破坏和轰炸，又能建设和发展得快一些。当时，我国大陆的沿海地区还处于国民党军队骚扰的范围之内，国民党曾派空军轰炸过上海。所以，“156 项工程”要远离沿海，向内地布局。

建设“156 项工程”，设计主要靠苏联，同时考虑到发展工业需要技术力量，尤其是设计和设备制造技术力量，为此我们也成立了一批设计机构，配合苏联设计专家的工作。这样就逐步组建起了我们自己的设计队伍和设计机构。黑色冶金设计院、有色冶金设计院、化工设计院、建材设计院就是那个时候建立起来的。还组建了一批研究机构，因为要长远发展，还需要有自己的研究机构。冶金部成立了钢铁研究院、有色金属研究院、建筑研究院。机械、化工、建材以及军工等部门都成立了自己的研究机构。另外，建立一批学校培养新生力量。除了东北已建了一批学校外，重工业部在西安建立了冶金建筑学院，在湖南建立了矿业学院，在北京建立了钢铁学院。此外，还建设了一大批中专学校。其他工业部门也都建立了一批自己的院校。

随着“156 项工程”的建设，我们培养和锻炼了一大批技术队伍。刚开始建设时，不只是“156 项工程”要靠苏联专家，就是一些原有的企业生产恢复也要靠苏联专家，直到我们自己的技术队伍成长起来了，才完全靠自己了。在“156 项工程”建设中，为了培养自己的队伍，我们采取了请进来、派出去的办法。据统计，为建设“156 项工程”，先后共派出7 820人到苏联学习，其中管理人员 609 人，工程技术人员 4

876 人，工人 2 291 人，其他人员 44 人。东北工业部早在 1951—1952 年派到苏联实习的人员就有 70 多人。另外，我们还抽调一批地方和军队老干部到各种学院学习，然后分配到“156 项工程”建设中。这批人中有许多后来成长为专家。在“156 项工程”建设期间，培养了一大批老干部专家。

在“156 项工程”建设中，大家都很重视工程建设质量，所有工程都是严格按照苏联的设计施工的，可以说整个项目的工程质量是好的。“百年大计，质量第一”的口号就是这个时候提出来的。“156 项工程”设计重视劳动生产率。苏联设计方案中，哪个工厂需要多少人，都按定额规定给设计了。但就当时我国国情来说，我们只能采取低工资高就业的方针。在就业问题上，毛主席提出“三个人的饭五个人吃”，目的是尽量使社会安定下来。

在“156 项工程”建设中，虽然我们没有大规模经济建设经验，但我们老老实实地向苏联学习，向专家学习，严格按照经济规律办事。基本建设严格按照程序办。我印象最深刻的是陈云在北京饭店召开的干部会议上，狠狠地批评了“边设计边施工”的做法，他说：你们这些战争期间建立了功勋的老同志，到经济战线上来，不能瞎指挥啊。针对有人拍胸脯子说“这个项目要出了问题，你杀了我的头”，陈云讲：就是杀了你的头也不能弥补国家的损失啊。那时候是陈云领导经济工作，他严格要求我们按经济规律办事。

“一五”计划期间重点是“156 项工程”建设，我们在管理上十分注意发挥职工的积极性，集中力量打歼灭战，严格管理、一丝不苟、注重质量，提倡勤俭办企业、艰苦奋斗的作风，现在回过头来看，都是正确的。

“156 项工程”建设也有不足之处。一是在决策上，我们按照苏联的模式，采取军民分开的方法，集中力量建设了一批军工厂。这些军工厂民品生产的力量比较薄弱，所以在改革开放过程中，军工企业转轨比较慢。这是当年留下的后遗症，当然与当时中国的国际环境不无关系。

二是追求“大而全”。在当时情况下，企业建在地方，地方的服务功能跟不上，企业只好自己为自己服务。每一个企业都拖了一个很大的后勤机关，这给后来的改革带来困难。我们的军民分割、自我服务、

"大而全"、投资由国家全包起来的弊病，一直到改革开放才逐步得到解决。

"156 项工程"的建设，给我们的国民经济打下一个重要的、比较雄厚的基础，使我国拥有了门类比较齐全的工业体系框架，同时也积累了经济建设的重要经验，培养了大批建设人才和职工队伍。这是我们的宝贵财富。

第八章

实施“一五”计划

一、走遍全国，为钢铁工业新基地选址
二、实施“156 项工程”中的重工业项目
三、“一五”计划的成功经验

一、走遍全国，为钢铁工业新基地选址

新中国成立后，全党工作的重心转移到巩固和建设新中国上来。从1950年至1952年的三年国民经济恢复，为“一五”计划的实施奠定了经济上的基础。1953年，党中央提出过渡时期总路线，又为“一五”计划的实施做了充分的理论上和思想上的准备。

1953年6月我从苏联回到国内，这时东北工业部已经撤销。王鹤寿调到中央任重工业部部长，东北工业部的各个处大多数到了重工业部，成为重工业部的司、局。我回来后，时任重工业部钢铁局局长的刘彬给李富春写报告，要求调饶斌和我去做副局长。由于上级已决定饶斌筹建长春第一汽车制造厂，就决定调我到钢铁局。

我到钢铁局的主要工作就是落实苏联援助项目，抓“一五”钢铁工厂新建、扩建项目，尤其是新项目选址工作。于是我和刘彬一起，按项目计划，由北向南一个一个实地踏勘，做前期准备。

我们先到太原钢铁厂，太钢是阎锡山统治山西时由德国人设计建设的钢铁厂，规模虽小，品种齐全，实际是阎锡山建立自己独立的军事割据搞起来的配套钢厂。太钢有一条街，房子很漂亮，都是别墅，这是阎锡山专门为工程师们建造的，叫“工程师街”，他对太钢建设的重视由此可见一斑。

从太钢我们又赶到包头，与内蒙古自治区党委和华北局领导一起商量建设包钢事宜，决定调刚从苏联回来的杨维做包钢建设筹备处主任。之后我们到达龙烟铁矿和宣化炼铁厂，决定恢复宣化炼铁厂。日本人占领时在宣化建设了几座小高炉，这时早已停产，当时主要是开采烟筒山的富铁矿，运到石景山炼铁，再运回日本。我们深入到矿井实地考察，见了龙烟铁矿掘进队队长马万水（全国著名劳动模范）。经过深入讨论，我们决定委托龙烟铁矿矿长贾亚夫筹备恢复宣化炼铁厂。

接着我们来到鞍山和本溪，在“156项”中，鞍钢占三项（即三大工程）。因鞍钢直属重工业部领导，不属于钢铁局管，我们在那儿没有多待，即去了本溪。本钢有两个厂区，一个是老厂区，是20世纪初建设的两座小高炉，污染比较严重；另一个是新厂区，是日本占领时由德国人设计建设的。那时日本经济已非常困难了，建设几百立方米的高炉连个铁皮都没有，外围打上铁箍，炉内砌上耐火砖。日本人投降时把一炉铁水冻结在炉子里。我们到本溪的目的，是要从本钢抽调一批人帮助建设北满钢厂。然后我们就到了齐齐哈尔，又在哈尔滨与黑龙江省委一起，研究北满钢厂的建设问题。

到北满后，刘彬因身体原因先回北京了。我继续和钢铁局基本建设处处长李非平一起到云南考察昆钢，到重庆考察重钢，到湖北考察大冶钢厂。又到武汉为武钢选厂址，为配备武钢的领导班子做调查。然后从那里顺长江而下到马鞍山。马鞍山钢铁厂始建于20世纪40年代，有十几座70立方米的小高炉，由于战争的原因已破烂不堪。我们决定组织和调动全国8～9个炼铁厂，一个厂包马钢一座小高炉，帮助其迅速恢复生产。后来马钢的同志感慨地说，他们把全国的炼铁技术和经验都集中到一起了。

最后我们到了上海，上海当时有个钢铁公司，山东南下干部王道和在那里做经理。他是个好同志，但缺少经验，经与地方商量我们调太钢厂长到上海支援他。在上海，我们重点研究了如何利用上海已有的工业基础，培养干部，发展自己，支援别人，因为当时东部沿海环境所限，“一五”期间，156项建设中上海没有新建任务。

就这样，1953年下半年，我们马不停蹄地把旧中国遗留下来的和日本占领时期遗留下来的这几家钢铁厂看了一遍。一方面是了解情况为新的建设项目做准备；另一方面是配备班子，组织恢复生产。

1954年一开春，苏联设计专家、技术人员陆续来华，在156个项目中，钢铁方面除了鞍钢三大工程和本钢的恢复之外，主要是包钢、武钢、热河大庙铁矿、女儿河铁合金厂和吉林铁合金厂的设计工作。我的主要精力放在了武钢和包钢的厂址选择与项目设计上。

武钢厂址的选择争论较多，最后还是李先念拍的板。为了建设武钢，我们先后选了几个厂址。第一个点，选在大冶铁矿附近，地方虽开阔，但专家组组长格里高丽扬（列宁格勒设计院的专家）不赞成；

第二个点，选在武昌原纸厂厂址，他也不赞成；第三个点，选在武昌长江南岸的徐家棚、油坊岭、白纸坊一带，也都被他否定了。后来我们沿着湘江流域，到长沙，这里湘江水质好，悬浮物为零，有吸引力。苏联专家组又专门去做了考察，但他们认为湘江的水质虽好，可水量少，最低水位时只能行驶500吨级的船，在这里建厂大量运输靠水运，对钢铁厂也不利，于是又放弃了长沙。同格里高丽扬踏勘来、踏勘去，他认为武钢厂址非武汉青山这块地方不可。可是青山这块地方已确定为第二汽车制造厂厂址。时任湖北省委书记的李先念还是“二汽”筹备委员会主任，“二汽”又是湖北省的一个大项目。“二汽”苏联专家组组长是机械部的总顾问，听说格里高丽扬看中这个地方，他态度鲜明，寸步不让。为争这块宝地，两位专家对峙起来。机械部、冶金部都不好说话，最后由参加“156项工程”谈判的苏联贸易部第一副部长卡维尔决定，他是苏联的留美学生，少壮派，我们在苏联谈判时就认识，来华后我陪他转了半个中国。他出面拍板把青山厂址给了钢铁厂。但双方仍在争议，最后“官司”打到李先念那里。李先念听了汇报，他高瞻远瞩，考虑到钢铁工业的特殊要求，决定把青山让给钢铁厂。为此，“二汽”的筹建工作被拖了下来。李先念的思想境界和处事方法给我留下的印象永生难忘。

包钢可供选择的厂址有四个地方：一是乱水泉，那里有地下水，但不够一个大钢铁厂用；二是昆都仑河东，那里地质条件不理想；三是乌梁素海地区，但因它是黄河河套灌溉区，也被否决了；四是包钢现在的厂址，即昆都仑区。这里不但符合建钢厂的条件，而且河西宋家壕居民很少，搬迁容易。昆都仑山口有条河，厂址设在河西岸，因为地势较高，专门搞了个比河床高40米的水源地把水引上来，鉴于黄河水含沙量高，又为此建造了一个沉淀池，这样就解决了包钢供水问题。

当时，包头市人口少，面积也小，站在十字路口一览无余，人们笑言：一个警察就指挥了全市的交通。包钢厂区建在郊区，比包头市大几倍。包头市的市长刘耀宗（我北大时的同学，后来调到国家经委工作）听说钢厂设在包头，高兴得不得了，自告奋勇担任包钢筹建委员会驻包头办事处主任。

最为可贵的是包钢的矿山白云鄂博。白云鄂博矿是解放后发现的。据《资治通鉴》记载，唐朝大将李靖率领大军追击突厥于塞外的铁山，铁山即今日之白云鄂博。解放前这里是无人居住的荒凉石山，是狼群出没的地方。建国初，地质队到这儿做调查，夜间队员们在工地都人手一个大木棒子，用来打狼。建设包钢时，这批人员都留在了这里，成为内蒙古地质局的骨干。1953年我同刘彬到包头选厂址时，还在山上照了张相，背景都是荒山秃岭。

为大庙铁矿和锦州女儿河铁合金厂的建设，我专门去了一趟。日本占领时已开采大庙铁矿，在承德附近的双头山建设了选矿厂。我们确定利用这个基础，恢复大庙铁矿和双头山选矿厂。当时大庙铁矿是全国唯一的含钒、钛磁铁矿。时为热河省委书记的王国权将要调离，由李东冶代理书记，他们两位对开矿和建厂都很支持，还特别调黄金局局长来筹建大庙铁矿和女儿河铁合金厂。

接着我们在吉林选定了吉林炭素厂（电极厂）和吉林铁合金厂的厂址，后来这两个厂成为全国最大的铁合金厂和炭素厂，大量生产硅铁、锰铁、钨铁、钼铁和炭素产品。

1954年上半年，为选择钢铁、有色项目的厂址和察看已有的一些钢铁、有色企业，我陪同苏联贸易部第一副部长卡维尔先后到包头、兰州、武汉、西安、洛阳、太原、合肥、南京、上海等地，走了一圈，看了一遍。围绕重工业部主管的项目，我们集中抓了厂址和建设前的准备工作。

二、实施“156项工程”中的重工业项目

“156项工程”中有几十项是重工业项目，为此，重工业部专门成立了基本建设局，承担重工业项目的甲方工作。同时，成立建筑局，承担基本建设施工的乙方工作。我调任基本建设局局长，这个局的工作面比钢铁局宽，要把“156项工程”中所有的重工业项目全部管起来。“156项工程”中，重工业部主管的基建项目有四大块：一钢铁、二有色、三化工、四建材。也就是说，当时的重工业部，还包括有色、化工

和建材工业，像太原化工厂、吉林化工厂、甘肃白银厂、株洲硬质合金厂、哈尔滨铝加工厂、吉林炭素厂和抚顺铝厂等重点建设项目都要管。人手不多，工作相当紧张，个个都是人不下鞍、马不停蹄，平时待在部机关的时间很少。基建项目，甲方的事情相当多，从勘察设计、设备配套（国内可配套部分）、订货，到生产准备，都是基本建设局的任务。

生产准备处是基本建设局中任务比较重的一个处。新中国成立初期，最大的困难是人才奇缺。从日伪和国民党那里接收来的是个烂摊子，熟悉设备操作的人少之又少，只能靠边学边干、边干边学和举办训练班来培养。后来我们还摸索出一个办法，项目建成后从施工队伍中留下少数熟悉设备安装的人，或组织若干人从设备安装开始跟班学习。有些新设备在苏联也是刚研制出来，生产准备必须先熟悉设备的设计资料，学习新技术。施工队伍在施工的过程中，一部分一部分地完工，生产准备人员就一部分一部分地接收，接收后就开始试运转，试运转中有什么问题，是生产操作的问题，还是施工遗留的问题，都必须及时发现，及时解决。对于新建工程，试运转是重要环节。“一五”期间，由于生产准备工作做得比较好，施工质量比较高，一般说来总是一次试车成功，很少有返工。总之，生产准备过程也是为企业培养技术管理人员和操作人员的过程。

生产准备的另一个很重要内容就是确定原材料来源，签订原料、电力供应合同。虽说施工期间已经有电力供应了，但是开工生产还需要同电力部门签订合同。燃料也是一样，煤炭由哪里供给？是用原煤、洗煤，还是用块煤、粉煤？而且原料、燃料的保管也是一个大问题。

基本建设局还有一项很重要的工作是设备订货。苏联提供的成套设备比较全，连耐火砖、石棉都拉来了。除了他们的供给之外，也有国内配套，自己制造的一些。不论国外或国内配套的设备，都要订货。基本建设局的设备处，专门负责检查、监督设备订货。做这些工作的许多人只有基础知识，连设备的样子都没有见过，需要从头学起。基本建设局有个勘察处，负责工程项目勘察工作，后来成立了勘察公司。此外，还有个设计处，负责配合苏联设计方案的落实，设计资料的收集，设计图纸的翻译，设计与施工的衔接、与设备订货的衔接。

基本建设局有四位副局长。王铁云是负责钢铁方面的副局长，他原来是钢铁局的计划处长。宋尔廉是负责有色金属的副局长。吴光治是负责化工和建材的副局长。这三个副局长分管四摊子工作。另外一个常务副局长韩清泉负责综合方面的工作。局里的处不是按专业分的，而是按负责的内容来分的，除了勘察处、设计处、设备处和生产准备处之外，还有综合处，每个处里面都有四个专业的负责人。

1955 年这一年，我除了继续在各地踏勘厂址外，还用了很多时间写建设项目设计和厂址选择方案的说明。当时，每个项目厂址、设计都要向中央报告。批准后就是这个工厂的“出生证”。我在东北工业部写过辽宁大石桥镁矿厂设计项目报告，中央有关部门认为报告阐释得简要明晰，一目了然。1954 年我参与过包钢、武钢的设计报告工作。到基建局这个任务又落到我头上，义不容辞。能够参与新中国这么多大工厂的申请“出生证”工作，回想起来仍兴奋不已。这一年的 365 天，我忙里忙外，都是围绕着“156 项工程”转。

1956 年党的八大召开，我们轮流列席会议。刘少奇代表党中央作的八大报告把经济建设提到第一位上来，大家都感到经济建设的条件越来越好。

八大之后重工业部一分为三，分别成立了冶金工业部、化学工业部和建材工业部。王鹤寿留在冶金部担任部长，吕东、夏耘、刘彬、高扬文等担任副部长；彭涛担任化工部部长，原重工业部化工局局长张珍任副部长；原重工业部副部长赖际发担任建材部部长，原建材局局长陈云涛担任副部长。我担任冶金部的办公厅主任，基本建设局局长由邱纯甫接任。

三、“一五”计划的成功经验

“一五”计划是新中国制定的第一个国民经济发展计划。我们这些人在编制和实施计划中都是在干中学、学中干，边学边干，在实践中成长起来的。“一五”计划是学习苏联、结合我国实际编制的计划，在全国人民积极支持和艰苦奋战下，五年计划四年完成。这是中华民族经济发展史上的第一声炮响，给我们这个经济落后、人口众多、饱经忧患的国家带来了希望，为新中国的富强打下了初始基础。回顾六十多年前这段往事，我仍激动不已，为有幸能够参加中华民族经济复兴大业并尽微薄之力，倍感荣幸。我们不能忘记新中国走过的每一步，更不应忘记新中国是在怎样的“家底”下迈出了这艰难的第一步。现在有的人，对当时的计划经济多有微词。这也难怪，这些人对五六十年前的那段历史不是淡忘就是不知，对中国共产党为什么迈出了那样的第一步应历史地、客观地予以分析研究。我认为，对“一五”计划有五条不能忘：

第一，选择计划经济是历史的必然，优先发展重工业是振兴经济客观的要求。我们是在战后恢复经济的基础上谋求发展的。这在好多国家中都有类似的情况。日本战后恢复和发展经济的时候，按照他们的国情，采用的是重化方针。我们在三年恢复的基础上制定第一个五年计划，是在极为落后的经济基础上，实行重工业优先方针。计划的重点除了对农业、个体手工业和资本主义工商业的社会主义改造外，重中之重就是发展重工业。这个方针是正确的。正是“一五”计划，抓准了这个重点，又经过多个“五年”，才打下新中国以重工业为龙头的经济基础。没有燃料工业发展，不能给国民经济提供动力；没有原材料工业发展，不能使国民经济摆脱无米之炊的状况；没有机械工业发展，不能为国民经济各个部门的发展提供技术装备。所以，有计划地实施产业政策、建设方针，在我国当时的实际下是十分正确的。

第二，集中力量办几件大事，这是公有制的长处。尤其在一个一穷二白的国家，百废待兴，没有举国上下艰苦奋斗、勒紧裤带，怎能迅速脱贫，摘掉“东亚病夫”的帽子？集中力量打歼灭战，在战争中被证明是以弱胜强的有力武器，在经济建设中，尤其“一五”期间也证明了它的威力。

第三，新中国是在帝国主义包围、制裁、封锁中诞生的，只有苏联伸出了援助之手。“一边倒”学苏联，形势使然。至于“学习”成绩，作为学生，不能怪老师，“照抄照搬”那是我们自己的问题。不能因为后来发生了什么事，就否定过去，否定这段历史，这是不对的。

第四，制定计划很重要的一条原则是留有余地，即要给知识分子和劳动者留下除了他们努力可以达到的目标之外，还可以超过计划的余地。同时，制定计划一定要有可靠的自然资源做保证，要重视现有的工业基础。旧厂改造，老基地扩建，既省钱又节省时间，见效还比较快。

第五，要十分重视综合利用，这一点我们认识得晚了一些。包钢白云鄂博开始只知有铁，不久后发现了稀土。1953 年宋应到莫斯科时就跟我讲了一些稀土的情况，因当时我们分析手段差，还弄不清楚。后来专门组织力量做了研究，才逐步开始开发利用。建设攀钢，如何从渣里回收钒钛，这件事应感谢钢研院院长陆达和炼铁专家周传典，是他们早在 60 年代带领的一批科技人员，花了很大力气，先在承德铁厂小高炉利用大庙铁矿选矿厂做钒渣提钒的试验，后又在西昌建小高炉，利用攀枝花矿渣回收钒钛，为攀钢建设作出了重大贡献。再如，甘肃金川镍矿含有铂、铱、钯、钌、锇等铂族元素。白银矿明朝就已开采，据说当时有矿工 5 000 名。因白银矿是铅锌矿炼银，炼出银后渣子丢弃。渣子富含铅锌，若经处理，是可变“废”为宝的。50 年代我们还在这儿发现了大量的铜矿。严格讲，综合利用的概念“一五”时已提出，但限于当时手段落后，未能同步。

第九章
“大跃进”和“大炼钢铁”

一、“1 070”是怎么出来的
二、出人意料的庐山会议
三、对弓长岭铁矿和鞍钢的调查
四、对国民经济伤筋动骨的调整
五、头脑发热的教训不能忘记

一、“1 070”是怎么出来的

“大跃进”从1958年开始，前后历时3年，这是毛主席、党中央想打破常规，以群众运动的方式加快社会主义经济建设的一次重大探索。但它违背了经济规律，使我国经济建设遭受了巨大挫折，付出了沉重的代价，有许多深刻的教训值得记取。

客观地说，毛主席发动“大跃进”是由多种因素促成的。

首先是总结苏联的经验教训，要走中国自己的建设道路。斯大林逝世以后，苏联党内发生了一系列引人注目和令人思考的事件，特别是赫鲁晓夫反对和否定斯大林后，暴露出苏联党和国家存在的许多问题。毛主席认为苏联那一套搞得太死，我们不能按苏联的老路走下去了，提出以苏联为戒，总结我们自己的经验，走一条适合中国国情的建设社会主义的道路。此外，朝鲜战争之后，战争威胁不断增大，帝国主义国家联合封锁我们，亡我之心不死。在这种情况下，加快建设，尽快改变贫穷落后的面貌，提高人民的生活水平，增强国家实力，防御帝国主义国家的侵略，就成为全国人民的迫切要求。

“大跃进”实际上也是党内搞经济建设出现了急于求成的思想，头脑越来越热，一而再、再而三地反对右倾保守思想的必然产物。1955年夏，毛主席批评了邓子恢在农业合作化问题上的所谓“小脚女人走路”，接着在11月又批评了资本主义工商业改造中存在的右倾保守思想。12月，他明确提出中共八大准备工作的中心是“讲反对右倾保守”。随后他对右倾保守思想进行了越来越严厉的批评。

到1956年底，我国基本实现了生产资料私有制的社会主义改造，15年改造期限3年完成，比原计划提前12年。同时，“一五”计划提前1年完成。经过“156项工程”的建设，我国工业体系的框架已经形成。面对这种大好形势，一些人头脑开始发热，渐渐失去了冷静和清醒，轻视经济发展的难度，认为可以一蹴而就，“人定胜天”的口号一时间响彻大江南北。首先是上海《解放日报》发表柯庆施的文章《乘风破浪，加速建设社会主义的新上海》，观点极左，这是刮“跃进风”的开始。文章迎合了毛主席希望快速发展的想法，他在许多会上赞扬这篇文章。当时在各级领导人中持这种观点的人的确不在少数。盲目乐观、急于求成的思想，在编制第二个五年计划和 1957 年年度计划中已有反映，许多地方都出现了抬高数量指标、忽视综合平衡的倾向。

针对这种情况，周总理提出要稳步前进。他在 1956 年 1 月 30 日全国政协二届二次会议上所作的《政治报告》中说：“我们应该努力，去做那些客观上经过努力可以做到的事情，不这样做，就要犯右倾保守的错误；我们也应该避免超越现实条件所许可的范围，勉强去做那些客观上做不到的事情，否则就要犯盲目冒进的错误。”同年 5 月，党中央在提交 6 月全国人大三次会议审议的文件时，作出了经济建设既要反对保守，又要反对冒进的决定。6 月 20 日《人民日报》发表了题为《要反对保守主义，也要反对急躁情绪》的社论。也就是说，有右反右，有“左”反“左”，这作为经济工作的指导方针，无疑是正确的。

这一年，在周总理主持下，为党的八大起草的第二个五年计划建议草案报告中，提出在三个五年计划或者再多一点的时间内，把我国建设成一个基本完整的工业体系的战略设想。中共第八次全国代表大会通过的“二五”计划建议，要求到 1962 年工业部门产值比 1957 年增长 75％左右，粮食产量达到 5 000 亿斤，钢产量达到 1 050 万～1 200 万吨，比 1957 年增长一倍左右。

应该说八大通过的“二五”计划指标并不保守，经过努力是可以达到的，是现实可行的。谁知到了 1957 年，在党的八届三中全会上，毛主席就开始批“反冒进”，批评《人民日报》6 月 20 日社论的反冒进，是右倾，是松劲。1958 年 1 月和 3 月，在南宁会议和成都会议上，更加严厉地批“反冒进”。他不主张提“反冒进”这个词，说这是政治问题，一反就泄了气，气可鼓，不可泄，6 亿人民一泄气不得了。他提出解放思想，破除迷信。接着在一个批示中说，既反对右倾保守，又反对急躁冒进是“庸俗辩证法”“庸俗马克思主义”。从这个时候起，在党内就只能反右倾保守，不能反急躁冒进了。也就是只能反右，不能反“左”。这就为发动“大跃进”提供了思想基础。

“大跃进”期间，我先任冶金部部长助理，后任副部长，1960 年 6 月又调任国家经委副主任兼物资总局第一副局长，作为经委副主任仍分管冶金工作。这期间列席或参加了一些中央会议，亲身经历和参与了“大炼钢铁”的全过程。在那个热情有余、冷静不足的年代，我也满腔热情地付出了辛勤的汗水。全民关心钢铁，对从事钢铁工业的我的确是喜出望外。我们都很想借此“东风”作出一些成绩来，所以做了许多头脑发热的蠢事。最深刻的教训，就是片面强调发挥主观能动性，忽视现实可能性；片面强调重点突破，忽视综合平衡；一味强调高速度，追求数量指标，忽视质量、成本、效益。

我国钢铁工业“一五”时期取得巨大发展，1957 年钢产量达到 535 万吨。1957 年 11 月，全国计划会议编制的 1958 年钢产量指标是 610 万吨。1958 年 1 月南宁会议前，国家经委提出的 1958 年计划草案把经济发展指标分为两本账：第一本账是必成的指标，即钢产量 624.8 万吨，生铁产量 739.6 万吨；第二本账是期成的指标，即钢产量 700 万吨，生铁产量 800.1 万吨。南宁会议后，1958 年的计划指标第一本账未变；第二本账则改为钢产量 711 万吨，生铁产量 895.3 万吨。此外，又增加了第三本账，即钢产量 883 万吨，生铁产量 940 万吨。如此高速发展的指标，不仅外部条件不具备，在钢铁工业内部，如原料供应、机械、动力、运输设备等许多薄弱环节，都保证不了钢铁企业正常生产。1957 年 3 月，我为《冶金报》撰写的社论《采取积极措施克服生产中的薄弱环节》，重点强调了当时钢铁工业内部存在的这个问题。但是在当时那种态势下，钢铁工业只能带着“病”，跛着脚开始“大跃进”。

1958 年钢铁工业“大跃进”的目标，就是为完成 1 070 万吨钢而奋斗！这个指标更加严重脱离实际，是当时生产能力的两倍。最后的结果说明，这是经济发展过程中头脑发热的典型表现。

1958 年 3 月初，王鹤寿部长召集冶金部党组成员和部分大型钢铁企业负责人开会，连续务虚一周。大家对我国 1958 年的钢铁生产形势进行了热烈的讨论，有人提出钢铁工业还可以发展得更快一些。3 月 21 日，王鹤寿在成都会议上作了《钢铁工业的发展速度能否设想更快一些》的报告，提出把红与专结合起来，从我们自己的教条主义学习方法中解放出来，我国钢铁工业苦战三年超过八大指标，10 年赶上英国，20 年或稍多一点时间赶上美国，是可能的。“二五”计划期间可争取达到1 050万～1 200万吨钢。

毛主席对这个报告非常赞赏，号召其他部门也要像冶金部一样，克服干部中的教条主义、经验主义和本位主义的倾向，克服右倾保守倾向和不问政治、只专不红的倾向。此后不久，毛主席提出了“十年可以赶上英国，再有十年可以赶上美国”的目标。

1958年5月5日至23日，党中央召开八大二次会议。在这次会议上正式通过了“鼓足干劲、力争上游、多快好省地建设社会主义”的总路线。这条总路线从字面上讲并没有错，它反映了广大人民群众迫切要求改变我国经济文化落后状况的愿望，也鼓舞了人民群众的革命与建设的热情。但在当时的形势下，这一指导思想实际包含了夸大主观意志作用的成分，加上在宣传中强调“速度是总路线的灵魂”“‘快’是多快好省的中心”，实际是助长了片面追求高速度的思想和做法。

八大二次会议修改的“二五”计划指标，较之八大通过的计划指标有了大幅度的提高：农业生产提高了20％～50％，粮食产量从5 000亿斤提高到7 000亿斤；工业生产提高了一倍，钢产量由1 050万～1 200万吨，提高到2 700万～3 000万吨。

这次会议以后，各地区、各部门继续修订计划指标，又提出了更加不切实际的高指标。农业提出“以粮为纲”，要求五年以至三年内实现《农业发展纲要》第四十条规定的粮食产量目标。工业提出“以钢为纲”，要求五年以至三年内实现赶上英国的目标。

1958年6月7日，冶金部向党中央报送的《一九六二年主要冶金产品生产水平规划》中，乐观地预计1962年钢的产量为6 000万吨，比八大二次会议通过的指标提高了一倍。6月中旬，国家计委汇总各地报上来的数字，向党中央提出1958年钢产量可能达到850万～900万吨。

在中央领导讨论提高钢铁生产指标的同时，各协作区也在开会研究修订计划指标。6月16日华北协作区会议在山西省太原迎泽宾馆召开。会议由河北省委书记林铁主持，研究了华北地区钢铁“大跃进”的规划和布点。我代表冶金部参加会议，部长助理徐驰、计划司副司长赵岚也一同参加。会上，大家思想解放，敢想敢说，开了有大半个月。在生产指标层层提高的情况下，这次会议也不例外。1958年初，按全国产钢711万吨的计划（第二本账），华北协作区的计划是106.25万吨。从华北地区钢铁工业能力来说，这个指标已经很高了。但是，经过大家热烈讨论，决定把1958年华北协作区的钢产量计划指标提高为138万吨，1959年预计达到600万～700万吨，1962年预计达到2 000万～2 180万吨。为了达到这些“大跃进”的目标，华北各个省市在会上都强调自己的条件好，要求加快发展。北京要发展首钢；天津已开始建设北仓钢铁基地；内蒙古除了包钢之外，还要新建呼和浩特钢铁厂；河北的口气最大，南有邯钢，北有承钢，老钢铁厂唐钢也要大发展；山西除了太钢以外还有阳泉、长治，又要在临汾建设钢铁厂。这次会议规划华北协作区钢铁工业发展的具体布点为：建设包头钢铁公司、太原钢铁公司、石景山钢铁公司、唐山钢铁厂和天津钢铁厂5个大钢铁厂；搞18个中等钢铁厂，包括邯郸钢铁厂、长治钢铁厂等；搞100个小钢铁厂，实际上就是100个小铁厂。记得当时全国有种说法叫“三大五中十八小”，华北则叫“五大十八中一百小”。为了在华北五省进行大规模的钢铁工业建设，各省都成立了冶金局。在会议期间，我和赵岚都感到压力很大，因为搞这么多项目，必然要向我们要投资，可我们哪有这么多资金呢？

1958年是一个风调雨顺的年头，面对夏粮大丰收的形势，农村刮起了高估产、“放卫星”的风潮。“敢想、敢说、敢干”“人有多大胆，地有多大产”成为当时响彻云霄的口号。农业“大跃进”的形势给工业“大跃进”带来更大的压力。

1958年6月18日晚，毛主席召集中央政治局常委和彭真、李富春、李先念、薄一波、廖鲁言、黄克诚、王鹤寿等谈话。主席赞成提高钢铁产量指标，经过讨论研究，提出1958年产钢预计数为1 000万吨。第二天，即6月19日，毛主席在中南海游泳池又召集中央一些同志继续商量，毛主席问王鹤寿：“去年钢产量是535万吨，今年可不可以翻一番？”王鹤寿说：“好吧！布置一下看。”就在这天晚上内部商定1958年钢产量为1 100万吨。

8月17日至20日，党中央在北戴河召开了政治局扩大会议。当时，我作为冶金部部长助理参加了这次会议。在这次会议上，人们对浮夸风造成的农业大幅度增产的假象异常兴奋。会议不仅没有纠正已经出现的浮夸风，反而认为1958年粮食产量预计可达到6 000亿～7 000亿斤（以后经过落实只有4 000亿斤），要求1959年达到8 000亿～10 000亿斤。会议通过的“二五”计划指标，比三个月前的八大二次会议确定的已经很高的指标又翻了一番，要求1959年产钢2 700万～3 000万吨，1960年产钢5 000万吨，1962年产钢8 000万吨到1亿吨。头脑发热到天上去了。1958年的钢产量指标究竟应该定为多少？北戴河开会时气温高，人的热情也高，冶金部的同志又惊又喜，喜的是钢铁地位捧上来了，惊的是产量真能上来吗？因为这个指标远远超出了现实。冶金部副部长刘彬从北京打来电话说，汇总各大协作区上报数字，当年产钢1 240万吨有保证。会议决定：内部计划指标1 100万吨，公布指标1 070万吨。

对1 070这个数，毛主席虽很高兴，可心里仍不踏实。会后，他专门找有关地方和中央部门的负责人开座谈会。参加会议的有上海市委书记马天水、太原市委书记麻书贵、鞍山市委书记赵敏和重庆市委书记阎红彦，还有鞍钢、武钢、太钢等大型钢铁企业的党委书记。中央各部门参加会议的有薄一波、王鹤寿、刘彬和我。

毛主席第一句话就问：你们报的数字究竟行不行？他一个一个地问大家，会上没有一个人说不行的。毛主席问王鹤寿，王鹤寿讲："主席亲自抓，看来可行。主席号召，大家动员，潜力可以发挥出来，完全可以做到。"毛主席问刘彬，刘彬也说行。毛主席问我，说实话我很难回答。我是做具体工作的人，头脑虽热，但心里不托底，说行，完不成怎么办？我只好讲："我们冶金系统的10个生产环节里，每一个环节都有一面红旗，矿山、耐火材料、炼焦、炼铁、炼钢、轧钢、机械、辅助单位都有，只要大家都能够达到10面红旗的标准，完成钢铁任务就没有问题。"毛主席问薄一波，薄一波没有正面回答，他说："主席，大家都认为可以，而且汇总的数字超过了翻一番，请主席考虑是否把数字在报纸上公布，登报以后，让全国都知道，大家奔着一个目标去，有可能完成。"实际上薄一波有看法，他信心不足，但毛主席又强调一吨不能少，而且关于这个指标国外也知道了，已经骑虎难下。听了大家的回答，主席说："好，发表还是1 070万吨，剩下的几十万吨装起来，作为准备。"并说："公布也有道理，有利于动员群众。"当场薄一波拿起电话告诉起草公报的胡乔木："明天见报。"于是1958年生产1 070万吨钢就写进了会议公报，从此，为完成1 070万吨钢而奋斗，就成了钢铁工业"大跃进"的动员令。

我回来后，把情况向徐驰一讲，他愁眉苦脸，也非常担心。

后来，毛主席问陈云1 070万吨究竟怎么样，陈云很谨慎，说要调查研究一下。他对会议确定的1958年钢产量计划指标持怀疑态度，北戴河会议结束后，他找王鹤寿和我谈话，仔细询问了钢铁生产情况。我们向陈云介绍小高炉、小转炉的技术情况，告诉他“两小”技术上能过关，还举了唐山钢厂、上海钢厂搞转炉的例子，同时也汇报了建多少小高炉、多少小转炉，需要多少钢材和耐火砖等，并且说鼓风机、卷扬机已经开始大量制造。陈云听后，打消了疑虑。他对毛主席说：原来有点怀疑，听了冶金部算的细账后，看来“1 070”有可能。

钢产量要翻番，如何翻？我们手中的一张王牌就是大量建设小高炉、小转炉，走“两小”路子。实际上，当时在冶金部党组和大企业负责人中，对“两小”，有两种截然不同的意见。

1958年3月初，冶金部曾研究过这个问题，多数人认为，小高炉、小转炉技术已过关，建小高炉有抗战时期日本人在华北搞小高炉的经验，鼓风机、卷扬机、耐火砖搞起来也比较容易。小转炉有大转炉经验，不用煤气，吹风就可以使原料自身的杂质氧化转化成转炉的燃料，比较容易建。所以，多建小高炉、小转炉，可以大幅度地增加钢铁产量，计划到6月在全国建成一万座小高炉、200多座小转炉。正因有了这个基础，冶金部才敢于拍胸脯。我们向陈云汇报的依据也是这一点。毛主席后来在武昌会议上说的“两小无猜”，就是指的小高炉、小转炉。

另一种意见虽属少数，可态度坚决。就是以鞍钢副总经理马宾为代表，并得到包钢总经理杨维等人的支持。马宾认为，炼出合格的钢铁是有条件的，这是客观规律，不能违反。他说大量搞小高炉、小转炉，在技术上不可能，在经济上不合算。对马宾的意见，当时大部分人听不进去，为此，冶金部曾召开会议想说服他，但最后也没能说服得了。后来被点名批评，并被免职，1959年调到辽宁朝阳地区办钢铁厂去了。在东北批判马宾的时候，内蒙古也在批判杨维。此外，时任中共中央工业工作部副部长的高扬也提出反对意见。一次高扬到河南调研，参观炼铁先进县——禹县，发现农民炼铁，一是炼出的铁质量太差，二是浪费太大。他向河南省委提出意见，说不能再这样干了。河南省委把高扬的话报到北京，于是中共中央工业工作部批判高扬，高扬不服被撤职，下放到贵州矿山机器厂当了个副厂长。

经过这一系列批判，许多懂技术的领导干部和技术人员都不敢表达自己的意见了。本来小高炉、小转炉技术上是否可行，经济上是否合理，是一个技术和经济问题，不应用政治标准来评判。以后的实践也证明，马宾、杨维等人的意见是正确的，但在当时人们都是以政治标准来衡量。况且“1 070”已经公布，冶金部话已说出，重任在身，不上“两小”怎能完成，完不成，政治影响太大！

“1 070”公布后，我们感到既兴奋又沉重。兴奋的是有毛主席亲自抓，这是千载难逢的良机，钢铁工业可以大发展；沉重的是作为专业部感到任务太重，担心完不成。毛主席也坐不住了，他亲自下去调查研究。他先是到了武钢，一看形势很好，武钢正处在即将投产尚未正式生产的时刻，厂里干得热火朝天，毛主席很高兴，说：长江下游看了一下，心里托底了。从武钢出来后，紧接着到了马鞍山钢铁厂，看到形势并不像介绍的那样好，那里面临的困难很多。他给周总理打电话说：从马鞍山的情况看，“1 070”有问题，究竟行不行，我有些怀疑了，睡不着觉了。王鹤寿知道这一情况后，压力更大，多次找我们谈话。他说：“完不成任务，不是一个部门的问题，事关党和毛主席的威信。大家动手，全民动员。”大家表示，为了让毛主席睡好觉，也要拼命干，想什么办法也要完成“1 070”。

可是，热情代替不了科学。1958 年 1—8 月全国仅生产钢 400 万吨，也就是说，要用剩下的四个月时间生产 600 多万吨钢，靠现有钢铁厂，包括冶金部安排的小高炉、小转炉（人称“小洋群”），也没法完成这么多钢铁生产任务，只能靠土法上马了。为了完成这一艰巨的任务，于是在全国范围内组织动员并开展了全民大办钢铁的群众运动。据后来的统计，全国有 6 000 万人上山找矿、采矿、挖煤、砍树，建起了上百万个小土炉、小土焦炉，土法、洋法一齐上。一时间“小土群”遍地开花。

严峻的问题出现了：本来寄予厚望的“两小”（小洋群），先前虽已做了大量准备工作，但由于配套产品质差、量不足，不能完全发挥作用。如耐火砖质量差，本来一座小高炉建成至少应该使用一年，可当时建的小高炉十天八天就烧穿了；小高炉建了那么多，没有焦炭，就用煤和土焦代替，炉温达不到 1 600 度，结果炼出的铁人们叫它烧结铁，含硫也很高，用这种铁炼出的钢轧出的钢材很脆，不能用。

当时冶金部除了拼命抓“两小”，还有一张牌——抓大钢厂，派人下厂督战。我一年去了四次鞍钢坐镇。那时鞍钢的设计能力为年产钢600万吨，当年实际能力不过300万～400万吨，要求它产钢600万吨，只能顾数字。于是大家只好想办法，在炼钢的平炉里“多装快炼”。“多装”要装到什么程度呢？最紧张的时候，装到不是从平炉“耳朵眼”向外流出铁水，就是从吹煤气口往外流铁水。厂长何进比较实事求是，他一看到这种情况，大喊大叫着冲上去了，说可不能这样装了。可是，不多装怎么能多出钢呢！那么，“快炼”又是快到什么程度呢？炼钢必须造渣，而且要造几次渣，要有氧化期、还原期，这样才能把钢炼出来，但提出“快炼”以后干脆把这个过程简化了，只要把炭脱掉了就行了。这样炼出的钢质量很差，好多钢不能轧钢材。“多装快炼”还导致炼出的钢水多，钢锭模子少，没有地方倒钢水。钢锭模子原本是铸铁做的，因为缺少钢锭模子，大冶钢厂发明用沙模代替钢模，就是在地上挖个坑，填上沙子，打个洞作为模子，钢水就往沙模里倒。结果钢锭浑身都是眼，根本不能轧钢。

我们还到全国各地去督战。虽然各地大办钢铁热气腾腾，可是生产都不理想，小高炉真正顺利的没有几个。小炉子的炉温本来就低，达不到1 600度只能连渣子带铁一起出来。我们看了以后心里很沉重。

广西鹿寨县的农民群众没有炼铁知识，可是又要完成分配给他们的炼铁任务。他们就想出个奇招，选了个山沟，把两个山口堵住，把山上的树砍下来，山沟里放上矿石，然后点火烧，烧了三天三夜，说炼出了多少吨铁。冶金部副部长夏耘到那里一看，说这哪里是铁呀！听夏耘这么一说，当地老百姓抱头痛哭，说辛辛苦苦几昼夜，炼出来的竟然不是铁。夏耘一看这种情况，也不敢说这不是铁了，只好违心地说是铁。农民群众听了就说，冶金部副部长说是铁，那就是铁。后来冶金部的电话会议上把这种做法作了介绍，鞍钢的总经理袁振听到这个消息后，明知没有道理，可是又能怎么办呢？于是就在大孤山铁矿附近的一个小山沟里堆了些矿石，放上焦炭封起来烧。大家都明白，这是烧不出铁的，无非是应付一下。

更叫人哭笑不得的是，江西吉安县的农民挑着担子给一个炼铁的高炉送矿石，每次送去矿石，都要写“今天收到××担矿石”，炼铁工人问农民：“一吨是多少？”农民回答：“一吨就是一担”，也就是我们说的一挑子。所以，那个地方报多少吨，实际可能就是多少担。

那么土法究竟能不能炼钢？能，但要有条件。1958年12月，我参加武昌会议时，听说湖北省麻城县有几百年土法炼铁炼钢的经验。会后，我专门去看了一看。他们是用铁砂和木炭炼铁炼钢。铁砂是从河的上游流下来的，经过自然淘汰，到了麻城，河里有一层层的黑砂，再经过水淘洗，是较纯的铁砂。铁砂与铁矿石不同，它的接触面大，容易还原。木炭又是很好的还原剂。炉子是两节，人力鼓风。人们一边拉着风箱还一边唱山歌，真像李白诗中所描写的情景："赧郎明月夜，歌曲动寒川。"炼出的铁水倒在坩埚里，但实际不是炼钢，而是炒钢，经过搅拌就成了带杂质的钢，稍成形就拿出来锤打，目的是把杂质锤打掉。这还算是不错的钢，因为是千百年形成的传统工艺，拔出的铁丝也不错。专家们认为这是成功的经验。但是没有麻城的特殊条件不行，而且这种生产方式规模很小，不可能扩大。我的家乡河南南召县，原来也有个炼铁厂，是铸锅炼铁，也是用河里的铁砂和木炭炼铁。1958年冬，这个县建起许多小土炉子炼铁，群众都到山上伐木烧炭。当时《冶金报》报道这个县日产1 000吨铁，我大吃一惊。"大跃进"把我家乡伏牛山上的树基本上都砍光了。

"大跃进"造成了整个冶金工业的破坏，不仅设备，连"软件"也在劫难逃。在那充满了传奇色彩的年代，笑话闹了不少。鞍钢一位负责人突发奇想，他认为破除规章制度才能解放生产力，提出要像烧地主的地契一样把所有的规章制度全部烧掉。此事被中央工业工作部一位处长反映给李雪峰，李雪峰告诉王鹤寿，要冶金部派人去鞍山检查处理。王鹤寿让我去制止，可是晚了一步。当我到鞍钢时，辽宁省委书记喻屏已在那处理此事。烧毁规章制度这件事，使鞍钢遭受了很大损失。规章制度是客观的东西，是科学，是人们在生产劳动中用血的教训写出来的，怎么会阻碍生产力了呢？鞍钢大石桥镁矿的大转窑是苏联帮助设计的。在破除规章制度中，大转窑一位工程师悄悄把操作规程藏起来，这事被一个青年工人揭发出来，厂里要批判他，他只好拿出来烧掉。结果因为不知道怎么操作，很长时间大转窑无法正常生产。在"大跃进"那个年代，经验教训实在太多，真的是无奇不有。

1958年风调雨顺，本来是个农业大丰收的年头。可是到了秋收，由于强壮劳力都大炼钢铁去了，人民公社化运动又挫伤了农民的积极性。结果丰产不丰收，一些地方粮食没抢收回来，棉花没抢收回来，白白烂在地里。那年秋天，我从南方回京路过邯郸，从火车车窗向外看，大田里棉花已经熟透了，棉桃却没有人摘，落得满地都是，令人痛心。

在大炼钢铁和人民公社化运动轰轰烈烈开展中，毛主席并不放心，他亲自下去做过许多调查，当时传达他的讲话也比较多。记得 1958 年 11 月 1 日，毛主席的专列在河南新乡火车站停留，邀请新乡地委及几个县的负责人汇报关于人民公社、“大跃进”和大办钢铁时的一段对话，令人深思。林县县委书记杨贵向毛主席汇报工作。

毛主席：“林县有林吗?”

杨贵：“山上土薄石厚，原有一部分自然树木，这次大办钢铁砍了不少。”

毛主席：“你们一天能炼多少钢铁?”

杨贵：“大体两三万吨，绝大多数是硫铁，铁渣也不少。”

毛主席：“灰生铁有多少?”

杨贵：“不到 10 吨，而且大部分是用回收的废铁和砸碎的铁锅投炉的。”

毛主席连连摇头，把目光投向在座的其他人：“这个情况可能有普遍性吧!”又问：“办钢铁你们上了多少人?”

杨贵：“地委让上 15 万，我们才上了五六万。”

毛主席：“五六万人怎么住?”

杨贵：“住在野地里。”又说：“今年庄稼长势好，是个大增产的年份，可惜不能全部收回来。”

毛主席：“怎么回事儿?”

杨贵：“强壮劳力出来办钢铁，庄稼顾不上收，棉花顾不上摘。”

毛主席点了点头，接着问：“五六万人住在野地里，生病的多不多?”

杨贵：“现在还不多，但已有苗头。”

毛主席不停地摇着手说：“太冷了，那么多人睡在野地里，冻病了怎么办？不敢再上人了，已经上去的留下少数建设小高炉，其他人赶快撤下来。”

毛主席经过亲身调查研究，也冷静下来，率先提出纠正他已觉察到的“左”的错误。11 月，他在郑州召开的中央工作会议上说，到 10 月产钢 720 万吨，还差 400 万吨，真是逼死人。头脑里尽是钢了，农业没有人抓。现在支票开得太大，恐怕不好。他要大家读点马克思主义理论著作，使自己头脑清醒点。他批评了急于“向全民所有制过渡、向共产主义过渡，否定商品、商品交换，否定价值法则和按劳分配等”急急忙忙往前闯的错误思想，提出“价值法则是一所大学校”，批评陈伯达提出的“按人口比例，我们中国必须生产 4 亿吨钢”的论调，说：“生产这么多钢，是能吃还是能穿？先不说可能不可能，首先是需要不需要。”

临近 12 月了，把全国产钢的数字一统计，离完成 1 070 万吨钢还差一大截。中央领导很着急，冶金部领导和地方领导更紧张。那时，冶金部几乎每星期开一次电话调度会，让派往各地的督战人员汇报情况。我的印象里，电话会议就是从那时开始普遍使用起来的。为完成任务，冶金部想尽了各种办法，就连冶金部机关大院都盘起了小土炉子炼钢，其他部委的机关里也盘起了不少小土炉子炼钢，许多省、市、县等地方机关也盘起了小土炉子炼钢。不只是党政机关，文化、教育、卫生等部门也都投入到大炼钢铁的热潮中。全国到处都在收集废钢铁，农民把做饭的锅都砸了，可炼出来的都是废钢，真是劳民伤财！拼死拼活干，到年底全国钢产量达到 1 108 万吨，可是合格的钢不过 800 万吨。

这年 11—12 月，毛主席在武昌召开了中央政治局扩大会议和八届六中全会，我参加了这次会议。毛主席在会议上提出要冷热结合、压缩空气。他说：我看我们中国人大概包括我在内，是个冒失鬼，现在吹得太大了，我看不符合事实，没有反映客观规律。头脑要又冷又热，冲天干劲是热，科学分析是冷。八届六中全会通过了《关于人民公社若干问题的决议》，力图澄清当时思想认识的混乱。

实际上人们发热的头脑在怕右、不怕“左”的状态下，并没有冷静下来，在编制 1959 年钢铁计划指标时再次显露出来。1958 年 8 月北戴河会议曾议定，1959 年产钢 2 700 万～3 000 万吨。实践证明，搞 1 070 万吨钢都非常困难。那么，1959 年的钢铁指标怎么办？毛主席说：要总结经验，搞这么一点铁，这么一点钢，要 6 000 万人，我们中国究竟有几个 6 000 万人？这个总不妙吧！他又说：我们这次唱个低调，把膨胀的头脑压缩一下，把空气变成固体空气。但是在讨论中，大家发热的头脑并没有冷静下来，有人说可以定 3 000 万吨，有人说2 500万吨，有人说 1 600 万吨就不少了；也有人说内定 1 800 万吨，公布1 600万吨。最后中央决定，钢产量指标由 2 700 万～3 000 万吨降为1 800万～2 000 万吨。后来的实践证明，这还是个高指标。当时虽然在“压缩空气”，但仍然没有摆脱对高指标的迷恋，后经党的八届七中全会讨论，确定钢产量指标为 1 800 万吨，其中好钢 1 650 万吨。会上，毛主席就生产指标问题，提出“计划要留有余地”，提出“质量第一，品种第一”。毛主席还作了自我批评，说：发生了错误，我也有责任，不能怪人家浮夸，我们听进去了，这是我们的责任。对于会议确定的指标能否达到，他仍不放心。

4 月 30 日，周总理主持会议，再次研究钢铁指标问题。会上，邓小平、陈云都提出指标要退下来，要实事求是，要从实际出发，退到可靠的阵地，然后再前进。5 月 2 日至 24 日，陈云主持中央财经小组会议又研究这个问题，我参加了这次会议。会上冶金部提出 1959 年钢的生产指标可从 1 800 万吨退到 1 650 万吨。薄一波说，经委的意见，钢生产指标退到 1 400 万吨。说实话，陈云抓这件事，我们都高兴。他和中央财经小组与我们座谈了一个星期，针对矿石、焦炭、耐火材料、钢铁冶炼、钢材品种以及有关情况，一个厂矿一个厂矿地详细询问。陈云十分认真、细致，他甚至询问到每一个矿山的地质储量、开采能力、运输方式、运输能力、路途远近、选矿设备、采矿的机械化程度等。最后根据综合生产能力，他建议 1959 年钢指标降为 1 300 万吨。陈云说：我总在想，与其把脖子吊起来搞 1 800 万吨、1 650 万吨，不如脚踏实地搞1 300万吨。会后，陈云向毛主席报告，并在中央政治局会议上作了发言。他说：把生产数字定得少一点群众会泄气，我看不见得。定高了做不到，反而会泄气。毛主席对陈云的建议很重视，于是，中央书记处会议决定，1959 年生产指标调整为：钢 1 300 万吨，铁 1 900 万吨，钢材 900 万吨。事实再次证明，陈云坚持实事求是的做法是认真贯彻执行了中央冷热结合方针的。这件事至今我仍记忆犹新。

6 月 5 日，李富春找我们冶金部的几个同志谈话，希望打通我们的思想。6 月 25 日，彭真专门把鞍钢的杨士杰找来，要了解鞍钢生产情况究竟怎么样，王鹤寿和我参加了这次交谈。可见，中央领导都十分关心钢铁生产情况。

对完成 1959 年钢铁任务，大家仍寄希望于“小洋群”。在 1 月全国工业书记会议上提出，要实行定点、定型、定组、定员、定领导的“五定”方针。冶金部也组织全国冶金设计力量对“小洋群”的资源、厂址、交通、动力、设备、生产、建设、成本、劳动力等做了全面调查，从经济的合理性对各地小型钢铁厂的发展前途做了研究分析，有区别地解决其生产中存在的问题。在规划布点时，对没有生产条件的小钢铁厂限期下马，这样，1958 年大办钢铁时建的小土炉全部停产。

小高炉炼铁含硫太高的问题，关键在于矿石和焦炭的质量。这时，黑色冶金设计院和钢铁研究院在河北涿州建了一座小焦炉叫红旗 2 号，设计比土焦炉先进一些，有推焦机能把焦炭从碳化室推出来。我经过实地考察认为可以推广，回来商定拟限期建成 1 500 座。不料，在我向国家经委汇报时，都不同意，说冶金部不接受教训，不顾实际可能，是劳民伤财。对这种批评我当时心里很不服气，认为不走技术改造的路子，小高炉很难发挥作用。

4 月 28 日，薄一波主持经委生产会议，对 1958 年大办钢铁进行检查。他在会上严厉批评冶金部牛皮吹得太大，摊子铺得太大，建设那么多小高炉，用什么来“喂”它？算生产能力的时候，只数炉壳子，不讲综合能力。他认为小高炉、小转炉搞那么多，效果很差，毛主席说的“两小无猜”，那是原谅我们的话。接着，他批评冶金部又要搞小焦炉的做法是错误的。他问：小焦炉的风机需要多少？小焦炉的煤炭没有经过洗选，能脱硫吗？焦炭里含硫那么多，能炼铁吗？汪道涵、李锐、彭涛等也都发言，批评冶金部，说冶金部在毛主席那里“打保票”，到处铺摊子，造成那么大的浪费。说实话，对这些批评，冶金部也不服气。

1958 年下半年冶金部铺了个大摊子，但 1959 年想收摊也很难，想下也下不来，因为指标还压着呢！把铁的质量搞上去，唯一的办法就是在焦炭上做文章。因为没有生铁的质量，就没有钢的质量，没有钢的质量，又怎能有好钢材？没别的办法，我在济南召开生铁质量会议，还是介绍了红旗 2 号焦炉，希望推动这个技术。

1959 年，仍然是冶金部紧张的一年。在部机关里几乎见不到几个人，大家都下去督战了。我所到的工厂，干部、技术人员和工人都在拼命干，许多人眼睛都熬红了。1 300 万吨能不能完成，我也有问号。难哪！一方面要义无反顾，尽力去争取；另一方面也实在担心，思想压力特别大。

1959 年拼搏下来，产钢 1 387 万吨。这才松了一口气。后来大家讲，这真是打了一场烂仗。

二、出人意料的庐山会议

如果按照1959年开始纠“左”的路子走下去，“大跃进”造成的损失可以及早挽回，不致酿成那么严重的后果。可是出人意料，庐山会议不仅没有纠正“左”，却突然转向，反而批右，造成了国民经济更大的损失。

1959年7月，党中央在庐山召开政治局扩大会议。这次会议本来是要继续纠“左”的。毛主席提出的18个议题是纠“左”的，毛主席的讲话也是纠“左”的。我们听说庐山会议要纠“左”，对会议寄予很大的希望。

我上庐山比较晚。7月下旬，庐山打来电话，周总理要安志文和我上山汇报钢铁生产和分配情况。周总理考虑到摊子已经铺开，收也难。难在钢材需要量仍大，压不下来。当时，周总理亲自掌握钢材的平衡。我在冶金部管生产和供销，安志文在计委管的也是这一摊子，所以周总理点名让我俩去。

7月26日，我和志文乘飞机去庐山，这是一架专机，上面有一张床。飞机在郑州加油，记得我们在机场吃午饭，白薯和玉米饼子，饭后结账时，服务员要粮票，我们没有带，服务员很为难，可见当时粮食紧张的程度。

此时庐山发生的事我们不知道。刚上山见到王鹤寿，他就急忙给我俩打招呼，说庐山的空气变了，要批彭德怀，你们说话要小心。当天晚上，周总理找我们谈话，及时给我们讲了会议情况，给我们打了招呼。在山上我见到顾明，他是总理的工业秘书，与我在东北工业部时一同工作过，他将彭德怀的信详细做了介绍。周总理连续三天听我们汇报，在座的还有李富春、薄一波等。总理听汇报，向来一是一，二是二，必须老老实实，实话实说。接着又研究了钢材分配问题。上庐山前，本准备建议修改钢铁计划指标，但到庐山后，我们都感到无论如何也得完成，不敢再提修改的事了。

7 月 30 日，在我们要离开庐山的前一天，余秋里专门找到我，他委托我回去后，去找李人俊和石油部的几位副部长，向他们打个招呼，说明庐山会议的情况，嘱咐说话要注意，他是怕石油部的人出问题。我返回北京后，专门到石油部向李人俊讲了庐山的情况和秋里的嘱托。

我们离开庐山后，党中央在那里召开了中共八届八中全会，会议对彭德怀、黄克诚、张闻天、周小舟等进行了批判。接着，在全国开展了“反对右倾机会主义”的斗争，许多敢于讲真话、坚持实事求是的同志受到了不公正的批判和斗争。

在庐山，我看到毛主席阅批的一封信，信是东北协作区李云仲（原国家计委干部）写给他的。主席批语大意是说这个人思想右倾，只对经济工作中的缺点有兴趣，而对成绩方面“可以说根本不发生兴趣”，“否定一切”，等等。

1959 年的“反右倾”，在国家机关闹得非常紧张，气氛不亚于 1957 年反右派，似乎每个单位都有“右倾机会主义分子”。计委、经委高一层的批判对象是薛暮桥和郭洪涛。薛暮桥是国家计委副主任兼国家统计局局长，是个学者型的干部，他对“大跃进”的一些做法提过意见。郭洪涛是国家经委副主任，是陕北红军创建人之一，在革命道路上历经坎坷，他对“大跃进”、高指标也提过不同意见。两位都受到了批判。当时，从计委、经委派下去的干部很少不被批判的，李云仲仅是其中之一。因为他们都有个最基本的观点，就是国民经济必须掌握总量平衡。平衡是计划经济的基本原则，已成他们的职业特征。“反右倾”不仅违背了党的实事求是的优良传统，中断了纠“左”的进程，助长了“左”倾思潮泛滥，还错误地把当年 5、6 月间降低钢铁过高指标的正确意见，指责为“由于右倾机会主义分子兴风作浪而造成的小小马鞍形”。“反右倾”再次助长了高指标。

1959 年 9 月 1—4 日，周总理在国务院召集会议讨论 1960 年计划，提出 1960 年的钢铁计划为 1 600 万吨，搞三本账，第一本账 1 600 万吨，第二本账 1 700 万吨，第三本账 1 800 万吨。总理还提出要统一计划，统一分配，有些下放的企业要收回。可是在 10 月 11—29 日召开的全国工业会议上，人们的思想仍然停留在“反右倾”中，提出 1959 年没有完成 1 800 万吨，明年无论如何也要鼓足干劲完成 1 800 万吨。

中央书记处在 1960 年 2 月讨论钢铁生产时，冶金部提出了一个更加脱离实际的高指标：第一本账 1 840 万吨，第二本账 2 040 万吨，第三本账 2 200 万吨。在 2 月举行的第二届全国人民代表大会第二次会议通过的 1960 年国民经济计划中，钢产量定为 1 840 万吨，铁产量定为2 750万吨。但在实际工作中，还是要千方百计完成第二本账和第三本账。

1960 年钢铁生产形势，可以说是举步维艰。因为钢铁企业经过两年来的破坏性生产，设备失修、管理混乱，还没有来得及恢复，更高的指标又压下来，难以承受。而且行业内部采矿、冶炼、轧钢比例更加失调。比例失调，在 1958 年大办钢铁时就已经存在。1958 年 12 月武昌会议时，由于各地都在大办钢铁，本该由中央调拨的矿石都调不上来，王鹤寿着急了，要我做一个调拨矿石平衡表，我拟好了计划表交给他，他即送薄一波。一波主持召集各调出矿石省市负责人会议，我在会议上宣读了应由各省市调出矿石计划后，薄一波十分严肃地宣布说：“今天不讨论了，这就是任务，大家把任务背回去照计划执行。散会!”薄一波讲话一向没有这么严厉过，这说明当时矿石供应已经紧张到了何种程度。所以说 1958 年是难忘的一年，1959 年是难堪的一年，而 1960 年则是最难受的一年，已是强弩之末了。1958 年虽然伤了元气，但还有过去的底子可以挖。到了 1959 年连国家储备也折腾光了，而 1960 年已经捉襟见肘，几乎没有什么可以投入的东西。

1960 年的钢铁生产，一开始就遇到煤、铁、矿和运输四个环节都紧张的局面。在冶金部领导的分工中，我负责这四个环节的生产调度，可是几乎没有一个环节是正常的。各个环节都被“大跃进”和“反右倾”压下来的高指标绷得紧紧的。

年初，我在烟台主持召开全国小矿山会议，组织冶金企业的干部和工程技术人员研究总结祥山铁矿经验，提高经济效益和产品质量。当时，中共中央工业工作部李雪峰也在那里调研，他同我讲了开展双革四化方面的一些意见，听了很有启发。回来后又作了些调查，在冶金部召开的评比会上，我专门作了《把技术革新和技术革命运动推向新阶段》的报告，想通过开展以机械化和半机械化为中心的技术革命和技术革新的群众运动，加快矿山的建设和技术改造，提高钢铁质量，增加品种，开展资源的综合利用，挖掘设备潜力，以缓解冶金工业生产的困难。

从当时我的工作日记中记下的一些数字，可以很清楚地看出这种局面紧张的程度。

1960 年 2 月 10 日，国家经委副主任孙志远主持开会，研究焦煤供应问题，按一本账缺焦煤 500 多万吨，按二本账缺焦煤1 500 万吨。

3 月 8 日，国家经委组织冶金、煤炭、铁道三个部在养蜂夹道开会，我通报了全国 85 个重点钢铁厂 1 月库存焦煤不足 7 天使用。

4 月 11—22 日，全国工业会议召开，薄一波提出要组织以煤铁为中心的战役，大战 5、6 月，确保煤铁。

6 月 18 日，国家经委召开调度会，铁道部郭鲁汇报：6 月需生铁 7.6 万吨，只分配 5.6 万吨，到 6 月 15 日仅到货 1.3 万吨。

10 月 7 日，国家经委召开调度会，焦煤日需 25 万吨，9 月下旬只能调 20 万吨；生铁日调计划 3.4 万吨，实际只有 2 万吨。

8 月我和夏耘到上海出差，住在锦江饭店。马天水几乎每天找我们，向我要煤，向夏耘要铁。那真是紧张！那个时候尤其沿海几个大的工业城市原材料紧张到几乎朝不保夕！在如此困难的生产条件下，尽管上上下下干劲不减，也采取了各种措施，生产还是困难重重，钢铁的产量怎么也抓不上去。

7 月初，冶金部汇总上半年钢铁完成计划的情况：钢产量仅完成 43%，铁产量仅完成 46.4%，钢材仅完成 44%。形势很不乐观。7 月下旬，书记处也坐不住了，召开会议讨论生产，会上批评经委，说一季度还好，二季度下降，三季度更差，说经委工作抓得不细，只管数字，不抓企业。话是这么说，但大家也知道，巧妇难为无米之炊。

正在这时，赫鲁晓夫反华，两党理论分歧加大，两国关系恶化。苏联政府突然通知中国政府，决定 9 月 1 日前召回在华工作的 1 390 名专家。他单方面撕毁中苏两国政府签订的 12 个协议、343 个专家合同和合同补充书，废除了 257 个科技合同项目。这使得中国 250 多个企业和事业单位的建设一下子处于停顿和半停顿状态。苏联政府突如其来的单方面的毁约，给我国本已困难的经济建设造成更大困难，真是雪上加霜。苏联这一背信弃义的行为，引起中国人民的极大义愤。中苏两党意见分歧，这个大家都知道，可两国间订立的合同，赫鲁晓夫可任意撕毁，而专家又撤得这么突然，我们没有想到，许多苏联专家也没有想到。记得兰州的同志跟我讲，苏联使馆派人到兰炼、兰化宣布撤离，这些专家沉闷好一阵子，一句话都不讲。冶金部专家负责人希德洛夫是位炼钢专家，在战争中一条腿残废了，我们相处得非常好。我去看他，他对撤离又不能表示什么，也是沉默。许多在华苏联专家对中国很有感情，对于他们承担的这项事业也很有感情，但他们又不得不离开。

对于苏联政府的毁约行为，党中央号召广大干部和群众自力更生、艰苦奋斗。经济战线的上上下下，特别是一些科技人员也都憋着一口气，决心把科研与生产搞上去。我想，赫鲁晓夫们大概做梦也没想到，他们的行为，引起中国人民的无比愤怒，同时，也为克服困难，增强了信心，增添了力量！

8 月，党中央发出开展以保钢保粮为中心的增产节约运动，中央书记处为此专门召开了电话会议，把完成钢、粮指标当成政治任务。9 月 29 日，中央书记处又召开电话会议，薄一波给大家鼓劲，要求钢产量完成 1 900 万～1 950 万吨，钢铁指标开始下调。

10 月 10 日，中央书记处在怀仁堂召开会议，我这是第一次参加书记处会议。会议由李富春主持，议题是落实钢产量指标，周总理作动员报告。接下来，各部门表态发言，开始出现互相推诿的情况。王鹤寿讲，钢的生产能力有，就是煤供应不上。张霖之讲，煤可以生产，就是铁路运输跟不上。吕正操讲，铁路运输是可以的，就是缺少钢轨。听了他们三人的发言，总理火了，说：你们在毛主席面前拍了胸脯了，这个说可以，那个说可以，现在为什么又说不行了呢？总理狠批了互相推诿。会议气氛十分紧张。

12 月 2 日，总理作了一次报告，指出今年 1 850 万～1 880 万吨无论如何要完成，因为国际上都知道了。他分析了面临困难的原因，第一是有了天灾，给我们造成困难；第二是我们确实经验不足；第三还是努力不够。我看当时也只能从这些方面来分析。1960 年是一边反思，一边苦撑。

经过一番紧张奋斗，1960 年勉强完成钢产量第一本账，产钢 1 866 万吨，产铁 2 716 万吨。可是经济比例失调又进一步拉大，给 1961 年的生产带来更加严重的问题。

三、对弓长岭铁矿和鞍钢的调查

三年“大跃进”造成了严重的困难局面。毛主席认为在“大跃进”中反映和暴露出来的问题，譬如浮夸风、“共产风”等，都是没有认真地对实际进行调查研究，所以在1961年1月14日召开的党的八届九中全会上，他提出大兴调查研究之风，希望大家回去后，把别的事放开，带一两个助手，调查一两个社、队，在城市也要彻底调查一两个工厂。他说做工作，一要情况明，二要决心大，三要方法对。这一年，毛主席、刘少奇、周恩来等中央领导同志都亲自下去调查研究，总结“大跃进”的经验教训。

在“大跃进”中受到破坏最严重的是钢铁工业，钢铁工业中问题最严重的是矿山。在毛主席倡导全党开展调查研究后，周总理亲自布置，薄一波找我商量，让我带一个调查组到矿山去。我于1961年4月17日至5月21日带队到辽宁省的弓长岭铁矿做调查。因为弓长岭矿是个老矿，是供应鞍钢平炉富矿的主要基地，所以对于鞍钢的生产十分重要。与我一起去的调查组成员主要是经委生产办公室的同志，其他的局也派人参加，组成七八十人的大队伍。

当时，矿领导闹不清调查组来做什么，心存戒备。因为连年运动，人们都被搞怕了。所以，在我们进企业后，一个多月的时间里，虽天天见面，但几乎没有看到笑脸。矿山的生活十分困难，一天三餐吃干菜，没有青菜，偶尔能吃到点儿木耳、黄花菜，有的脸都浮肿了。

调查组分成小组，分别深入车间、班组。经过调查，我们更真实地了解了“大跃进”给矿山生产秩序和设备造成的严重破坏。矿山无采掘计划，只采不掘，采掘比严重失调；矿山干群失和，上下间互有怨气；设备失修，有些机器已经开不起来。工人们说：“上级压下级，干部压工人，工人压机器，机器闹情绪。”弓长岭调查给我们最深的印象是：

违反客观规律必然受惩罚。

弓长岭矿山有上万工人，矿长是苏北人，很能干。可是他整天愁眉不展，压力很大，虽然生产计划调整了，指标压缩了，但采掘失调，设备失修，一时要恢复正常生产很困难。鞍钢的矿山大都是露天开采，唯独弓长岭是坑采，工作条件和环境要苦得多。俗话说，“麻雀虽小，五脏俱全”。选择具有代表性的弓长岭矿山进行调查，解剖一只“麻雀”，可窥见当时矿山存在的问题。可以说，弓长岭矿山的问题，在全国带有普遍性。深入矿山之后，我们看到了真实状况，也真正体会到了基层干部的难处，在这里同坐在机关里看报表完全是两码事。

调查回来，我把弓长岭矿的情况向薄一波汇报。他很重视，要我们马上写个报告。由杨济之、徐明执笔，大家多次讨论。在起草过程中，他们问我，哪些话该说？哪些话不该说？我说：没有什么该说不该说的，是实事就得说，不说也不行，捂也捂不住。进行调查，就是要了解真实情况，我们要向上面反映真实情况。5月20日，我们向经委提交了《对改进弓长岭矿山工作的意见》的调查报告。一波立即报送国务院。

这份报告针对“大跃进”中受到严重冲击的弓长岭矿存在的问题，从七个方面提出了整顿的建议。这些建议虽然是针对弓长岭矿山提出来的，但它对许多在“大跃进”中遭受同样冲击的矿山企业来说，都具有重要的参考价值。例如：坚持正常的采掘比；坚持中型机械化的开采；稳定、充实、提高矿山基层干部政治水平和组织机械化生产业务水平；做好设备维护管理工作；认真恢复和执行规章制度；安排好职工的物质、文化生活等。

同年7月21日至8月28日，我又带领同一个工作组到鞍钢调查。鞍钢是“大跃进”中的重灾户，由于高指标的压力，鞍钢被迫搞了“大风高温、多装快炼”，损失相当巨大。我们来到鞍钢一看，就像刚刚打过了一场烂仗，正在清理战场。

大炼钢铁时，鞍钢一位负责人头脑一热，把农业中流行的“人有多大胆，地有多大产”口号拿过来，用到钢铁生产上。他写了一首诗发表在《鞍钢报》上，写道：“人有多大胆，钢有多大产；坐八百，看一千”。当中央提出要对国民经济进行调整时，他又来个一百八十度大转弯，批薄一波“跳一跳够得着”的观点，说薄一波不顾现实，鼓吹跃进。一波“跳一跳够得着”的话，是1959年他视察鞍钢后，在沈阳开会时说的，我参加了这个会。一波说："指标像树上的果子一样，你要一伸手就够着了，这个指标不是先进指标，是平均定额指标，先进指标要你跳一下，工夫就在你跳一下。"那位鞍钢经理没有对自己的"胆"与"产"的"理论"做自我批评，在整顿中受到了广大职工的严厉批判。

鞍钢的条件比弓长岭的条件要好得多，加上我们也有了一些调查经验，所以工作比较顺利。在鞍钢调查，接触面比弓长岭矿广一些。我们分四个方面深入进行调查，很快就把资料整理出来，总结出了鞍钢在生产上存在的四条短腿，即矿山、耐火材料焦化等辅助部门、机械维修和运输（包括厂内运输）。这些短腿严重阻碍着鞍钢的生产和发展，也是鞍钢进行整顿的主要工作内容，因此，我们在调查报告中重点提出了鞍钢整顿的"填平补齐"方案。

四、对国民经济伤筋动骨的调整

毛主席发动"大跃进"运动，本来是想打破常规，加快社会主义建设的步伐，尽快改变我国一穷二白的落后面貌。结果，事与愿违，经过三年紧紧张张的努力，虽然取得了一些成绩，但造成我国经济建设的困难越来越大，甚至连正常的生产都不能保证，人民群众的日子更不好过了。

由于"大跃进"和人民公社化运动中"左"倾错误的日趋严重，特别是"共产风"、浮夸风、强迫命令风、瞎指挥风和干部特殊化风等"五风"的泛滥，严重挫伤了农民群众的生产积极性。加上从1959年起我国连续三年遭受严重的自然灾害，农业生产急剧减产。粮食产量1959年降到3 400亿斤（当时估产5 100亿斤），1960年又降到2 870亿斤（当时估产3 700亿斤），跌到了1951年的水平。棉花、油料、肉类生产也普遍大幅度减产。加之高估产、高征购，留给农民群众的口粮远远不够维持他们日常生活的需要；城市居民的粮食供应也异常紧张，出现了全国性的粮食恐慌和危机。许多人由于营养不良得了浮肿病，很多地方出现了饿死人的现象。工业由于“大跃进”“大炼钢铁”损失惨重，国民经济比例关系严重失调，企业管理混乱，陷入了越来越大的困境。

在这种情况下，1960年6月在上海召开的中央工作会议上，毛主席在讲了历史上反“左”倾、反右倾的经验后，指出我国的建设路线也要随时总结经验，缩短弯路。他说，计划少提一点，实际工作努力增加，留有余地。党中央和毛主席已经感到由于指标过高造成的工作被动，准备对国民经济进行调整。

1960年8月，李富春主持国家计委研究1961年关于国民经济计划控制数字时，提出1961年国民经济计划工作的方针应以“整顿、巩固、提高”为主，即整顿国民经济秩序，巩固已取得的成绩，提高管理水平。其中“提高”是毛主席提出来的。富春认为“大跃进”把经济领域的问题都暴露出来了，解决也需要两三年时间。他说，1961年计划应以此六字为工作方针。在国务院审议时，周总理说：对方针的提法，与其讲整顿，不如讲调整，并建议加上“充实”二字。于是形成了“调整、巩固、充实、提高”的八字方针。9月30日中央批转了由周总理审定的《关于1961年国民经济计划控制数字的报告》，报告首次提出国民经济的“调整、巩固、充实、提高”的八字方针。1961年1月，党的八届九中全会正式通过了八字方针。中央决定从1961年开始对国民经济进行调整，成立6个中央局，恢复了10人小组，把原来收上来的企业再次下放给地方，发挥各地方的作用，渡过难关。

李富春受周总理委托，主持对国民经济进行调整，他同薄一波一起“压缩空气”。当时还有一种说法是“消肿”，是说我国国民经济基础较小，“大跃进”搞成了个虚胖子。人们开玩笑说是患了“浮肿病”，调整就是要“消肿”。富春认为，根本问题是需求与供给失去平衡，供不应求。怎么办？无非是一方面扩大供给，一方面控制需求。当时，扩大供给是不可能的，因为我们的家底都折腾得差不多了，只能控制需求。这就首先要压缩基本建设投资规模，基建投资一压缩，社会对钢铁的需求量就会降下来，钢材没有人要了，就不得不压缩生产。

1961年2月1日，冶金部向周总理汇报，说大高炉已经停了5座，平炉保温14座（鞍钢5座、武钢6座、包钢3座）。炼钢炉停了再开动损失较小，炼铁炉停了再开动损失就大了。但是，由于国民经济比例严重失调，农业和农村经济发生严重危机，所以首先要调整工农业之间的比例关系，要使工业生产规模与农业生产提供的剩余产品尽可能相适应。因此，工业生产指标必须退下来，退够才能调整，这是一个严峻的现实。

但调整并不是一件简单、容易的事情，从提出调整到真正落实，前后经历了差不多一年时间，经历了从不愿退到退够的过程。

党的八届九中全会通过的国民经济计划，1961 年钢产量指标是1 900万吨，与 1960 年大致持平，稍有提高。当时的想法还是想在维持已有生产水平的基础上进行调整。但是由于三年“大跃进”和人民公社化运动对生产力的破坏，加上市场供应紧张，职工生产积极性严重受挫。当时流传着这样一个说法：“积极分子不声不响，中间分子懒气洋洋，落后分子消极抵抗”。组织生产非常困难，第一季度钢铁生产大幅度下降。

3 月 19 日，在广州召开的中央工作会议上曾提出不搞一年计划，搞两年计划，即 1961 年、1962 年两年共生产 3 690 万吨钢，各年分别生产1 800多万吨，可见这时仍不想退。毛主席在会议上说：过去两次决定（指两次郑州会议的决定）没有认真地贯彻执行，我们吃了很大亏，我也有责任。他一再强调要情况明、决心大、方法对，并说我们的问题是情况不明、决心不大、方法不对。他号召大兴调查研究之风。这标志着毛主席和党中央又回过头来，要继续开展被反右倾机会主义运动中断了的纠“左”工作。毛主席还提出能否搞 8 年计划，即1963—1970 年的计划，同时提出工业要整风，要解决思想问题，大厂要设政治处，要加强思想政治工作。3 月 28 日，邓小平提出马上组织工业调查，他说 1961—1963 年这三年，主要搞填平补齐，每年钢铁搞1 300 万～2 000 万吨就了不起了。但后来实际上也没有生产出那么多。

5 月 21 日—6 月 12 日在北京召开的中央工作会议上，李富春根据国家计委的预测提出：铁 1 500 万吨，钢 1 050 万吨。他说，工业指标下降是个惩罚，工业发展过快，工业战线拉得过长，城市人口增加过多，这些我都负有主要责任。毛主席插话说：好，不怕外国人骂。我们本不行，人家说行，自己也说行，不好。我们未学会，至少还要学 11 年。毛主席还说：认识客观世界是逐步认识、逐步深入的，没有例外，我也在内。他说：上半年把农业问题搞通，搞好。下半年搞城市问题，工业问题。他要求各省、市、自治区开完三级干部会后，农村工作交给二、三把手搞，第一把手集中力量搞城市工作，7月到8月中旬可以做些调查研究。中央工商各部也要下去调查研究，工业部长不要老坐在家里，一个半月后上山开会。在会议上，陈云、李富春提出来“要退够站稳，按比例前进”。这是第一次提出“退够站稳”，过去谁敢讲“退够”？不要说“退够”，说“退”就是个问题。这时正式提出来“退够”，这就把有计划按比例提了出来。

当时大家都问什么叫“够”，富春回答，所谓退够就是退到满足农业和市场之后。他提出要抓三件事，第一是缩短战线，第二是要减人，第三是要搞工业若干条。1961年5月31日，陈云提出，要解决粮食问题，城市要减少人口。邓小平具体地讲，看起来要从城市里减少2 000万人。他说钢能搞多少搞多少，今年可能搞1 400万吨。刘少奇讲，现在看起来，矛盾集中到粮食。他说，我们的错误是三分天灾，七分人祸。这句话是少奇在这一次会议上第一次提出来。6月12日，毛主席提出三个第一：农业第一、市场第一、出口第一。他说，过去陈云曾经讲过，现在看起来，这三个第一是不能推翻的。各个部门要去调查研究，用调查研究的材料来教育我们的干部。富春讲，工业指标降下来是对我们的惩罚，钢要按1 050万吨来布置。6月15日，薄一波在经委党组会议上讲，能够搞到1 000万吨就可以了，不要勉强了。6月27日，国家计委综合局提出要调整钢铁计划指标，预计1961年1 000万吨，1962年1 200万吨，1963年1 400万吨，就是这些指标后来也大大压缩了。这一年的钢铁生产仍然很艰难，1961年究竟能够生产多少万吨钢铁，成了党中央与经济部门领导人关注的重要问题。经过大量的调查研究，到7、8月间国家计委估计，1961年钢产量至多能完成850万吨。中央书记处讨论工业问题时，周总理说：看起来不退够，形势稳不住，不好调整，哪有部队打了仗在火线上调整的？必须撤到后方进行调整。

1961年8月23日至9月16日在庐山召开中央工作会议，主要讨论工业问题，讨论修改党中央关于工业指示的文件。在会议讨论中，邓小平说：1967年前都贯彻“八字方针”，在最近两三年内主要是调整，调整是为了前进，退够是为了有利于调整，有利于前进。工业退到哪里？退到哪一条线？这是一个重要问题，究竟是退到珠江、长江、淮河，还是黄河，我看退到庐山为止，不能再退了。毛主席说：认识一致下决心调整，三年“大跃进”走了些弯路，现在认识了客观规律，就是大收获，现在到山沟了，指标退够了，该上山了。经过讨论，党中央发布了《关于当前工业问题的指示》。《指示》指出：我们已经丧失了一年的时机，现在再不能犹豫了，必须当机立断，该退的坚决退下来，把工业生产和基本建设的指标降到确实可靠、留有余地的水平上。在今后三年内，必须以调整为中心，如果不下这个决心，仍坚持那些不切实际的指标，既不能上，又不愿下，我们的工业以至整个国民经济就会陷入更被动、更严重的局面。会后，经党中央批准，国家计委对计划指标作了较大的调整，基本建设投资由 167 亿元降为 87 亿元，钢产量降为 850 万吨，粮食产量由 4 100 亿斤降为 2 700 亿斤。这样，才确保了对国民经济调整的有效进行。

用现在的话讲，1961 年开始的调整，不是软着陆，是硬着陆。经过“大跃进”这一仗的挫折和损失，退却下来，头脑比较冷静了，这一系列的调整方针和措施才形成。

1962 年 1 月 11 日到 2 月 7 日，中共中央在北京召开了扩大的中央工作会议（即七千人大会），这是新中国成立以来第一次有数千人参加的中央工作会议。这次大会是国民经济调整的一个动员大会，是要统一思想的大会。刘少奇在会议上的工作报告，事先根据毛主席的意思发给大家讨论。在讨论的时候，大家对于少奇的报告，几乎没有提什么不同意见。少奇在会议上做口头讲话的时候，为了强调问题的严重性，离开他已准备好的稿子，再一次提到“三分天灾，七分人祸”。这个讲话大家听了深有感触。

经委的几个同志参加了工业部门组，工业部门在“大跃进”中教训最深刻，所以对刘少奇的报告表示完全赞成。这次会议和过去的会议开法不同，过去开会是先报告、后讨论，这次会议是先讨论、后报告，少奇的报告在大家讨论修改以后再作。参加这次会议时，大家都感觉心情舒畅，正如毛主席讲的“白天出气，晚上看戏”。

七千人大会是对“大跃进”以来的集体工作总结，统一了思想，以利再战。会后，为进一步总结工作，2 月 21—23 日，少奇主持政治局扩大会议。这次会议是在西楼会议室召开的，后来被叫成“西楼会议”。我参加了这次会议，并作了详细的记录。在这次会上，刘少奇、陈云、邓小平、李富春、彭真、李先念都讲了话，他们都是敞开讲的，讲得很好。少奇指出，我们现在处在“非常时期”，国民经济到了这样的程度，如果在国外，总统就要依照宪法赋予的权力宣布紧急状态。他建议恢复中央财经小组，由陈云主持财经小组的工作，富春、先念帮助陈云，正式把薛暮桥调回来做财经小组的秘书长。

1962 年 2 月 26 日，陈云、富春、先念三个人在怀仁堂召开各部门党组成员参加的会议，传达西楼会议精神。陈云作了《目前财政经济的情况和克服困难的若干办法》的讲话，分析了当时的经济形势，指出经济困难的主要表现：一是农业在近几年有很大的减产，要恢复过来，需要三年到五年的时间；二是已经摆开的建设规模，超过了经济的可能性，不仅农业负担不起，而且也超过了工业的基础。同时提出了六条措施：一是把今后 10 年分为两个阶段，前一阶段是恢复经济的阶段，后一阶段是发展阶段，恢复阶段是一个非常时期，要有更多的集中统一，步骤要稳扎稳打；二是减少城市人口，“精兵简政”，这是克服困难的一项根本性措施；三是采取一切办法制止通货膨胀；四是尽力保证城市居民的最低生活水平；五是把一切可能的力量用于农业增产；六是计划机关的主要注意力应转到农业增产和制止通货膨胀方面来。

3 月 11—13 日，在西楼又开了一次会议，我是 12 日参加的，刘少奇讲，今后 10 年要分成两个阶段，前一段调整，后一段发展，争取快，准备慢。后来向毛主席汇报，毛主席同意少奇的意见，稍作修改，即提出调整以恢复为主。

5 月 7—11 日，中共中央政治局常委在北京举行工作会议，讨论中央财经小组提出的《关于讨论一九六二年调整计划的报告》。会议由刘少奇主持，周恩来、朱德、邓小平作了讲话。会议分析了财政经济形势，作出全面贯彻执行“八字方针”和对国民经济进行大幅度调整的重大决策，要求切实地按照农、轻、重次序对国民经济进行综合平衡。为此，会议决定采取进一步缩短工业生产建设战线，大量减少职工和减少城镇人口，切实加强农业战线，增加农业生产和日用品生产，保证市场供应，制止通货膨胀等一系列调整国民经济的果断措施。

会后随即迅速贯彻落实，对当年计划又做了调整，基本建设投资，由 1961 年的 123.3 亿元，减少到 1962 年的 67.6 亿元。工业战线实行必要的关停并转；国营工业企业在 1961 年减少的基础上，本年减少

18 000多个。本年1月至8月，精简职工850万人，减少城镇人口1 000万人。为实现中共中央在1962年初提出的“当年平衡，略有回笼”的方针，除加强银行信贷和财政管理外，还对部分商品实行高价销售的办法。陈云提出开设高级馆子、给市民供应2两豆子和尼龙袜子。

5月18日，在西楼开会专门讨论物价问题，针对物价上涨较快，提出关键是控制自由市场的价格，但实际上是控制不住的。因为我们的主渠道没有东西，允许开放自由市场，但价格又不能不控制。5月19日—6月5日，中央财经小组连续召开会议，讨论采取措施扭转国民经济的被动局面。现在的人们很难想象那时国家遇到的困难局面。陈云为了保护干部，提出给干部补助一些副食品，司局长以上干部每月2斤肉、2斤鸡蛋、1斤白糖，一般干部每月1斤白糖、每天2两豆子，人们戏称“肉蛋”干部、“糖豆”干部。可见陈云为保护干部用心之苦啊!

8月6日，召开北戴河中央工作会议，我参加了这次会议。在这次会议上，形势又突然发生了变化，开始批判邓子恢。邓子恢主张在农村搞承包，毛主席则反对农村承包制。毛主席在会上讲话，讲形势、矛盾、阶级斗争三个问题。我看到邓老的脸色煞白，一句话也不说，他原本是谈笑风生的一个人。陈云当时对农业的困难形势估计得比较严重，所以北戴河会议上，主席批邓老，里边还讲这么几句话：有些人对农村形势估计得那么严重，实际是不是那么回事？我听了，觉得是指陈云。陈云、薄一波身体不好，住在北戴河休息，我和谷牧去看望他们，向他们汇报了会议的情况，讲主席批邓老了，他们都没有表态。一波给中办打电话说他可以参加会议，陈云一直没有参加会议。

9月24日中央在怀仁堂召开八届十中全会，会议的气氛非常紧张。十中全会正式宣布了彭德怀的万言书是“反党纲领”。在这个会议上，毛主席点名批评了邓子恢。被点的还有河南的吴芝圃、甘肃的张仲良、山东的谭启龙等人。记得点吴芝圃时，毛主席说：你这个河南一点马列主义也没有啊！饿死那么多人。吴芝圃马上站起来说：报告主席，我已经作检讨了，我还准备检讨10年。当时河南浮夸十分严重，这使我想起庐山会议期间，河南一些人欺上瞒下，信阳灾情那么严重，饿死了人，可省委负责农业的书记还跑到庐山办什么食堂机械化展览。后来有人出差到信阳，发现情况惨不忍睹。毛主席当时还派他身边的工作人员到信阳私访，他说：你去那看一看，到那你如果也饿得过不去了，我给你寄牛肉干，但你要了解真实情况。这说明，那时浮夸风很厉害，毛主席也得不到真实情况。

10 月 22 日，刘少奇在西楼召开会议，提出要提高技术水平和技术装备水平，少奇提出能不能考虑从日本买一些关键的技术装备、关键的技术。

经过 1961—1962 年两年的调整，到 1963 年就想做点建设性的工作，经长时间的准备之后，国家经委在京召开了三个座谈会：一是政治工作座谈会，抓思想；一是经济工作座谈会，抓效益；一是技术工作座谈会，抓“双革”（技术革新和技术革命的简称）。三个会议都是进一步推动“八字方针”的贯彻实施。会议不仅开得适时，而且确有效果。

先召开的是技术工作座谈会，会议由我主持。那个时候技术问题还没有被企业和部门所重视，涉及技术问题只有两条，一是技术改造，一是新技术推广。为此国家经委成立了新技术推广局，由陶力任局长，工作重点放在“双革”和技术推广上。按照少奇提出的可以进口一点关键技术装备和关键技术，我们从奥地利进口了吹氧炼钢的设备和技术，放在太原炼钢厂。这大概是新中国从西方国家第一次引进技术。

经济工作座谈会由副主任宋养初主持。对经济工作大家比较重视，因为“大跃进”造成的经济损失太大，医治创伤，既有经验总结的问题，也有统一认识的问题。发展经济，勤俭节约仍然是我们的传家宝。所以，会议采取以点带面、树立典型的方法，表扬了兰州炼油厂、长治潞安石圪节矿、襄樊纺织厂等六家企业。石圪节矿勤俭办企业的精神，感动了所有与会者。周总理亲自接见了这批先进企业的代表。这个会议影响比较大。

政治工作座谈会开得就比较紧张了。本来座谈会是想总结“大跃进”时期的企业思想政治工作的经验教训。此时，林彪提出要突出政治。突出政治落实到哪儿？落实到思想，还是落实到生产？发生了意见分歧。你说你的，我说我的。落实到思想，太虚，不好掌握。落实到生产上，实实在在。薄一波主张应落实在生产活动中。那时《解放军报》社论的核心是突出政治必须落实在思想革命化上，火药味重，咄咄逼人，不仅来势猛，上纲上线，也有来头。这对当时工交方面压力极大。突出政治，总不能空对空、虚对虚，总要落实到实际工作上，把生产搞好，这是绝大多数人的一致认识。《解放军报》社论把大家的思想弄糊涂了，不知该怎么做。一波没有办法了，把邓小平请到会上来。小平很聪明，他讲突出政治，要落实在三大革命运动上。所谓三大革命运动，包括阶级斗争、生产斗争、科学实验。一下子全囊括进来了。这件事，在当时以及后来都是一个不小的风波。

在贯彻“调整、巩固、充实、提高”的“八字方针”中，国家一方面从宏观上对国民经济进行调整，一方面在微观上对企业进行进一步整顿，加强企业管理。在整顿企业和加强企业管理方面，国家经委做了许多工作，主要是抓了四件事。其中前两件事关制度、体制，难度最大。

第一件事是拟定和贯彻执行《国营工业企业工作条例（草案）》（即《工业七十条》）。《工业七十条》是在总结我国第一个五年计划和“大跃进”时期经验教训的基础上制定的，在薄一波亲自领导下，国家经委副主任饶斌具体负责《工业七十条》拟定工作。当时，国家经委企业局局长赵荫华协助饶斌做这件事，参加起草的还有马洪、梅行、廖季立、董峰、张沛等。《工业七十条》是调查研究、反复讨论的产物。早在1960年底，国家计委、经委就开始组织一些同志下厂调查。毛主席提出大兴调查研究之风以后，饶斌曾到东北，深入工厂调查研究，同职工们一起讨论。薄一波于1961年6月亲自带领一个起草文件的班子到沈阳，边调查，边讨论，边起草。我当时正在沈阳调查，也参加了这次讨论。在沈阳写出草稿后，一波又亲自带着草稿赴哈尔滨、长春等地征求地方和企业的意见，经过多次修改，最终形成《国营工业企业管理工作条例（草案）》。

1961年8月，在邓小平主持下，中央书记处在北戴河连续举行四天会议，逐条进行讨论、修改，最后将文件定为70条。后来又送到在庐山召开的中央工作会议上讨论、修改。9月17日，毛主席和周总理在审阅时，不约而同地将《条例》题目中“管理”二字删掉了，最后定名为《国营工业企业工作条例（草案）》（简称《工业七十条》）。这是我国第一部关于国营工业企业管理的章程，成为调整时期整顿工业企业、加强企业管理的一个重要文件。

《工业七十条》的贯彻执行，采取面上普遍传达，能改的马上改，点上分批试行，逐个企业进行整顿的办法。它的实施受到了广大职工的欢迎。到1962年第一季度检查时，第一批试点的3 000个工业企业都在不同程度上理顺了企业内部的关系，企业管理都有所加强和改善，生产也逐步好转。由于工业调整与企业整顿同时进行，到1965年，“大跃进”中受到破坏的国营工业企业大部分都恢复了元气，各项工作都有很大进步。可是谁也没有想到，这样一个有利于企业工作的条例，“文化大革命”中竟成了“黑纲领”。一些干部为此遭到林彪、“四人帮”的残酷迫害。

第二件事是试办托拉斯，以经济方法管理经济。其目的是想试行和总结用经济方法管理经济的经验。在“一五”计划建设过程中，发现由中央各部集中管理的体制统得过死，不利于发挥地方和企业的积极性，于是党中央和毛主席从1956年就开始考虑改进我国经济管理体制。1958年4月，党中央和国务院发布了《关于工业企业下放的几项规定》。但一放就乱，一乱就收，这样收收放放，放放收收，并没有解决条块分割、协作很差的问题。其原因主要是不论是集中管理还是分散管理，都是采用行政管理方法，而不是经济方法。

在20世纪60年代初，毛主席、刘少奇、周总理和邓小平已开始考虑借鉴西方工业发达国家管理企业的方法，即组织托拉斯。毛主席说，我们工业建设可以走托拉斯的道路，托拉斯是工业发达国家找到的比较进步的组织管理形式。

1963年10月，当薄一波向中央汇报工业工作问题时，刘少奇说：“体制问题要好好研究。资本主义管理企业的经验，特别是搞垄断企业的经验要学习”。他还说：托拉斯、辛迪加、国家垄断资本主义等等，列宁不是早就讲过了吗？如何管理好企业，无非是有组织、有计划，避免和减少官僚主义。组织企业性质的公司管，可能比行政机构管得好一些，官僚主义可能少一点。考虑把各部的管理局改成公司，不是行政机关，而是经济组织，这样可以进一步接近生产，接近企业。

试办托拉斯是国家经委承担的一件大事，由薄一波亲自领导。具体工作由饶斌、经委委员吴亮平负责，赵荫华协助。

推行托拉斯试点，第一批在全国共试办了12个。其中，全国性的托拉斯有9个：烟草公司、医药公司、地质机械仪器公司、盐业公司、汽车公司、橡胶公司、拖拉机内燃机配件公司、纺织机械公司、制铝工业公司；地方性的托拉斯有 3 个：华东煤炭工业公司、京津唐电力公司、长江航运公司。后又增加糖业工业公司，共 13 个托拉斯。试办托拉斯是经济管理体制改革的一项重要探索。从试办情况看，虽然时间短，效果已显现，为 20 世纪 80 年代的经济体制改革提供了一些宝贵经验。可惜它被“文化大革命”阻断了。

第三件事是抓机械工业专业化协作。这是国家经委副主任叶林抓的。“一五”时期和“大跃进”时期搞了许多“大而全”“小而全”的企业。本来在一个城市建设一个铸造中心，就可以满足一大批机械工厂的需要。可是由于条块分割，每个机械厂都要建一个铸造车间，造成重复建设，浪费了机器设备，浪费了人力和财力。国家经委抓这件事也是很有意义的。

第四件事是抓增加品种，提高质量。早在 1958 年 12 月武昌会议时，毛主席就讲铁要好铁，钢要好钢。1960 年 6 月上海会议时，毛主席明确提出生产、基建都要把质量放在第一位。1960 年 11 月，还专门召开了特殊钢会议，讨论以合金钢为中心的优质钢及八大品种的安排。但在“大跃进”时期，由于钢铁指标过高，为完成产量计划疲于奔命，品种、质量问题始终没有解决。进入调整时期后，数量指标降下来了，国家经委有机会狠抓了几年增加品种、提高质量的工作。

在调整时期，国家经委还抓了其他许多工作，譬如贯彻执行“鞍钢宪法”、工业学大庆、学习解放军政治工作经验等。

经过压缩需求，控制总量平衡，加上进行的企业整顿，加强企业管理，同时随着农村形势好转，工业生产也逐渐走上了稳定发展的道路。1962 年到 1966 年钢产量逐年增长，分别是 667.2 万吨、761.9 万吨、964.3 万吨、1 233 万吨和 1 532.4 万吨。1965 年和 1966 年，钢铁生产各项技术经济指标大多数已恢复到历史最好水平，有的还超过了历史最好水平。如果不是十年动乱的破坏，整个工业包括钢铁工业会稳步发展，我们的工业基础会更好。

经过三年的调整，国民经济很快就走上了健康发展的轨道。三年的调整实践证明“调整、巩固、充实、提高”这个方针是完全正确的。

五、头脑发热的教训不能忘记

回顾“大跃进”这场运动，我们吃头脑发热的苦头太多了。正如周总理说的，我们也应该避免超越现实条件所许可的范围，勉强去做那些客观上做不到的事情。“大跃进”“大炼钢铁”给我们造成的损失太大了，给我们的教训太深刻，而许多人往往条件稍好，就忘记了这一点，又想做“超越条件”的事。对于我们这些曾经参与过那场运动的人来说，真的是终生难忘。虽说“大跃进”有其当时的时代背景，主观愿望都想更快地发展经济，更快地把我们的工业基础建设起来，但主观愿望脱离了客观现实，轻视了发展经济的难度。尤其在第一个五年计划顺利完成后，许多人头脑发热，不那么清醒和冷静了，以为经济工作也就那么回事，可以一蹴而就。记得当年，《人民日报》有一幅漫画，画的是一个人抱着两个孩子，一个叫超英，一个叫赶美。漫画是鼓励人们增强信心，但在某种程度上也反映了人们当时那种普遍的浮躁心态。

当然，党内和社会上不断强化的反对反冒进、批判反冒进强劲严厉的政治气氛，也助长了“大跃进”的思潮。当时我们很多人认为，农业实行人民公社化了，农业“以粮为纲”，粮食已经没有问题了，关键就是发展工业了，发展工业“以钢为纲”，对冶金工业来说是发展的大好时机，钢铁工业发展了，必然带动机械工业、电力工业、运输业等。

“超英赶美”的口号，讲的也是在主要产品的产量上，能够赶上和超过发达的资本主义国家。这里的重点也是钢铁。因为钢铁在国民经济中有着重要作用，自然就成了标志性指标，所以，毛主席提出钢铁产量翻一番的设想，冶金部给予了热情的响应。当时我们头脑都发热，虽有冷静的，如马宾、杨维，可他们的话有几个人能听得进！结果将钢铁工业置于被动地位。要炼钢，矿山跟不上，就大量地开小矿山；要炼铁，焦炭跟不上，又大量地建设小焦炉，劳民伤财。对此，后来王鹤寿反思说的一段话我非常赞成。他说，我们有个私心，总想使冶金工业发展得快一些，缺乏全局思想、综合平衡思想。发展得快一些，就冶金工业部门的职工来说，主要是从自己局部出发的。但作为部门、作为中央一方面的作战部门的领导层，出于私心从部门出发思考问题，其结果必然危害全局。本来是想使钢铁工业大发展，但实际却是对国民经济的大破坏，最后也破坏了钢铁工业。虽说责任不完全在一个部门，但作为专业部门，教训是深刻的。

“大跃进”时期钢铁工业铺下的很多摊子，在调整时没有采取“一刀切”让它们通通下马，而是根据不同条件“该关掉的关掉，该保留的保留，该发展的发展”。通过调整和发展，各个省建立的一些小钢铁厂逐步充实提高变成了中型钢铁厂，后来有的已经是上千万吨能力的钢铁企业，如邯郸钢铁厂、唐山钢铁厂、安阳钢铁厂、天津钢厂、济南钢厂等。还有一批工厂为以后的“三线”建设搬迁工厂提供了基础，如西安钢厂是从大连搬去的，青海钢厂是从本溪搬去的，长城钢厂是从抚顺搬去的，昆明钢厂是在上海的钢铁企业支持下建设的，还有贵州六盘水钢厂、酒钢也是那时建设的。它们为我国后来的钢铁工业发展作出了很大贡献。

经过“大跃进”这一场恶战，我们对经济建设方针与经济发展道路的认识和理解更加深刻了。吸取“大跃进”运动中片面强调发挥主观能动性，忽视现实可能性，片面强调重点突破，忽视综合平衡，片面强调高速度，追求数量指标，忽视质量、成本、效益的这些教训，对我们后来的经济健康发展，包括改革开放以后我国经济的健康发展，都有很大的益处。改革开放以后，各个地方、各个部门的经济部门领导人，基本上还是“大跃进”时期在岗位上的这批人，是受过这场“大跃进”运动洗礼的人，大家都是过来人，都有切身的体会和经验教训，这对我们的工作少走弯路是有作用的。

第十章

物资管理部成立的前前后后

一、新中国的物资管理
二、刘少奇领导物资管理体制改革
三、60 年代物资管理体制改革的局限性
四、在天津搞“四清”
五、“小计委”和“三五”计划
六、三线建设的物资保障

一、新中国的物资管理

1960年5月，王鹤寿要我去西南搞调研。我先后到了江油钢铁厂、成都无缝钢管厂，本来还想去攀枝花钢铁基地，因为道路不通半途返回重庆，沿途看到四川农村的灾情相当严重。当时因“大跃进”造成的经济困难已经显露。在路过荣县县城时，看到一位妇女坐在城门外，敞怀抱着一个孩子，孩子没有奶吃，孩子哭，她也哭。目睹此情此状，心情十分沉重。我问陪同的四川同志，这种情况多不多？他说在四川这种灾民太多了。可是，那时四川省委的调子还是很高。到了重庆，我住在重庆宾馆，清晨散步遇到了同住在那里的薛暮桥。他见到我很高兴，说：你来得正好，中央有个物资管理的文件，要把物资的销售和供应集中统一，同你们冶金部关系很大，你看看这个文件，提提意见。他还告诉我说刘少奇当时也在重庆，是少奇要他修改这份文件的。我认真地阅读了这份文件，从冶金部的角度提了一些修改意见。对我的意见他基本都吸收了，少奇看后就签发了。

过了一两天，王鹤寿打来电话，要我马上回京。我问他有什么事情，他说你的工作有调动。我回京后，他告诉我，中央决定调我到国家经委搞物资工作。王鹤寿是我的老领导，他对我很了解，以前有几次工作调动他都顶住了。建国初期，我在东北工业部时，李富春曾提出来要调我和柴树藩来北京工作，王鹤寿没有放我走。1957年反右之后，中央要调一批干部充实高校领导班子，那时中组部就点了我的名，让我去北京地质学院，王鹤寿费了很大劲，交涉了几次才把我留下来。这次国家经委要设立物资管理机构，到各部要人，李富春和中央组织部指名要我到国家经委去管物资工作，王鹤寿还是不愿意让我离开，所以才派我到西南地区做调查研究。最后实在顶不住了，才放我离开。让我去管物资，我一点精神准备都没有，对物资管理这项工作也陌生，心里实在没底。

1960 年 6 月初，我正式到经委上班，担任国家经委副主任兼物资管理总局第一副局长，协助国家经委第一副主任兼物资管理总局局长孙志远工作。我就是这样开始了长达十年之久的物资管理工作，并终生与物资流通结下了不解之缘。

我国的物资管理体制是在建国后逐步建立起来的。从第一个五年计划开始学习苏联，在建立计划经济体制的同时，对重要工业品生产资料包括原材料、燃料、机电产品，建立起了一套集中统一管理、计划分配调拨的管理制度。实际上一直到改革开放，我国主要是依靠这一套制度来规范和指导物资流通工作的组织与管理。这套制度最大的优点是可以根据国家的要求，集中物力，保证重点。特别是在医治战争创伤的建国初期，恢复国民经济时期和第一个五年计划以重工业为中心的重点建设时期，这一套物资管理制度起了重要的保证作用。但是也要看到，由于经济发展规模不断扩大，在经济建设中“左”的指导思想突出，物资供需关系长期处于紧张状态。同时，国家管得过多、过死，也不利于调动地方、企业的积极性，在一定程度上，这套物资管理制度也制约了后来我国经济的正常发展。

物资管理本应包括生产资料管理和生活资料管理，但在计划经济时期，我国的物资管理只管工业品生产资料，如钢材、生铁、煤炭、石油、有色金属材料及制品、木材、水泥、建筑材料和机电产品的流通与供应，至于人们所需日常生活用品，由商业、粮食、合作总社等部门负责。这也是从苏联的体制学来的。另一个原因是，新中国成立后，重点发展工业尤其是发展重工业，工业品生产资料直接影响着全社会扩大再生产的规模和速度，是国民经济计划平衡的主要内容，所以国家要集中统一管理。

如何建立一套适合我国的物资流通管理体制，一直是我国经济建设中遇到的实际问题，中央领导一直很关心。在 1956 年之前，重要物资的计划平衡与分配调拨，主要由政务院财政经济委员会和国家计划委员会管。最早是在中财委内专门设立了一个物资处，王逢原是处长，负责物资管理工作。后来成立了物资局，由朱理治负责。1956 年成立国家经委，负责年度国民经济计划的编制和执行，这些物资管理机构就转并到国家经委。为了加强物资管理，经委成立了物资供应总局，由韩哲一负责。在1958年“大跃进”期间，国家经济体制发生了重大变动，这个变动首先是把物资供应和物资分配工作下放到地方。做这项工作的韩哲一也调华东经济协作区去了。物资管理权下放后，物资供应紧张局面不仅没有缓解，反而越来越严重。一批中央企业下放到地方，国家对物资的分配，从行业即条条管理，改为按地区（省、市、自治区）即块块管理为主，实行“地区平衡、差额调拨”的办法。这种办法，打乱了原有的分配渠道和协作关系，加上当时追求高指标，造成物资供需矛盾加剧，物资供应混乱。许多企业计划供应不落实，合同欠交严重，催货、采购人员“满天飞”，正常的工业生产和人民生活都受到很大影响。像鞍钢这样的大企业，煤炭、矿石、辅助生产用料都没有保障，有时连扫炉台用的竹扫把也供应不上，对生产影响非常大。

这种情况一直反映到党中央、国务院。当时担任党中央总书记、国务院副总理的邓小平对这种情况十分重视，在中央书记处的会议上，他决定要恢复鞍钢煤的直接分配供应，提出一定要解决好重点企业的物资供应，要保证像鞍钢这样的大企业分配供应的落实。这是邓小平在1959年初决定的，目的就是解决1958年把物资分配权下放到地方后出现的毛病。他当机立断决定停止分大区召开订货会议，恢复由中央部门集中组织订货；对大部分物资恢复实行由主管部统筹统支的分配供应办法，对中央下放企业实行中央主管部门“归口安排”。这些措施的实施，在一定程度上纠正了物权仓促下放造成的混乱现象。可以说，在计划经济时期，我国任何一次经济的大波动，都是首先从物资管理上表现出来的，国家对经济的调整，也都是首先要在物资管理上采取措施。

事实上，物资分配供应权下放到地方后，地方在物资分配供应上往往首先给那些地方所属的企业，把鞍钢这样的由国家下放到地方的企业丢在一边，反正中央主管不能“见死不救”！邓小平当机立断，把下放了的物资分配供应权收回来，由中央直接组织订货。这一决定，又将“大跃进”时期分区分配供应的物资工作改为由中央直接分配供应，把分配和订货权落实到企业。

其实，这一时期刘少奇已经在考虑物资究竟应该怎样管的问题了。1959年夏天，他在庐山会议期间曾找李富春、薄一波讨论怎样搞好物资的供应与管理问题，提出来物资工作要集中统一到中央。当时少奇的想法就是，掌管了物资就掌管了国民经济的命脉，掌握了经济的主动权。他提出，可以考虑在国务院建立一个专门管理物资的综合部门，叫物资委员会。这就等于在国务院下有三个综合经济管理部门，即经委、计委和物委。这是少奇当时提出的意见，他认为物资部门是个综合部门，应该比其他各个部的规格稍高一些，这样工作才好做。

李富春和薄一波从庐山回来后，找冶金、机械、铁道、建材部的部长商量如何贯彻少奇成立物委的意见。机械部的段君毅、铁道部的吕正操、建材部的赖际发都不赞成。他们认为，为了加强对物资的管理，成立一个专门机构是必要的，这个机构可以放在国务院，也可以放在计委或经委，但在计委、经委外再成立个物委没有必要。因为当时王鹤寿不在北京，我代表冶金部参加了这次会议。我也表示不同意。我们当时不同意成立物委的理由很简单，因为物委在各个部之上，这就有个物委与其他部门的关系问题，究竟是父子关系，还是兄弟关系？这是一个不好解决的问题。会议经过讨论确定，向少奇汇报不设立物资委员会，而是设立一个管物资的机构。

少奇考虑到大家的意见，决定先在国家经委设立个机构，叫“物资供应调剂联合办公室”（简称物资办），由孙志远牵头，调李哲人（原外贸部副部长）和谢北一任副主任（这两位也都是经委委员兼）。

物资办刚开始抓物资集中统一，就和各个部都发生了矛盾，在钢材问题上首先同冶金部发生了尖锐矛盾。当时我在冶金部负责供销工作，常为钢材分配与经委争吵。一次在北京饭店开会，孙志远点名批评，说冶金部没有权力动用钢材，为此我和他吵了一架。回来我向王鹤寿汇报，王鹤寿笑了笑说：他不是对着你，是冲着我来的。

不久，中央批准经委物资办升为物资总局，从部门调人指名调我。这时，我才弄明白5月份王鹤寿为什么突然要我去西南出差，目的是躲躲“风头”。孙志远与王鹤寿为物资体制问题争吵最凶，以至后来两人出差到沈阳相遇时，同桌就餐话也不说，孙志远想用碰杯缓和气氛，王鹤寿也不搭理他，两位老同志关系紧张到如此程度！其实他们没有个人恩怨，无非是“大集中”还是“小集中”的分歧。不同部门负责人从各自角度就某一问题发生争执是常有的事，也是正常的事。但孙志远用“釜底抽薪”的办法确实厉害！我和孙志远共事近两年，对他逐步有了些了解。这个人办事认真负责，对人热情耿直，不太考虑方法，有时主观一些，但还是很容易与人相处的。他1930年在北师大读书时入党，抗战爆发后进入冀中军区，先后担任军区政治部主任、八路军纵队政治委员、王震第一兵团政治部主任。建国后任西南军政委员会秘书长。他是西藏和平解放协议书上签字的四位中央人民政府全权代表之一。后调任政务院副秘书长、国务院第三办公室（工业）副主任。党的八大二次会议上当选为候补中央委员。他经验丰富，责任心强，对中央决定了的事情，或自己认准了的事是雷厉风行，不顾一切，非干成不可。他的这一品质与工作作风，受到一些曾与他共事的人的敬佩。从开始与他相识到共事，也可看出他是一位光明正大的人。我们是在钢材分配吵架中相识的，可能他也是从吵架中注意到我，俗话说“不打不相识”。据说调我到经委是他与薄一波商量出的主意。对于当时中央和少奇力主物资集中管理的前前后后，在我到经委后，他多次向我介绍。他知道这项工作阻力不小，但他一再强调要使经济有计划按比例发展，现行业主管部门（条条）供销体制，非打破不可，对这件事，他支持少奇意见，决心很大。

在1958年南宁会议和成都会议上，毛主席讲：我们的农业、商业没有受苏联影响，但工业受到了苏联的影响。毛主席提出要解放思想，对计划体制、物资体制等许多管理体制要改革。当时我们党就开始探索我国经济体制改革的路子，从这个意义上说，改革不完全是从十一届三中全会开始的，改革的思想在那个时候就已经提出来了。

在筹建国家经委物资管理总局的同时，根据中央加强物资集中统一管理的要求，1960年初，由薄一波主持起草了一个改进和加强物资管理的方案，即《关于加强物资供应工作和建立物资管理机构的请示报告》。这个方案的主要内容是：物资供应工作必须从生产出发，为各厂矿的生产服务，起组织生产和促进生产的作用。要进一步加强物资管理工作，迅速建立各级物资管理机构和物资供应网。在物资管理上，实行统一领导下的分级管理原则。统一组织和管理生产资料的收购、供应与调度工作。决定在国家经委内设立物资管理总局，其任务是组织执行物资分配计划，即按照国家计划，对全国生产资料的收购、供应与调度工作实行统一组织和管理。同时，为了贯彻执行上述物资供应工作的方针，中央决定各生产部门的销售业务（包括企业的销售业务）与经营销售业务的组织机构、人员［包括销售司（局），销售办事处仓库，企业的销售机构、人员和仓库等］一并移交国家经委物资管理总局统一领导和管理。各省、区、市也必须迅速地把物资厅（局）和专区、县的物资局（处）建立或者健全起来，以便更好地开展物资管理工作。争取在两三年内使新的物资管理制度逐步趋于完善，并总结出一套适合我国国民经济持续发展的物资管理工作办法来。这一措施的实施在物资管理上将会发生十分深刻的变革。薛暮桥在重庆让我看的就是这个报告稿。中共中央于1960年5月18日批准了这个报告（即第一个“5·18”文件）。1960年6月初，我回到北京时，中央批转的报告和任命已经发下来了。

国家经委物资管理总局是1960年5月成立的，6月我到经委。孙志远兼任总局局长，我为经委副主任兼总局第一副局长，同时分管经委冶金局并联系冶金工业部，总局副局长有李哲人、谢北一、刘淇生。自此，我全力投入到新的工作领域中。

经委物资管理总局成立后，工作进展迅速。当年底，就接管了各工业部的产品销售机构和业务，以及中转仓库，并在各部驻地方销售办事处的基础上建立起60多个专业物资供应一级站。各省、自治区、直辖市地方物资管理机构也陆续建立起来，有些省区还建立了一批供应二级站，开始形成全国统一的物资管理和供销网络体系的雏形。

1960年下半年，钢的指标从年初开始几经调整，已经下调到1 900万吨，但要完成，仍然相当艰巨。所以我到经委后，除了忙物资机构的建立外，用了很大精力抓钢铁生产的物资供应。国家经委和各部门的领导包括总局所属单位纷纷下去，分兵把口，全面督战。当时，物资管理的主要工作，就是钢铁生产的物资供应。

1960年8—9月，我和刘淇生、宋尔廉（总局下属金属材料局长）等一起到上海。我们一方面检查推动贯彻“5·18”文件落实情况；一方面就地调度物资，支援上海，保证钢铁生产需要。上海是钢铁大户，工业生产物资供应十分紧张，上海生产若下滑，必将影响全国，所以我们一到上海，就忙于调度。当时煤炭供应紧张到船刚进码头卸货，就被用户装车拉走，许多企业存煤朝不保夕，情况最好的也只有一两天库存量。上海市委工业书记马天水、物资局长阎利民每天晚上到我住处要煤、要物资。我们成了上海的调度。

我们离开上海后，又到了浙江和福建。这两个省都是缺煤省份，当地领导把我们当成及时雨，待为上宾，整天围着我们要煤。在杭州、三明、泉州、厦门等地，我还看了在“大跃进”中建起来的一些小钢厂、小铁厂、小矿山的生产情况。当时很多工厂都是人海战术，民工吃不饱、睡不好，不少人脸和脚浮肿，疲惫不堪，而辛辛苦苦炼出的生铁和钢，质量又很差，含硫又高。在福建的一个矿，我们见到一个女工，脸浮肿得很厉害。问她几岁了，她讲已经 22 岁了，但看上去像个未成年的孩子。

此时，中央正在北戴河开工作会议，讨论当年计划执行情况。为了集中物力，保 1 860 万吨钢的生产计划需要，孙志远想了个绝招，提出冻结各地、各部门库存钢材，统一调运。他的建议在北戴河会议上提出，经中央批准，国家经委立即通知执行。规定各地、各部限期报告库存钢材品种、数量。全国所有库存的钢材，统由国家经委物资管理总局安排、调度使用，不经批准谁也不准动用。这一做法受到地方和部门的强烈抵制，经委与地方、部门的关系也搞得很紧张。

当时我正在上海，上海市委书记柯庆施马上找我，非常严肃地提出："孙志远想要干什么?"又说："你告诉他，这样做是得不到大家拥护的，是没有前途的。"这时，我意识到事态的严重性，于是和孙志远通了电话，告诉他柯庆施的意见。孙志远说："不要管他，库存还是让他们报。"

不愉快的事接踵而来。9 月底，我从华东回京，10 月 10 日，孙志远要我同他一起参加中央书记处汇报会，在去中南海的路上，他给我一份用物资管理总局名义送中央的报告，反映冶金部在中央决定冻结库存钢材之后，把天津仓库的一批钢材转移到石景山钢铁厂隐藏起来。会议由李富春主持，周总理也在座。会上孙志远、王鹤寿两位老朋友在总理面前互不相让，争论得非常激烈。冶金部是否转移库存，事关违纪，书记处决定交中央监委钱瑛调查处理。这件事上下震动很大。

在生产指标高、物资供应极度紧张的情况下，地方好多部门压力都很大，作为中央经济综合部门不得不采取极其严厉的措施控制资源的分配使用，这是可以理解的。问题是孙志远的做法过于生硬。此后，经委物资管理总局还陆续揭露、批评了一些地方和企业自行动用大型机电设备或原材料的事件。这些问题的处理，对地方、部门都起到一定的震慑作用。

记得在这次会上，周总理介绍了当年 6 月彭真率中共代表团在罗马尼亚布加勒斯特的会议上同赫鲁晓夫吵架的情况。赫鲁晓夫骂我们喝大锅清水汤，几个人穿一条裤子，生产那点跟豆腐渣似的钢铁等。这引起与会者的无比愤慨，由此钢铁更成为一个政治问题了。周总理在会上严肃批评了几位不顾全局的人，强调擅自动用一吨钢材都是纪律不允许的。

进入 1960 年第四季度，为了确保钢铁指标的完成，国务院专门成立了支援钢铁联合指挥部。原本指定由薄一波负责，因他身体不好，改由谷牧负责，我和有关部的部长也参加进来。这在当时是一项突出的政治任务。

联合指挥部每周都要在养蜂夹道召开两三次调度会议，不仅解决生产所需物资困难重重，生活资料也大伤脑筋。三年“大跃进”，加上农业歉收，生活资料供应极为紧张，粮食、副食、日用品普遍短缺。接触了这项工作，我才更加理解下面的难度，突出的是煤炭、冶金、铁道这几家。煤炭部长提出下井的工人粮食不够吃，生产受影响。我们马上找粮食部门调粮食。好不容易解决一点粮食，又要酒，说矿工不喝点酒顶不住井下的湿气，我们又去调酒，甚至困难到连下酒菜都得帮助解决；还有上井后洗澡的肥皂，说不洗澡老婆不让上床，等等。铁道部也是要了这个要那个，冶金部保钢就更不用说了，条件也提了一大堆。这些事情都要由这个会议来一一调度解决。好在商业、粮食等有关部门也都全力以赴。我们的工作就是一天到晚补窟窿、救火。调度会上也经常发生争吵，但在 1 860 万吨这个大目标下，都能从全局出发，共同协商，克服困难。那段时间整天忙得头昏脑胀，谷牧也累瘦了一圈。当时是经济最困难的时候，指挥部晚上开会到 12 点，夜宵也只是一碗清汤面，还得交粮票，真是日日夜夜拼命地苦战。

指挥部夜以继日地忙，的确起到了作用，虽然工作很困难，拆东墙补西墙，捉襟见肘，但最后勉强完成了 1 860 万吨钢，总算是皆大欢喜，至于说由此带来的后遗症，那时谁也无暇顾及了。

1961 年 1 月 14 日，党中央在北京召开了八届九中全会。毛主席在会上强调指出，一定要压缩各部直属企业的行政管理、生产指标、物资调拨、干部安排等统归中央主管部门的权力。这次会议决定在协作区的基础上成立华北、东北、华东、中南、西南、西北六个中央局，加强对地区的领导。为此，物资管理体制又要调整，从中央集中统一退了下来。产品和原材料供应，中央直属企业归各主管部；地区物资归各中央局，地方企业归省市统一指挥、调度、调剂和监督、检查。这对进一步克服“大跃进”造成的经济管理分散和混乱无疑是十分必要的，对于加强物资纵向的集中管理也是很重要的。

薄一波对物资管理体制暂退态度十分明确，主张：经济要退够，但物资管理体制“退供不退销，退工作不退人”。也就是说，物资管理工作应贯彻“退”的方针，但对重要物资资源的管理权限不能放弃。薄一波的这一招很厉害。他对我说，少奇的意思是物资管理将来还要集中统一，当前调整时期遇到这么大的困难，暂时把供应退一下，但分配中央要掌握。所以现存钢厂的部分钢材资源，经委要管住。机构也要保留下来，准备将来条件成熟时，可立即恢复。有些人开玩笑说准备着“复辟”。

中央同意了薄一波退“供应”不退“销售”的方针。物资管理总局的业务大为压缩，部分人员返回各部，总局人员由 1 000 人减少到 400 多人。这对刚刚建立和发展起来的物资管理总局是一次不小的震动，但走的人是哪儿来回哪儿，人心和情绪基本稳定。

八届九中全会以后，中央决定原二机部一分为六，分别成立二、三、四、五、六、七共六个机械工业部，孙志远调任三机部部长。他在离开物资管理总局前，我们在前门饭店长谈了一次。他说：老袁，以后这个事可是你的了。说实话，我对这突如其来的变化也没有思想准备。集中管理开始造势很猛，而现在的退势也很快。两人一起辛辛苦苦干了一年，局面刚刚形成，又要分开，还真有些舍不得。志远对物资工作是很有感情的，后来每次见面都要问这问那，很热心也很关心。没想到，这个性格倔强、干起工作能拼命的人，1966 年被“文化大革命”刚一冲击，就患急性脑血栓住院，我到医院探望，他已经不能说话了，不久病故，时年 55 岁，实在可惜！在志远调任三机部后，担子压在我的肩上，自此我兼任物资管理总局局长。原来热火朝天的局面一下子“偃旗息鼓”，留下来的人思想动荡，情绪不稳，好在薄一波及时提出，总局干部除做好日常工作外，大家分头下去搞调查研究。他说，这也是党的八届九中全会提出来的任务。于是我的任务是调整和收缩已铺的摊子，安抚干部，收拾残局；组织力量，深入基层调查研究。

二、刘少奇领导物资管理体制改革

1961 年物资供应权交给部门和中央局后，经过一段时间的实践，大家又感到物资分权管理体制，使国家有限的物资不能集中用在最需要的地方，影响全局经济发展。1962 年七千人大会后，刘少奇又以很大的精力亲自领导了全国物资管理体制改革。在少奇主持下，1960 年、1962 年中央批转了两个有关物资体制改革的文件。这一时期，他发表了许多重要的论述和指示，进行了大量的实践活动。对物资体制改革以及如何做好物资工作，从指导思想、工作方针、组织建设到各项具体政策和方案，都作了明确规定和精心指导。从 1962 年到 1965 年，他专门找我和有关部门的同志商谈物资工作就有八次之多，其中 1962 年五次，1963 年、1964 年、1965 年各一次。四年间，我先是国家经委物资管理总局局长，后为国家物资管理总局局长，到物资管理部成立时为部长，都直接聆听了少奇的谈话。他的这些讲话，对推动我国物资工作的开展和物资流通产业的发展起了重要作用，对改革开放后的物资流通体制改革也有深远影响。

1962 年 3 月 7 日下午，我在总局办公室，突然接到少奇的电话，一下子我也闹不清楚，心想：少奇怎么直接找了我？

少奇在电话中说：你现在来，我想听听物资工作情况，有些意见我想说一说。

我说：少奇同志，我得准备准备。

他说：不要准备，你来谈就是了。

我说：一波不在北京，我同谷牧同志（时任经委党组副书记、副主任）商量一下，是否他也参加。

少奇说：不用做什么准备，你和谷牧一起来就可以了。

我又问：是上午还是下午呢？

少奇说：下午吧。

当时中央领导人大都是夜间工作，白天上午休息。

放下电话，我通知李哲人、谢北一准备汇报提纲；同时，电话告诉谷牧。谷牧是个细心人，电话中还特地关照我，见少奇同志，你的衣服要穿得整齐点。

第二天下午，我们来到少奇办公室。他的办公室紧邻中南海西楼，是一栋两层小楼，既是少奇办公也是居住的地方。参加这次谈话的，除谷牧和我，还有李哲人和谢北一。少奇的秘书姚力文在场做记录。我的汇报很简单，主要是想听少奇的，早就听说他对物资工作有些想法。我们入座后，少奇开门见山：找你们来就是想谈谈物资工作怎样做。

少奇的讲话事先做了充分准备，主要思想是：物资工作还是要集中起来，应该把它管好。他对物资部门的性质、任务、工作内容、工作方法以及在具体改革物资管理中要注意些什么问题，全面进行了论述。他的讲话形象、具体，也很生动。

少奇这次讲话，主要有以下几个要点：

第一，物资部门是先行部门，不是后勤部门。国家计划必须建立在物资基础上，要有物资作保证，不掌握物资，计划是空的。物资的安排要留有余地，这样计划才能够兑现。过去指标高，缺口大，不好办。今后指标低，就比较容易办些。

第二，物资部门是综合部门，要有全局观点。国家对物资管理必须是全面管理，集中统一管理。生产上要用几万种物资，不全面管，不集中统一管，就要几万人"满天飞"，到处去采购。有百多万人在那里管，你不全面管，集中统一管，别人就要分散去管，就要"满天飞"。我增设网点，组织你"飞"，为你服务，比你乱"飞"更好。

第三，物资部门要管三类物资。计划内的物资如钢、铁、煤、木等有人管，也比较容易管，用少数人管就行了，计划上没有列、没有人管、没有人注意的物资，生产又急需，以后要认真管起来，要把它管好。三类物资也可慢慢定点供应。

第四，销售业务和机构应由物资部门统一管理起来。国家统一销售才能广泛掌握物资。

第五，仓库应该逐步地统一管理起来。仓库统一管比分散管好，仓库管理要有内行，要有一定数量的识货工程师、技术员和理货员，旧中国时代各码头仓库都有这样的人员。他说："我在武汉工作时，仓库理货员罢了工，一连罢了几个月，就不复工。复工条件很高。最后，英、日资本家只好答应条件。因为那个仓库中放什么东西，那一层放什么东西，放多少，什么型号，只有理货员熟悉知道，别人找不出来，弄乱了，人家要罚他的款。"

第六，物资机构需要加强。行政管理机构可短小精干，但经营机构要充实加强。物资总局对各省、市物资厅和局应该是垂直领导，这样才能调动物资。总局要成立各种全国性的总公司，还要设立很多分公司。

第七，物资管理工作已经到了必须集中统一的时候了。不掌握物资，计划经济就没有保证。

少奇还讲到，实行物资统一管理，一定会遇到抵抗，要准备进行斗争，要采取一些有效措施，如清仓核资，摸清家底，建立制度；中央派检查组进行检查，发现隐瞒不报或以多报少的，要批评，甚至可进行纪律、法律处分；物资部门要进行监督检查；对于最重要的物资绝对要统一管理，任何人不许随便动用，要下死命令执行。

当时我们就强烈地感觉到他对物资管理改革已经胸有成竹了，找我们去无非是要把他的思考和想法告诉我们，要我们回去研究落实。

回来后，谷牧让我们尽快把这次谈话的稿子整理出来，送给薄一波。我们连夜整理出来后，立即打印送谷牧和薄一波。对刘少奇的讲话，薄一波很重视，马上布置贯彻落实。

在 3 月 8 日谈话后，为取得改革经验，刘少奇亲自搞了两个试点，由中央办公厅组成两个试点组。一个是无锡试点，由王愈明、干玉梅主持；一个是石家庄试点，由贾步斌、姚力文主持。王愈明、贾步斌、姚力文都是中央办公厅的干部，干玉梅是物资总局办公厅主任。两个试点组由少奇亲自掌握，直接向他汇报工作。

4 月 17 日，少奇又找我们进行了第二次谈话。这一天，少奇在听了石家庄试点情况汇报后说：物资集中管理这件事情不能再拖了。这次谈话，少奇还发表了一些重要观点。他说物资管理的许多混乱现象，大部分是由于生产指标过高造成的。所以生产计划应该按短线物资进行安排，不能留缺口。他说：物资总局是"第二个商业部"，商业部能供应 6 亿人民吃穿用，难道你们就不能供应 21 万个工业企业的产供销？

关于物资工作在国民经济中的作用，少奇作了个形象化的解释。他说，现在搞基本建设和过去不一样，机械化程度高，所有建设都得用机器，每一个机器都要用电动机，物资部门要善于抓重点，你把电机产品管起来，归你分配，就从另一角度控制了基本建设的随意扩大，要把有限物资用在重点地方。他强调物资管理的作用主要有两方面：一个是控制建设，一个是保证重点。不要怕管得多了，不要不敢管，有人管总比没人管好。你不管，它就乱；你来管，他就找你了。把供应、销售、仓库都管起来，充分利用有限的物资。

少奇还说，你们不要怕吃不消，多的物资不怕，缺的物资按轻重缓急排队，市场需要的东西要多搞。物资管理，没有条条管块块管的问题，必须集中统一管理。现在搞了两个试点，还可以搞一个部的试点，比如农机部可以供给它钢材，无非是下命令保证你农机部的需要就是了。他说，地方有本位主义，应该垂直到物资总局才行，两手改为一手，小库归到大库。你是物资局，有仓库啊，应该把它归起来。他说，石家庄整个市都可以试点，仓库归我，人也归我，同时搞三类物资的采购机构，总之，要负责任包下来。

4 月 23—24 日，少奇在听了石家庄和无锡两个调查组的汇报后，他讲道：物资部门要为企业服好务，使企业集中力量解决生产问题，企业要根据物资部门要求进行生产。紧接着，一周后，少奇又听了调查组的汇报。在这次汇报会上，他还提出了一个很重要的思想，即商业流通要实行等价交换。他针对当时农村工业品奇缺、农产品价格过低、剪刀差扩大的情况指出，对农村生产的三类物资，现在不要只用票子去买，用票子不容易买到，还应该以工业品去交换，价格要低对低、高对高，等价交换。他说：你们在石家庄或石家庄附近可以设立个物资交换站或收购站，这就能够换回大量的农副产品。这种用工业品直接交换农产品的思想，是少奇最早提出的，对我们有很大启发。

少奇的这次谈话，进一步丰富了他在 3 月 8 日讲话的内容，对他的物资管理改革的思想阐述得更清楚了。少奇这种对重大问题抓住不放，专门组织工作组，深入调查了解情况、进行试点、反复论证、及时指导的工作作风，给了我们很大的教育。

中央领导如此重视物资工作，使我感到很振奋，也感到担子很重，压力很大。在 3 月 8 日少奇谈话后，我们按他的要求起草了《关于在物资工作上贯彻执行集中统一方针，实行全面管理的初步方案》，经各经济协作区经委主任会议讨论后，上报中央。中央很快就批准了这个方案，时间恰好也是5月18日，与1960年第一个物资管理工作文件是同月同日。两个“5·18”文件，相距两年时间，而且在加强物资集中统一管理上，精神是一致的。而后一个文件在改革方面，思想更明确，要求更具体，措施更有力，成为其后20年间物资管理和物资产业建设的一个纲领性文件。其主要内容是：第一，改变各个部门分别管理产品销售、各自组织物资供应的办法，由国家物资管理系统，在集中统一的领导下，分级负责地统一组织物资供销工作。第二，改变只管统配、部管物资的办法，实行全面管理各类物资的办法。不仅要管好一、二类物资，而且要管好三类物资。第三，改变中转仓库由生产部门各自设立、分散管理的做法，逐步地由物资部门实行统一管理。第四，整编分散在各部门、各企业的物资队伍，组成一支服从统一计划、统一指挥、统一纪律的队伍。第五，改变各部门各自有一套供应系统，各部门和各地区在全国各地都有一套办事机构的状况，建立全国统一的，从中央到省、市、自治区以至省辖市垂直领导的物资管理系统和业务经营网。

为落实中央批准的“5·18”文件，按照少奇的讲话精神，1962年5月底6月初，国家经委在北京和平宾馆召开了全国物资工作会议。这次会议是以国家经委的名义召开的，由物资总局来主持。

会上，大家对中央下决心改革物资管理都是拥护的，但也存在不少怀疑和顾虑。中央各工业部门的同志主要是担心物资实行统一管理后，部门不能具体及时掌握物资情况，失去了直接调度物资的权力，不便于组织生产，特别是一些紧急需要不容易解决的物资，要求在步骤上稳一点、慢一点。地方物资部门的同志则认为中央对物资改革很重视，要求也很具体，而物资总局则劲头不足，对中央部门过于迁就，是“改良”不是改革，要求集中管理更多些、更快些。

我在5月30日会议开幕时作了《物资工作要贯彻集中统一、全面管理的方针》的报告，我的报告阐述了刘少奇关于物资管理工作的一系列讲话的主要精神，回顾了两年来的物资工作，对这一次物资管理改革进行了动员。6月5日，我在中央部门小组会上，全面介绍了这个初步方案的起草过程，与1960年方案进行了比较，并着重针对大家的顾虑做了解释。如物资统一管理后，会不会影响供产销的密切结合？会不会打乱协作关系？集中管理中转仓库对生产部门会不会不方便？专用物资如何管理？等等。特别强调了物资部门是服务部门，今后工作中一定要做到从生产出发，为生产服务，一切要为了生产企业方便，在办法上要做到主随客便，便利生产，有问题欢迎各部批评。希望大家同心同德、统一思想，按中央指示，把物资管理改革搞好。

少奇于6月5日接见了出席会议的代表，并作了长篇讲话，这是他关于物资工作的第四次讲话。这次讲话的内容很丰富，很广泛，比如：通过试点总结经验；加强学习，提高物资工作者业务水平；整顿流通渠道，稳定工厂的协作供应关系；严肃国家计划，维护全民所有制；物资部门要为企业服务；发挥积极性；中转仓库及物资管理机构等问题。

他在讲话中大胆提出做好物资工作必须善于学习，向有经验的人学，向资本家、买办学，向外国人学，向社会主义国家学，向资本主义国家学，学习他们做物资流通的管理经验。他说，在解放前，上海的大洋行要新加坡的东西，打个电话就送来。资本主义国家能做到这样，我们社会主义国家应该做得更好。他渴望尽快建立起一套符合我国现代商品经济要求的快速、通畅的流通体制。为此，他提出要培养我们自己的物资流通专业技术干部和管理人才。这是当时少奇孜孜以求的目标，他这种远大的战略思路，使我们深受启发。

这次会议之后，全国物资管理改革迅速展开。

1962年6月25日上午，我到中央书记处汇报经委物资总局的资金、编制等问题，我提出物资总局的编制数为12.9万人，当时很担心中央不同意这个编制数。但是会上大家都很支持我们，谷牧说为了落实少奇的指示，建议批准物资总局提出来的编制数。李先念讲：物资、物价、统计等综合部门必须加强，物资总局提出的编制可以批准，以后多了再减。李富春讲：物资统一是很必要的，物资、物价、财政、银行、劳动、工资统一，然后才有计划的问题，建议批准初步的编制方案，具体的再精打细算。

1962年10月10日，国家经委党组向少奇汇报了六个城市推行物资管理试点的情况。谷牧和我、谢北一等几个同志去汇报，少奇对这一段工作基本满意，认为我们的工作比较稳定、比较谨慎。他说，物资管理是一件新的工作，开始各方面思想认识不统一，是自然的。开始不懂，没有经验，经过实践有了经验，就会逐渐懂了，认识就会逐步一致了。你们要永远兢兢业业、谦虚谨慎地去搞。在这次谈话中，他继续阐明了国家要对物资实行统一管理、全面管理的观点。他说，要搞社会主义，不搞好物资的统一管理是不行的。生产上需要的东西，物资部门要负责管，必须管。如鞍钢要扫帚，过去商业部门有就供应，没有就不供应，今后物资部门就不能这么办。生产企业需要，物资部门就负责去找，找不到就要安排生产，要千方百计解决，不能推卸责任。他比较全面地讲了物资工作的一些问题，如：要管好包括轧钢厂需要的扫帚等三类物资，开好订货会议，发展定点供应、直达供货，减少中转环节；对广大农村组织好农业生产资料的供应，搞好农具机械制造；办好生产资料服务公司；加强计划的严肃性和合同的严肃性；要收购一批企业的库存钢材，为生产企业卸包袱，增加国家储备；等等。

1963 年 1 月，在政治局听取生产供应情况的汇报时，少奇专门讲了定点供应，直达供货，订货会议，木材的分配和加工，以及生产和需要的四大矛盾，即数量矛盾、品种矛盾、地区矛盾、供应时间矛盾等问题。

与此同时，物资管理部门在政府行政机构序列中的档次不断提高。1963 年 5 月，中央决定以国家经委物资管理总局为基础，成立国家物资管理总局，归属国务院直属机构序列，由我兼任总局长，李哲人、李超伯、谢北一等为副总局长。一年后，1964 年 9 月决定在国家物资管理总局基础上组建物资管理部，列入国务院组织序列，成立部党委，任命我为党委书记兼部长，同时仍兼任经委副主任，李哲人、李超伯、谢北一、邓存伦为副部长。物资管理部的主要职责是全面组织生产资料的经营管理工作。

物资管理部成立后，国务院调整了各部委之间的物资管理分工。一是把 1961 年调整管理体制时交回生产主管部管理的化工、建材与火工产品的销售机构和人员重新划回物资管理部建制；二是把原属国家计委的国家物资储备局划归物资管理部领导；三是把国家计委物资综合分配局、冶金产品分配局、机电产品分配局划归物资管理部建制，物资的平衡和分配计划由物资管理部负责编制；四是各大区（中央局），各省、自治区、直辖市，各地市（一部分县）物资管理厅（局）要逐步建立起来，发展一批地方经营网点。由于上述措施的实施，到 1965 年末，物资管理部先后设立 6 个职能局、6 个总公司，共有职工 1 400 多人。全国物资系统设有各种经营网点近 3 700 个，生产资料服务公司 150 多个，全国物资系统职工达到 20 万人。一个遍及全国的生产资料流通的管理体系和流通网络基本上建立了起来。

从 1962 年到 1965 年，我们按照少奇的物资管理思想，主要做了以下几方面的工作：

第一，统一重要物资的销售管理。经过调整金属材料、机电设备、化工材料、木材、建筑材料与火工产品的销售业务和销售机构，从 1963 年起直接由国家物资部门统一管理，统一订货，其余统配物资也要在国家物资部门统一组织下进行订货。为了监督国家订货合同和调运计划的执行，国家经委在重点煤矿和林业局委派了调运专员，物资管理部在重点冶金、机电、建材企业委派了驻厂代表。由于计划资源得到了较好的落实，又加强了销售管理，这个时期的国家订货合同基本上得到兑现。如原来执行合同较差的钢材和水泥，1963—1965 年的国家订货合同都全面完成。

第二，加强对三类物资的管理。过去，国家对统配、部管物资管得比较具体、认真，而对三类物资则缺乏管理，供需脱节的矛盾更为突出。改革中，在做好统配、部管物资平衡分配和改进订货工作的同时，特别加强了对三类物资的管理。各级物资部门都建立起了三类物资管理机构，按照“统一领导，分级管理，分工经营”的原则，制定了三类物资分工经营目录和分工经营办法，1965 年列入分工经营目录的三类物资已有 5 929 种，生产三类物资所需的统配、部管物资也逐步纳入计划安排，并组织固定了一批三类物资的协作关系。如少奇曾经多次讲过的鞍钢生产需要的竹扫帚，就由鞍钢与浙江签订了每年供应 10 万把、为期 10 年的供应协议。从而使三类物资的供应有了保证。

第三，集中管理中转仓库。经过几年工作，冶金、一机、石油、化工、水电、煤炭、农机、建工、轻工、交通、地质、林业等部和手工业合作总社等 13 个中央部门先后将中转仓库移交物资管理部。物资管理部在天津、沈阳、上海、西安、武汉、成都、重庆、石家庄、郑州等大城市设立了直属储运公司，将接收上述各部的仓库连同物资管理部所属各公司在各大区的中转仓库一起管起来，实行了“统一管理，分户记账，货属原主，随用随提”的办法。中央各部仓库实行统一管理后，既加强了物资调度，又提高了仓库利用率。同时，多数地方物资管理部门也统管了地方工业部门的中转仓库。

第四，统一收费管理办法。在计划经济下，生产资料价格由国家统一规定。通过物资企业中转供应的物资实行“收费从低、以收抵支、收支平衡”的原则，由物资管理部规定全国统一的收费标准，即在统一出厂价的基础上加流通费用作为供应价。1962 年物资管理部提出了管理费收费标准，金属材料为 25%、机电为 18%、建材为 3%、木材为 3%、化工为 2%、轻工为 3%，比 1962 年统一管理前平均降低收费 20%左右（具体产品有高有低）。进货运杂费也比统一管理前降低 10%～20%。为了改进物资流通企业经营管理，当时还确定进货、销售、资金周转、盈亏、工资基金 5 项为考核企业的经济指标。

第五，试行按经济区域就地就近统一组织物资供应。为了克服相向运输、同城倒库等不合理现象，物资管理部先后在石家庄、无锡、徐州和“三线”建设地区，进行打破条块分割、按经济区域由当地物资部门就地就近向生产企业和用料单位组织供应的试点。对教育部、新华社、气象局等 24 个中央非工业部门分散在全国各地的直属企事业单位需要的物资，实行了把这些部门的物资分配指标划转到地方物资部门，由当地物资部门就地就近统一组织供应。这样就减少了中转环节，降低了流通费用。特别是对“三线”的重点建设项目所需的建筑材料，由地方物资部门负责确保供应，效果更为突出。

第六，创造、推广服务生产、方便用户的好经验。为搞好服务，尽量为用户提供方便，对需要成批大量供应物资的用户，实行定点供应、直达到货；对需要小批量、多批次供应的用户，实行中转供应，建立供应站，前站后库、门市供应，分斤破两、零售供应，电话购货、送货上门；设立生产资料服务公司，及时为用户解决小、少、难、急的需要；等等。这些供应方法和服务方式，突破了产品分配调拨的传统做法，在一定程度上具有商品交换的特色。

第七，建立生产服务队，实行下厂、下乡服务。服务队于 20 世纪 60 年代初期在沈阳创立，1964 年经物资部总结推广后，发展很快。据不完全统计，1965 年全国物资系统已有服务队 982 个，服务队员 9 516名，活跃在上万个企业里。服务队采取分片包干的办法，既帮助企业解决材料不足问题，又帮助处理积压物资；既抓成材的合理使用、节约代用，又管废旧物资的回收利用；既抓当前的生产急用，又摸清消耗定额，建立供应档案，为合理供应提供依据。服务队想生产所想，急生产所急，成为物资分配、供应、管理、使用四结合的一个纽带，受到用户的欢迎。不少服务队员被用户誉为生产企业的“及时雨”“好参谋”“贴心人”。上海金属材料公司优秀服务队员杨士林，1966 年被评为全国物资系统先进工作者，成为 20 世纪 60 年代物资战线的一面旗帜。服务队的工作也受到周总理的赞赏，1965 年 8 月周总理在听取物资工作汇报时，曾对我说：建立服务队是一件好事，要很好地总结经验。

第八，开展“管供、管用、管节约、管回收”，努力实现物资的节约使用、综合利用和回收复用，在生产和流通的各个环节上节约物力，提高社会经济效益。

总之，经过几年的努力，到 1965 年末，少奇设计规划的第二个“5·18”文件提出的各项要求已基本实现。一个以实行全国集中统一管理为特点的物资管理和业务经营网已基本建立起来，在国民经济发展中发挥了重要作用。在我国经济领域出现了一个新兴的产业部门，即生产资料流通部门。

随着中央调整国民经济各项重大措施的落实，1962 年后，国民经济逐步恢复，物资体制改革不断深入，生产资料的流通和管理也开始出现了新的局面。

这期间，重要物资的周转加快了。以钢材为例，由于“大跃进”造成的国民经济严重失调，1962 年全国钢材的社会周转库存出现极不正常的情况，周转期竟然达到 17.8 个月，到 1965 年已缩短为 7.95 个月，三年之内缩短了近 10 个月。钢材库存结构也有明显改变。1962 年生产建设企业和主管部门库存占 95.8%，物资部门和钢厂库存只占 4.2%，1965 年前者下降为 70%，后者上升为 30%，增强了国家调度调剂的能力。

这期间，工业生产有很大发展，工业企业的流动资金的周转加快了。每百元工业产值占用流动资金，1965 年同 1962 年比较，三年降低了 44%，节约了大量流动资金。物资供应好，产品销售快，是工业企业流动资金加快的重要因素。

这期间，由于实施了集中物力保重点和合理组织物资流通的改革，基建投资效果提高了。基建投资完成额中新增固定资产的比重，1962年只占79%，其中工业占70%，而1965年提高到93.6%，其中工业达到94.9%，三年间提高了24.6个百分点。

在这一期间，我国各级政府（省、地、市、县）普遍建立起了专门负责生产资料流通和管理的物资部门与重要物资的经营机构，包括专业公司、各种类型的供应站以及负责“四代一调”（代购、代销、代加工、代托运和调剂余缺）业务的生产资料服务公司；组织起了一支专门从事物资管理和经营的专业队伍；理顺了物资流通渠道，建立了物资供应的新秩序；在经营方法上不断创造和总结了许多服务生产、方便用户的新经验。生产资料流通开始走上生气勃勃、健康发展的道路。

这些都有力地说明，在少奇领导下，当时的物资体制改革成绩突出，效果显著，路子是正确的。可惜的是，正当物资体制改革不断深入和物资工作蓬勃发展之时，遭受到了1966年开始的“文化大革命”的狂风恶浪的摧残破坏，被迫中止。而且改革也成了刘少奇的一大“罪状”。每想起这些来，我深感痛惜！

在1960—1965年我国物资管理体制进行改革和发展过程中，周总理、邓小平、李先念等中央领导都给予了很大的关怀和支持。总理、小平对物资工作十分关心，多次和少奇一起听汇报，做指示。先念也是一样，在1962年我们向少奇汇报时，他兼任商业部部长，主动提出商业部的五金交电化工公司可以交物资部管理，我们考虑到五交化涉及6亿人民生活，建议还是要有一部分商品交叉经营。在三年调整时期，周转慢，产品积压，全国生铁库存达600万吨（年生产为700万吨），冶金部面临严重困难，要求国家收购一部分生铁。当时，国家财政相当困难，收购资金难以解决。但是，当先念得知这一情况后，多次给财政部有关同志做工作，并指示再困难也要收购部分生铁。结果国家收购生铁200万吨、优质钢材100万吨，使冶金企业得以在相当困难的情况下维持生产，同时也大大增加了国家储备。这些物资在“文化大革命”期间起了很大作用。先念高瞻远瞩、顾全大局的精神和对物资工作的具体有力支持，值得我们学习和纪念。

三、60年代物资管理体制改革的局限性

20世纪60年代初期，刘少奇敏锐观察到物资流通在发展国民经济和组织社会再生产中的重要地位与作用。他抓住了流通这个环节，改革物资管理体制。在“文化大革命”前少奇就如何认识和怎么样做好物资工作，反复阐述过的观点有：

物资部门不仅是后勤部门，而且是先行部门。他说计划必须建立在物资基础上，要有物资保证。人们常说计划要留有余地，在物资安排上就要留有余地，没有物资保证的计划是空的。

物资部门是专业部门，更是综合部门，要立足全局。社会主义流通企业（供销机构）要确立服务的观点。工业生产要用的物资几万种，不集中管，会几万人“满天飞”，到处去采购、抢购。有了物资部门的供销网点，各种物资齐全，比企业自己去跑强。

三类物资（地方管理物资）物资部门要管。计划上没有列，生产急需的小产品，物资部门也要管起来。生产资料的流通要合理化，尽量做到就地就近组织供应。大宗的由生产企业直达供货，属于部门中转的那一部分，要打破行政层次和行政区划，由生产主管部门划转指标，由当地物资部门就地就近组织供应，以减少消耗，降低费用。

要重视物资节约，合理利用一切物资资源。物资部门要管供、管用、管节约、管回收，要在生产流通的各个环节上节约物力，讲求经济效益。

各部门的物资仓库应该逐步地由国家物资部门统一管起来。

物资管理部对各省、市物资厅（局）业务上应垂直领导，行政管理机构要精兵简政，但经营机构要充实加强。要成立各种全国性的总公司，还要设立很多分公司，用经济办法管理经济。

他还多次阐述流通和生产的辩证关系：生产决定分配，分配又会反

过来影响、限制、促进生产的发展，有时分配对生产要起决定性的促进作用。刘少奇的这些论述，把马克思主义的基本原理和我国经济建设的实践密切结合起来，从理论上进行高度的概括，给了我们很大的启发和教育。

在社会主义经济建设理论和实践中，曾在一个很长的时期内，不少人认为，在社会主义全民所有制的范围内，生产资料已经不是商品，不能进入市场。刘少奇坚持实事求是的科学态度，对生产资料不是商品的论点提出了大胆的怀疑。早在1956年党的八届二中全会上，他就曾指出：生产资料不是商品，这个观点恐怕还值得研究。他深入分析中国生产资料流通的实际，指出生产资料也应该采取商业的办法，有计划地组织流通。他认为物资部门的重要任务就是要组织和完善生产资料市场，物资部门就是管理和经营生产资料的商业部。这对当时我国学习苏联模式建立起来的按产品经济组织生产资料流通的体制是一个很大的突破。

少奇在50多年前之所以能对这一新的经济领域——生产资料流通领域有如此深刻的认识和理解，是与他一贯深入实际、调查研究、尊重实践的作风分不开的。他在指导物资工作中，始终坚持从实际出发的观点，强调要搞好试点，要及时总结经验。他提出，单靠调查研究不行，这只是认识客观世界的开始，还不能真正认识客观世界，还要靠实践，要在改造客观世界的实践中认识客观世界，要经过实践取得经验。在改革物资管理中，他不但自己抓试点，而且要求每个大区，每个省、市都要搞好试点。他亲自抓的石家庄物资改革试点，搞了10个月，每月都直接听一次汇报，认真研究试点中的各种问题。对各地的试点他并不要求全部成功，他认为失败一点也好，可以从中取得反面经验，使我们的认识更加全面。少奇关于物资工作的许多重要意见和重大决策，是在他亲身领导改革实践、听取汇报和研究试点经验时提出来的。少奇的马克思主义实践论的观点和一般号召与具体指导相结合的方法，给我们特别是一些高级领导干部进行改革作出了表率，也是一笔重要的遗产。

20世纪60年代初期，我国正处于经济暂时困难及初步恢复时期，物资匮乏，百废待举，因此面临的困难是很大的。但是，少奇看清了组织好流通在发展国民经济和组织社会再生产中的重要地位与作用，下决心抓住生产资料流通这个环节，改革物资管理体制，这显示了他超凡的水平和胆识。他在当时提出的一些意见和措施，虽然是为了强化和维护计划经济体制，但是有许多都是符合社会化大生产条件下商品流通的规律和要求的，所以在商品经济条件下，也具有强大的生命力。特别是他提出的对于社会主义流通企业（供销机构）要搞好服务，物资工作人员要向一切内行学习办商业经验，学习资本主义先进经营管理方法等主张，在当时都有很强的针对性，值得我们结合今天的实际，认真学习和继承发扬。

我国 20 世纪 60 年代在物资管理体制改革中，为什么一会儿集中，一会儿分散，反反复复呢？关键在于物资的集中统一管理治标不治本。治本的办法就是要把物资推向市场。但这个办法，受当时经济发展条件的局限，在当时计划经济体制下是不可能提出来的。少奇关于物资管理改革的思想在当时已经是很先进的了。他提出来物资部就是第二商业部，生产资料作为商品可以进入市场经营，也可以买卖等，都是对社会主义经济理论的突破。集中统一经营，能解决近期目标，只是一个治标的办法，要解决远期目标，这个办法是不行的。对物资集中统一管理，是对物资的垄断经营，若要形成真正的物资流通市场，搞垄断经营就会出问题。所以 60 年代我国物资管理体制改革是有局限性的。

少奇领导的物资管理体制改革是一次伟大探索，目的是找出一个中国式的社会主义物资管理新体制。这次改革对调整国民经济和提高社会经济效益起到了很好的作用，开创了物资工作的新局面。但是，这次改革还是在计划分配体制范围内，围绕着上下左右管理权力的调整来进行的，这就不能不受到多方面的制约。可以说，当时只是在物资管理体制上动脑筋、想办法，还没有一个全面的经济体制改革的思路，这就注定当时的物资管理体制改革一路坎坷。今天看来，物资管理体制改革必须与整个经济体制的全面改革紧密结合，和计划、投资、企业、价格等方面的改革配套进行，才能深入开展下去。

四、在天津搞“四清”

1964年8月，我和柴树藩出差酒钢（酒泉钢铁厂）刚返回兰州，接到北京打来的电话要我回京参加“四清”运动。电话中还介绍了王光美在人民大会堂的报告。当时我把王光美听作王光伟（时任国家计委副主任），我还很奇怪，怎么王光伟作“四清”报告？也没细想就立即离开兰州。回到北京后，才知道是怎么回事，并仔细听了王光美报告录音。1956年春，我参加中央党校举办的哲学讲座，当时我在冶金部工作，讲座在西四丰盛胡同“中直”（中共中央直属机关）礼堂举行，王光美也常来听讲，见过面。没想到王光美现在负此重任。随后我又参加了刘少奇在怀仁堂召开的动员会，他要部长们亲自带队下去蹲点，参加“四清”运动。

“四清”最早是从农村进行社会主义教育运动开始的，重点是解决农村干部的“四清”问题。所谓“四清”是指生产队都要清账目、清仓库、清财务、清工分，做到四个清楚。这个时候，毛主席对阶级斗争形势的估计是越来越严峻，反修、防修斗争也越提越尖锐。由此，运动从农村推向城市的厂矿企业和所有的国家机关，除搞“五反”（反贪污、反投机倒把、反铺张浪费、反分散主义、反官僚主义）运动外，都要参加“四清”运动。

工交口从1964年8月31日开始，薄一波、谷牧连续召开工交各部党组（党委）书记会议，传达和学习毛主席、刘少奇、邓小平等人关于“四清”问题的讲话。物资属工交口，会议安排工交各部部长下去蹲点，薄一波特别强调，蹲点的部长要常写报告及时向毛主席、党中央反映情况。为加强工交部门政治工作，建立工交政治机构也是在这个时候提出来的。

工交口会议后，经委党组又开会，薄一波还特地建议，要结合战备进一步深入讨论改革物资管理。为此，委党组提出三项措施：改革订货会议，加强基层建设，按经济区划调整经营机构。第三项措施是由河北衡水二级站引出来的。历史上衡水一带所需百货由德州批发，德州是鲁北、冀南传统的货物集散地。但德州行政隶属山东，衡水隶属河北，河北要衡水推销河北产品，用今天的话讲是地方保护主义。情况反映到中央，毛主席批评物资供应按行政区域划分不符合经济规律。毛主席批评衡水二级站，对我们很有启发，提醒我们生产资料供销也应该打破行政区划。这是“五反”运动中物资部门应解决的问题之一。

按照管理系统，我们参与“四清”，主要是清物资系统干部中的问题。当时我们对物资企业干部队伍中的问题估计得也比较严重，决定分两批进行“四清”，第一批天津、沈阳、上海一级站，第二批中南、西南、西北等其他一些地方的一级站。二级站和二级站以下由地方负责。我决定到天津一级站蹲点。10月初到天津，工作队除部机关人员外，还有天津物资局、储运公司华北办事处，共计140多人。当时要求队员很严格，必须“三同”，即同吃、同住、同劳动。其中“同住”是队员住集体宿舍，实行“三大纪律八项注意”。天津一级站有多个点，具体选点，我们尊重市委意见，选择了“问题”多的天津木材一级站和南仓一库。木材一级站是部木材局所属，南仓一库属储运局管。另外天津还有储备局仓库、金属一级站、化工一级站、建材一级站、储运公司等，由天津市作为“四清”试点单位。工作队进点后，我们按照王光美介绍的经验，由金属材料分配局局长宋尔廉任队长，我和杨春垠（部政治部主任）不公开身份。工作方法采取秘密形式，主要是深入群众、扎根串联、摸底排队，目的是先整顿阶级队伍。开始我们差不多天天参加劳动，晚上活动在工人宿舍中访贫问苦。木材一级站负责人是从部队刚转业来的，仍保持着部队艰苦朴素的传统。另一负责人是工人出身，文化水平低，工作作风问题较多。工人说他是小说《天津六号门》那个把头一类人物，吃吃喝喝，流里流气。由于我们是带着“问题严重”的想法进去的，所以对这个人的“问题”也看得过分了些。记得进点后不久我给薄一波写过一次报告，其中有句话说这里是“新社会里的旧社会”，这就是我们当时的估计。后来听说，薄一波很欣赏这句话，说报告说得对，搞“四清”就是要抓住这方面的问题。

在木材一级站，我的身份一直没有公开。这期间，成立物资管理部的决定，只在工作队内部传达，但对一级站仍然保密，他们没人知道部长在这里蹲点，弄得很神秘。

经过一段蹲点劳动，亲身体验，倒是对这里工人劳动条件之差深有体会，这是最大收获。经商量，由木材局拨了一部分钱整修木材托运场地，铺设道路，增加一点机械，共需几十万元。对这件事，工作队内木材局一位工程师不以为然，他认为木材站一向都是这个条件，不能给天津一级站搞特殊。我批评了他，要他立即回京向局长汇报给予支持。严格说，是我们这些人的官僚主义影响了下面的干部，不深入不知道，到基层一看，就知道自己的差距在哪！如此差的劳动条件，机械化程度低，工人劳动强度大，雨天道路泥泞不堪，给他们铺个水泥地面，增加点吊车，不算过分，怎能说“特殊”呢？可这样的事，坐在上面是不会知道的。

回想起来，当时强调“三同”是正确的，它要求我们走群众路线，只有“三同”，才能与群众打成一片，深入调查研究，听取群众意见。通过“四清”抓生产，改善生产条件，批评落后表扬先进，转变干部思想作风，对我们自己都起到了教育作用。

在天津期间，我多次回京参加一些会议，12 月 15 日参加中央工作会议。其间全国人大三届一次会议开幕，所以中央工作会议被分做两段召开。第一阶段围绕《后十条》执行中出现的问题进行总结，酝酿制定新的指导性文件（即后来的《二十三条》）。

我是全国人大代表，在京又参加全国人民代表大会。这次会议留给我最深的印象是周总理作的《政府工作报告》中，在充分肯定 1961 年以来实行的“调整、巩固、充实、提高”方针所取得的重大成就后，郑重宣布“调整国民经济的任务已基本完成”。

在两会间，我还参加了薄一波召开的工交口各部党组书记会议。对社会主义教育运动波及的一些问题，薄一波要大家既要积极，又要沉着，不要慌张。他担心一些年纪大的同志如陈正人（正在洛阳拖拉机厂蹲点）坚持不下来。他说，无论如何要坚持下去，人生七十不过一死嘛！拼命也要坚持。薄一波讲，近日毛主席问我：王鹤寿有进步没有？我说有。毛主席说，王鹤寿有进步我非常高兴。他讲的“进步”是指王鹤寿提出学解放军、学大庆这件事。薄一波告诫下去蹲点的同志，工作一段要写报告，要及时反映情况。他说最近毛主席讲，他对外事工作很清楚，因为他们能经常将国内外大事及时报告，及时反映，有分析，有总结。对经济部门反映情况少有点意见。薄一波针对会上一些人的牢骚话，批评说：你们吃了饭干什么呢？高官厚禄，养尊处优！当时薄一波对一些人的批评也很不留情面。

12月29日我回到天津。1965年1月9—14日，我再次回京参加中央工作会议第二阶段会议，开始讨论《二十三条》。会场气氛逐渐紧张起来，争论也多了，实际是开始批判刘少奇。毛主席对少奇主持的前一段“四清”很不满意，从“四清”运动的性质、对象到工作方法等都有不同意见，对“扎根串联”很不赞成，认为这样搞群众运动，不是方法问题，是路线问题，话说得很重。他问：少奇过去你在萍乡做工人工作的时候，搞过扎根串联吗？那个时候你做工作的人还不都是工头吗？毛主席一贯的思想是人无完人，在这方面不能搞得纯而又纯，搞扎根串联实际把依靠的队伍搞得小而又小。他早在搞土改时就说过，土改时老实巴交的农民开始不敢起来，起来闹农会的人都是一些“勇敢分子”。这种人在社会上往往是流里流气的人，关键是你怎么样把他们使用起来，你如果不敢使用他们，土改搞不起来。这次搞“四清”又遇到了这个问题。所以第二段会议通过一个文件，叫作《农村社会主义教育运动中目前提出的一些问题》，共23条，简称《二十三条》。《二十三条》纠正了1964年下半年以来“四清”运动中某些“左”的做法，强调对待干部要用一分为二的方法，对他们要采取严肃、积极、热情的态度。文件重申了“惩前毖后，治病救人”的方针，对犯有轻微“四不清”错误的，或错误虽多但交代好的，要解放出来，经济退赔要合情合理，不能马虎。但《二十三条》指导思想依然是阶级斗争、路线斗争，其中影响最大的一段话说，这次运动的重点是“整党内那些走资本主义道路的当权派”，“这些当权派，有的在下面，有的在上面，甚至在省和中央部门也有一些反对搞社会主义的人”。这个提法，给后来“文化大革命”中那些造反派提供了“理论”依据。所以，我说“文化大革命”是从“四清”开始；“四清”是从党的八届十中全会突出“阶级斗争为纲”开始。《二十三条》又错误地把阶级斗争引入党内。

1月22日我回到天津。5月1—4日回京汇报工作，依照薄一波的意见，天津一级站“四清”运动已进入建设阶段，交由宋尔廉负责，要我结束在天津8个月的蹲点，回部主持工作。

五、“小计委”和“三五”计划

经过近5年的调整，到1965年我国国民经济基本恢复，主要工农业产品产量达到或超过历史最好水平。在这种形势下，国民经济下一步究竟应该怎样发展，或者说应该确定什么样的经济工作指导思想，是要尽其所有力量加快速度，还是量力而行？在制定1966年国民经济发展计划和讨论“三五”计划时，在关于发展速度和发展可能等方面，“小计委”与有关部委之间产生了一些不同意见，特别是与国家经委之间发生的意见分歧比较大。

所谓“小计委”，是毛主席对国家计委工作不满意而采取的一个举措，它成立于1965年初。事情是从1964年8月27日陈伯达写给李富春的一封信引起的。陈在信中对计委讲了许多不满意的话，指责国家计委没有改变“拖拖沓沓的工作作风”，对毛主席1958年以来提出的许多重要指示“没有进一步地、认真地去研究它，还没有进一步地、认真地去执行它”，等等。问题是当时还兼着计委副主任的陈伯达写给富春的信，同时又抄报毛主席，引出毛主席那段不寻常的批示：“计划工作方法，必须在今明两年实行改变。如果不变，就只好取消现有计委，另立机构。”后来，毛主席在一次谈话中说得更严厉。他批评计划工作抄苏联那一套，还说：“计委、经委都不汇报工作，封锁我和少奇同志，他们底下也是一样封锁，他们六个口子互不来往，合作不好，我把陈伯达塞进去才搞了一点消息。”这里说到的“另立机构”就是“小计委”。所以陈伯达写给富春的信抄报毛主席，其用心是十分清楚的。可以说，毛主席对计委的不满，有陈伯达添油加醋的鼓动成分。李富春是个宽厚老实人，对毛主席极为尊重。平时怕打扰、影响主席工作，很少去。这可能引起毛主席不满。

在20世纪60年代初，陈伯达很活跃。他不懂经济，但到处插手，一会儿到处宣传新技术吹氧转炉，一会儿又评论商业，说商业部是“为商业而商业”。在他的鼓动下，1962年北戴河会议上，还专门成立一个起草小组，小组成员有我、林乎加、赵紫阳、姚依林、陈伯达、陶鲁笳等，我们都住在北戴河十八所。为批“为商业而商业”，陈伯达在文件中专门写了一段解释什么叫作“为商业而商业”，提出三条罪状。当时商业部部长姚依林硬顶着，不同意这种提法，但也没有办法，任凭陈伯达自写自话一番。后来“文化大革命”中，动辄给人扣上“为××而××”的大帽子，此风大概就是从这里开始的。

1965年初，中央政治局根据毛主席提议通过成立小计委。小计委的负责人有余秋里、林乎加、贾庭三、李人俊、谷牧、沈鸿和陈伯达七人，没有“老计委”的领导同志。林乎加主管农业，贾庭三主管工业，李人俊是石油部第一副部长。小计委那个时候处境很微妙，陈伯达、谷牧和沈鸿基本上是挂名，真正在那儿负责工作的只有余秋里他们四个人。周总理曾多次说过，余秋里负责小计委是毛主席点的将。毛主席点余秋里的将，我知道的这大概是第二次了。新中国成立初期，余秋里是军委总财务部副部长，随部长杨立三向毛主席汇报。秋里文化程度不高，但头脑清楚，记忆力非常强，汇报不拿稿子，通篇是数字，层次清楚、简明扼要、生动准确。毛主席很欣赏，留下深刻印象。所以，后来与李聚奎对调，接任石油部部长是毛主席点的将。余秋里是二方面军的，是西北野战军的一员战将，在保卫陕甘宁边区的几次战斗都打得比较好。到石油部后，大庆石油会战的几场硬仗打得更是有声有色。毛主席对余秋里的印象就更深了。他对余秋里说过，你还是儿童团嘛，意思是说他年轻有为。

在毛主席眼里，当时一些搞经济工作的人整天忙于事务，缺乏战略思考。也就是说，做经济工作的人不会指挥打仗，缺乏战略头脑和指挥艺术。在毛主席看来，经济工作也是打仗。所以，上世纪60年代中期，在周总理提议下，抽调了一批军队高级干部到中央各经济部门任职，加强各部委的工作。

成立了小计委，“老计委”怎么办？李富春、薄一波建议，经周总理批准，把小计委和“老计委”合在一起，让余秋里做党组书记、第一副主任，统一领导计委各个司（局）工作。原来计委的几位副主任，只留下管文教卫生的高云平，其他由中央陆续调出。以小计委替代了“老计委”，不改组而改换计委班子，以改组班子解决了“另立机构”的问题。计委主任仍由李富春兼任，因为他是政治局委员、副总理，分工主管经济工作。

小计委成立后，开始着手编制 1966 年计划和第三个五年计划。

1965 年 6 月下旬，余秋里、谷牧等到杭州向毛主席汇报“三五”计划的编制情况。6 月 23 日余秋里向我们传达说，毛主席听了汇报认为，项目多了，指标也高了。毛主席说，鉴于过去的经验，欲速则不达，还不如少一点慢一点能达到。要根据客观可能办事。按客观可能还要留有余地，留有余地要大，不要太小。要留有余地在老百姓那里，对老百姓不能搞得太紧张。总而言之，第一是老百姓，不能丧失信心；第二是打仗；第三是灾荒。计划要考虑这三个因素。脱离老百姓，毫无出路，搞那么多项目就会脱离老百姓。后来，周总理把这三个因素概括为“备战、备荒、为人民”，从此这七个字就成为六七十年代国民经济工作遵循的指导方针。汇报中，毛主席还提出在安排顺序上，农轻重可以违反一下。

小计委向毛主席汇报后，开始修改并落实计划初稿。

制定物资计划是“三五”计划的主要内容之一。物资计划是由我组织起草制定，其间小计委与国家经委之间的不同意见表现得比较突出，小计委希望发展速度快一些，经委希望发展速度稳一些，我夹在中间，十分为难。

1965 年 7 月初，物资管理部向小计委汇报物资供应情况和五年计划仓库建设的建议以及物资工作改进意见。没有想到，汇报遭到小计委几位负责人十分严厉的指责。质问汇报说钢材紧张，为什么还要增加钢材库存？小计委认为我国经济经三年整顿后，“三五”计划时期可以扩大基本建设规模。兼任国家经委主任的薄一波不赞成基本建设规模扩大过快，他想用增加钢材库存来压缩基建高指标。

对于物资管理工作，薄一波坚持认为管生产必须管物资。他认为，组织计划的实施和组织生产都需要有物资手段。所以，他抓物资管理权抓得很紧。1959 年初，中央决定国家经委负责物资调度工作并相应成立“物资供应调剂联合办公室”时，以至后来成立物资管理部，我都兼着经委副主任，道理在此。

小计委批评物资管理部之后，7 月 5 日上午，薄一波在工交口学习会上坚持认为基本建设规模不宜过大，他说，毛主席强调过去的教训是欲速则不达。可是我们这些人一时头脑清醒，一时头脑发热就忘了。毛主席讲办不到的事不要办，可能办的你不办也不对，按照客观规律可能办到的就快办，违反的就不办。他又说，小计委的同志讲潜力很大。不错，潜力是很大，但挖潜是需要条件的，无条件的要求就不对。大家都铺开上项目能行吗？挖的结果，连轻重缓急、重重急急也不排队了。这就没有平衡。各部要接受经验教训，在计委领导下把1966年计划做好。薄一波指指我说，袁宝华，你要保证生产企业设备维修和更新所需要的物资。

7月5日下午，物资部党委开会专门研究1966年的物资平衡问题。7月7日，我们向薄一波汇报了1965年的供应形势和1966年的安排意见。薄一波赞同物资部的意见，强调做计划要接受过去几年的经验教训。还告诫物资部门的同志说话声音低一点，不要笑话人家，要严肃一点，不要怕挨骂，要提出自己的意见，人家不听，你再讲。正确的意见人家不采纳，也允许，甚至说你“右倾”“没干劲”“革命到头了”，你们要忍辱负重，问题的中心在于你们下苦功夫，把情况弄清楚。做事情，不会百分之百的人都赞成，也不要为一时的喝彩沾沾自喜，或因被人反对而移其志。谁的意见正确就服从谁，矛盾不能解决，组织服从。有时可以以提问题的方式讲出来，当然也可以不讲。如果你的意见错了就要改正。如果你的认识没错误，人家打你的“右倾”，将来有一天也会证明你是正确的。有时正确的东西一两年也不能为人所理解。说三年“大跃进”百分之百正确，已被人们认为是笑话，1962年才做了结论。高指标，高征购，瞎指挥。毛主席批转陈伯达的信，主要批评计划部门只要产量不要质量，叫作形而上学。继续把一些问题摸透，文字上有使人感到过分紧张的地方可以修改一下，总的精神是对的，一一把单项问题研究清楚，然后弄清总的问题。战略要求要快，如三线、“四清”、备战等，但战术要求必须从实际出发。毛主席批评说几年没有计划，一搞又是老一套办法。1965年投资要做分析，1966年就好说了，1965年不是少了，是多了。对于小计委的同志我们还是要帮。总之，我们的态度要谦虚谨慎，有意见也要开诚布公地提出来。

在物资管理部向小计委汇报后的第五天，薄一波听了小计委李人俊的汇报。李人俊介绍“三五”计划重点是第一国防，第二人民生活，第三备荒。五年计划投资800亿～900亿元，说了说哪些事情能干，哪些事情不能干。薄一波认为小计委提出的计划指标高了，他说，国防、基础工业和吃穿用，三者要做辩证的了解，毛主席指示的意思是把投资次序倒过来，因为农业投资多了，强调农业学大寨。三线建设不能理解为是一般的经济建设，也不能理解为只是国防建设。要注意毛主席的话。基础工业也有一二三线之分，一线搬三线，也加强了国防，但一线有搬不走的。建设三线的基础工业，也加强了国防，国防工业也是基础工业，但是加工工业真正的基础是攀枝花和酒泉两个钢厂。冶金、基建互相依赖，所有工业都服务于人。

薄一波认为制定计划要合乎实际。他说，1964年提出计划方法革命，毛主席一针见血地指出要革形而上学的命。我们过去形成了一个经验比例，应该很好地总结，特别要总结第一个五年计划和第二个五年计划的经验，历史形成的比例往往是主观的，要不断地纠正主观错误，不断地调整主观。有计划按比例是客观规律，计划工作要探索客观规律，调整就是为了找规律，主观能动性必须符合客观，才能推动客观事物的发展。

薄一波认为做计划不要把潜力考虑进去，要留有余地，把潜力也打进去，要犯错误。如果国家计划把企业可能挖掘的潜力也打上，工厂能有积极性吗？一波还主张900亿元不能打足，要留50亿元，投资如此，物资也如此，多财善贾，长袖善舞。毛主席讲北京有个独立王国就是指计委。不是计委不听话，而是没有听懂毛主席的话。毛主席每一次都讲1958年以来的经验，为的是要大家接受教训。

对于薄一波的意见，小计委没有接受。

7月23—26日，周总理听取大家汇报计划编制情况。余秋里汇报“三五”计划平衡情况，他说，第一是钢材、木材等物资的平衡，问题不大，关键是煤；第二是900亿元投资全部做了安排；第三是价格，要分两步走；第四是劳动平衡。

在24日的讨论中，薄一波提出不同意见，认为现在的实际情况是物资紧、项目多。对可能超产的产品，不应纳入计划，要给企业留点余地，不能拼设备。周总理对一波意见表示同意，说可以作为预计，超产了地方分点成，以免当年运用备战的库存。

秋里表示同意周总理留有余地的指示，又提出，现在编计划有“一清四不清”的问题，即计划方针清楚了，但是定额不清楚、配套不清楚、地区平衡不清楚、基础资料不清楚。他表示，大家对计划意见多是好事，可以避免我们的官僚主义，使头脑清醒。同时他又讲，计委认为1965年钢的余地留得大了。留有余地从战略上讲，应是五年计划四年完成。年度应该少留，不能计划内紧张，计划外有余。大家都有余，整体就紧张。

可见对于“三五”发展速度等问题，小计委和经委是有不同意见的，对毛主席的话也是各取所需。

最后，周总理说了两点：第一，余秋里讲的“一清四不清”，有关部门要抓紧弄清。基建投资形势好与不好，不完全决定于计划，而决定于形势。1960年批判“冒进”，不要忘了“反冒进”的错误，要抓大的，留余地，藏一手，就有主动权。各取所需和摸气候都不对，要全面。“一五”计划有小波动，“二五”计划就大波动了。1958年基建投资计划130亿元，实际上搞了267亿元；1959年计划240亿元，实际上搞了345亿元，都是下半年上去的。1960年计划325亿元，实际上搞了384亿元，三年共搞了996亿元，结果来了个“八字方针”，又要退够，这是大的波动。1961年调整，计划70亿元，实际上是123亿元，直到6月才开始降下来。1962年计划42亿元，实际上搞了68亿元，直到北戴河会议才刹住。1963年计划77亿元，实际上94亿元；1964年计划108亿元，实际上138亿元。1964年末、1965年搞大小三线、援越备战，就由134亿元增加到150亿元，比1964年计划的108亿元增加了42亿元之多，项目多、战线长、规模大了，形势好，但问题不少。在这个形势下，毛主席要我们在基建安排上必须考虑打仗，就是“备战、备荒、为人民”。长期备战是躲不开的，长期备荒也是需要的，我们是个农业国，这一点也不是短期内能改变的。至于说“为人民”，我们是粮食加常规武器，打仗非靠人民战争不可，藏富于民也是长期的。不然计划要犯错误。第二，计划要留有余地。计划不要固定了，还是调查研究，摸规律、留一手、藏一手。108亿元的计划，实际上要达到120亿元，当然收入也会增加。但是，三条战略方针，五年变动大，所以余地留大一点好。体会毛主席的精神要看变化、看发展，有库存的物资可以机动，有事就用上，没事就上项目。“三五”计划的基建投资就定为850亿元，留下50亿元的预备。这是发展变化的平衡，不是静止的平衡。

这次汇报会结束后，经委 26 日下午就召开党组会。薄一波就“一清四不清”问题，要求大家要认真对待，反复叮嘱我们要深入下去调查研究，了解情况，把“四不清”弄清楚。他还嘱咐大家，不了解情况，不要乱发言，讲个人意见可以，这不存在有没有干劲的问题。要真正了解情况，坚持真理，不怕批评。实际上，薄一波当时受到的压力也是很大的。

我回到物资部后，又组织物资部党委连续讨论了几天。其间，彭真前后找我们谈了好多次，进行了认真的调查了解，包括矿山生产和怎样支持矿山生产等问题。我估计可能是周总理或者邓小平委托他来调查研究的。8 月 12 日上午，我们又向周总理汇报了物资工作，主要是物资供应、库存、1966 年物资平衡、战备工作等。从这时起一直到中央工作会议召开前，周总理、薄一波等国务院领导一直在组织讨论 1966 年计划和“三五”计划。9 月 5 日下午到 8 日上午，周总理在中南海西花厅专门召集大家集中讨论并发表意见，做了大量的解释说服工作，同时要大家支持小计委的工作。

1965 年的中央工作会议从 9 月中旬开到 10 月中旬，主要讨论 1966 年计划和“三五”计划问题。余秋里在会上作了计划问题的报告，在报告中对于增加储备和周转库存问题，点名批评物资管理部。会上，李先念、彭真、朱德、周总理等都发了言，毛主席在讲话前问大家对计划还有什么意见，谁也不吭声。于是点名说，一波同志你有什么意见？薄一波说，我没意见。主席说，听说你有意见，怎么又没意见？薄一波说，过去有意见，现在没有了。主席说，有话讲在当面。此时会场气氛非常紧张。最后会议同意小计委提出的“三五”计划方针。

当时物资紧张的局面并没有解决，管计划的和管生产的都想管物资。1965 年 9 月，刘少奇、周恩来、彭真就物资管理部归口问题召集各方同志商讨。小计委提出，物资管理部划归计委管，这与经委工作发生了矛盾。讨论的结果，刘少奇、周恩来、彭真三位没有完全同意余秋里的意见，只决定物资管理部以计委领导为主。少奇认为，物资管理部是国民经济的综合部门，它和各方面都有关系，与计委、经委、建委的关系更密切，今后物资分配平衡要和三委商量决定，物资管理部也是国务院财贸办、国防工办的物资管理部，是中华人民共和国的物资管理部。这次会后，薄一波要我写个“三委领导、计委为主”的报告。有人跟我开玩笑说物资管理部是“一仆二主”，我说不对，是“一仆三主”，还有建委呢！一波对抓生产必须管物资这一点坚持得没错。说句实话，物资工作归口到哪里，这不是物资管理部本身能决定的问题，是计委、经委的体制调整或者是权力的调整问题。因为物资是条件，谁掌握了这个条件谁主动。计划最根本的原则是平衡。平衡是计划的基础。综合平衡中有一条就是物资平衡，这是计划综合平衡的需要。而组织生产，没有物资手段也是不行的，这也是事实。确定物资工作归哪个口管是中央的事。小计委借题批我实在没有道理。后来同余秋里共事多年，对他的这种性格逐步有所了解。

物资管理部划归计委领导后不久，一天下班后，余秋里约我到他家，我们长谈了一次，深夜才回家。这一次谈话余秋里调子变了，对我不是批评而是鼓励了。

制定“三五”计划本身的一些争论，应该说都是一些大事，实际上是经济工作指导思想的内部交锋。我的结论是，形势好了头脑就容易发热！

六、三线建设的物资保障

三线建设是我国经济建设和发展中的一件大事，是上世纪六七十年代我国国民经济计划确保的重点项目。作为物资工作主管，我直接参加并领导了支援三线建设工作。物资部根据国务院的部署，全力组织物资的供应、调剂、调度，发挥了三线建设总后勤部的作用。可以说自1964年开始，三线建设一直是物资部工作的重点，上上下下投入了大量的人力和物力，为保证这一战略任务的顺利进行作出了重要贡献，也为合理组织物资流通积累了经验。

三线建设是在毛主席的提议和指导下开展起来的。1964年上半年，毛泽东主席多次在谈话中提出“备战、备荒、为人民”，要为帝国主义、修正主义者可能发动的侵略战争做准备。现在工厂都集中在大城市和沿海地区不利于备战，所以有些重要工厂可以一分为二，要抢时间将部分设备、人员迁到内地去。他说，不仅工业交通企业，重要的科研院校、设计部门也要一分为二，一部分搬到三线去。成昆、川黔、滇黔三条铁路线要抓紧建设，为表示决心，主席说，钢轨不够，可以拆其他线路的。

提出三线建设，与当时我国所处的国际环境有关。20 世纪 50 年代初美国在朝鲜打了败仗，怀恨在心，亡我之心不死，支持在台湾的国民党武装特务不断窜犯我东南沿海地区，60 年代又在我国南大门口发动侵越战争；周边环境又不断恶化，中苏边境地区的气氛也日见紧张，大有剑拔弩张之势。当时我们处于被包围的状态中。那个时候我国领导人出国访问，飞机只有巴基斯坦卡拉奇一条航线。面对这样严峻的被包围的周边环境，我们的工业布局则过分集中。当时，大约 60%的民用工业和 50%的国防工业都集中在百万人口以上的大城市，而且大都集中在沿海地区，对备战极为不利。所以，在 1964 年 6 月的中央工作会议上，毛主席提出要搞三线工业基地的建设，改变工业布局。所谓“三线”，是中央出于备战考虑，将全国划分为一、二、三线。一线主要指东北及沿海各省；三线指西南、西北内陆地区，包括云、贵、川、陕、甘、宁、青、晋、豫、鄂、湘 11 省，主要是长城以南，京广铁路线以西广大地区。二线则指位于一、三线之间的地区。为适应形势，中央决定集中力量，用 10～15 年时间，在三线这一纵深地带建设起一个工农业结合、为国防和农业服务的比较完整的战略后方工业基地。同时，也有改变全国生产力布局，推进内地经济发展的战略考虑。

新中国建立以后，我们一直就想改善工业布局。第一个五年计划的建设，特别是“156 项工程”的建设，已经在全国形成了一批新的工业基地，充实了一些老的工业基地，对旧中国留下的工业布局有了一定程度的改善。例如，我们建设了太原工业区、洛阳工业区、西安工业区、兰州工业区、成都工业区、武汉工业区、包头工业区和东北工业区。三线建设是继“一五”计划之后又一次工业布局调整。只是这次调整的直接原因是准备打仗，不光是与美国可能要打仗，当时也有苏联的威胁，在珍宝岛，仗已经打起来了。可是我们的军事工业大部分集中在东北，这是历史原因造成的。中苏关系破裂以后，亟须改变这种状况，把东北的军事工业往西北、西南转移，这是大三线建设的重点。

党中央、毛主席作出三线建设的决策后，中央书记处抓得很紧、很具体。1965 年 12 月初，邓小平在昆明主持召开了西南三线建设会议，1966 年下半年又召开了西北三线建设会议，对大三线建设作了全面的部署。同时在会上，检查并部署了新建和内迁项目选点、设计等建设事项。在西南地区布局了一批电子工业的建设基地；安排了一批兵器工厂和炮弹厂；原来在成都、汉中、西安都已经建设了的飞机制造厂，这时要进一步充实；原来在齐齐哈尔、富拉尔基有三个炮弹厂，这时要搬到豫西伏牛山地区。还有一批工厂也都要进山。毛主席说要“靠山近水扎营盘”。就这样，我们陆续在西南、西北建了一批“波恩式”的小城市。但当时过分强调备战，一些工厂建设靠山、分散、进洞（“山、散、洞”），造成了很大的浪费。最典型的就是第二汽车厂选点在湖北十堰，把许多车间分散建在几条山沟里，不仅生产流程不顺，而且增加了厂内运输的困难。有的山沟上游建有水库，使车间脑袋上又顶了一个“水炸弹”。就当时来说这也是不得已的。

国家计划安排的是大三线，各个省又在本省的山区安排了一批小三线建设。依今天的角度看，三线建设最积极的意义是为改善我国工业布局打下了基础。这些计划都是在周总理直接主持下制定的，因为要准备打仗，党政军民都要全力以赴。军事工业的部署，军队的同志亲自去抓。国务院有关部委，如第二、三、四、五、六、七机部都在三线建设了基地。

三线建设是国家计委的重头戏，也是国家建委、经委和物资管理部的重头戏。国家计委负责三线新建、扩建工厂；国家建委负责搬迁一线全国仅此一家或必须一分为二的重要工厂；国家经委负责组织全国工交生产，为三线建设提供设备和材料；物资部负责三线建设的物资供应。俗话说“兵马未动，粮草先行”。为了组织中央有关部门在三线地区新建、扩建、迁建项目的计划协调和物资供应，中央分别成立了西南、西北两个三线建设指挥部。

西南三线指挥部由李井泉、程子华、杨秀峰负责。彭德怀罢官后也到西南担任副总指挥。西北三线建设指挥部由刘澜涛、王林、安志文和宋平负责。西南三线是全国建设的重点。三线建设是在中央书记处的全面筹划下，国家计委、经委、建委组织冶金、煤炭、交通、铁路、物资等部门负责实施的。冶金部副部长徐驰为西南三线建设委员会成员，是攀枝花建设指挥部的总指挥，物资管理部副部长邓存伦也是西南三线建设委员会成员，负责三线建设的物资供应。为此，由邓存伦带去一个庞大的工作组。他们的主要任务是：根据三线建设需要，做生产建设物资的供应和调度工作，同时要与当地物资部门配合，规划和组织好按经济区划组织的物资供应，以提高供应效率和经济效益。工作组在四川省划了四个供应区，即攀枝花、自贡、重庆、成都，在四个地区分别设立了物资供应机构，以接受和组织来自全国的建设物资。当时的具体做法是：

1. 建立精干有力的领导机构和指挥机构，统筹安排和统一管理物资工作。为此，在西南建设委员会内设立了物资局，主要任务是负责西南建设物资工作的组织领导，督促检查，经验总结。物资部在西南设立了总指挥部，它作为物资管理部的派出机构，与西南局建设委员会物资局合署办公，在建委和物资部的领导下，统率西南地区各级物资部门做好西南建设的物资供应和调度工作。当时物资机构虽然人员较少，但是很精干，他们的任务主要是组织联络、指挥调度。

2. 按照物资的管理流向设立地区物资局，就地就近组织物资供应。建设物资供应的特点是任务重、时间紧、要求高，必须做到准确、及时，并尽量减少损失浪费。为了缩短物资流通时间，避免相向运输、迂回运输和重复运输，节约运力，根据建设项目的分布和交通运输情况，打破了行政区划限制，在西南三省四个供应区的基础上，专门划分为十个物资供应片，相应地设立了十个地区物资局。这些地区物资局是各省物资厅的派出机构，在省厅和当地党委、政府领导下进行工作，主要是：组织物资供应，保证建设项目的需要；汇总编制建设项目物资供应计划，统一负责组织订货，保证各建设部门转划指标的物资能分到订到；了解、核实物资需要和使用情况，协助建设单位搞好物资供应。

3. 组织服务队，派遣驻厂员，深入建设第一线，做好物资管理工作。各地区物资局普遍组织了服务队，对所属地区建设项目实行划片包干，服务上门，对一些重要的或规模较大、比较庞杂的项目，还派遣了驻厂员。这些服务队员，既代表物资部门又代表建设单位，任务明确，有职有权，及时解决施工中出现的具体问题，深受建设单位欢迎。

4. 组织好物资分配指标的划转供应。建设重点项目一般是由中央各部直接管理的。国家统一分配的物资都是由国家计委列入计划分配给各主管部门。为了实行物资统一供应，各主管部将安排给各个建设项目的物资分配指标划给物资部，由物资部划转分拨给各地区物资局，由地区物资局统一负责订货，统一向重点项目组织供应。为了解决物资品种规格的串换、时间上的供垫和临时少量急需，物资部专门拨了一批物资给各地区物资局，作为周转之用，确保物资供应不出大的问题。

实行上述办法，比较科学地为建设项目提供了较好的物资供应，地区物资局在落实计划、综合平衡、统一调度、保证需要方面做了大量工作。许多建设工程的物资基本上达到了“不迟不早、不多不少、保证质量、成龙配套”的要求，保证了建设速度，创造了较好的经济效益，与设计施工等部门一起为建设作出了贡献。建设的物资供应的这一套方法，为在计划经济实行物资统一计划分配调拨体制下，如何科学地、合理地组织好物资供应，提供了重要的经验。这套管理方法，得到了西南指挥部的赞赏，在“文化大革命”结束后，程子华刚刚恢复工作，就亲自写了一份材料，送给国家物资局领导，建议对这一经验认真研究、予以重视。这套做法，尤其是按经济区划和合理流向组织物资供应的做法，在上世纪 70 年代经国家物资局提倡，许多地区又在坚持实行，取得了较好的经济效果。

1965 年 12 月初，邓小平在昆明召开西南三线建设会议，中央有关部委的负责人都参加了，我也参加了这次会议。

为了开好会议，小平不顾腿伤，拄着手杖，专门到四川视察三线建设的主要项目。他从成都乘飞机到西昌，换乘汽车一路颠簸（土路）到攀枝花钢铁基地视察，在攀枝花实地考察后，又返回西昌飞抵昆明。余秋里陪他同行。可见当时进出攀枝花是多么困难！

攀枝花位于四川、云南两省交界处的一个大峡谷中，工地被金沙江劈成南北两处。这里有丰富的煤铁资源和水资源。煤铁资源是 1959 年冶金地质队经过勘察发现的，且储量很大。毛主席知道后很高兴，下定决心要在这个靠山隐蔽的地方建一个大钢铁基地。攀枝花又名木棉树花。地方因花得名。这里崇山峻岭，江水湍急，地势隐蔽，但当时交通条件极差，从长远和全局考虑确是一个建设钢铁工业基地的理想地区。1960 年我去西昌，察看北京钢研院周传典他们用小高炉做钒钛磁铁分离综合利用试验。本想顺路到攀枝花看看，不想当时连土路也没有，没有去成。后来李富春和薄一波到了攀枝花，他们大概是从云南进攀枝花的，因金沙江江深水急，没桥过江，只能站在南岸看了看北岸矿山地形。这件事毛主席听到后很不满意，说：攀枝花搞不起来我睡不着，你们不搞攀枝花，我骑毛驴去那里开会；没有钱，拿我的稿费去搞。意思是攀枝花的建设必须快马加鞭。

西南三线的建设会议先由余秋里传达国家规划，20 年内攀枝花钢的生产能力达到 1 350 万吨，一旦有事，全国可拥有 2 000 万吨钢。同时下决心把贵昆、成昆两条铁路建起来，让西南交通四通八达，为西南经济发展创造条件。谷牧讲了矿山、冶炼、机械设备的制造和供应问题。

在这次会议上，邓小平没有长篇报告，他的话不多，但讲得具体、明确、扼要，对在三线建设中要解决的问题提出了具体要求。他讲：毛主席关心“三五”计划钢产量 1 600 万吨到 1 800 万吨，始终挂念着贵昆、成昆两条铁路。建设攀枝花，一是开发攀枝花的矿山，要落实开采设备；一是两条铁路，路不通设备运不进，这都要靠铁道兵。小平说，1970 年西南、西北若能形成 500 万吨钢的生产能力，加上地处二线的武钢、太钢等生产的 500 万吨，二、三线共为 1 000 万吨，有了这个基础就能应付一旦战争爆发的需要。“三五”计划期间，全国每年增加 200 万吨钢的生产能力，任务不轻。钢、煤、铁路、设备制造部门都必须很好地配合，共同努力。三线的交通要四通八达，西北三线投资再增加两三亿元，湖北的当阳铁矿要抓紧建设，还有云贵高原的锡矿。这是一个大方针。他讲：跑了一趟有些感性认识，条件很好，比鞍山好，全国都要为它服务。

昆明会议结束后，余秋里约我们乘车经云南曲靖到贵州盘县、水城，考察盘西煤矿、水城煤矿和铁厂地址后，又到六枝、安顺、贵阳，把“六盘水”看了一遍。秋里从贵阳经遵义去了四川。我和徐驰顺便乘空军副司令员兼七机部部长王炳章的飞机到了昆明，又从昆明坐汽车沿着现在的成昆线南段到攀枝花。那时攀枝花的建设真是艰苦，徐驰兼这里的总指挥，他的指挥部设在南岸，在一个工棚里。我去时跨江已有了一座铁索吊桥，正在雅砻江口上修第二座吊桥。

开发攀枝花，建钢厂，必须先挖山平地，修公路，建电厂、煤矿，在江上架起永久性桥梁，解决厂内外能源和交通运输问题。厂区建设任务很重。规划钢铁厂的厂址在北岸。我们过吊桥到北岸，这里地形北高南低，岸边狭窄，地势陡峭。建厂的自然条件十分不利。无论干部还是工人，住的都是席棚子，这里的气候白天炎热、夜里寒冷，蚊子小咬特多，副食更是供应不上。但几万建设大军情绪高涨，以爬雪山、过草地的红军战士为榜样，斗志昂扬，勇敢地面对困难和环境的考验。那才叫艰苦奋斗啊！后来在 90 年代我再到攀枝花，面貌大变，已经是厂房顺山坡叠起，街道纵横交错的一个现代化的大型钢铁城市了。这里已建成世界最著名的钒钛生产基地。

当年西南三线建设的一个最大重点，也是最大难点，就是修建铁路。要在那一座座高山峻岭、峭壁深谷中劈山建桥、打隧道，真是太困难了。1966 年 11 月贵昆线建成后，与之连接的焦枝、成昆、襄渝、阳安等线相继开工。这时“文化大革命”开始，各部委正常的工作秩序大乱，许多部委的负责人或靠边站，或被打成“走资派”，或被关进“牛棚”，徐驰在攀枝花被批斗时一只眼睛被造反派打伤，无法工作。而三线铁路施工队伍中也分成两派，派仗不断，冲击指挥机构，揪斗彭德怀和铁道兵司令员郭维城等。他们被“扫地出门”，住在大水泥管子里。造反派还不时地把所谓“反党分子”“走资派”，拉到沿铁路工地斗来斗去，惨无人道地折磨他们。铁路施工在一段时间陷于停顿状态。

1969 年 10 月国务院业务组根据周总理指示，组成以国家建委、物资部、冶金部、一机部、铁道部、铁道兵等部门为成员的支援铁路建设领导小组，余秋里兼任组长，我兼副组长。领导小组下设支援铁路建设办公室（简称“支铁办”，在计委办公），我兼办公室主任，徐良图为副主任，主持日常工作。领导小组成立后，即以中共中央名义发出通知，号召所有施工单位立即复工。施工队伍才慢慢稳定下来。这是在周总理支持下，同林彪、江青反革命集团进行的一次曲折、迂回的斗争。我的家乡南阳，位居焦枝线工地重要位置上，这里两派武斗最凶。我们通过地方武装部门一声令下，集中当地基干民兵修路，民兵都是青年农民，又多是两派武斗打手，把他们抽出来可一举两得，既增加铁路施工劳力，也转移了造反派的视线。这是周总理顶着压力，审时度势，作出的果断的决策，在当时起了很大作用。

旧中国的大西南贵州、四川没有铁路，只是云南有一条法国人建的昆明到越南河内的窄轨铁路。新中国成立后，我们先建设了成渝铁路500多公里；“一五”期间，又建设了宝成铁路近670公里，这条跨过秦岭的通“天”大铁路，破解了“蜀道难，难于上青天”的难题。“二五”时期和五年调整时期，又先后建成黔桂（贵阳至南宁）、昆一（石嘴至一平浪）、内宜（内江至安边）、川黔（赶水至贵阳）等支线共700多公里。到这时候，云、贵、川三省才有铁路相连，向北连陇海，向南连广西，部分解决了大西南交通闭塞问题。

四条干线和焦枝线、湘黔线的建设把西南三省和全国连成一体，为三线建设、为扩大西南生产建设规模奠定了基础，同时也有力地促进了豫西、鄂西、湘西、桂北“老、少、边、穷”地区工农业生产的发展。铁路建设到哪里，哪里的经济就活跃起来。

支援铁路建设领导小组在两年多的时间里，全力以赴，前方需要什么就解决什么，保证了铁路建设的顺利进行。四条铁路建设出现的问题和解决的方案，我们都直接上报国务院。由于有毛主席关于三线建设的“尚方宝剑”，有周总理、李先念副总理的关心和支持，虽然当时局势被林彪、江青一伙闹得极其混乱，但三线铁路建设物资都得到了保障。为做好有关部门的动员与协调工作，把中央各部军管会和地方各级“革委会”的注意力集中到支援铁路建设上来，我们经常邀集他们包括参与建设的军队负责人研究工作，通报情况，交换意见，排除干扰，协调、调动各个方面的力量。

军队在筑路中起了关键作用，他们是指到哪打到哪。最困难、最艰险的任务都是由军队来完成。这期间，我与当时武汉军区副司令员兼焦枝线建设总指挥孔庆德、河南省军区司令员兼焦枝线副总指挥张树芝成了老朋友。两位都是老红军，在焦枝铁路建设过程中，我们之间不论哪一方，可以说都是有求必应。只要孔庆德、张树芝打个电话来，我们马上按照要求把供应物资及时运到。我们有什么要求，他们也立即照办。孔庆德后来对我说：咱们真的是战斗友谊！孔庆德是个直率人，人也能干，在建设焦枝线的时候，他亲自指挥部队和民工，在几百公里的线路上全面铺开，仅以半年多的时间就把这么一条难度很大的铁路修通，在那个混乱、机械化水平又不高的年代真是一个奇迹。

支援铁路建设领导小组同铁道部、铁道兵和每条铁路建设指挥机构合作得都非常好，始终保持密切联系，随时掌握施工进度、安全、质量等情况。我们把保证前方物资供应工作放在首位，重点物资作专项安排，如钢材、木材、水泥、机电设备器材以及施工机具等，力保四条铁路干线建设的需要。对制造周期较长的架桥机等机械设备，都早作安排。这几条铁路经过的地段大部分都是崇山峻岭、悬崖陡壁、急流险滩，架桥、凿隧道、铺轨工程十分艰巨，需要大量的架桥机、凿岩机等重型设备及专用电动机等配套件、协作件，“支铁办”都是提前半年到制造厂订货。总之，三线铁路建设，前方后方心往一起想，劲往一起使。但最难办的是“四人帮”的破坏和种种干扰。值得庆幸的是在那种情况下，到1970年底，四条铁路差不多都修建完成了。能集中力量完成这么一项重大工程，也算是在那个不堪回首的年代，我有幸参加了一项终生难忘的工程。

这次铁路建设进展之所以还算顺利，与上有周总理亲自指挥，下有筑路大军流血流汗分不开。我深深地感到，在那个天天批“唯生产力论”的年代，唯有这四条铁路建设是大干快上，热火朝天，可以说，这是周总理领导艺术的成功之作。

四条铁路的建成，对沿线的工农业生产起了巨大的带动作用。

——成昆线全长1 093.8公里，于1970年末建成。沿线有煤、铁、石棉、有色金属等资源。著名的攀枝花钢厂、西昌卫星发射基地，都位于这条铁路干线的一侧。

——襄渝线全长895.3公里，桥梁、隧道占线路总长度的44%，于1978年6月建成。沿线有丰富的煤炭资源，成为四川省的燃料基地。

——阳安线（四川阳平关至陕西安康）全长353.8公里，桥梁、隧道占线路总长度的25.3%，于1976年9月建成。它是宝成、襄渝两大干线的联络线。沿线陆续建起许多轻重工业企业。

——湘黔线全长820.6公里，株洲至大江口段，抗战初期国民政府兴建，抗战期间又拆除。战后，田心至板塘铺恢复通车。新中国成立后，“一五”前期建成湘江大桥，通车到湘潭。“二五”期间铺轨至金竹山，于1974年11月全线贯通。它成为沟通西南、中南广大地区物资、文化交流的主要通道，对云、贵两省的煤炭、磷矿石外运具有重要作用。

这四条铁路，加上1966年3月建成的贵昆线，1970年建成的焦枝、枝柳线，形成了大西南纵横交错的铁路大动脉。

——贵昆线全长 644 公里，桥梁、隧道 488 座，占线路总长的 16%。人称贵州“地无三尺平”，高山峻岭，建车站找块平地都困难，只能炸山平地，施工之艰苦非一般人所能想象。据说数学家华罗庚到贵昆线一处叫梅花岭的地方考察，被这里的铁道兵施工现场感动得掉泪，于是有人在这里竖立了一块“华罗庚落泪处”纪念碑。

——焦枝（焦作至枝城）、枝柳（枝城至柳州）线两线全长 1 617.1 公里，焦枝线于 1970 年 7 月建成，接着向南延伸到广西柳州，于 1979 年建成。两线对接，当年是京广干线平行的分流线，今天已成为京九铁路主干线重要部分。

贵昆、成昆、襄渝、阳安、枝柳、湘黔等铁路线的建成，把大西南同全国一、二、三线有机地连成一体，对国家经济、国防建设的重要作用和战略意义，是不言而喻的。如果说 20 世纪 50 年代建成宝成、成渝铁路，是新中国第一次铁路建设高潮；这一时期则是新中国成立后第二次铁路建设高潮。90 年代建设京九、南昆、达成、宝中、兰新（复线）和几条铁路电气化技术改造，应该是第三次铁路建设高潮，我希望这样的铁路建设高潮持续下去。

铁路交通建设，资金投入多，施工周期长。然而，一旦建成，它对国民经济发展的巨大促进作用则是显而易见的。我十分赞成采取国家投资、地方投资、引用外资等多种形式的投入，加快我国的铁路、公路、港口、机场，输油、输煤、输气管道等基础设施建设，尽快形成多种现代化运输方式有机相连的全国综合运输网。

三线建设改善了全国工业布局，培养了大批建设人才，进一步加强了我国军事工业及相关配套产业的建设，但也付出了很大代价。三线建设的经验应该很好地总结。据统计，从 1964 年到 1974 年，在十年的时间里，国家把全国计划内 50%的投资和 40%的设计与施工力量，都投入到三线建设上，以至于对建设速度要求过急、过快，有些基建项目打乱了必要的建设程序，投入了过多的力量，造价过高；有些项目选址不当，留下了不少隐患，造成浪费；有些项目技术不过关，产品质量很差，市场情况不好；还有些工厂布局不当，造成生产上很大的困难。另外工厂进山，就得自己养活自己，自己为自己服务，一个工厂就是一个小社会，什么都得管，工厂负担重，成本很高。改革开放以后，这些三线企业很难留住人，因为这些地方的学校教学质量不好。有的工程技术人员说，我奉献了终生，可不能再奉献子孙，无论如何得离开这个地方，给孩子的教育找个出路。最后这些工厂大部分都从山里边搬了出来。

三线建设作为历史，离我们已愈来愈远，不管人们后来对它怎么评论，但在那种条件下，许多人为了国家的安危，长年奋战在深山峻岭、湍急的江河两岸工地上，吃的、穿的、住的，其条件是今天的人们难以想象的。许多指挥员一边遭受着残酷批斗折磨，一边擦干血泪继续指挥奋战。三线是在广大干部、职工、战士的艰苦奋战中建设起来的。现在，原三线地区企业的许多工业产品的生产数量已达到全国产量的三分之一。许多偏僻落后的地区开始发展和繁荣起来。我国工业的地区布局和地方经济的发展能有今日，与当年人们的奋斗是分不开的。这是客观存在的事实，它对我国经济发展和国防事业所起的作用，必须予以肯定。

第十一章

“文化大革命”初期的物资部

一、山雨欲来
二、被“文化大革命”冲击的“工交党委”
三、李哲人“靠边站”后，我也“靠边站”了

一、山雨欲来

1966年，毛主席亲自发动的、持续十年之久的“文化大革命”，不是什么革命而是一场动乱。对党、国家和人民来说，是“左”倾错误酿成的一场悲剧。

对那场矛头直指刘少奇的运动，我毫无思想准备。虽说自60年代初期两位领导人在某些问题上有分歧时有耳闻，有时参加一些会议或传达会议讲话往往也能察觉一二，但我都是正面理解，认为分歧是正常现象。直到1966年8月5日《炮打司令部——我的一张大字报》在《人民日报》发表后，我才恍然大悟。大字报说：“……在五十多天里，从中央到地方的某些领导同志，……站在反动的资产阶级立场上，实行资产阶级专政，将无产阶级轰轰烈烈的文化大革命运动打下去，颠倒是非，混淆黑白，围剿革命派，压制不同意见，实行白色恐怖，自以为得意，长资产阶级的威风，灭无产阶级的志气，又何其毒也！联想到一九六二年的右倾和一九六四年形‘左’而实右的错误倾向，岂不是可以发人深省的吗?”这后两句，矛头所指已不言自明。如此上纲上线，有你无我，大有“汉贼不两立”之势。如此公开两人分歧，真是出人意料。

姚文元写文章批《海瑞罢官》，乍一看我也埋怨吴晗不该借古讽今。老实说，我们这些做经济工作的人政治嗅觉迟钝，还以为是文人间的笔墨官司，没想到这竟成了“文化大革命”向彭真等人开刀的信号。吴晗是北京市副市长，彭真是市委书记。姚“文”无中生有，彭真当然不同意，坚持实事求是，是彭真的风格。《五一六通知》宣布撤销1966年《文化革命五人小组关于当前学术讨论的汇报提纲》（即《二月提纲》），开始批判彭真，这才知道是政治上的“大是大非”。彭真是我党早期党员，抗战后期到延安。彭真与少奇共事较久，抗战初期刘少奇主持北方局，彭真从天津监狱出来后，参加北方局的领导工作。说实话，我到经委工作后与彭真接触的感觉，他是紧跟毛主席的。上世纪60年代，可能是指导思想的差异，毛主席提出文化革命，以彭真为主制定的《文化革命五人小组关于当前学术讨论的汇报提纲》，没有体现毛主席的意图，只把姚“文”看作是“学术讨论”的分歧。南辕北辙，想跟跟不上，这在当时是许多人的问题，包括我自己也是如此。《二月提纲》反而成了“文化大革命”第一个批判靶标。批判《二月提纲》也是为批判刘少奇做准备。后来斯诺访华，问毛主席：什么时候看出刘少奇有问题？毛主席回答：1964年底1965年初开中央工作会议，讨论《十七条》（后来增加为二十三条）、“四清四不清”的时候。毛主席认定党内有走资本主义道路的当权派，刘少奇搞的是修正主义，是“睡在我们身边的赫鲁晓夫式人物”。

在“文化大革命”初期，即《五一六通知》下发之前这一段，对于发生的这一切，我虽有些“不太对劲”的感觉，但对中央领导之间有如此严重的分歧出乎意料。对毛主席就事件的说法我从来没有任何怀疑，总认为被批判的这些人不对。对毛主席的一些惊人之举也从没怀疑过，那时对毛主席的忠诚，实在是用语言难以形容的。

当时对政治形势已有些敏感。在庐山会议，周总理叮嘱我们不要乱讲话，我记忆犹新。此时人们讲话尤其谨慎，怕的是祸从口出。我在昆明参加西南三线建设会议回京，立即召开全国物资厅（局）长会议，会上就阶级斗争问题，我讲：老干部的人生观问题基本解决了。不想立即遭到质问，既然“解决了”，那么毛主席讲“无产阶级专政下继续革命”怎么理解？我知道讲错了，立即自我检讨了一番。这就是当时的气氛！

《五一六通知》是中央政治局扩大会议作出的。这次会议不仅批判了彭真、罗瑞卿，还有陆定一和杨尚昆，他们成了“彭、罗、陆、杨反党集团”。看了《通知》，又让人大吃一惊。到了8月5日看到那张使人惊心动魄的“炮打司令部”的大字报，那就不是一般地吃惊了，而是大大地吃惊。这时，已不是一般的“山雨”，而是暴风骤雨了。总之，在那段时间里，我经常在“大吃一惊”中生活，一会儿大吃一惊，一会儿又大吃一惊。说实话，我总也跟不上，总也不理解。

二、被“文化大革命”冲击的“工交党委”

1966年6月初，“文化大革命”的烈火已经烧到中央各部、委机关，而且来势凶猛。先是在京部属院校冲击机关，后是京外院校冲击机关，人心惶惶，机关内外杂乱无章，小道消息满天飞，谁也说不清楚局势往何处发展。当时在中央一线主持工作的刘少奇、邓小平等中央领导，为控制局势，派工作队到院校指导运动，想争取点主动。这就是《我的一张大字报》所指的“将无产阶级轰轰烈烈的文化大革命运动打下去”的依据。6月13日，薄一波召开工交党委扩大会议，他说：6月6日工交党委扩大会后，形势很好，发展很快，运动逐步深入等。其实听得出来，他对这场运动的目的，心里也没有底。因为6月上半月运动矛头还是文化、教育界，如批“三家村”、批“海瑞罢官”等。但到6月中旬，运动开始转入机关、科研、企业，一起闹腾起来。在“造反有理，革命无罪”，“先破后立，破中有立”等口号下，以“矛头向上”揭发当权派的“问题”为运动的“大方向”，要求当权派必须引火烧身。工交各部机关群众也开始揪当权派。薄一波要求各部对资产阶级代表人物要深挖、深揭，他说要击中要害，矛头不能分散，不然可能会打了好人，要注意抓重点。为争取主动，各部根据工交党委部署向部属院校、大企业派了工作队。冶金部派出以夏耘为队长的工作队到石景山钢铁厂（首钢）。不想，派工作队又惹来新的麻烦，成了抱薪救火。造反派说工作队镇压革命群众，到处抓工作队队员，我的老伴是工作队队员，她到处躲藏。此时的石景山钢铁厂厂内厂外，队内队外，也乱成了一锅粥。

薄一波当时为中央政治局候补委员，抗战前他和彭真都是在刘少奇领导的北方局工作，是刘少奇一向重视的骨干人才。1953年，高岗妄图整倒刘少奇取而代之，首先整的就是薄一波。批薄一波，夺财权；批安子文，夺党权。

薄一波在工交党委碰头会上还提醒大家：部长们有被点了名的，都不要紧张，有错就检讨。当时各部被点了名的有罗玉川（林业部副部长）、沈鸿（一机部副部长）、李玉奎（邮电部副部长）、陈正人（八机部部长）、钱之光（纺织工业部副部长）、冯仲云（水电部副部长）、钟夫翔（邮电部副部长）。他还说到朱学范（邮电部部长）是中央保护对象。部长们都是革命“左派”，有缺点，现在不要忙于检讨说明，待群众揭发充分以后再说明，要正确估计揭发是否充分，要具体化，要亲临前线，才能看得出来。没有想到1966年10月25日中央工作会议上，薄一波也被点名了。

之后不久，冶金部刘彬对突如其来的上纲上线“揭发”经受不了，被逼身亡。这可能是工交部门的第一案。

6月15日，工交党委召开扩大会议，传达了中央政治局扩大会议指示，“文化大革命”需要多长时间，至少再搞半年。说这是触及人们灵魂的革命，范围不止文化方面，也会涉及经济领域。学校、机关、文化界先搞，然后工厂、农村也要搞等。当时，我真是不理解为什么要这样搞“文化大革命”。当然我们最担心的是工厂乱。为此，谷牧主持提出了一个“十三条”，目的是稳定工业生产，不要乱。不料遭到陈伯达的指责，他对谷牧说，毛主席讲话的重要精神是不要怕乱。

中央政治局扩大会议以后，整个6月份都是在传达、讨论，忙着派工作组、撤工作组中度过的。1966年8月中旬，党的八届十一中全会在京召开，刘少奇被拉下马。

新的中央常委会由毛泽东、林彪、周恩来、陶铸组成。不久陶铸又被拉下马。10月9日至28日，我参加中央工作会议，聂元梓成为特邀人员与会。会议开得很紧张。刘少奇、邓小平作检查，林彪在会上鼓噪“群众运动天然合理论”，点名攻击刘少奇、邓小平执行的是一条压制群众、反对革命的路线。这时，陈伯达发表了题为《无产阶级文化大革命中的两条路线》的文章，大肆批判所谓资产阶级反动路线，在全国掀起所谓批刘、邓资产阶级反动路线的高潮。至此，国家经委也乱了起来。这半年来薄一波总给大家鼓气，他千方百计想维持局面，为支撑局面，他亲自去参加批判某个部长的会，而且还通知工交口都去人参加。当时他想争取主动，其实，在那种局面下，他已感到自己的处境之困难了。但他万万没有想到形势发展如此之快，自己竟然成了中央工作会议被点了名的四个“三反分子”第一名，他也靠边站了。1966 年 10 月 25 日，工交口停止了活动，这以后的日子，工交各部遇事只能“各自为战”了。

三、李哲人“靠边站”后，我也“靠边站”了

“文化大革命”初期，我在物资部还不是冲击的第一个对象，第一个对象是李哲人。导火线是外贸部来人贴他的大字报，叫喊要把李哲人“拉下马”。

我当时顾虑重重，他们要我表态。我不知道为什么要把他“拉下马”，更不知道“拉下马”的后果是什么。如果我支持了，要是再有人提出要把谁谁拉下马，该怎么办？再说，李哲人是第一副部长，是中央任命的，我怎么能随意表态？所以我坚持顶住。后来实在顶不下去了，我找薄一波，他思考良久表示：最好不要停职反省，一停职，性质就变了。当时薄一波讲得很恳切。我也认为停职这个口子不能开。9 月 5 日，中共中央、国务院《关于组织外地革命师生来北京参观文化大革命运动的通知》公布后，红卫兵开始大串连。毛主席在天安门接见红卫兵时，我乘机在天安门上将情况报告了李富春。李富春说，现在没有别的选择，让他停职吧。

从天安门回来后，部里的形势大变。对李哲人“靠边站”的大字报，从要我“表态”上升到“勒令”我立即宣布。我再次找薄一波，此时他已住进钓鱼台，他听了部里的新情况，叹口气说：停就停吧。

这怎么同李哲人讲呢！我说了薄一波的意见，他很紧张地说：宝华同志能不能再等一等，再等一等，咱们再请示请示。听了他的话，我很难过。在那个年头，同志情已被无情的运动所淹没。我说：富春、一波，我都多次请示过，都想保护你，可现在他们也实在没办法！于是在党组会议上我讲了富春、一波的意见，宣布李哲人靠边。

李哲人参加革命比较早。他是临汾师范的学生，后来到天津读书，是一二·九运动天津的学生领袖。抗战期间，和薄一波都在太岳，他是太岳区党委秘书长。进城后，任外贸部第一副部长、党组副书记。物资部成立时他做第一副部长，有时有点霸道，我与他相处尚可，但他对一些司局长说话不注意方式，引起不满。平时局长们忍着，运动一来就爆发了，加上外贸部一些人又来贴他的大字报，火上加油。他在物资部第一个靠边站，反复检讨就是过不了关。这一年底，物资部造反派在北京展览馆召开批斗李哲人大会，还把郑思远（时任政府机关党委书记、李哲人在临师的同学）拉来陪斗，同时又把在太岳时一起工作的物资部办公厅主任干玉梅剪了个“阴阳头”拉上台陪斗，造反派硬说她是“同党”！

李哲人“靠边站”不久，我也“靠边站”了。

开始批判刘、邓所谓“资产阶级反动路线”后，陈伯达、江青一伙篡改中央关于军队院校无产阶级文化大革命的紧急指示，煽动取消党委领导，于是“踢开党委闹革命”泛滥全国。中央工作会议期间，已有一些部门在揪斗部长了，薄一波被点名后，刮起了揪斗部长风。一些中央部委的造反派把大学红卫兵引进机关，内勾外联，到处揪斗部领导干部。冶金部的造反派揪斗吕东，吕东找余秋里，余秋里说你怕什么，你去就是，不是你的错你别承认，硬着头皮顶住。后来揪斗余秋里时，他虽硬着头皮顶着，可也尝到不少苦头。一时间部长们遭了难，什么人都可以来揪斗，几乎无藏身之地。这时中央工作会议在京西宾馆召开，会议结束后，由于各部的局势都已经乱套了，部长们都住在那里不愿走。最后，林彪命令一律离开。当时，部长们想到别处躲一躲都不行。有些部长有点关系就东躲西藏，没有关系就不行了。北京市一个单位的一群人找到我的家揪我。正巧那天我在外开会，家人告诉我，不得已我躲在刘炳华家，从不失眠的我也睡不着了。

上海“一月风暴”之后，各个地方都在夺权。两报一刊社论宣扬“革命的领导干部要支持无产阶级革命派”夺权，说这是毛主席的号召。周总理、李富春也说要支持左派，物资部还没有夺权，但来自外地物资系统的人，及北京市的一批临时工对机关的冲击非常厉害。办公大楼楼里楼外乱哄哄的，已经不能正常办公了。我在刘炳华家里开了个部党委会，虽然都表示要紧跟毛主席的革命路线，可是怎么样跟？怎么样“支持无产阶级革命派”？怎么样支持左派？物资部谁是左派？分析来分析去感到很难办，有人说储备局刚从计委划到物资部，与物资部的人没什么瓜葛，他们要批李富春，敢批顶头上司，有革命精神，应该算革命左派。这在今天听起来都是笑话，但当时的人就是这么认为的。又不知是谁给传了出去，没想到这下子坏了事。部里群众质问我，你们说储备局是革命派，那谁是保守派？很快物资部一些人就成立了第一个造反组织，造物资部党委的反。顷刻之间阵线立即分明了。后来，造反派在批斗我时，说我支持一派、压制一派，是造成群众分裂的罪魁祸首，问我交权交给谁。

毛主席讲要支持左派，周总理、李富春也讲交权可以交给左派。政治部一批人要我签字交权，他们没找到我，把副部长李超伯堵到房里，逼他签字，李超伯不签。储备局的造反派就联络计委的造反派来夺物资部的权。

我当时真的是左右为难，群众批判我，说我阻碍物资部的运动，说我思想不端正，支持一派，压制一派。一派问我支持谁，我说支持左派，另一派气势汹汹来问：他们是左派，那我们是右派？这让我支持谁都不行。

虽然部里的局势比较乱，但我还没有完全靠边站，我还得坚持日常工作，暂时还有人身自由，可以到各处看看大字报。

在“靠边站”之前，我多次参加国务院召开的一些会议。一次在中南海见到李先念，他关切地问：宝华，你的日子怎么样？我说：我现在还过得去，处理点业务上的事，也可以在机关看看大字报。周总理这时已安排一些不能回家的部长住进国务院北门的一幢小楼里，有刘澜波、吕东、陈正人、徐今强、钱正英等。徐今强是刚从大庆被揪斗送回来的。按照周总理指示，每次群众要批斗这几位，得经过批准，批斗完要送回来。余秋里、谷牧这时也住在中南海办公。李先念问我的意思是关心我的安全。

谁知我刚从中南海回来，部里情况就变了。一些群众成立了一个跨司局的“革命造反兵团”。4 月 29 日，“兵团”在物资部大楼前召开批斗我的大会，宣布夺权。他们按住我的脖子，要我低头，宣布即日起我靠边站、取消专车。开始还允许我下班可以回家，我的司机陈占海同情我，他知道我不熟悉公交车路线，就带着我坐公共汽车上下班，还经常给我送造反派发给他的资料。我老伴怕留下这些东西惹祸，每次看后她都给烧掉。一次，却烧出问题来了，成卷资料放在炉子里没烧尽，正碰上造反派来闹事发现了，说我销毁黑材料，我从炉膛中捡出残片，说这是你们发的材料。幸好之前老伴烧我的日记时造反派们没有发现。想起来也太可惜，“文化大革命”前我几十年的日记都被老伴烧了，现在保存下来的是工作笔记。

我们这些人“靠边站”以后，偶尔碰面都是一脸的无奈。一次，我在东四牌楼上公共汽车，我刚要上车，就从我的胳膊下面钻出一个人来挤上了车。我正奇怪这人真“能干”，谁知上车一看是刘澜波（电力部长）。刘澜波是我延安时期的老熟人，但当时不敢打招呼，只能对视而心照不宣。还有一次，我下公交车看见一个人，拄着棍在等车，仔细一看是赖际发（建材部长），也是相互递个眼色，没敢吭声，就各奔东西。

造反派为什么要在 1967 年 4 月 29 日开我的批斗会并宣布我“靠边站”呢？后来明白了，他们的目的是阻止我 5 月 1 日上天安门。在那个年月，上不上天安门影响挺大。果然，总理办公室来电话通知我上天安门，被造反派头头阻拦而作罢。

造反派宣布取消我的专车后，又要我让出办公室。我说：中央没撤我的职，有好多事仍需要办。他们强行把我撵到一个小房间里。

“靠边站”、强占办公室后没几天，大约是 5 月的一天，突然来了个转业军人打扮的人到我的小屋，他一句话都不讲就坐在小屋里，我知道这个人是机电一级站的，我正感到奇怪，楼外大喇叭响了，说：袁宝华是大叛徒！我这才明白他是来监视我的。接着就开批斗会，要我交代。“交代”什么？从所谓的“揭发”中，我听出来他们是翻出延安整风中的事。这是污蔑！延安整风时，国统区来的人员受审查是常事，我坦然自若。而且此事王鹤寿在东北工业部已告诉我事情缘由，且早已清楚了。这时造反派给我扣了三顶帽子：“叛徒、特务、走资派”，斗大的字写在月坛北街大马路中间。我的日子更不好过了，撤掉家里电话，也不准我回家，天天被拉来拉去批斗。

每次参加批斗会回来，心里都是酸楚楚的，几十年的革命生涯，竟弄到了如此地步！于是我给李富春写了一封信，富春知道了我的情况，关照有关方面告诉物资部群众组织，以后这样的批斗会，不要拉我参加。

在我“靠边站”期间，除了批斗就是劳动。两派在派我劳动这件事上还动了一番心思，他们有意在同一时间派我干活，这是欲给我加上“挑动群众斗群众”之罪。好在物资部已实行军管，我向军管会提出两派在同一时间派我劳动，引起矛盾不好办。军管会主任刘忍决定此后由军管会出面派活。后来我每日劳动就是打扫卫生，扫大街，扫大院。此外，有时帮厨，有时在锅炉房烧锅炉。锅炉房的工人师傅对我很好，能干多少干多少，累了就休息，从不刁难，造反派非要我在大门口扫地，无非是让进出物资部的人们看看，袁某人已被拉下马了。殊不知接触我的人更多了。尤其省市来部里办事的人，都向我打招呼，还挺热情。为不给人家找麻烦，在一般情况下我只笑笑完事，不多说话。

在这段时间里，我的境遇比起其他部委的领导来还算好的，物资部的造反派还算“温和”，批斗时逼我低头，没有“坐飞机”，这可能与新单位有关，人事关系简单，没有过多的历史纠葛。可冶金部就不同了，五六十年代运动不断，恩怨多多，整了这个，伤了那个，在“文化大革命”中都爆发出来。

“五一”过后不久，一天总理办公室来电话，说李富春找我。因为是总理办公室打来的电话，造反派只好派车送我到中南海。一到那里，是余秋里受周总理、李富春委托问我的身体状况，我讲了被批斗的经过。我听出来他与我谈话的目的是周总理要我理解群众运动，对群众的作为，如上不上天安门等事，不要抵触，抵触会使矛盾激化等。周总理、李富春关心我，我很感激。

此次进中南海，我还去看望了谷牧。当时曾庆红是谷牧的秘书，他告诉我建委造反派正要揪谷牧，日子也不太平。我与谷牧讲了讲各自的情况和相互安慰的话，当时大家的日子都不好过，还能说什么呢？出了中南海，司机很好，悄悄拉着我让我顺路回家看看，一进家，老伴正在哭泣，她不知道几天不回家的我出了什么事。

1966年底我作了一次检查，1967年3月又作第二次检查。造反派都不满意，说“检查实在不像样子”，还印发给大家批判。

从此以后，我每天两件事：一是被批斗，一是接待外调。

批斗由两派上下午轮流斗，那时我的身体好，站两个钟头能坚持下来。但有一次真的是有点吃不消了，那是在经济学院（部属院校）造反派批斗我和李哲人，两人都被弯腰低头“坐飞机”。这种“站”法，时间稍长支持不了。想到一些年纪大的老同志，在红卫兵惨无人道的折磨下会是个什么样子！

接待外调人员，人多得排成队，像医院的值班医生。白天口头回答完了问题，晚上还要写成书面材料。这种接待紧张了半年多。

不准回家，只能住在“办公室”，没有床铺，只好弯曲身躯睡在办公桌子上。天天和宋尔廉扫楼道，老宋照顾我，拿个大扫把扫第一遍，我再扫第二遍。

“靠边站”，实际是被隔离，失去了人身自由，白天黑夜，两派都派专人看守监视，上卫生间也要先报告，再跟着个人监视。这一年底，不知什么原因，监视放松了一些，造反派在楼上给了我一个房间，有十三四平方米。房间里放有两张小桌，没有床，白天劳动和接待外调，夜里写外调材料，再以桌子当床。虽仍在隔离中，但能在部内大楼里活动，有了点自由，也允许看书了。我开始读《资治通鉴》，每天晚上睡觉以前，总要坐在被窝里背靠着墙，看一个到一个半小时，用了不到一年时间，把《资治通鉴》通读了一遍，重要的地方我在上面加了注。这期间，我还将《毛泽东选集》一至四卷，从头到尾通读不止一遍，尤其是对延安整风前后的文章读了一遍又一遍。后来，造反派又把我撵到一个更小的房间，除了两张桌子，再无活动的空间。在揪斗、写材料空闲时，面壁想往事，思绪万千。曾填写过一首《西江月·斗室抒怀》：

此生一身许党，
慷慨壮怀激情，
迅雷烈风自从容，
四卷朝夕与共。

放眼五洲云天，
瞩目西山雪晴，
无边思绪任汹涌，
一片丹心如镜。

这是我当时的心境。

第十二章
“文化大革命”十年的经济工作

一、国务院业务组和工交办事组
二、在周总理干预下我被解放出来
三、非常时期的生产组
四、生产组的主要工作
五、“文化大革命”期间的钢铁工业
六、大打矿山之仗
七、大规模引进西方国家大型成套设备

一、国务院业务组和工交办事组

“文化大革命”开始的时候，我是国家经委副主任兼物资管理部部长，亲身经历了“文化大革命”的全过程。1967 年 4 月至 1968 年 10 月，我遭到批斗和攻击，被造反派监督劳动，不准回家。所幸在周恩来总理的亲切关怀下，才被解放出来，在国务院业务组领导下任计委生产组副组长约一年时间，国家计划革命委员会成立时任党的核心小组（相当于党组）成员、副主任兼生产组组长，直到“文化大革命”结束。在那极其艰难的年代，我协助国务院领导同志组织和领导国民经济的运行，负责全国工业交通生产、建设和管理方面的工作。在工作过程中，亲眼看到并深刻体会到周总理和几位副总理，在处境极其困难的情况下，同林彪、江青反革命集团以及“左”倾错误进行艰难曲折的斗争经过。我深感有责任把这一段不幸的历史写出来，把经验和教训留给后人。

1966 年下半年开始，全国工交生产由于“文化大革命”的爆发而陷于困境。特别是《五一六通知》《十六条》出来后，上百万红卫兵免费乘火车、汽车、轮船，在全国大串连；各种名目的战斗队、造反团等派性组织林立；全国各级党政机关大部分都已无法正常工作。尽管这一年 9 月，党中央和国务院先后就铁路企业开展“文化大革命”运动和整顿车站、列车秩序问题发出指示，就工交生产也发出了《关于抓革命、促生产的通知》，但都收效甚微。从 10 月开始，国家经委、国家计委和工交各部门以及地方领导机关被迫陆续停止工作。这样，生产没人管了，铁路运输和电力供应都相继陷入瘫痪。11 月，王洪文一伙在上海蓄意制造了“安亭事件”。在这一事件中，王洪文等纠集数千人冲进上海火车站强行登车，并在安亭车站卧轨拦截其他列车，造成沪宁铁路中断行车 30 余小时，使上海站 36 列列车不能出站，开往上海的客、货列车被迫停在沿线各站。“安亭事件”为各地造反派组织破坏交通，威胁中央，开了罪恶的先例。到1966年底，全国有一大批工交企业领导班子陷入瘫痪，无政府主义思潮泛滥。当时工业生产下降，原材料、燃料供应紧张，靠吃前几年调整、整顿中积攒的一点库存维持生产，工业用煤、生活用煤、城市取暖用煤和老百姓正常生活用品供应越来越困难，很多职工弃岗外出串联，铁路、港口积压待运物资达上千万吨，社会秩序开始混乱，有些地方甚至出现抢劫国家仓库事件。

面对这种混乱局面，周恩来总理和主管经济工作的几位副总理都十分焦虑，多次以中央和国务院的名义向全国各地发出指令，号召工业交通、基本建设单位广大干部和职工坚守岗位，尽职尽责，做到革命和生产两不误；要求铁路企业的“文化大革命”分期分批进行，铁路分局和分局以下单位暂缓开展运动，组织专门班子抓生产运输工作，整顿车站、列车秩序；要求工业、交通、商业、财贸等部门，立即组织和加强各级生产业务指挥机构，保证生产建设正常进行。但是，林彪、江青一伙煽动的无政府主义思潮如脱缰的野马，根本无法扭转。国务院发出的一些指示、命令，周总理苦口婆心的规劝说服，都无济于事。

在1966年10月的中央工作会议上，我们问周总理，“文化大革命”要搞多久？到不到工厂、农村去？周总理忧心忡忡地说，毛主席设想明年春天可以基本结束，不到工厂、农村去。

1966年11月17日，周总理在全国计划和工业交通会议上召集上海、北京、黑龙江、辽宁等省、直辖市和铁道、水电、燃化等部门的负责人开座谈会，根据一些部门已处于瘫痪状态的情况，他提出：组织国务院业务组，抓工交生产和国民经济管理工作。他强调工交战线搞“文化大革命”必须考虑企业的特点，必须保证生产活动的正常进行，要坚持八小时工作制，业余时间闹革命；不得擅自离开工作岗位，不搞跨地区的串联。他强调工交战线搞“文化大革命”必须在党委领导下分期分批进行。

根据周总理的指示，国务院成立了业务组，并迅速起草了《工交企业进行文化大革命的若干规定》（即《十五条》），力图防止“文化大革命”把工交生产搞乱，把经济搞乱。但是，文件还没有定稿，就被林彪以“工业战线有右倾观点”给否定了。而以他们一伙搞的《关于抓革命促生产的十条规定》《关于农村无产阶级文化大革命的指示》取而代之。

同时，他们一伙还以中央名义转发了实际上是“踢开党委闹革命”的《紧急通知》。

由于形势越来越乱，1967 年 3 月国务院业务组以中央名义发出了《给全国厂矿企业革命职工、革命干部的信》，要求他们坚持八小时工作制，不许在生产时间内擅自离开生产和工作岗位。但是，局势已经失控，这封信如泥牛入海，听不到任何反响。

国务院业务组的办事机构是计委值班室，主要任务是向国务院业务组汇报工交生产情况。负责人有廖季立、孙研之、张雁翔等人。不久廖季立被统计局造反派揪斗，孙研之也回原单位，值班室的日常工作由张雁翔一个人负责，下面只有十几个人。张宝顺原来是秦皇岛港务局调度室主任，当时很年轻（“文化大革命”后调任团中央书记、新华社副社长、山西省委书记、安徽省委书记），他对我讲：我们那时就听张雁翔的，张雁翔怎么说，我们就怎么办。张雁翔的困难当然也是很大的，但每当这时他总是不顾一切把工作做好。

1967 年 1 月初，上海造反派夺了《文汇报》的权，掀起所谓“一月风暴”，紧接着在全国范围内造反派大搞“全面夺权”。这股“夺权”风，又是从上海刮起，波及全国各地。他们打着“革命无罪，造反有理”的幌子大搞打、砸、抢、抄，使全国的动乱局面进一步升级。在林彪、“四人帮”一伙挑动下，许多地方和中央国家机关及企事业单位的群众组织形成了两派，派性斗争十分激烈，不少院校发生了两派武斗打死人的事件。他们的行为都受到了林彪、江青等人的支持和纵容。于是各地的造反派们相继仿效，铁路交通不时被阻断，工矿企业处于停产半停产状态，国民经济开始下滑，混乱的局面迅速蔓延。

看到这种令人痛心的局面，在 1967 年 2 月 11 日和 16 日周总理主持的政治局碰头会上，谭震林、陈毅、叶剑英、李富春、李先念、徐向前、聂荣臻等老同志忍无可忍，与陈伯达、张春桥等人进行了面对面的斗争，斥责他们把党、政府、工厂、农村搞乱了，还想搞乱军队；揭露他们煽动极左思潮，制造“一月风暴”，统统打倒老干部，篡党夺权。然而，林彪、江青、陈伯达、张春桥等反而倒打一耙，把老同志们的“二月抗争”称为“二月逆流”，更加肆无忌惮地鼓动造反派们打倒一切。

为了安排1967年下半年生产，周总理和李富春决定，6月在北京召开一次有各省、自治区、直辖市计委和物资厅（局）负责人出席的全国生产供应会议。因许多地方造反派武斗，冲击铁路枢纽，破坏生产和运输，这次会议参照上半年计划订货，确实不能按照计划订货的，就有多少订多少。因受造反派疯狂干扰，会议不得不仓促结束，使各地的生产更加困难。为了保障铁道、交通、农业和城市居民用煤，中央决定对煤炭部直属的68个矿实行军管。可以想象当时工交生产和人民生活面临的困难是多么严重。

为应对工交各部的瘫痪局面，遵照周总理的指示，经李富春批准，1967年9月成立“工交办事组”。李人俊任组长，谢北一、郭鲁（铁道部副部长）任副组长，工作人员多是计委的。任务是研究制定工业生产方面的重大方案，处理工业生产、交通运输中急需调度的事项。

在那个年月，一提抓生产就要被扣上“唯生产力论”的大帽子。工交办事组的同志对煤炭供不应求的状况心急如焚。一天，大同驻军一个营致电国务院值班室，请战下矿挖煤支援工交生产。电报转到李人俊那里，他即责成计委值班室回电话，作了“解放军下矿挖煤，我们欢迎”的表态。未料林彪、江青一伙得知这件事后，不仅给李人俊扣上了“唯生产力论”的帽子，还斥责说：调动军队一个排都要毛主席批准，你李人俊竟敢擅自调动一个营！从此，李人俊被下放“五七”干校劳动，直到1970年成立“计委革委会”才调回机关。

尽管工交办事组和各地区、各部门主管工交生产的同志坚持不懈地努力，解放军实行“三支两军”，大型煤矿和铁道部、交通部实行军管，中央派出军队维护铁路交通秩序，但由于全国性混乱不堪的局势已达到极限，国民经济还是跌到谷底。1967年与1966年相比，工业总产值下降13.8%。主要工业产品产量：钢1 029万吨，比上年减少503万吨；原煤2.06亿吨，比上年减少4 600万吨；原油1 388万吨，比上年减少67万吨；发电量774亿度，比上年减少51亿度。铁路货运量4.2亿吨，比上年减少1.2亿吨。1968年继续下跌，同1967年相比，工业总产值下降5%。主要工业产品产量：钢由1 029万吨降至904万吨；原煤2.2亿吨，比上年增加1 400万吨；发电量由774亿度降到716亿度；铁路货运量减少了1 170万吨。全国工交生产遭受到极为严重的破坏。

二、在周总理干预下我被解放出来

1967 年 4 月，我“靠边站”以后，周总理总想找个时机让我出来工作。

1967 年下半年要在北京西苑饭店召开全国订货会议，周总理提出让我主持，造反派反对，最后，只好由李人俊和邓存伦主持。在那次会议上，造反派借机又把我拉去批斗，李人俊和邓存伦都坐在台下。不想造反派批斗了我一阵子后，又把他们两个也拉上台来批斗。他们俩本来是订货会议的主持人。但是在那时候，谁也不能掌握自己的命运。

1968 年 5 月间，周总理责令军管会对于我的问题尽快查清作出结论。于是，物资部军代表成立了军干群三结合专案组进行调查。这一查倒把物资部造反组织“革命造反兵团”造假的真相查了出来。原来这个造反组织不知从哪里弄来三个所谓“材料”，用移花接木法，掐头去尾、剪贴拼凑、照相复制的办法，编造我是由国民党派到延安去的。三结合专案组复查了这些材料，查出是捏造的假案。把几个造假陷害人的人揪了出来。这些人交代了作案过程后，还向看管的人讲，他们对不起袁宝华，希望能够得到原谅。由于有此一段，群众对我的敌视情绪大变，他们也希望能解放我出来抓工作。

接着，军管会组织军干群三结合给我办了两个月的学习班，就是打通思想，检查错误，上纲上线。首先在学习班里进行检查，让大家提意见，我修改后再检查，大家再提意见，然后才拿出最后的检查稿子。最后的检查稿子，经过军管会的同意通过。军管会对解放我这件事态度很坚决，造反派拿不出反对的理由，10 月底我作了第三次检查后，大联委出了个公告，宣布解放我。对于我的检查，许多群众都很重视，他们希望我的这次检查能够通过。有一个炊事员后来对我讲：你作检查时讲了一个多钟头，我本来想去厕所都憋着没有去。这说明大家很关心我。

由于周总理的关怀，我的解放应该说比较顺利。比起许多老同志，我“靠边站”的时间不算长，共一年六个月。

在那个混乱的年代，被解放出来就意味着要工作。要做经济方面的工作，难度有多大，干扰有多多，我有思想准备。我先到物资部各个局、处访问群众，基本上每一个处都走遍了，前后用了差不多一个月时间。大家都开诚布公地对我提意见，储备局的一个老工程师说他们的宿舍在东城，是一个大院，好多同志家都住在那里，但办公厅却想把那儿腾出来让我搬去。我没去看那个院，我夫人去看过。这位工程师对这事很有意见，认为我侵犯了群众利益。由冶金部调到物资部的一个姓李的同志，在冶金部时我认识这个人，后来我见到他的时候，由于忘了他的名字，就只是点点头。所以我到他那访问的时候，他说：你太官僚主义，咱们在冶金部是熟人，我调到物资部来，你见面不跟我打招呼。我把人家讲的话、提的意见都记了下来。回想起这一段到群众中走访的经历，感到大家确实说了心里话，但可能还是留有余地的。

“文化大革命”期间，物资工作受到很大破坏。我是在 1967 年 4 月底靠边的，1968 年 10 月底被解放出来。从 1967 年到 1968 年这两年，物资部的工作还能维持，军管会主任刘忍还是做了大量工作的，他是空军后勤部副部长，“三八式”干部，头脑冷静，原则性强，不随波逐流。造反派不论怎么叫嚣打倒谁、炮轰谁，他从不表态，不举手，他知道物资供应的重要，所以这一段他抓得还不错。1972 年 8 月，中央和中央军委作出参加“三支两军”的人员撤回部队的决定，刘忍返回了原工作单位。

我被解放以后，就参加了物资部生产指挥部的工作。老红军黄胜真是军管会副主任，生产指挥部由他负责，我也算是个负责人，同时参加了国务院业务组的起草物资计划工作。

1968 年 12 月 13 日，根据周总理要编制 1969 年经济计划的指示，李先念、粟裕、余秋里、李良汉（国家建委军代表）、谢北一等具体研究贯彻。余秋里提出了计划编制小组分工的初步建议，并决定从国家计委、国家建委、国家经委、财政部、物资部、国防工办等单位抽调 30

余名干部组成国务院计划起草小组，分成生产组、基建组、综合组和军工组四个小组分头工作。新成立的计划起草小组组长是苏静，副组长是李良汉。谢北一是成员，可主要依靠他工作。他找到我说希望物资方面的计划由我来负责。

说起谢北一，还有一段故事。1965 年中央决定恢复国家建委，调谷牧做建委主任。谷牧在筹建建委时人手不够，给我打电话，希望支持他。我说可以，你要哪个我给你哪个，他说要谢北一，我说可以。所以，谢北一在“文化大革命”前由物资部副部长调到国家建委做副主任。“文化大革命”中他出来工作较早。国务院业务组成立计划起草小组，他同李良汉一起被指定参加小组工作。因为小组组长、副组长都是计委、建委军代表，所以具体业务工作要靠谢北一来做。他一听到我解放了，立即找到我，说计划起草小组商量 1969 年的物资计划，要我来负责组织编写。这样我恢复工作后的第一件大事就是参加 1969 年物资计划起草工作。于是我把物资部生产指挥部原来搞计划的几个人组织起来，编制物资计划草案。

那时到处打派仗，计划会议、订货会议都开不了，为了维持生产，1968 年 12 月先作了一个 1969 年第一季度生产计划、分配计划，送苏静、余秋里，又送周总理，经周总理审查后报给了毛主席。毛主席同意这个计划，遵照执行。一个季度的专业计划，需要毛主席批准，真是前所未有的事情。这说明那时乱成了什么样子。没有毛主席圈阅批示，已是政令难行啊！周总理也借此“尚方宝剑”多次警示造反派说，生产计划是伟大领袖毛主席亲自批准的。那时，非以此难以制约那些天天要停产闹“革命”的造反派。

1969 年 2 月 16 日，中断了两年的全国计划会议以全国计划座谈会形式召开，3 月 24 日结束，整整开了一个月零八天。这是我出来工作后参加的第一个全国性会议，会议讨论起草小组编写的《1969 年经济计划纲要（草案）》，意见很难统一。会议决定草案交各地同志带回去，边执行、边讨论、边补充。会议还讨论了《企业管理体制下放的初步设想》。因为一些人要参加即将召开的党的九大，所以会议在乱哄哄中结束了。造反派在计划座谈会期间天天去闹事捣乱，要造余秋里的反，余秋里不能在一线主持，只能躲到幕后。计划起草小组组长由军代表苏静担任，座谈会用国务院业务组的名义召开，苏静出面主持。同时，由李先念、余秋里几个人组织了一个计划审查小组在幕后工作。即便是这样，乱哄哄的座谈会也难维持，多亏周总理沉着应对，控制了局面，总算是把计划会开下来了。

记得青海省的一个造反派在会上造反，说计划不符合实际，我需要得多，你分配得少，这是短线平衡，他纠集了一帮人，纠缠不休。谢北一很紧张，对我说：他们提出物资问题，你去解答一下。那些人认识谢北一，对他很不客气，对我这个生面孔还客气点。我说：你们批判刘少奇是短线平衡，我们不能再采取短线平衡的办法了，所以才给你分配上留下缺口，给你留下发动职工积极性的余地，看起来是缺口，只要发挥积极性，最后就是满口。我给他们瞎说一顿，说了以后他们认为还有道理，表示回去说服别人。唉！当时就是这么个情况。

"文化大革命"期间，在林彪、江青等人鼓动下，掀起"红海洋"高潮，其中制作毛泽东像章一时风行全国。全国上上下下，工厂、学校、机关、部队都在制作，除少数瓷质、塑料的外，多数像章用的都是高级合金铝。迫于形势，物资部于1969年初专项拨出合金铝5 000吨供各地制作像章用。毛主席知道这是制造飞机的贵重金属，对这种做法很不赞成。周总理对这种做法也有保留，但迫于形势，他也无奈。后来，毛主席再次对此事表示不满，提出："还我飞机"。周总理借毛主席的话立即批示，责令物资部负责收回这批铝。这个时候，我出来工作不久，周总理知道我的困难，他在一次国务院的会议上当着众多人宣布，要物资部把已批出去的铝限期收回。虽然有了毛主席和周总理的"尚方宝剑"，但我知道这件事在当时处理是极为棘手的。回来后，我同军管会主任刘忍商量，我们都觉着不好办。用物资部名义发通知收回，即使有毛主席那句话，那还不砸烂我们的"狗头"！就暂时按下来没有办。

1969年3月24日，计划座谈会议即将结束的那天晚上，我们在北京饭店7楼开会，周总理在夜里11点赶到，他在讲话中突然问：袁宝华在不在？我说：在。周总理问：我让你收回的那5 000吨铝怎么不办？我没敢吭声。接着周总理便大声说：你已经拖了多日，回去后马上通知收回，这是伟大领袖毛主席的指示。周总理说，传播毛泽东思想要讲实效。现在像章越做越大，主席就不赞成。你们物资部批出去的5 000吨铝，你们要立即全部收回来。周总理的这番话，明里是批评我，实际上他是体谅我们的处境，故意讲给到会的人们听的，对我处理这件事既是支持又是保护，我非常感激总理的这一番苦心。于是，当天早上5时回到部里，我就借此“东风”向各地发出电报，同时抄送参加会议的每个人。果然很灵，只用两天时间就把5 000吨铝全部收回入库。这是周总理的领导艺术，当着大家的面批评你，实际是保护你，为你解脱，为你办事铺路。

周总理爱护干部还有一件事使我很感动。在中央准备召开九大时，物资部建议我做九大代表，好几个部门都同意。最后报到周总理那里，周总理讲：宝华刚解放出来，最好不要搞出头露面的事情，换个女同志比较好。这样钱正英就作为九大代表参加了会议。后来，军管会的同志专门找我谈话。他们对我讲：周总理是从爱护你出发的，因为你解放出来，是他建议的。“文化大革命”正在进行中，风云变幻，还很难说，少干点出头露面的事有好处。我本来可以在“十一”以前被解放，但也安排到“十一”以后。因为“十一”以前解放，你上不上天安门？搞不好有人又要反对你。九大结束以后，1969年的“五一”我才上的天安门。

1969年4月，党的九大召开。九大前协助周总理主持国务院日常经济工作的是李富春，九大以后则是李先念。在周总理的努力争取下，九大后陆续解放了一批被打倒的干部，这批干部对那时稳定全国政治、经济局势都发挥了重要作用。

1969年6月，在我奉调到生产组工作之前，带着精简国家机关机构的方案，按照军管会的布置，花半个月时间到“五七”干校去体验生活。河南信阳地区“大跃进”饿死不少人，是个出了名的地方。物资部罗山“五七”干校及息县分校，由物资部副部长宋致和、李超白和局长卢禹道担任正副校长，他们都是抗战时期参加革命的老同志。大家久别重逢，有种劫后余生的感觉，我们连日连夜促膝相谈，不知困乏。他们都十分关心国家的政治经济形势，关心我的境况，使我十分感动。

我先是到了息县的“五七”干校分校，慰问干部、群众，我向在那里参加劳动的干部传达了周总理关于精简国家机关机构的指示，看望了干部、职工和家属以及他们生产、生活的地方。息县是淮河泛滥的地方，老百姓不置家产，屋子里一张床、一个桌子，别的什么都没有。又到罗山县住了十多天。在这里可以感到大家都拥护毛主席的“五七”指示，认为改造思想是应该的。可长期待在干校，接受贫下中农再教育，对前途感到茫然。我去做动员工作，也感到理不直气不壮，说话也不硬气。罗山这个地方，南山就是老苏区周党镇，十分贫困。我们干校的同志分批到南山去与贫下中农“三同”（同吃、同住、同劳动），去的同志回来讲，没有想到穷到这个程度。解放已经20多年了，老苏区连煤油灯也没有，家庭照明点松明。小孩子基本上不念书，稍微大一点就跟着大人去劳动。干一年只能挣很少的工分，一个工分也就是几分钱或一毛钱，非常贫困。干校的同志带点糖果给农民的孩子，孩子往往先吃一点，剩余的用纸包着，过一阵再吃一点，一块糖分三次吃。真是穷啊！

物资部的干校位于淮河上游两岸，雨量充沛，土地肥沃，适合种水稻。进出校部要过桥，那个地方蛇很多，下地劳动需手持棍棒或农具，要“打草惊蛇”，防止被蛇咬伤。在干校劳动的干部、职工和家属，他们远离京城，生活也非常艰苦。

《人民日报》1968年10月5日发表《柳河“五七”干校为机关革命化提供了新的经验》一文，传达了毛主席关于干部参加劳动的指示，从中央到地方的各级党政机关，纷纷在各地办起“五七”干校，并组织干部到干校参加劳动，实行“三同”。但“五七”干校也成为造反派集中批斗、审查干部的地方，成为打击、排斥有经验、有水平领导干部的地方。当时，有一种流行的说法是，干部下放劳动是为消灭脑体劳动差别创造条件。这是一种极左观点！消灭脑体差别主要在于提高劳动人民的文化素质，而不是把脑力劳动者变成体力劳动者。我从罗山“五七”干校返京后，随即到生产组报到。

1970年1月，周总理让我速到南昌去立即结束正在那里召开的订货会议。这本是物资系统召开的一次年度机械设备订货会，由物资部一位局长王国先在那主持，各地以为是钢材会议，都想到那里去解决自己所需的钢材。一下子去了两万多人，召集者无力控制。新华社记者写了篇“内参”反映这件事：这么多人齐聚南昌，搞得地方副食紧张，连猪肉都得从湖南调。周总理看了报道后很生气，要我马上去把订货会解散，并向程世清道歉，给江西找了麻烦。我和程世清是熟人，我传达了周总理的指示，在他们的帮助下，三天时间，问题就解决了。

三、非常时期的生产组

1969年“五一”节刚过，周总理指定李先念主持国务院业务组工作。业务组是国务院的办事机构，类似后来的国务院办公会议。这时的业务组成员来自三个方面：一是李先念、李富春、余秋里三位副总理；二是军事部门负责人，粟裕和他的副手陈华堂（国防科工委副主任）、苏静（总参军务部长、国家计委军代表）、李良汉（工程兵副司令员、国家建委军代表）、丁江（总后勤部营房部部长、国务院办公厅军代表）；三是党的九大新选进中央政治局的同志，李德生（安徽省革委会主任）、华国锋（湖南省革委会主任）和纪登奎（河南省委书记）。

国务院业务组下设了两个工作机构：一个是计划起草小组（简称计划组）；一个是工交生产小组（简称生产组）。由于周总理在精简国家机关机构的指示中说，各部委的生产工作都将划归国家计委，所以属于国务院业务组的生产组也称国家计委生产组。1969年10月29日，生产组正式成立，军代表苏静为组长，陈彬（总参军务部副部长）为第一副组长，我为常务副组长并负责生产组的日常工作，邓东哲（原中央工交政治部副主任）负责政治思想工作。从此我参加到国家计委工作中来，开始承担起具体指挥和调度全国工交生产的任务。

生产组办公地址在国务院北门对面的文津街，原中国科学院内。生产组下设调度室、综合组、重工组、机械组，共26人，以后减为22人。

也是在这年10月，国务院成立了支援三线铁路建设领导小组（简称支铁小组）。支铁小组组长是余秋里，我是副组长。成立了支铁办公室，把徐良图从“五七”干校调回来担任主任。支铁小组的任务是组织修建四条铁路。规定1970年7月1日以前要先把成昆线和焦枝线北线修通，周总理说这是毛主席的战略部署，参与修建单位职工不准打派仗，打派仗就是违反毛主席的战略部署，要集中精力修路。

那时的工作机构几乎都是一个模式，有人把这种模式编成顺口溜："大组套小组，上下一般粗。"生产组工作人员以计委值班室为主体，又从原国家经委、物资部调来一些干部。张雁翔负责的调度室原来是计委的值班室，到生产组就称生产组调度室。生产组下设的几个组，每组几个人，基本上是一个人管一摊，一个人管一个行业。

按照周总理关于精简国家机关机构的指示，1970 年 6 月 22 日，中央批准了国务院《关于国务院各部门建立党的核心小组和革命委员会的请示报告》。同意国务院在经过精简、合并后，成立 23 个部、委，两个组（文化组、科教组）和一个办公室，撤销中央工业交通政治部。该报告规定：国家计划革命委员会由国家计委、国家经委、全国物价委员会、物资部、地质部、劳动部、国家统计局、中央安置小组办公室等合并组成。

7 月 1 日，国家计划革命委员会在首都体育馆召开成立大会。革委会主任为余秋里，副主任为苏静、陈华堂、陈彬、我、邓东哲、顾明。党的核心小组由军干群三结合组成。核心小组组长为余秋里，副组长为苏静、陈华堂、陈彬，小组成员有我、邓东哲、顾秀莲、陆江、赵仁生（后三人为参加核心小组的群众代表）。国家计划革命委员会下设计划组、生产组、政工组、办事组、物资局、地质局、劳动局。计委的职能机构设置分为计划、生产、政工、办事四个大组。顾明兼计划组组长，金熙英、陈先为副组长，顾秀莲那时在计划组负责轻纺；我兼生产组组长，赵荫华、张雁翔、徐良图为副组长；邓东哲兼政工组组长，李朴群、李绍亭为政工组副组长；王朋是军代表兼办事组组长，司更生是副组长。

生产组下设生产办公室、生产调度室、生产技术室（曾叫赶超办公室）、军工组、统计组。当时周总理规定，国家计划革命委员会的干部不能超过 100 人，由于生产组工作重一些，所以人员最多，有 30 多人。赵荫华兼生产办公室主任，并协助我抓全面工作，生产办公室负责轻工、纺织、农林、水产、外贸、军工等部门的直接联系工作和统计、物价工作。张雁翔兼生产调度室主任，生产调度室负责与煤炭、石油、电力、铁道、交通等部门的直接联系工作。徐良图兼生产技术室主任，生产技术室负责与冶金、机械和建材等部门的直接联系工作。

国务院业务组的计划组和生产组都合并到国家计革委中，办公地点迁至西黄城根南街 9 号院，1974 年 4 月又从 9 号院搬到三里河原计委大楼。1974 年 8 月，国务院批准国家计划革命委员会恢复名称为国家计划委员会。

我在 9 号院里工作了四年。9 号院是清朝的祝王府，国务院确定的文物保护单位，新中国成立后，中央人民政府内务部设在这里，以后改称民政部。我们开会是在老民政部的会议室里。会议室北面上个台阶，就是余秋里的办公室，余秋里办公室的后院有个两层小楼，是计划组办公的地方。会议室南面是大礼堂，大礼堂前面东、西厢，都是两层楼，是生产组办公的地方。会议室共五间房子，中间三间作会议室开会用，东头是我的办公室。办公室里摆张床，工作起来没有白天，没有黑夜。我们的会议，基本上都在这个房间里开，人少，集中，层次少，办事情效率高。

1969 年 4 月党的九大以后，李先念帮助周总理主持国务院的工作，在那种情况下能够把局面维护下来很不容易，确实是呕心沥血，功不可没。毛主席对李先念一直有好评，他在南宁会议上曾经讲过：《三国演义》上讲多谋善断，咱们的领导干部看起来只有李先念是多谋善断的。李先念经常召集有关部门的负责人开座谈会，下去做调查研究。毛主席评价比较高的还有叶剑英，召开党的八届十中全会时，毛主席讲：叶剑英同志，我送给你一副对联：诸葛一生唯谨慎，吕端大事不糊涂。党的九大上，一批在中央工作多年的老同志受到攻击和排挤，被排斥在中央政治局之外，除了周总理、朱德以外，只留下两个政治局委员，一个是李先念，一个是叶剑英。其实他们四位，在林彪、江青一伙的阴谋中也是迟早必须打倒的人物。

从国务院业务组领导下的生产组到国家计划革命委员会生产组，再到计委生产组，都是在周总理，李先念、余秋里副总理的领导下。我的工作主要是负责抓全国工业生产指挥、调度和支援三线铁路建设。每天都是 9 号院——中南海来回跑，有时开会到午夜。最大的工作量是处理各地要求解决问题的告急电报、电话。

周总理和李先念、余秋里副总理对生产组工作抓得很紧。工交生产业务头绪多、任务重，生产组编写的日报他们必看，经常召开碰头会，听取各方面的情况汇报，及时指示，遇有急事直接找我，马上处理。周总理一般是后半夜开会。余秋里开会常常是下午开，开到晚上，吃了晚饭后继续开，到12点吃点夜宵，继续开会，一直开到第二天早晨，到吃早饭时才散会。

生产组的工作人员是由合到计委来的几个单位推荐的不同行业的骨干组成。大家工作兢兢业业，不畏困难，虽然不时被人指责为“只抓煤电油，不分敌我友”，被扣上“唯生产力论”的帽子，但仍夜以继日地处理生产、运输等方面的紧急问题。因为人少，几乎天天加班加点，经常忙到深夜，星期天常常也不能休息。生产组的这段工作状态可以说是“革命加拼命”。

在生产组成立不到一年的时间里，除以中央名义于1970年5月发出《关于开展增产节约运动的指示》外，还参加或会同有关部门召开一系列促生产的会议，如1970年2月的全国计划会议，5月的全国电力工业增产节约会议，6月的全国重点钢铁企业座谈会、全国煤炭工业会议、全国水泥工业抓革命促生产现场会，7月的全国轻工业抓革命促生产座谈会等。基建、财政、外贸部门也先后召开了全国性的专业会议。这些会议和所做工作，有助于扭转“文化大革命”中生产下滑的局面，使当时的工交生产局势走向相对稳定。尽管当时仍处于动乱状态，1970年全国工业总产值还是比1969年增长了30.7%。

1970年8月23日，中央在庐山召开九届二中全会，揭露了林彪、陈伯达坚持设国家主席，妄图抢班夺权的阴谋活动。接着又发生“九一三事件”。机关随即展开“批陈整风”和批判林彪反革命罪行的活动。生产组的同志都是白天参与揭发批判，晚上加班加点工作。

1973年8月，党的十大继续了九大的错误路线。“四人帮”一伙为了实现他们的野心，借“批林批孔”，疯狂地把斗争矛头指向周总理和其他老同志。毛主席因担心他发动的“文化大革命”被否定，错误地支持了“四人帮”，使全国的动乱再起。尽管毛主席觉察到江青、张春桥等假借“批林批孔”另搞一套的图谋，并给他们一伙戴上“四人帮”的帽子，尽管1974年7月中央发出了《关于抓革命、促生产的通知》，要求擅离职守的领导干部和职工返回工作岗位，搞好生产，然而在当时那种形势下，特别是受“四人帮”控制的舆论干扰下，已经起不到明显作用了。终于又一次酿成“文化大革命”以来，工交企业的再次动乱。

1974年全国工交企业接连发生破坏生产的恶性事件，影响大的有以下几件：

1月，报纸上刊登了上海港务局第五装卸区《要当码头的主人，不做吨位的奴隶》的大字报。受其影响，沿海各个港口码头无政府主义思潮再次被掀起，派性斗争复燃，港口压船再度严重。在港船舶竟达250多艘，其中超过一个月的40多艘，时间最长的超过100天。国务院、中央军委决定采取突击装卸、疏运紧急措施，调动解放军官兵7 000人参加装卸。

3月，青岛港务局陷于瘫痪。港务局领导干部被迫躲藏起来，不敢露面，每工班装卸量由200吨降至50～60吨，经常有10多艘外轮等待装卸，等待一个月以上的有8艘之多。三个群众派性组织抢占办公室、招待所和宿舍，打架斗殴，哄抢港内存储的各种物资，无人敢管。青岛市革委会也无能为力。我和交通部副部长于眉遵照李先念副总理批示，找到山东省委第一书记白如冰、省革委会主任穆林研究后，穆林当夜赶回济南指令青岛市革委会前往解决，交通部派员协助，把积压的外轮疏散到其他港口卸货。

6月，山西省煤炭化工局紧急致电国务院，就山西各煤矿存煤运不出告急。主要问题是徐州、长沙、包头、贵阳等铁路被造反派把持，坏头头挑动武斗不断，造成枢纽堵塞，区段作业效率低，津浦、京广、京包、贵昆等铁路干线运输不畅，致使山西各煤矿待运煤炭堆积如山，发生自燃。我们没有别的办法，只好决定将山西存煤“倒短”，先运到河北、北京、天津、太原等地储存。

在那个疯狂的年代，工厂没有完全停工，铁路尚能运输，国民经济尚能勉强维持运转，是生产组起了“救火队”的作用，维持了国民经济运转。那个时候搞生产的人也是冒很大政治风险的，许多领导干部随时有被揪斗的危险，而且在那种无政府主义状况下，组织生产调度也十分困难。生产组能够顶住各种干扰，也是靠周总理保护。

生产组当时的工作，概括起来主要是围绕一个“上”字和两个“急”字进行。一个“上”字就是想办法迅速地把国民经济、把工交生产搞上去，使其尽快地走上正常的轨道；两个“急”字，一个是急中央和国务院之所急，另一个是急部门、地区、企业之所急。当时生产组的同志都很年轻，我也才刚刚过50岁，都身强力壮，干劲也大，一天忙到晚。为什么这么忙呢？我概括为“一少二多三紧张”。

所谓“一少”，就是生产组的人员少，但是干的事情不少。1969 年 1 月到 11 月，仅工作简报就写了 58 期，不到一个星期一期。工作简报主要是向国务院领导反映经济状况和工交生产中的问题。

所谓“二多”，就是事故多和告急的电报多。事故中往往是大事故和恶性事故多，特别是煤矿，几乎天天发生死亡事故。告急的电报，有从国务院业务组转来的，有从省市打来的，有从企业报上来的，也有各部门转来的，如雪片般飞来。我的桌子上每天堆积来自全国各地需要处理的文件近一尺厚。有东北的取暖用煤告急，有黑龙江供电用煤告急，有武汉市生活用煤告急等。那时，武汉市市民在零下 4、5 摄氏度的冬天，裹着被子在外面排队买煤球。煤炭短缺，各方面纷纷告急，但是在山西、河北、宁夏几个省，煤炭却堆积如山，积压很多。

所谓“三紧张”，就是煤、电、运紧张。动乱年代，工业用煤、人民生活用煤、电力供应和铁路交通、海上运输，都一直处于十分紧张的状态。生产组就在这种“一少二多三紧张”的形势下，既要维持当前的工作，又要照顾长远将来；既要抓住重点，还要保证一般，使各方面的工作都紧张有序、顺利开展，的确很不容易。

“文化大革命”期间，生产组一直十分繁忙，我也几乎没有喘息的机会。除了每日处理大量文件外，还要参加很多会议、活动，到基层企业去调研。

为了掌握情况，使经济正常运行，从 1970 年 4 月 5 日开始，生产组建立了定期召开经济形势分析会制度，由国务院有关部委和有关地方人员参加，重点是介绍当时经济形势，分析生产中存在的问题，提出下一阶段的生产目标和完成任务的措施方法。每年 4 月召开一季度经济形势分析会，7 月召开上半年形势分析会，10 月召开前 3 个月的经济形势分析会，年终召开全年形势分析会。另外，生产组还确定每周一下午 3 时召开生产调度例会，研究一周内需要解决的生产问题。

生产组维持经济运行的主要手段就是调度。用这种办法，尽其可能维持工交生产，尽其可能维持人民生活最低限度的需要。生产调度室工作在第一线，许多调度措施要靠“拆东墙补西墙”的做法。这种做法常常遭到强烈反对，不被理解，因为那时可动用的手段不多，“补”了“张家”，只能“拆”“李家”，必然引起“李家”的不满。每遇到这种情况，我们都全力支持调度，余秋里曾在各小组或各部负责人参加的会议上表扬负责调度的张雁翔，说：他是我的“总司令”，他说的就是我说的。当时全国各地区、各部门搞工交生产的，几乎没有不知道北京有个张雁翔的。

开始只有计委生产组有调度，没有形成行业的或地区的调度体系。为此，我提出工交部门都要成立或恢复调度机构，逐渐形成了各部有调度，省、区、市有调度，工交企业也有调度的全国生产调度网络。国家运行经济的动态和指令主要靠调度来掌握和发出，这是在那个特殊时期指挥全国工交生产的无奈之举。当时经常遇到的紧急情况是铁路受阻，造反派阻拦列车，东北的粮食、木材、石油不能进关，北煤南运、西煤东运不能通行，西南的磷矿不能北上，各地调往“大三线”的物资不能及时运达，对外贸易进出口的物资，积压在沿海和长江港口等，我们都是从各地调度系统得知，依靠调度系统及时解决。

当时我们还有另一种手段，就是请“尚方宝剑”。在我的办公桌上有一台红色电话机，每遇紧急事件，直接给周总理、李先念或余秋里通电话，他们的指示或他们转达毛主席的指示就是“尚方宝剑”，既可以向有关省、市负责人传达，也可以直接向造反派们传达，命令他们马上排除障碍。这一招通常会奏效。如果遇到顽固抵抗的情况，生产组弄清楚后，由周总理或中央出面解决。

除计委调度室外，国务院有个值班室，这个机构也是从上到下，从国务院到各省市、各部门都有。它的工作面更宽，有关工交生产的事，有时调度室解决不了的，由国务院值班室出面更具权威性。所以，在那个特殊的年代里，在许多管理机关职能瘫痪的状态下，这两个机构发挥了极为重要的作用。

保人民生活、保钢铁是当时生产调度的重点。每天上班，我总是先看调度室的工交“生产日报”，看技术室的钢铁、有色生产指标分析日报，以及办公室墙上的黑板报。看到箭头向上，一块石头落了地，而经常看到的是箭头向下，使人揪心！围绕钢铁生产和人民生活必需品的生产，总是遇到缺煤、缺电、缺油、缺原材料问题，在当时已是“家常便饭”。生产组调度室一天到晚忙的就是煤、电、运。有了煤还要调度运力，还要防止被半路截走。你截、我截，打乱了正常调度。为避免这种情况的发生，我们商量了一个办法：在需要多、生产少，运量大、运力小，也就是“僧多粥少”“人多车少”的情况下都要排队，排队的顺序是：煤炭、粮食、矿石、木材、石油、钢铁和其他。其中运煤的排队顺序是：机车、电厂、城市生活、炼铁焦煤，然后是其他用煤，要求铁道部按此顺序执行。实行排队法后，半路截车的少了，保生活、保生产的安排基本上得以实现。

那时的调度靠的是行政命令，因为能调度的物资多数是“拆东墙补西墙”。但有一条原则，国家储备不能调度。只有在发生紧急需要时，如救灾、抢险等，经国务院批准，才可以动用国家战略储备物资。

有人针对调度室的工作概括了一副对联，上联是：拆东墙补西墙墙墙是洞，下联是：难调度调度难处处漏风，横批：“文化大革命”。

这应该是对当时组织和指挥工交生产的真实写照。

生产组人员不多，但工作范围随着工作的开展涉及面越来越宽，除了组织实施和完成工交生产年度计划外，还要制定和参与制定国家年度生产计划，处理全国工业、交通、商贸、军工、农林、物资、物价和统计等方方面面的有关事项。既要负责全国工交生产运行管理，又要承担全国工交以至国民经济的总调度。当时国务院一位领导戏言：袁宝华是全国的总调度。在那经济特别混乱的年代，扮演这么个角色，真叫人哭笑不得。

回顾生产组这一段工作，感慨很多！“文化大革命”期间，在中央各部，尤其是工业各部已基本停止工作，好多负责同志都已“靠边站”的情况下，为了维持国民经济运行，需要有一个强有力的机构来指挥。成立国务院业务组，并在国务院业务组领导下成立生产组，组成一个精干的工作班子，把指挥调度权集中起来，这是周总理的英明决策，是靠周总理支持才建起来的。

生产组传达、落实国务院领导的指示，根据国务院领导的指示精神做了大量的具体工作，甚至还进行一番艰苦的斗争。当时的困难比比皆是，林彪、“四人帮”到处设置障碍，造反派到处捣乱，因为有周总理、李先念副总理的支持，有计委军代表的支持，加上余秋里亲自抓，我们问心无愧地完成了这个伟大的使命。

生产组能够完成这个使命，客观上讲，当时也还有一些有利的条件。一是有各个地方的支持。因为要维持人民正常生活，要维持市场供应，就要维持一定的生产。各省、区、市，各部门都成立了生产指挥部或生产指挥机构，这为生产组的工作提供了有利条件。二是抓住了“四人帮”的软肋。上海是“四人帮”老巢，上海所需的原材料、燃料包括吃穿用，许多都要靠全国各地供应。如果大家都不生产，上海的生产、生活就要停下来，这对于“四人帮”来说，是不愿意看到的。在当时这是我们和“四人帮”斗争的有利条件。三是生产组解决各种各样的难题，需要各个部门的配合。各个部门管生产军代表一般来说都配合得很好。只要生产组提出来的困难，他们有求必应。各地方的领导对生产组提出的要求基本上都能照办。为什么呢？因为他们也需要生产组支持，所以生产组所处的位置，既要别人支持，又去支持别人，在很大程度上是互有需要，相互支持。

另外，当时毛主席有一个很重要的决策，就是要援助越南、阿尔巴尼亚与非洲等一些和我们关系比较好的国家，要争取在国际上不孤立。这就需要维持一定的生产，不维持一定的生产，援外就没有物资基础。还有，我们进口一些必需的物资需要外汇，国际活动需要外汇，这也要求我们必须保持一定的生产水平和生产规模。这些都是生产组工作的有利条件。

生产组有良好的工作作风，就是事不过夜，一件事情只要交到主办人手里，一定要在当天内完成。这种敬业精神，是生产组能够完成如此繁重任务的重要保证。

“文化大革命”期间，生产组的同志们是在一个非常时期进行了一场非常特殊的战斗。工作条件虽然十分困难，但精神状态高昂，无私奉献，夜以继日地工作，苦撑着困难局面，维持了国民经济的艰难运行，圆满地完成了极其艰巨的历史使命。

四、生产组的主要工作

生产组从 1969 年 10 月 29 日组建到 1978 年 4 月 10 日新国家经委成立，工作将近 9 年。生产组的主要职责是：负责编制（参与）国家工交生产计划；组织实施和完成工交生产年度计划；处理工业、交通、能源、商贸、国防军工、物资、物价、农林、科技和统计等多方面工作；负责全国工交生产运行管理、物资调配、交通运输的协作和组织国务院各部门之间的合作工作。维持国民经济正常运转，保证人民群众生活的基本需求。在中央和地方的许多经济管理机构已经瘫痪的情况下，生产组承担了国务院管理全国经济的重要工作，是非常时期的组织机构。生产组虽然人少，但人员精干，专业面宽，工作效率高。

1. 解决煤矿生产急需，维持人民生活和重点企业生产。

六七十年代，我国能源消耗煤炭占 84%，石油、天然气占 15.2%，水电只占 0.8%。城市生产、生活用煤一般都不能少于 1～3 个月的储备量，但从 1966 年底开始，靠吃库存过日子，而且得不到及时补充。按照当时保持生产、生活最低限度的要求，全国 82 个统配煤矿必须达到日产煤 40 万吨以上，而当时已连续三年平均日产量仅 20 多万吨，缺口近 20 万吨。其中抚顺、鸡西、鹤岗、大同、铜川、淮南和淮北等几家大型煤矿每天就比计划少产煤达 10 多万吨。生产、生活用煤有的“寅吃卯粮”，有的“等米下锅”。如上海最紧张时，煤的库存只有几天。我每次出差到上海，几乎天天在给它调煤。那时北方冬季取暖用煤最低需要 800 万吨，由于煤炭紧张，只能减半供应，所以不少城市的暖气冬天变成“冷气”。向我们求援的电报几乎天天不断。因此，生产组每天都在围绕着煤炭、供电和运输这三个环节忙碌。我还常常直接给大军区司令员和省市领导打电话，同时经常找有关部委来开会，研究解决办法。在 9 年时间里，生产组抓煤炭生产和调运，花的力气最大。怎么抓？主要从四方面着手：

一是抓设备维修。这是促生产中一项重要工作。煤矿生产上不去的一个重要原因是设备，许多煤矿在动乱中打派仗，长期停产，造成矿井下的设备浸泡在水里，锈蚀损坏严重，亟待修复。我们主动帮助一些煤矿找备件，增拨维修用的钢材，解决维修资金，还要帮助提出改进生产工艺、改进维修设备、增加维修设备网点等建议。

二是抓稳定矿工队伍。为解决一些煤矿企业劳动力短缺问题，生产组专门报请国务院批准，招收了一大批矿工。为了稳定矿工队伍，还和燃化部商量，并报国务院批准，在井下一线工作时间长的矿工，可以把家属户口迁到矿区，这在当时是稳定矿工队伍很有效的办法。

三是抓老矿挖潜、技术改造和开拓延伸。通过调查我们发现开滦、阜新、大同、阳泉和本溪等许多重点煤矿，存在不同的薄弱环节。有的卡在矿井提升运输能力不足，有的卡在皮带运输上，有的卡在放矿溜子上，有的卡在运输矿车上，也有的卡在井上装车设备上。通过调查，我们和燃化部一起制定了老矿挖潜技术改造规划并付诸实施。有的抓老矿井开拓延伸，增加产量。连续抓几年，相当于增加了年煤炭生产能力8 400万吨。为了提高煤炭产量，在1975年全国计划会议期间，经余秋里批准，引进综合采煤机组。计划引进100套，实际到货43套。就是这数十套机组可顶了大事，也从根本上改变了我国矿山采煤设备的面貌。这是“一五”之后，我国又一次引进国外矿山采煤设备。

四是制定对产采煤省增加外调煤的鼓励政策。先是从山西开始，叫作为国家多做贡献的“贡献煤”，就是在完成国家计划外调任务后，再增加几百万吨。后来又搞“经济煤”，就是在完成国家计划和“贡献煤”调出后，若能再调出一些煤支援全国，每吨给予补助2块钱，所以叫“经济煤”。这个办法后来扩及河南、安徽等产煤省。那几年，用这个办法每年能解决很多问题。

有了煤就要抓煤炭调运工作。那些年没有煤愁煤，有的地方有了煤又运不出来。记得有段时间晋东南煤炭生产形势好，可是有煤运不出来，江苏、湖北等省煤炭奇缺，只好用上百辆汽车把煤运到山西高平和河南沁阳，在这里上火车，劳民伤财。我们就地调查研究后，发现詹东线只要加修一段复线，运力会大大提高。调查还发现这里过去已把复线的路基、桥梁、隧道都预留好了。我们马上向国务院报告，建议尽快铺设复线。经国务院批准后，该线于1973年11月开工，1974年11月交付验收，正式运行，只用了一年的时间，可谓高效率地解决积煤运输问题。

生产组还会同铁道部，调整了铁路局的划界办法。比如把济南铁路局的徐州铁路分局划给上海铁路局，以利于空车北排，装淮北、徐州煤矿的煤炭南运；又把原来太原铁路局合并到北京铁路局，以利于空车西调，装山西太原、大同、阳泉的煤炭东运。同时，还组织了有关铁路局定点定线专列运输煤炭。这些都是通过加强调度解决了问题。

2. 保电厂燃料供应，实行“三电”方针。

电力工业关系到国民经济和人民生活的各个方面。电力工业本应超前发展，留有余地，而当时却恰恰相反，电力供应严重不足。“文化大革命”刚开始时，由于很多企业停产或半停产，供电紧张局面尚不明显。但到了1969年下半年动乱局势相对缓和时，工业生产渐趋回升，缺电问题越来越严重。各地缺电的告急电报、电话接连不断。电力严重不足的原因除了运动的破坏，发电能力不够外，最主要的是煤炭供应不上。

有一次我到上海，上海电厂马上就要停电。当时上海市革委会副主任马天水像热锅上的蚂蚁，天天向我要油、要煤。杨树浦电厂的存煤场，挖掘机铲煤连场地泥土都铲了上来。我马上要调度查看，发现有一艘运油船刚进入黄浦江，立即拦截下来才救了急，要不然上千万人口的上海将要面临瘫痪。

由于电力不足，当时有的电网已由50周波降至49～47周波，电网时刻存在崩溃的危险，湖北就曾发生过武钢高炉几乎烧穿的电网瓦解事故。为使电网安全运行，我们对主力电厂用煤，采取定点供应、重点调运的措施，力争多发电。当时除了保证铁路和连续性生产的重点企业供电外，其他企业的用电只能是每周七天“停三开四”。在深入调查和与电力部门反复研究后，1969年12月我提出了“计划用电、节约用电、群众办电”的“三电”方针。

所谓“计划用电”，是定期下达季度用电分配指标，其中重点企业用电戴帽下达。这个办法得到周总理、李先念副总理和各地区的赞同与支持。为保证计划用电的实施，国务院还决定东北电网改由沈阳军区领导，华东电网改由上海市革委会领导，徐州电网改由江苏省革委会领导。

东北电网成立了以中央政治局委员、沈阳军区司令员李德生为首的东北电网领导小组，由领导小组协调用电分配指标，安排水电火电调峰，在保证东北地区108个重点企业用电的同时，照顾三省地方企业用电，电网较快恢复正常运行。

华东电网则面临有关省、市争电矛盾的尖锐问题。安徽产煤用于发电，自己电力不足却要保证上海。上海、浙江既缺燃料又缺电，全靠外供。江苏电力自顾不暇。张春桥不顾大局，提出分解华东电网，将望亭电厂划归上海，以保上海电力自求平衡的主张。我们和水电部坚决抵制了这种霸道行径，维护华东电网的完整性，坚持统筹安排计划用电。

华中电力当时还没有组网，只有河南、湖北两省省网弱联站，相互交换电量不多。河南有煤有电，电力自给有余；湖北有水电，但火电不足，枯水季节供需矛盾突出。武钢一米七轧机不但用电量大，冲击负荷更大。为保证设备运转，我们和水电部邀集两省多次协商决定，用22万伏线路将两省联网。随后，湖南、江西也参加进来，组成了华中电网，实行有计划的水、火电调剂，发挥了电网最大效益。

京津唐电网在用电紧张的时候，每个季度都要开一次电网领导小组会议，由水电部主持，北京、天津、河北的负责人参加。我每次都到会。这个电网的主要任务是保首都、保驻华使馆、保电台、保机场、保铁路、保党政机关的用电。在电力不足的情况下，当时能用的办法就是对京津唐地区的工业企业限电拉闸、躲避高峰。应该感谢天津、唐山等地区的人民顾全大局，把光明让给了首都。河北的同志有时开玩笑说，他们就怕“五一”、“十一”、春节，一到节日，必压他们的用电。

后来，计划用电工作由国家计委移交给水电部成立的计划用电办公室负责。

所谓“节约用电”，生产组主要抓了两件事：一是减少或消灭“大马拉小车”，降低电耗。二是有计划地将沿海地区一些“电老虎”企业，如铝厂、铁合金厂、特殊钢厂等，迁至电力充裕的西北地区，同时调整沿海与内地的用电差价，对节约用电起到了促进作用。

所谓“群众办电”，主要是在有条件的企业推行“余热发电”。通过技术革新，把中压蒸汽通过汽轮机发电，降为低压蒸汽再用于生产，既发电，又节约燃料，部分地解决了本厂供电不足，“一举三得”。另外还有在重型机器厂搞柴油机发电，在钢铁厂建几万千瓦的自备电厂，有些地方利用当地水资源办“小水电”，有些地方搞集资办电等。

由于煤炭供应十分紧张，一些电厂由烧煤改烧油，这是迫不得已的临时措施。可是这个措施像一阵风，一时间给人一种误导，似乎我们的石油多得不得了，为此还专门成立了一个“煤改油办公室”，余秋里硬是捏着脖子来干这件事。后来批评余秋里搞煤改油政策失误时，余秋里说这确实不是他的愿望，是当时没有办法的“办法”。可是这一烧，一年就烧掉上千万吨的原油，造成资源极大的浪费。为了刹住烧油这一股风，我和李鹏（时任华北电管局局长）到京西珠窝电厂调查，这个电厂已改了一台烧油发电机组，正在筹划改造另一台，被我们当即制止。之后，电力部门烧油热潮才降了下来。为了使各个部门都能重视这个问题，1974 年 2 月生产组组织召开全国压缩烧油会议，谷牧副总理出席。会议向各省市、各部门说明了从国家石油生产和利用情况出发，大幅度增加烧油既不合理，也不可能。对烧油较多的省市和部门，还具体规定了压缩烧油的数量指标，要求各地各企业严格控制烧油量，努力节约石油，保证 1974 年全年石油计划平衡，缓解石油供求矛盾。

3. 保铁路交通通畅，保重点物资运输。

“文化大革命”期间的大动乱，把铁路、港口运输搞得一团糟，运力急剧下降，货运量连续数年递减。铁路交通是国民经济的“先行官”，是国民经济的大动脉。先行不先行，动脉不畅通，全国铁路运输经常陷于半瘫痪状态，直接影响国民经济的正常运行。为了维护铁路交通运输秩序，中央、国务院不断发出通知、通令、命令。但是，拦劫列车、汽车、轮船，抢掠、盗窃铁路货场和列车上的物资，甚至煽动、操纵和指挥毁坏铁路器材、炸毁桥梁、袭击列车、杀人劫货等事件，屡禁不止。重车、重船卸不下，空车、空船装不上，厂矿压车，港口压船，成为我们和铁路交通部门日夜处理的棘手问题。

那时，当我们得知某地铁路被阻断时，立即同有关省委（或省革委）通话联系，研究解决问题的办法。对难以排除的严重问题，及时请示李先念、余秋里、谷牧，同时，把他们的指示写成电话稿，向有关省委（或省革委）电话传达，请省、市、区领导能亲临现场排解。生产组在解决紧急问题的时候，也常常“先斩后奏”。晋煤东运到秦皇岛港装船，煤炭本来是供上海的，因广东用煤告急，即商交通部指令船长改航广州；上海发电燃油用尽告急，我们当即决定驶往南京的已到长江口的油轮，改航上海，以解燃眉之急。

每当遇到重大问题或十分紧急的问题时，由生产组和铁道、交通、冶金、煤炭等部门组成联合工作组，前往现场解决。这样的事情，每年都会发生几次，往往要同时派两三个工作组，分赴华北、华东、西北、东北地区的重点矿务局、铁路局、港务局，或配合当地指挥卸车，抢运煤炭，或组织当地车船疏港，或协调水陆联运。有时有关部门一时派不出人来，就由生产组独自派遣工作组到现场解决问题。

铁路是“文化大革命”的重灾区，由于造反派捣乱，货物卸不下来。不卸车就不能调车、不能装车，三者是统一的。所以生产组对铁路运输的顺序安排是“一卸二排三装”，并以国家计委名义发出《狠抓铁路卸车的通知》，要求各地区、各部门抓大型厂矿企业及时卸车，不准“以车代库”。针对当时车辆损坏严重的问题，生产组还协助铁路部门派遣联合工作组下去检查督促卸车、爱车工作。

为解决港口卸货问题，我提出消灭“超月船”。这一要求得到从上到下的赞同，沿海港口城市和港务局，都以消灭“超月船”为目标，推动卸船工作。交通部在《水运日报》上，特别标出“超月船”艘数，并作为考核港务局业绩的指标之一。抓卸船对缓解港口压力起了推动作用。

4. 抓机械工业。

国民经济各部门，特别是工交企业生产建设，都需要设备。全国的设备制造主要靠一机部。生产主机设备需要铸钢、铸铁和焦炭。这是一机部的炉料。但是，这些炉料的供应和冶金部发生矛盾。如果铸铁和生铁给了一机部，冶金部就要少产钢；焦炭给了一机部，冶金部就要少产铁。为此事，一机部和冶金部的矛盾相当尖锐，经常到生产组来“打官司”。在这方面，我们不知道开过多少次会。因生产急需这些设备，所以我们总是动员冶金部顾全大局按计划供货。有好多次一机部找我说，日子实在过不下去了，找冶金部也没办法解决，怎么办？这时候只能“救急”了。我又把冶金部的领导找来，跟他商量解决办法。最后，冶金部不行也得行，从冶金部企业挤出一点来，从地方中小钢铁企业借一点，用明年的钢材还。最后还不够就只能从国家储备中紧急借调一些。那个时候借调国家储备，需李先念批准。一般情况下，我给先念写报告，他都批准，因为他知道这是紧急需要。

生产设备维修是当时工交企业面临的一个大问题，抓工业企业的设备检修也是生产组的一项重要工作。1971 年全国工交企业设备完好率只有 50%。例如电力企业，因发电设备失修事故增多，1971 年上半年不同程度地烧毁发电机 50 台，容量 91 万千瓦，比同期装机容量还多。1972 年初，我们专门组成设备维修工作小组，连续抓了三年，设备技术状态才逐年好转。1975 年设备完好率基本达到正常水平。那个时候企业也难，除了人为的因素外，设备都是在“大跃进”中“拼杀”过的，在磨损、缺件、带病中运转。所以，抓生产，不能不抓设备维修，否则简单再生产也难以维持。1972 年 7 月 9 日，我派宋力刚、王守家去鞍钢解决轧机检修问题，其中就有半连轧。这次检修一共是五套轧机，鞍钢四套，武钢一套。按李先念的说法，半连轧是国宝，鞍钢半连轧生产薄板，主要供应长春汽车厂。但薄板的质量不行，是波浪形的，原因是设备老化了。鞍钢非常欢迎生产组的同志去。正常情况，设备检修是企业的事。可那时就不行，因为冶金部解决不了备件，一机部重机厂愿意生产设备和主机，不愿生产备件，因为生产备件没有效益。遇到这种情况，国家计委便硬性要求一机部必须专项安排制造备件。当时鞍钢高兴极了，我们把这十来个重机厂和一些零部件制造厂请到鞍钢，需要什么，马上安排制造。最后，只用了 11 天就抢修好了。

为了解决修和造的矛盾，我在 1970 年 12 月 7 日还提出了设备检修要“三个并举”，就是机械行业要修造并举，设备制造厂要修造并举，修理厂也要修造并举。这“三个并举”对解决当时修和造的矛盾也起了一定作用。

当时生产组在机械工业方面，还抓了一些具体工作。

（1）围绕发展电力和钢铁等基础工业所需要的成套设备，协助一机部，组织扩大“四机”“两泵”短线产品的生产能力。“四机”就是大电机、大风机、大压缩机和大制氧机，“两泵”就是高压泵和特殊泵。经过几年的工作，“四机”“两泵”的生产能力都有很大提高，满足了生产发展的需要。还围绕“大打矿山之仗”，组织了对载重 100 吨大型矿用电动轮汽车、载重 60 吨自卸汽车和大型潜孔钻机的研发。

（2）组织了对高中压阀门生产情况的调研，提出了《关于我国高中压阀门生产能力、组织概况及发展阀门生产意见》的调查报告。经余秋里批准，纳入了年度措施计划。使高中压阀门生产能力，从 1971 年底的 2.2 万吨，迅速增加到 2.9 万吨，净增 7 000 吨，缓和了当时的供需矛盾。

（3）从 1973 年到 1975 年，组织了援助阿尔巴尼亚的砂泵、杂质泵使用寿命的攻关和扩大生产，并给李先念写报告。先念和余秋里都作了批示，我们安排生产技术室组织一机部所属石家庄的水泵厂，进行技术攻关并建立了独立的生产线，使用寿命由原来的 7～8 天提高到 120 天，提高了 10 多倍。

5. 抓化工、医药、建材和轻工、纺织工作。

化工、医药、建材工作由生产组负责。在组织化肥生产，确保农业生产需求，组织药品生产，确保医疗用药，组织水泥生产，增加水泥产量和推广散装水泥及粉煤灰的利用，保护生态环境等方面，始终常抓不懈，每年都做了大量的工作。

李先念很关心人造金刚石研制。因为每年要用外汇进口金刚石，而当时外汇紧张，他提出我们自己能不能造金刚石。我国的金刚石矿分布在湖南沅水流域、山东郯城和大连金县一带，储量很少，每年要从非洲进口。后来建材研究所要在北京东郊的东坝做试验，我们专门给了它压力机，在高温高压下，把碳变成金刚石。先念专门让我去看了一次，确实可以，虽说颜色不太好，可结晶还是很好的。我回来给先念报告了，他非常高兴。后来他们不仅搞出了人造金刚石，还搞出了人造水晶。

轻工、纺织产品直接关系人民日常生活，必须保证。但在“文化大革命”中，经常供应紧张，有时连肥皂都供应不上。为了解决人民生活日用品和穿衣问题，生产组的同志动了很多脑筋，做了很多工作。例如在大力发展合成洗涤剂的同时，努力发展合成脂肪酸的生产；进口化纤设备，生产化纤布料。这对维持人民生活都起了作用。

6. 抓农业、林业和渔业工作。

在农业生产方面，主要抓了支农机械和化肥生产，抓农、牧区的救灾工作；重点改造了兽药厂，使兽药企业在数量和质量方面都有很大提高；建立了生物治虫工业并在江苏建设了微量元素肥料厂。这些工作对我国农业水平的发展都带来很好的效果。

在林业方面，按照周总理对木材生产要做到“青山常在，永续利用，越采越多，越采越好”的指示，同有关部门一起制定了全国造林计划，组织了一系列造林活动，大力发展泡桐采伐区的更新造林，以及营造用材林基地，实行林、粮间作，使以营林为基础的方针，得到有力的贯彻。为了解决森林资源不足，缓和供需矛盾，一方面努力发展林区的综合利用，提高资源的有效利用率，另一方面还大力开展节约代用的工作，发展以煤代木（指烧柴），以水泥制品代木，以钢代木，利用枝丫发展纸浆原料，建立纤维板、刨花板厂。此外，还对林业生产进行有效的调度，保证了木材生产按月、按季完成生产和调出计划，还专门拿出2亿元资金恢复东北林区的生产能力。

在渔业方面，当时我们面临着沿海鱼资源越来越少，珍贵鱼数量不断下降，劣质鱼增多的局面。在船体结构上，木船多，机船少，沿海浅水捕捞多，远洋深水捕捞少。在分配上地方自产自供的多，国家可供调配的数量极少，中央可直接调拨的资源，只占全国总产量的 1/10 左右。针对这种情况，国务院要求生产组抓这件事。生产组做的具体工作有：一是大力发展机动渔船，扩大和发展了为远洋捕捞服务的造船事业。主要是造船和发展灯光围网渔业，同样在公海捕鱼，我们捕不到鱼的原因就是船上没有灯光围网，这是当时的新技术。为开展远洋捕捞，专门立项投资造船，不仅每年进行投资，而且按月按季进行检查，保证了造船计划的落实。二是发展冷藏车和冷藏船，渔业是在汛期集中生产，要把批量的优质鱼在产地先储存起来，待需要的时候调出。三是及时解决海洋捕捞生产所必需的维修物资，主要是木材、油漆、渔网。

7. 抓国防工业建设。

三线建设和国防工业建设也是一项重要工作，这由军工组抓。当时的工作重点就是按照“备战、备荒、为人民”的战略方针，协调解决三线企业和军工、电子企业在建设中遇到的重大问题。按照毛主席提出的“一厂一件，百厂成线，一厂一角，百厂协作”的要求，这段时间里共组建军品动员生产线几百条；配合省、区、市建设“小三线”军工厂几百个，省、市后方基地几十块；累计投入几十亿元，建成了常规、尖端装备、军工配套的体系；建立了经济部门为军队后勤供应的网络；制定了一、二线企业向三线搬迁和分迁的计划，并组织协调搬迁和分迁中出现的重大问题；配合国务院电子领导小组发展收音机、电视机工作；协调国防工业部门与民品（民用炸药、民用猎枪、民用飞机等）的科研管理和协作配套等工作。

8. 抓老企业“挖潜、革新、改造”。

这项工作由徐良图负责，刚开始是把设备维修、短线产品、技术推广捆在一起安排技术措施项目，经国务院领导批准，每年用国家预备费或财政专项拨款安排一些资金。1970 年安排重点技术措施费 1 亿元，用于增产短线机电产品和短线钢材。1971 年安排 1.5 亿元，1972 年安排 3 亿元，以后每年都安排技术措施费。这笔钱来之不易，为什么呢？因为一开始是生产组提出来的，是生产组在实践中尝到了“甜头”。对老企业，只要增加少量的技措费用，将设备经过填平补齐和推广应用新技术，就能扩大生产能力，还能提高产品质量和增加产品品种，这是一本万利的做法。但是，由于当时受“重基建、轻生产”的影响，只有基建项目才能列到国家计划上，才能是重点，其所需要的资金、设备和

“三材”（钢材、木材、水泥）才能有保证。而老企业技术改造措施项目，往往被视为可有可无而被挤掉。所以，在安排计划时，技术措施项目与基本建设项目很难相提并论，往往不被重视。我们总结了过去的经验，在“技术措施项目”前冠以“重点”二字，成为重点技措项目，这样可以同重点基建项目相提并论，在安排资金、设备、材料上与基本建设项目一视同仁，效果颇好。从此，重点技措项目便争得一席之地，所需资金、设备、材料，得到了落实。

在安排项目中，我们多次强调，一定要抓住重点，要集中力量打歼灭战。就是说，把资金、设备、材料打足，不上则已，一上即成，绝不撒胡椒面。所以近90%的技措项目，能当年安排、当年建成、当年形成生产能力。

1975年上半年，生产组又把“重点技措项目计划”发展为“挖潜、革新、改造计划”（简称“挖、革、改”）。同年6月22日，李先念就长远规划问题指出：“五五”计划重要的一条，就是搞挖潜、革新、改造，充分利用现有能力，用较少的钱办较多的事，填平补齐，成龙配套，不能走重复建设的道路。从全局出发，统一规划。谷牧在7月16日主持研究全国计划会议准备工作时，明确指示，从1975年起，要把挖潜、革新、改造措施纳入到国民经济计划中来。根据这些批示，生产组组织国务院有关部门，编制了1976—1980年挖潜、革新、改造措施规划。这是全国第一个五年措施规划。

这年7月，国家计委向邓小平汇报《关于加快工业发展的若干问题》时，小平认为“挖潜、革新、改造”这六个字提得好。我们坚持连续抓了几年，对老企业通过技术改造提高生产能力，起了很好效果。1980年6月，国家经委、国家计委、财政部联合制定了《关于加强现有工业交通企业挖潜、革新、改造工作暂行办法》，报国务院批转各地区、各部门贯彻执行。

9. 抓技术革新和新技术推广。

技术革新和新技术推广工作主要由生产技术室负责。生产技术室开始只是一般地抓科学技术工作，先后抓过细菌炼铜法、农作物利用稀土等，后来把工作重点转向技术革新、技术进步、技术推广和技术引进等方面。

为了改变国家广播设备和电视机生产技术落后状态，1972年9月

20日，生产组与四机部、邮电部、化工部和广播事业局共同组成彩电攻关会战和彩色电视试播小组。攻关小组由赵荫华、徐良图负责组织彩色显像管的引进和研制工作。经国务院批准，1973年引进第一条日本彩色显像管生产线和彩色电视生产技术，通过学习与创新，为国产彩色电视机生产奠定了技术基础。同时，协调安排北京彩色电视试播台建设所需的设备，通过研制和引进，按计划成功实现了彩色电视试播。这年底在京召开了第一次全国电视发展规划会议，制定电视发展的相关政策，确定电视机生产目标及相应配件生产规划，为我国彩色电视机的发展打下了初步基础。

针对我国印刷技术落后的状况，1972年10月，技术室组织国家出版局、一机部、燃化部和轻工部等部门依据新技术、新材料和光机电一体化现代印刷设备进行专题研究，提出了所需28项先进印刷设备和器材的技术攻关措施，并在此基础上向国务院呈报了《关于印刷技术改造问题安排落实情况的报告》。12月，该报告经李先念、纪登奎、华国锋批准，纳入了年度基本建设和技术措施计划并作出专项安排，为后来“六五”期间的印刷机械、印刷技术的发展打下了基础。

1974年11月，由生产组组织召开了全国工业企业技术革新经验交流会议。这次会议采取边议边参观的形式先在大连召开。由大连、辽宁、上海、天津、北京几个单位，介绍了技术革新经验，并参观了大连机床厂、大连钢厂、大连石油厂等先进企业。后回北京继续开会，由开滦煤矿、四川化肥厂、常州柴油机厂、武昌电厂等介绍经验，会上分发了我们编写的《技术革新100例》，大受欢迎。最后全体代表到了上海，参观技术革新展览会和部分企业。这种拉练式的交流方式效果极好。通过这次交流，许多省、区、市先后成立了抓生产技术的机构，专事推动。

太阳能利用也是这一时期开始的。1975年7月，我们会同中国科学院召开了全国第二次太阳能利用会议。此后，北京、江苏、甘肃、新疆、陕西等太阳能资源丰富的地区，在太阳能利用上，都有了较大发展，对解决缺煤、缺柴地区的人民生活问题，起到了积极作用，尤其是推动了太阳能新材料的发展。

20世纪70年代初，工交企业实用新技术相继出现。如上海电机厂的“双水内冷汽轮发电机”，2.5万千瓦机组可发电10万千瓦；天津搞出 6 000 吨水压机；一机部副部长沈鸿组织设计制造出 1.7 米热钢板轧机；西安市建工局工人试制出可控硅电焊机等。生产组经过调查研究，认为电子技术是当时新技术开发的核心，因此决定集中力量抓电子技术的开发与推广。例如，用硅半导体晶体管试制的收音机、电视机，工业用仪器仪表、医疗机械、电子钟、电子秤、电子售票机等产品，体积小、灵敏度高，很受群众欢迎。生产组还对磁铁矿、赤铁矿的选矿方法组织力量进行研究。

研制我们自己的海上石油钻探船是地质局（后又恢复为地质部）提出的。开发沿海石油需要海洋石油钻探船，如果从国外进口，花钱多，所以决定自己设计自己制造。这个提议，生产组是积极支持的，决定交上海船厂承担。开始设计的双体船，两个船连在一起，中间留个方框安装钻机。但在南黄海、江浙沿海进行试验时，因为船是用锚固定，处于漂浮状态，受海浪起伏的影响，操作比较困难，不稳定，试验没有成功。1976 年石油部从新加坡进口两台国外石油钻探平台，这个平台就稳定多了，因为它是三只脚或四只脚插在海泥里，把平台升起来，风浪对它没有太大影响。石油部订货两台，我找到唐克，他风格高，同意给地质局一台。1976 年 12 月我到广州，听说钻探平台已经到了三亚。就是从这个时候开始，我国有了海洋钻探平台。

在这期间，我们还协助华罗庚推广统筹法、优选法（简称“两法”）。1970 年 4 月，华罗庚来找我，讲了他的统筹法和优选法。此前他给周总理写过信，周总理要他推广“两法”，并让他来找我。我就找来各部的负责人听他讲“两法”课，讲系统工程。听后大家觉得很好，我鼓励他到企业宣讲。从 1971 年开始，华罗庚带领他的小分队到各处去介绍“两法”。华罗庚搞“两法”，实际上是把很多事物系统化，合理配置。这些科学家深入基层，直接到生产第一线帮助解决问题。“两法”当时很有影响，采用之后，效率马上就提高了，质量也上来了，而且它深入浅出，用很通俗的语言，工人们也能听得懂。华罗庚说他是我们的直属工作队。

10. 抓企业整顿和管理。

“文化大革命”中，林彪、“四人帮”一伙鼓动“规章制度是枷锁”的思潮泛滥，一些企业不执行技术规程，不按操作规程办事，导致事故频发。

1972年2月5日，周总理听取国家计委汇报全国计划会议情况时就明确指出：现在我们的企业乱得很，要整顿。要纠正林彪一伙对企业管理的干扰、破坏。要从抓企业整顿，抓企业管理，加强统一计划入手，克服无政府主义造成的企业混乱状态；要恢复和健全岗位责任制度、考勤制度、技术操作规程、安全生产制度，考核产量、品种、质量、原材料燃料动力消耗、劳动生产率、成本和利润等七项指标，把产品质量提高到第一位；落实干部、工程技术人员和职工的政策，坚持又红又专的方向，加强工人阶级队伍的组织纪律性，反对无政府主义等。他的这些讲话内容都写进了《全国计划会议纪要》。但是，在中央准备批转下发这个《纪要》时，张春桥横加阻拦，说什么“文件长了，不好发”，给否定了。张春桥还公然反对《纪要》中批林彪“空头政治”，声称批“空头政治”就是批“文化大革命”，就是批他们。他压制批林纠“左”。会后，各地区、各部门参加会议的同志，只好对《纪要》内容作口头传达。

《纪要》被张春桥否定之后，国家计委于这年底又起草了《关于坚持统一计划，加强经济管理的规定》（十条）。按照周总理指示，提交到1973年2月全国计划会议上审议。文件针对经济工作存在的问题，作出10条规定：坚持统一计划，搞好综合平衡，反对各行其是。不许乱上基本建设项目，不许随意扩大建设规模和增加建设内容。职工总数、工资总额和物价的控制权属于中央，任何地区、部门和个人无权擅自增加和改变。严格执行物资分配计划和订货合同，不许弄虚作假，随意中断协作关系。加强资金管理，严禁拖欠、挪用税款和利润，不许用银行贷款和企业流动资金搞基本建设。中央下放的大中型企业，由省、区、市和少数省属市管理，不再层层下放。按照党委领导下的厂长负责制的原则建立强力的指挥系统。坚持按劳分配的原则。加强纪律。加强党对经济工作的一元化领导等。在计划会议讨论时，28个省、区、市赞成，唯独上海反对。张春桥说这是“拿多数压我们，我坚决反对，我们是光荣的孤立”，并强令收回。

1971年8月，针对林彪、江青一伙在政治和业务的关系上所造成的思想混乱，周总理在接见回国大使的讲话中就明确指出：运动和业务不能对立，无产阶级政治挂帅，就是要挂在业务上。总理讲话不久后，有一次我到国务院参加会议，会后李先念叫一位同志从机要室取出总理这个讲话稿给我看，目的是让我了解这一情况，挺起腰杆抓工作。回来以后，我把总理讲话的精神，向全国物资会议领导小组作了传达。不曾想被江青一伙得知，要纪登奎出面追查。他们的目的就是企图阻止对总理这一讲话的宣传与贯彻。李先念听说他们向我追查，当面对纪登奎讲：总理讲话是我让宝华看的。这才为我解了围。

为贯彻周总理、李先念副总理抓企业整顿和管理的指示精神，生产组从 1971 年就开始把这件事提到重要议事日程上。1972 年 1 月 5 日，我在向参加计划会议的省、区、市和中央各部门的代表介绍一季度生产安排与全年五项重点工作时，特别提出要继续开展工业学大庆，加强企业管理。工业学大庆是毛主席号召的，“四人帮”不敢公开反对，尽管在那种情况下很难进行，但我们还是希望通过学大庆改善企业的基础管理。

1974 年 5 月 13 日，在计委召开的扩大会议上，生产组提出要继续大张旗鼓地宣传大庆的管理经验，开展工业学大庆活动，建议在适当时机召开全国工业学大庆会议。为了加强对工业学大庆工作的领导，推动这项工作的开展。1975 年 1 月，国务院批准国家计委生产组增设工业学大庆办公室，由赵荫华任主任。大庆办的主要任务是：调查研究和总结大庆及工业学大庆的经验；推动全国工业学大庆活动广泛、扎实、有效地向前发展；普及大庆式企业（此时，生产组由下设“三室”变成“四室”，这一设置一直保持到 1978 年上半年，生产组的人员也陆续增加到 133 名）。

1975 年 1 月 7 日，国务院召开了第一次全国工业学大庆会议，由谷牧副总理主持。我介绍了全国工业学大庆形势和今后的任务。我主要讲了毛主席号召工业学大庆已经十年了，1971 年毛主席再次要求工业学大庆。工业学大庆活动极大地调动了企业和工人群众的积极性，极大地促进了各行各业的生产和建设的发展。但是这项工作在各地的发展还很不平衡。为了进一步加强对这项工作的领导，我们要首先学习中央的方针、路线，学习毛主席的指示，像大庆那样放手发动群众，狠抓典型，宣传推广先进经验。并请各部委做好召开全国工业学大庆经验交流会的准备。

同年 2 月 22 日，生产组学大庆办公室提出《关于召开全国工业学大庆经验交流会的初步设想》，12 月 1 日生产组派工作组到大庆油田蹲点，帮助总结经验。并拟定出“工业学大庆六条标准”：有一个坚强的领导核心；有一支能打硬仗的铁人式队伍；有一套科学严密的企业管理制度；企业的技术改造进展快，收效大；年年完成国家计划，主要技术经济指标达到先进水平；以工为主兼搞别样，在有条件的地方发展农副业生产。

1976 年 12 月 2 日，国务院召开全国工业学大庆座谈会，20 日结束，会议代表 193 人。会议由余秋里主持，谷牧讲话。谷牧在讲话中说，座谈会是为明年召开全国工业学大庆会议做准备。全国工业学大庆会议筹备了两年，之所以一拖再拖，主要是“四人帮”从中捣乱和破坏。事实说明，“四人帮”不倒，工业学大庆会议开不了，即使开了也开不好。做好全国工业学大庆准备工作，主要有两条：一是彻底揭发批判“四人帮”篡党夺权、破坏经济建设、破坏工业学大庆的罪行，二是总结好大庆的经验。

11. 抓品种、质量。

周总理和其他中央领导同志在“文化大革命”中对产品质量问题作过多次指示。1969 年 4 月 12 日，周总理在亲自召集有关部门研究解决飞机质量问题时讲道：飞机质量事故影响战备和援外，影响安全，怎么能对同志的性命这样不负责呢？军事工厂哪能搞成这样！检验制度应当马上恢复，改革不合理的规章制度，合理的还要保留。1972 年 1 月 21 日，总理就我国援外汽车质量问题作了批示：“质量这样下降，如何援外？如何备战？”并责成国家计委把“一汽”“二汽”“京汽”“南汽”抓一抓。接着，叶剑英、李先念对歼六飞机质量，出口罐头、衬衣、照相机和部分日用品质量，广交会展品质量，土特产品质量，轻工产品、医药产品质量等问题，先后批示有关部门认真研究解决。同年 5 月 19 日，余秋里在援越任务动员会议上，要求有关部门狠抓一下产品质量问题。

对轻工纺织产品质量问题，因为出口反映不好，周总理、先念副总理也多次提出过批评。因为轻纺产品能换外汇，国务院领导要求，要增加质量好的、品种多的产品，尽量多出口。为解决这些问题，生产组曾多次专门找部门负责人来计委开会研究。会上，我传达了国务院领导的指示，还就质量问题给大家念了国务院一个通报。是转发外贸部的简报。在 29 期简报中说，在出口的罐头里，有按钉，有手套，外国人说，这不适于人类使用。在 45 期简报中说，加拿大人买了衣服以后说，颜色不好，表示再也不买中国货了。在54期简报中说，法国市场3月份销售我国的照相机，经过检查，90架当中只有23架合格，占25.6%。

为了使产品的质量问题引起重视，1974年8月25日，我利用一机部召开的一个会议，特别强调：“要把质量提到第一位。产品质量是当前工业方面的重大、尖锐问题。‘百年大计’在有些地方已成了句空话。产品质量不仅影响国防备战、出口援外，也影响到生产建设、人民生活、财政收入。质量下降的原因，既有原材料质量问题，也有主观方面的原因。所以抓质量、抓整顿，首先要抓思想，要把产品质量提到路线高度上来认识，克服重数量、轻质量，片面追求产值、吨位的倾向。其次，要切实整顿和加强企业管理，建立健全七项管理制度，抓好七项经济技术指标。第三，要注意组织好均衡生产，防止前松后紧。第四，搞好设备和工装模具的维护检修。第五，要从原材料、基础元件、配套件抓起。总之，对于产品质量要严格要求，十分严格不能九分，少一分也不行。”

领导的批示和我们的工作引起各部门的重视。轻工部专门召开了全国轻工业产品质量会议，冶金部召开了冶金产品质量汇报座谈会。各地区和一些大型企业，有的召开质量问题路线分析会，有的举办产品质量学习班、展览会，有的访问用户、征求意见，有的整顿规章制度、开展质量大检查，有的开展技术表演、技术交流，还有的组织三结合攻关。这些工作，使我国工业产品质量有了提高。

当时的质量和品种问题也是受计划指标要求过高的驱使，不少企业不顾实际需要，一味追求产值、产量，忽视品种、质量，不对路的“大路货”没有销路而大量积压。在计委核心小组召开的一次会议上，我要徐良图专门讲了这个问题，得到了大家的积极支持。当汇报到需要资金时，余秋里站起来态度坚决地说，一定要解决这3亿元资金。这3亿元技术措施资金的到位对当时企业增加品种、提高产品质量起了很大作用。

12. 抓安全生产。

安全生产是生产组的一项重要工作。“文化大革命”中，由于企业管理混乱，生产事故频发。1966年12月大庆炼油厂加氢车间发生特大爆炸事故，死伤职工近百人。经调查组追查发现，原因是造反派鼓动工人四处串联，一些工人脱离岗位，未能及时发现仪表异常情况，导致事故发生。为此，余秋里指示：要将大庆事故向全国通报，明确规定，凡易燃、易爆、高温、高压的生产装置，操作工人必须坚守岗位，保证生产安全。但造反派却有恃无恐地称，毛主席提出“工业学大庆”，你们却把大庆事故通报全国，丑化大庆，目的就是“以生产压革命”，压制工人造反，是反对毛主席。

当时，各部门各行业经常发生人身事故，社会反响强烈。煤矿是安全生产的重灾区，许多煤矿规章制度被废，操作规程混乱，一些大型统配煤矿百万吨煤死亡率都在 7～8 人。地方小矿更严重，煤矿冒顶、透水、瓦斯爆炸事故不断。1970 年春节，我去煤炭部拜年，看他们的值班记录，几乎天天有死亡事故。不仅煤炭企业如此，铁路、交通、电力企业的人身事故也是接连不断。车间仓库爆炸，火车出轨翻车，轮船碰撞沉没等。记得 1971 年 4 月，周总理曾严厉批评煤炭部：出事故不查原因，死伤那么严重，怎么得了！那时虽然我们在大大小小的会议上，在各种场合不断提醒大家，抓安全生产，但事故还是常常出现。我心里很清楚，造成事故的原因，在很大程度上就是不按操作规程办事，不严格执行技术规程的结果。在“文化大革命”动乱期间，很多人受了无政府主义思潮的影响，像“技术无用论”，“规章制度是套在脖子上的枷锁，要丢掉，要烧掉这些教条主义框框”等，流毒很广。首钢第二总变电所曾发生了全厂停电、停工事故，见到冶金部报告，我们立即召开有各部部长参加的现场会，经整整一夜的调查分析会，公安部、冶金部和我们生产组连续几天追查事故原因。最后查清事故是由于一只猫趴在电线上，造成短路。可在那个年代，造反派的结论竟然是：阶级敌人利用动物进行破坏是极其狡猾的。结论虽然荒谬，但我们利用这件事情，提醒大家加强对安全生产的重视。

为加强安全生产工作，中共中央专门发了《关于加强安全生产的通知》，1972 年 2 月生产组向各地区、各部门、各单位下达了《关于进一步加强安全生产的通知》。

“文化大革命”期间，生产组调度室派团就煤矿生产问题去美国考察，发现美国的煤矿死亡人数很少。美方介绍了他们设立的权威性国家安全监察机构（名称叫作“国家矿山安全监察局”）及该机构的职能与工作范围。考察团回国后，写了专题报告《关于扭转我国煤矿安全状况的建议》，其中有一条就是设立国家安全监察局，制定矿山安全法。我看过以后，觉着可行，即报国务院。后经李先念、谷牧副总理批准，指示有关部门按此建议组织实施。劳动部的矿山安全监察局就是那个时候成立的，后来，还又逐步恢复健全了我国矿山安全法规。

1975年邓小平恢复工作后，将安全生产作为治理整顿的一项重要工作。2月，国务院专门召开全国安全工作会议，会上除推行安全监察工作外，我特别强调要结合中国情况组织工人群众参加安全管理。矿山安全法律法规，是多少矿工用血的教训换来的，必须坚决执行，尤其领导干部更要带头执行。对于玩忽职守，造成重大伤亡和生产事故的，要查清责任，严肃处理，有的还要追究刑事责任。

为加强安全生产工作，这一年国务院将国家计委劳动局扩编为国务院直属的国家劳动总局。

13. 抓综合利用、清仓节约、清产核资、增产节约和扭亏增盈。

这也是生产组负责抓的一项很重要的工作。综合利用工作由生产办公室负责，他们在工作中通过抓典型事例，将各行各业在综合利用、治理“三废”、兴利除害、变废为宝的经验广为宣传、推广。他们曾编写了《综合利用100例》，在计划会议期间，下发到各省市、各部门来推动这项工作。

为了做好清仓节约工作，1971年生产组成立了清仓节约办公室，设在国家计委物资局内。主要工作是核定物资消耗定额，抓节约用电，编制节约计划。后来，清仓节约办公室主要抓了组织编制全国各省、区、市，各部门年度节约计划，经全国计划会议讨论后统一下达执行。还负责制定全国节约措施项目计划，包括安排节煤改造锅炉、余热发电、节油、以煤代油、木材代用品等项目，并分配节约措施费。清仓节约办公室每年要召开一次全国节约工作座谈会。我每次都要出席并在会上讲话，提出新的节约任务和要求。清仓节约办公室还曾举办过全国节约展览会，宣传节约经验。

“文化大革命”期间，许多重要物资大量超储、积压严重。1968年，毛主席对外贸商品的积压浪费问题就曾作过两次重要批示。1970年毛主席在与巴基斯坦总统叶海亚·汗的谈话中，又讲到要扫仓库，压在仓库里就变为不流通了，不使用，保守。毛主席的讲话传达后，库存问题进一步引起了人们的重视，有力地推动了清仓利库工作的开展。当时，采取了政治的和行政的两种办法。主要是宣传毛主席关于要扫仓库的指示，宣传加速物资周转在社会再生产中的作用，宣传利用库存对于建设社会主义的重要意义；通过制定库存定额的方法，对各地方、部门、企业进行严格考核，要求层层负责，按期达标。当时对钢材就制定了各地、各部门的库存周转期定额，各地、各部门还逐级制定了各企业、各单位的库存定额，定期考核，要求不得超过。他们把计划分配和利用库存结合起来，降低库存任务完不成，要相应扣减分配钢材数量等。这些办法和措施，在当时都起到了一定作用，但是很难从根本上解决问题。粉碎“四人帮”之后，1976 年国务院在兰州召开了一次全国清仓查库经验交流会，李先念要我去主持。各省、区、市和商业、外贸、物资等部门都参加了这次会议，会议由甘肃省和大庆油田等单位介绍了清仓查库、利用库存的经验，研究了清仓利库的一些政策问题，有力地推动了清仓利库工作。

国务院很重视清产核资工作，1970 年 4 月 16 日决定在清仓利库的基础上进行一次全面的清产核资工作，通过清产核资，要求工交企业流动资金节约 20%，生产建设单位的设备利用率提高 20%。1972 年 2 月 11 日在全国计划会议期间又专门召开清产核资座谈会，推动这项工作。

1970 年 11 月 13 日，为贯彻中共中央 5 月发出的《关于开展增产节约的指示》，生产组会同各部门、各地区组织企业开展了增产节约运动，并就运动中发现的问题，编写了《关于增产节约的报告》上报国务院，上报周总理。同年 12 月 7 日在生产组召开的会议上，传达了周总理关于 1971 年的国民经济计划要加强工业学大庆、增产节约、开展多种经营和综合利用、发展轻工业等六项工作的指示。

企业亏损是企业管理混乱的必然结果。由于“文化大革命”的破坏，企业亏损的问题越来越严重。1972 年 10 月 21 日，经国务院批准，我们会同财政部和农林部，在北京召开加强经济核算、扭转企业亏损会议。目的是解决当时发现的工业利税少收 100 亿，工业流动资金多占用 100 亿，基本建设尾巴拖长了 100 亿的“三个一百亿”问题。会议批判了林彪一伙散布的“政治可以冲击其他”“嘴巴就是计划”“三年不算账，钱也跑不到国外去”的荒唐言论。根据周总理的指示精神，会议提出了“政治挂帅要挂到业务上，挂到生产上，政治要结合经济工作一道做”；要求切实抓好企业整顿，严格实行经济核算制，建立健全企业各项规章制度和经营管理基础工作；还提出了允许国营企业在完成七项计划指标后，从利益中提取一定比例的奖励基金，用于职工的集体福利和给先进生产者以物质奖励。会议从多方面研究和制定扭亏增盈措施。会后，我们起草了《关于坚持统一计划，加强经济管理的规定》，经周总理批准，提交1973年1月的计划会议讨论通过。

14. 抓环境保护。

抓环境保护工作主要由生产办公室负责。为了做好这项工作，他们经常深入企业和地方调查。在吉林几个造纸厂和图们、延吉等地调查中，他们了解到松花江、图们江的水质污染情况，向当地政府提出了改进的意见。这些意见对解决水质污染，加强当地的环境保护起了很好作用。

生产组各个专业的同志在日常工作中都要抓这项工作，例如推广散装水泥，钢渣和高炉渣的利用，发电厂粉煤灰的利用等。

15. 抓统计。

1969年，在精简国家机关时，撤销了国家统计局，工作并入计委革委会生产组。生产组下属的统计组组长是原统计局老同志李林书。生产组统计组成立后，第一项工作是按照周总理关于整理编印国民经济统计提要的指示，组织全组人员全力以赴，于1970年8月底完成了《1949—1969年国民经济统计提要》，供党政领导使用，结束了五年来无“统计提要”的局面。随后对《统计提要》初稿又进行了补充修改和完善，于1971年9月再报周总理。时值中共中央九届三中全会期间，周总理非常高兴，说：很好，立即印发中央委员，大家很长时间不了解全国经济情况了。此后统计组每年都编制《统计提要》，供党政领导参考。

为编制好年度计划，1970年12月国家计委下发了由生产组统计组具体草拟的《关于认真做好国民经济基本统计年报工作的通知》，下发了《国民经济基本统计年报制度》等文件。至此国民经济基本统计报表制度，包括日报、月报、季报、半年报、年报的统计工作也基本恢复了。

那时候统计资料不公开发表，什么时候才开始公开发表呢？是乔冠华要去联合国开会，他需要一些基本统计资料。根据周总理指示，我们将上一年基本情况的统计资料，报送周总理。经批准，由乔冠华带着去了联合国。

生产组所属统计组开始人很少，而工作量却很大。原国家统计局人员，基本上都到“五七”干校了。因为这项工作非统计组能胜任，故在国家计委提议下，于1971年恢复了国家统计局，统计组这批人都回到统计局去了。筹备统计局时，我建议把杨波调回来，因为50年代他就在统计局工作。在一次周总理主持的国务院会议上，我讲到调杨波主持统计局工作。周总理讲，不要调杨波了，杨波已经任山东省革委副主任兼计委主任了，陈先可以。我意识到这也是总理对杨波的保护，还是那句话：刚刚解放少出头露面好。

16. 参与编制年度计划和“四五”计划。

生产组成立后，随即参与编制年度计划和“四五”计划。1970年7月国家计委核心组决定，由生产组编制全国工交年度生产计划，并负责生产计划的实施和协调工作。组内分工是生产办公室承担年度计划的统一安排、综合汇总、综合平衡；生产技术室编制冶金、机械、技改、建材工业的年度生产计划草案；生产调度室编制煤炭、石化、电力和交通运输年度生产计划草案。从1973年开始，改为协助计划组编制年度生产计划工作。

在这项工作中，对“四五”计划的编制，给我留下较深刻的印象。1970年2月25日，在召开的全国计划会议上，讨论计委拟定的1970年国民经济计划和“四五”国民经济计划纲要（草案）。纲要（草案）受极左思潮影响，按照林彪“用打仗的观点观察一切、检查一切、落实一切”的“理论”，提出了一些“高不可攀”的高指标。如纲要规定到1975年钢要达到3 500万～4 000万吨；要形成为农业服务的地方工业体系；各行各业都要办机械工业，自己武装自己；要集中力量建设战备后方，建立不同水平、各有特点、各自完整的工业体系和国民经济体系等。我参加了这次会议。对这个纲要（草案）的高指标，出于顾虑我未能尽言。事实是这个“四五”计划纲要的实施结果进一步扩大了国民经济比例失调，导致积累过高，基建规模过大，职工人数增加过快，造成工资支出和粮食销量失控的“三突破”：全国职工人数突破5 000万人，工资突破300亿元，粮食销量突破800亿斤。为补上粮食“窟窿”，不得不缩短基建战线，压缩投资规模；节省国防和行政费支出，增加对农业的投入；精简职工，来了个城市人口大下放。实践再次告诫人们，主观主义害死人。

此外，生产组按照国务院的要求，对物价、物资调拨、劳动工资等，在日常工作中都做了很多工作。

五、“文化大革命”期间的钢铁工业

钢铁工业是发展国民经济的重点，党中央、国务院领导都非常重视。我国钢铁工业经过“文化大革命”前五年的调整，1966 年钢产量达到 1 532 万吨，但“文化大革命”开始后的第一年，即 1967 年就急剧下滑，产量滑到 1 029 万吨，比 1966 年下降 32.8%，1968 年继续下滑到 904 万吨，比 1967 年又下降 12.1%，直到 1969 年才开始回升。

“文化大革命”期间，钢铁企业和生产设备再次遭到破坏，其严重程度不亚于“大跃进”时期。几乎所有大型钢铁企业内部都是两派对立，管理混乱，生产秩序大乱。面对这种局面，为了保钢铁，我们主动找冶金部商量抓钢铁企业的内部治理。对钢铁生产所需的外部条件，如煤炭、矿石、电力的供应和外部运输问题，只要冶金部提出，生产组都要列为重点，帮助解决。在冶金部实行军管前后，我主持讨论钢铁和有色金属的会议就有 60 多次，有工交各部参加的生产办公会、生产调度例会、各部的生产汇报会等，对钢铁工业的生产、经营、管理以及品种、质量和建设等问题都及时提醒，及时帮助解决。我还经常用写信的方式与冶金部领导进行沟通，提醒他们应注意什么问题。记得有一次我写信批评冶金部不注意废钢收集与利用。陈绍昆看了非常紧张，拿着这封信立即去找有关司局，要他们马上行动起来。

李先念副总理特别关心钢铁生产。他每天看生产组编写的生产日报，经常有关于钢铁生产的批示。1973 年 4 月 1 日，先念副总理在计委生产组的生产日报上批示：“铁矿石、钢和铁几乎天天没有完成任务，不知完不成的道理在哪里？煤炭这几天上来了是好的情况，冶金部是否着急？看来要开炮，凡是不能完成任务，除了不说明困难之外，应予注意。”次日，他又在日报上批示：“每天看这份日报，铁矿石上不去，道理在哪里？计委、冶金部应大力抓，否则2 500万吨计划完不成。如果2 500万吨还完不成，不好向主席、中央交待。”

按照先念副总理的批示，我要求大家必须认真抓钢铁生产，“抓而不紧，等于不抓”。要时时抓，日日抓，月月抓，季季抓，一年抓到头，不放松。每天一上班，我总是先看生产调度室的全国生产日报和生产技术室的钢铁、有色金属生产日报。

钢铁企业的老大难当时就是包钢、武钢、太钢三大钢铁厂，生产就是上不来，年年完不成计划。先念副总理找我研究，要求狠抓这三个企业。我们先抓包钢，由计委组织召开包钢座谈会。会议从1973年3月1日一直开到4月24日，先后召开大小会议50多次。由我和冶金部军代表陈绍昆主持，参加人员有内蒙古军区司令员，自治区副主席，包头市市长，包钢经理、部长、科长、工程师、技术员、工人，共40多人。其中有几次会议是在国务院会议室或先念副总理办公室召开的，先念副总理亲自主持。记得4月4日在先念副总理办公室开会，一直开到4月5日凌晨1点40分才结束。通过座谈，逐步弄清了原因。包钢的问题除了设备欠账、规章遭毁、无政府思潮泛滥外，管理体制变动和领导班子不稳定是企业混乱的根源之一。三年间八次改换军管，每次新去的军代表都要管上一届的军代表，最后形成“军管军”。

“四人帮”对钢铁工业干扰破坏的要害是搞乱了人的思想。他们批判专家权威，打倒“走资派”，接着废除企业的规章制度。他们宣扬“无规章制度企业”，企业领导班子像翻烧饼似的翻来翻去、换来换去，造成指挥失灵。一些大型企业，一旦指挥失灵，系统瘫痪，谁说了也不算数，企业焉能不乱？鞍钢二炼钢厂有一位指导员，因为批评工人不按操作规程操作，被工人打了两个巴掌，说他对工人阶级“管卡压”，造成干部怨气很大，不能管也不敢管。当时有个顺口溜形容企业干部的处境：“四清运动，下楼洗澡；文化革命，靠边打倒；成立革委，烟熏火燎；路线分析，爬坡检讨；上纲上线，没完没了。”鞍钢厂内运输的火车司机向来是当班带饭盒，这时把车一停，到食堂去吃饭！一位矿山革委会成员，提出要大干多少天，完成某项任务，结果受到革委会批评，说这个人不突出政治。那时候企业普遍是一、二把手管运动，三、四把手管人保（卫），五、六把手管生产。上面有那么多“手”，管生产的

“手”说了也不算。上上下下就是这种心态，钢铁生产又怎么能搞上去?

生产上不去，品种、质量更令人心焦。那时钢材质量和品种问题非常严重。上海第八钢厂以前有八大免检名牌，包括不锈钢板、搪瓷薄板、船板、汽车大梁钢板等，“文化大革命”期间都遭到用户退货。为解决品种、质量问题，1971 年初，我邀请冶金部有关领导座谈，重点转达了先念副总理的有关讲话内容，当时先念很担心钢铁、钢材计划完不成。专门批示：“计划会议开完了，年度计划也说出去了，说出去就要完成，不能上面说大话，下边说假话。”我提出要保证按质按量地完成计划，并就钢材品种，与冶金部进行了重点研究。由冶金部一个一个地汇报了 24 个钢材稀缺品种的情况。当时这 24 个钢材稀缺品种是：镀锡薄板、造船中板、硅钢片、变压器硅钢片、石油钢管、优质型材、不锈中板、不锈薄板、高速工具钢、轴承钢、中空钢、易切钢、不锈钢管、地质管、冷拔管、焊接管、薄板、冷轧炭结薄板、冷轧钢材、中厚钢板、4.5～7 毫米的钢板、带钢、无缝钢管、金属制品和所需的各种铁合金。我同他们一个一个地研究，制定方案。会后，我又让生产组每日通过调度把钢、铁产量及 24 个钢材稀缺品种的生产日报送到国务院领导的办公桌上。一开始，冶金部对 24 个钢材稀缺品种统计不上来，在生产组的督促下，冶金部才开始重视钢材品种和质量问题。

品种问题解决了，又暴露出另一个薄弱环节，即生产品种钢材用的铁合金严重短缺。冶金部提出要进口，我认为能够自力更生解决，随即决定支持冶金部建设 100 台专门生产铁合金用的小型电炉，项目和资金戴帽下达。后来一些省市又建了一些小型电炉，一共是 200 台专供生产铁合金。有了这批小电炉，也就扭转了我国铁合金供应不足的被动局面。当时生产铁合金的镍是战略物资，美国控制并封锁我们，一些对我们比较友好的外商用镍做成筒，里边装些别的矿石，其实卖给我们的是外包装的筒。后来把金川发展起来了，我们的镍已能自给有余了。

“文化大革命”期间，钢铁工业建设是国家投资的重点。那几年，我先后组织和参与了 15 个钢铁厂的建设与改造方案的研究讨论，到过许多钢铁企业进行现场调研，包括首都钢铁厂、邯郸钢铁厂、上海钢铁厂、唐山钢铁厂、鞍山钢铁厂、包头钢铁厂、武汉钢铁厂、酒泉钢铁厂、天津钢铁厂、杭州钢铁厂、太原钢厂、舞阳钢厂、本溪钢铁厂、马鞍山钢铁厂、南京钢铁厂等。其中酒泉钢铁厂，我是第一次实地踏勘。

1972 年 12 月 7 日，我和宋平一起从兰州去的，宋平那时担任甘肃省革委会副主任。那时去酒泉交通很不方便，当时担任兰州军区司令员、甘肃省革委会主任的冼恒汉还专门派了一架飞机，送我们先到张掖，从张掖再乘车到酒泉钢铁厂和镜铁山矿区。我们考察了正在建设中的酒钢和镜铁山矿。从酒泉到肃北蒙古自治县党河口，这里有个大道尔基铬矿，车行在半道上因前面道路不通未能进去。我们经敦煌、玉门到金川镍矿，最后到了定西。那时河西走廊人烟稀少，有时汽车跑一天也见不到一个人。

定西是甘肃省东部最贫困的地方。红军长征时，一、四方面军在定西县县城会宁会师，这里有座“会师楼”，是一个非常值得纪念的地方。这里长年雨水少，农民生活很苦。会宁有条河被上游芒硝矿污染，河水不能饮用，人们只能在夏天用水窖接雨水度日。当时宋平指导在这个地方扶贫，我问他怎么个扶法，他说用汽车运水。久而久之，汽车喇叭一响，牛也跑来要喝水，可见水的金贵。据说周总理 50 年代到这里，看到农民生活在这种环境里，掉了眼泪。定西多年来都是国家确定的重点扶贫县。

“文化大革命”期间，企业管理体制混乱对钢铁工业也有严重影响。在发挥中央和地方两个积极性的口号下，在所谓打倒“条条专政”口号下，鞍山市的军代表张峰，领着一些人来到北京上书国务院，要求把鞍钢下放给鞍山市。周总理指出鞍山市要把鞍钢办好，恐力所不及，没有全国的支持难以维持生产，并指定由余秋里来协调这件事。会议在中南海余秋里的办公室召开，张峰带着他的一些成员，还有造反派头头参加“讨论”。虽然我和余秋里都不赞成，冶金部的军代表也明确表示不同意下放，但余秋里在会上不好明确表态，说要向总理汇报。鉴于当时大庆油田、长春一汽等已下放给地方，总理只好同意。鞍钢下放到地方这件事引起很大震动，可笑话也不少。鞍钢下放后，鞍山市居然将鞍钢更名为“鞍山市第一工交公司”，把市属其他工业企业命名为“第二工交公司”。鞍钢公司办公大楼上面的“鞍钢”两个字也拆掉了。后来因柬埔寨西哈努克亲王向我们提出要去参观鞍钢，鞍山市不得不把“鞍钢”两字重新竖了起来。特大型企业下放，本来是要发挥两个积极性，可是在那个年代，这种管理体制的改革不仅不能调动什么积极性，反而因为瞎指挥，对企业的破坏更严重。全国后来陆续下放了 2 000 多个企业，大部分中央企业除了军工企业外都下放了。

“文化大革命”中钢铁行业和其他行业一样，生产和建设都遭到严重破坏，但我们在工作中依靠周总理、先念副总理的支持，把他们的批示当作“尚方宝剑”，督促有关部门大力协同，采取措施贯彻落实。钢产量从 1969 年开始逐年增长，1973 年一举达到 2 522 万吨，超额完成计划。但是，1974 年“四人帮”又借“批林批孔”干扰破坏生产，钢产量再次下滑，当年只有 2 112 万吨。1975 年，邓小平复出主持国务院工作后，为加快发展钢铁工业，专门成立了国务院钢铁领导小组，谷牧任组长，我和吕东任副组长，狠抓钢铁工业整顿，钢产量又回升到 2 390万吨。1976 年，由于受“反击右倾翻案风”干扰，又把钢产量“反击”至 2 046 万吨。可见，指导思想正确与否、局势稳定与否，直接关系到钢铁产量的升降，关系到全国工交生产乃至整个国民经济的发展。

六、大打矿山之仗

矿山是发展钢铁工业的基础，也是我国钢铁工业最薄弱的环节，至今依然如此。大打矿山之仗是“文化大革命”中经济工作部门抓的一件大事。

按照“四五”计划纲要，1975 年上限是要完成钢产量 4 000 万吨，生产能力要达到 5 000 万吨。完成这个规划的矿石在哪里？当时，已拥有高炉 6 万多立方米，因缺少矿石使炼钢能力不能全部发挥；全国 17 个重点钢铁企业，只有本溪钢铁公司、攀枝花钢铁公司的矿石够吃；26 个省、自治区、直辖市（上海、天津、西藏除外）的地方中小钢铁企业，只有 10 个省的矿石可以吃饱，但还不能都吃精料。山西（包括太原钢铁厂）高炉 94 座、容积 4 025 立方米，因矿石短缺，一半以上的高炉闲置在那里。湖南建设了 13 年、投资 3 亿元建成的湘潭钢铁厂，靠的是从海南岛调运矿石维持生产。对此，毛主席有一段很形象的比喻：在革命战争中我们曾说过，人是要吃饭的，看来，炼钢也是这一条，它“吃饭”就是要吃矿石，高指标就是忘记了这个最简单却是千真万确的道理。

1970 年 1 月 13 日，周总理在接见全国计划会议领导小组成员时指出：搞钢铁首先要搞矿山。他说，冶金工业，第一是矿山，第二是轧钢（提高出材率），第三是质量（包括品种）。1970 年 2 月，周总理提出冶金企业要大打矿山之仗。他说，现有的 6 万立方米高炉需要矿石 1.2 亿吨，但眼前只有 0.8 亿吨。如果有矿石，今年产钢就不是 1 700 万吨，而是 3 000 万吨。周总理说：大打矿山之仗，找矿是第一任务，地质工作要跟上。他听到江西地质队找到了一个大盐矿，非常高兴。江西发动群众找矿、报矿，结果找到盐矿了。周总理要求冶金部抓矿山、抓原料工业，下决心打好矿山之仗。他说：“大打”，一是人的因素，要有人力；一是物的因素，矿山设备（包括探矿设备）要跟上去。这两年要下苦功夫把矿山搞上去。

周恩来总理关于“大打矿山之仗”的号召，各地区和有关部门都认真做了传达和贯彻。矿山建设逐步展开，不仅有铁矿、有色金属矿，还有煤矿、磷矿、硫铁矿和水晶石矿等。四川省渡口市组织 3 万人马大战朱家包包铁矿；本溪钢铁公司歪头山铁矿、首钢迁安铁矿相继投产；山西峨口铁矿、邯郸矿山基地、甘肃酒泉镜铁山铁矿等相继开工建设。与此同时，冶金矿山的科研工作也相继展开，如红铁矿的选矿、多金属共生矿的选矿，攀枝花钒钛磁铁矿的冶炼试验，白云鄂博稀土元素、稀有金属和铁矿共生的多金属矿的选矿技术等。我国铁矿资源中富矿很少，大多是贫矿，主要是鞍山式磁铁矿，品位在 27%～28%。在这期间通过技术改造，采用细筛再磨强磁选新技术，提高到 67%～68%，解决了大问题。1971 年 8 月 23 日经国务院领导批准，成立矿山设备办公室，由徐良图任主任，谢北一、沈鸿任副主任，编制 25 人，办公地点设在物资部。主要职责就是抓矿山生产用的采、选、烧等设备的研发和制造。

大打矿山之仗，成绩斐然。1971 年比 1970 年，新增铁矿石生产能力 2 000 多万吨，总生产能力超过 1 亿吨，增产铁矿石 1 725 万吨。

为了总结铁矿会战经验，冶金、地质两部门邀集全国著名地矿专家、学者和实际工作者代表聚集一堂，于1970年12月召开了全国铁矿科学讨论会。在“文化大革命”那种混乱的局势中，在知识无用和广大知识分子被冲击、被批判的情况下，召开这次会议，意义深远。会上，与会专家热烈讨论，各抒已见。我在会上作了题为《根据我国资源特点，搞好铁矿地质工作》的讲话。我充分肯定了几年来铁矿地质工作会战的主要成绩，并指出，我国今后的地质工作任重道远，整个地质工作的成果还不能满足社会主义现代化建设发展的需要。

为了完成国家“四五”规划纲要，1971年11月，国家计委地质局（即“文化大革命”前的地质部）召开了抓革命促生产会议。我主持了这次会议。这个会是在“文化大革命”中举行较早的抓革命、促生产会议。

在这次会议上，周总理支持李四光出来工作。李四光是我国著名地质学家、我国第一任地质部长，也是我在北大读书时的老师。“文化大革命”初期遭受两派冲击，处境十分困难。周总理对李四光十分关心，他借这次会议特邀李四光到会并讲了话。李四光的境遇于是有了改善。回想起来，周总理的工作艺术实在是十分高超。

周总理着重指出，开发矿业，地质工作要先行。他说：这么大的地质队伍，要向地球开战。你们这次会议开得不错。全国计划会议以后，在今年的专业会议中是最后一个，而这个专业，是个先行专业。搞工业没有资源不行。资源有两类：一类是农业的，有各种经济作物，我们人类社会传下来很多品种，当然还要增加；另外一类是矿产，从古石器时代以后开始利用，到铁器时代金属使用很多了。矿产真正大发展还是搞工业化的时候，在中国也算上百年了，但是爬行的，因为是半封建半殖民地社会。地质队伍国民党时期留下来200多人，那么一点钻机，我们现在和那时比，有很大不同。但是尽管我们队伍强大了，物质力量增加了，还是要人掌握机器，如果人的思想不革命化，还是不行。这次会议要把地质工作提上去，成为先行部门。

在这次会议的推动下，国家计委地质局还加快了开发水晶矿、发展水晶生产的步伐。在大打矿山之仗的热潮中，我们就勘探和开发水晶矿源、扩大水晶生产、满足军需民用，专门作过调查，并曾以国家计委的名义发出开发水晶矿源、扩大水晶生产的若干文件，要求在地质、开采、选矿、收购、加工以及价格调整过程中，合理地利用和保护矿源，充分发挥中央、地方积极性，发动县、社群众寻找和开采水晶矿，特别要积极地在“大三线”地区寻找新的后备产地，加速勘探。地质工作要实行专业队伍与群众报矿、查矿相结合。打破传统水晶地质成矿理论的束缚，贯彻执行大中小矿并举，以中小为主，多找富矿的方针。有关部门积极采取措施，回收伴生水晶矿品，凡有伴生水晶的矿山，都将综合开采伴生水晶列入生产计划。

水晶的用途十分广泛。水晶分为压电水晶、熔炼水晶两大类。压电水晶薄片在电荷作用下能够产生机械震荡，而且频率十分稳定，是制造各种电讯设备的重要原料。人造地球卫星、导弹、火箭、飞机、舰艇、雷达、电子计算机，以及各种远距离操纵、跟踪、导航等设备，都必须装有压电水晶制造的谐振器，才能稳定、精确地工作。压电水晶还具有透过红外线、紫外线的性能，因此也是制造各种光谱仪、分光光度计等光学仪器的重要原料。由于压电水晶用途广泛，资源稀缺，一些西方国家把它作为重要战略物资储备。据介绍，美国到 1969 年共储备压电水晶 2 335 吨。我国“一五”期间，被苏联拿走优质压电水晶晶体 420 吨。熔炼水晶主要用于石英坩埚、石英舟、石英栅等高级石英玻璃制品，具有纯度高、强度大、耐腐蚀、热稳定性能好等优点。国防、石油、冶金、化工、电子等部门都需要这种材料。

我国水晶矿产资源比较丰富。江苏、江西、四川、新疆储量较多，广东、广西次之，其他各地还有些分散、零星的小矿。湖南瑶岗仙钨矿、吉林通化二密铜矿都有伴生水晶矿。我国从 1954 年开始普查勘探压电水晶，1956 年建矿开采。截至 1971 年，全国累计探明压电水晶体储量 1 650 吨，生产压电水晶 36 吨、熔炼水晶 260 吨。随着我国军需、民用工业的发展，对水晶的需求量有增无减，尤其是大规格压电水晶，供需矛盾十分突出。

为促进水晶产品的发展，国家计委、经委、建委曾于 1966 年颁发了《天然水晶管理暂行办法》，把水晶列为部管统配物资。1972 年，国家计委又明文要求各地区建立水晶管理机构，加强水晶的统一管理，协助地、县、社开采中小矿，防止水晶流失和浪费，改进选矿加工技术，减少选矿加工中的损耗，提高生产率。对于压电水晶晶体缺陷部分和水晶体的利用，以及熔炼水晶代用品，要加强研究试验，以合理利用原料。同年，还调整了水晶价格，制定了《天然压电水晶工业原料暂行技术要求》，提出了合理利用和保护资源、按品质划分等级、按质论价，以及质量检验、分级装箱的要求，从而有力地促进了我国天然水晶的开发和生产。

然而，天然水晶矿源毕竟有限，而需求却不断增加。为解决这一供需矛盾，世界各国都在大力研制和发展人造水晶。我国从20世纪60年代初期，在锦州、大连等地先后研制成功人造水晶，并陆续投入生产。浙江、宁夏等很多地方也开始生产人造压电水晶。后来，中国科学院有关科研单位研制成功了人造彩色水晶生产技术，用于制作对火箭、导弹发出炽光的防护镜和炼钢时必备的防护镜，这项技术转让给了江苏、山东等地建厂生产。

大打矿山之仗也是“四五”计划期间国务院领导常抓的一项工作。为了进一步推动大打矿山之仗，加强采、选、烧、运等薄弱环节，国家计委于1972年6月发出《关于迅速提高钢铁、有色金属生产水平的要求》的电报，紧接着又召开电话会议，介绍首钢“采剥并举”、云南锡业公司“采掘并举，掘进先行”的成绩和经验；要求联合企业，必须狠抓矿山，领导干部要深入第一线，发动群众，继续大打矿山之仗。

1975年6月李先念批示：矿山设备要狠抓、再狠抓，否则，大打矿山之仗就要落空。材料方面要满足需要，少生产不需要或者现在不需要的机床，把材料用到重点上来。我们遵照周总理和李先念副总理的要求，克服“文化大革命”期间抓生产的重重困难，始终坚持抓矿山这项工作不放松。这些工作为后来我国钢铁工业的快速发展奠定了基础。

七、大规模引进西方国家大型成套设备

“文化大革命”初期，从1967年至1970年，我们停止了进口成套设备工作。1971年才开始进口一些发电设备、制氧设备等。

在70年代，引进大型成套设备这一设想始于冶金部。为了增加钢

材品种，满足国家生产建设对薄板的需要，冶金部早在1964年就曾提出在武钢建设冷热薄板轧机项目的意见。1971年，又一次提出要上这个项目。经过国家计委研究同意，于1972年8月正式报告国务院批准。根据周总理指示精神，又相继报送了《关于为三十万吨乙烯配套加工进口所需成套装置的报告》《关于进口成套化工设备的请示报告》。经过上上下下反复研究，国家计委又于1973年1月向国务院报送了《关于增加设备进口、扩大经济交流的请示报告》，提出了进口43亿美元成套设备和单机的方案。这个方案即是人们熟知的包括武钢一米七轧机在内的“四三”方案。国务院很快批示原则同意。“四三”方案确定后，又陆续追加了一批项目，总费用达到51.4亿美元。但是在实施过程中，没有全部实现。

到1977年底，实际对外签约成交为39.6亿美元。引进的主要项目有：一米七热冷薄板轧机、13套大化肥、4套大化纤、3套石油化工、4套电站设备、一个烷基苯工厂、一个工业汽轮机制造工厂和斯贝发动机、43套综合采煤机组以及透平压缩机、燃气轮机等。这批项目，除了单机项目按现汇交易支付外，成套项目都采用延期付款方式。截至1979年底，绝大部分设备都进厂安装投产。全部计算下来共投入资金260亿元人民币。“四三”方案是在周总理的直接指挥和大力支持下组织实现的，对我国国民经济发展起了很大的作用。

在“文化大革命”中，周总理和国务院领导顶着江青等人煽动的极左思潮的压力，果断决策，实施“四三”方案，是一项十分重要的成功举措。一方面我们自己发展有这个需要，另一方面世界市场也存在着有利的时机，我们抓住这一时机，引进了一批先进的设备。有人讲，这是第二次“156项工程”。

武钢的一米七轧机建设项目包括炼钢厂、连铸车间、热轧厂、冷轧厂、硅钢片厂。除炼钢厂设备是国内设计、国内制造外，连铸和冷轧设备是从联邦德国引进的，热轧和硅钢片设备是从日本引进的。这些引进设备具有大型化、自动化、高速化、连续化的特点，是20世纪70年代的国际先进水平。年设计生产能力为热轧板卷300万吨，加工成品板材279万吨，填补了我国冷、热轧薄板，电机，变压器硅钢片产品的空白。

说起钢铁工业设备的引进，就想起“四人帮”的干扰和破坏。当时他们叫嚷进口外国设备不能进口美国的，买美国货，是洋奴哲学。当时攀枝花钢铁厂在建设中本应进口美国一种设备，后来没有办法，只好进口意大利的。后来维修时打开一看，发动机还是美国生产的。因为设备制造所需零部件不可能由一家全部包起来，哪个国家的配件好就用哪个国家的，这是最经济的办法。

综合采煤机组是从联邦德国引进的，原计划引进 100 套，实际只进了 43 套。从此，我国迈开了采煤机械化的更大步伐。

13 套大型合成氨装置（加上上海一套共 14 套），于 1975 年和 1976 年各建成了 3 套，“六五”期间陆续全部建成，年设计生产能力 1 300 万吨，建设地点遍及各农业大省。1980 年全国合成氨产量 1 497 万吨，比 1975 年的 607 万吨翻了一番还多。

4 套大化纤设备，几乎买全了世界化纤专利技术。投产后，年生产化纤近 40 万吨，可织成纯合成纤维织物 18 亿米。这对解决全国人民穿衣问题，发挥了很大的作用。这几个大化纤厂投产后，才取消了实行多年的限量购买棉织品的“布票”制度，我国人民的衣着越来越丰富多彩。

3 套石油化工设备投产后，我国塑料和合成橡胶产品开始基本立足国内，从而可以不进口或减少进口。

4 套电站设备分别从法国、日本等国引进，共 200 多万千瓦，弥补了 1967 年至 1975 年少装发电设备 400 万千瓦的一半，缓解了一些地区供电量严重不足问题。

当时对进口的东西有个说法，叫作“一批二用三改”。周恩来总理在 1970 年 3 月全国计划会议上说：有些东西自己没有的总要进口一些做个样机。“一批二用三改”这个说法不对。买，就是为了用；不用，你进口干什么？提法要调过来，改成“一用二批三改”。一是用，用的过程中发现缺点可以“批”（找出问题），“批”了就应该改进。毛主席说要古为今用，洋为中用。对进口的东西不要迷信，要批判地接受。如从日本进口的维尼龙设备，投产后一用，发现有些关键部件有问题。用，才能发现，发现了就要改。

在这次引进中，也确实出现了一些问题。从全局看，主要是引进规模过大，投资高峰错不开，挤占了没有引进项目的地区、部门的基建投资。从局部看，有的项目由于引进的技术设备不够成熟或有缺陷，或因国内分交的设备未能按期到货，建设周期拖得很长；有的项目由于国内资源、配套工程没有完全落实，投产后长期达不到设计能力；有的项目没有同时买进制造技术，不得不另花外汇进口配件；还有在引进中忽视了同时引进国外的科学管理经验和操作技术等。这些教训至今仍值得吸取，引以为戒。

1974 年，江青又一手制造了一个“蜗牛事件”，不仅留下中外笑柄，而且使引进工作一度陷于停顿。这一年 2 月，四机部派出彩色显像管生产线考察团到美国，考察结束时美国康宁公司送给考察团每人一件小礼品“玻璃蜗牛”。这种工艺品在美国常作礼品和陈设品。但就是这么一件小事，四机部有人写信给江青，说蜗牛爬行，这是讽刺我们的。江青见信如获至宝，自己不知也不问此物含义，就煞有介事地借此大闹。她先是到四机部兴师问罪，大放厥词，说这是“美帝国主义向我们挑衅”，“侮辱我们爬行”，要坚决回击！说引进彩色显像管生产线，是“国内有人屈从于帝国主义的压力”，“崇洋媚外”，嚷嚷“这条生产线，我们不要它的”。她趾高气扬要外交部向美国驻华联络处发照会、提抗议、把蜗牛退回去。周总理得知，立即指示外事部门弄清楚国际上接受礼品的规定，弄清楚美国人送蜗牛的用意。同时，总理又指示外联部找一些在华工作的外国专家调查一下。两天后，我驻美联络处主任韩叙来电，同时中联部也把在华专家访调报告送到总理办公室，共同的结论是，蜗牛在美国被视为吉祥物，有歌颂蜗牛的诗歌。蜗牛造型的工艺品也常被人们作为互赠礼品或陈列小摆设，它没有快与慢的概念，互赠蜗牛工艺品不仅没有恶意，还是一种友好的表示。蜗牛工艺品也是西方圣诞节的传统赠送品。美国康宁公司送小礼品，是想讨好买家做成这笔生意。外交部在详尽调查核实的基础上，还向国务院书面报告，建议不必退回礼品，也不作外交交涉。因事涉江青，总理处理极慎重，专门主持政治局会议，决定江青在四机部的讲话，已印发的立即收回。其实江青是“项庄舞剑”，祸心所指是总理，妄图以此掀起更大风波，不想她搬起石头砸了自己的脚，闹了个无趣，以失败告终。但受“蜗牛事件”的影响，不仅引进彩色显像管生产线工作被迫推迟整整 5 年，后来还多花了 9 000 万美元。更可惜的是，其他引进项目也一度陷于停顿，江青的无知任性，给国家造成无端损失。真是荒唐乖谬，莫此为甚。

江青一伙蛮横胡闹，处处与总理作对。在这段时间里，他们虽屡演屡败，仍任意妄为。早在“蜗牛事件”前她还大闹了一场“租船、买船事件”。1964 年，为尽快发展我国远洋运输事业，在毛主席的赞同下，国务院提出造船和买船同时并举的方针。1970 年总理根据多年租船的经验提出，力争在几年内结束主要依靠租用外国轮船的局面，大力发展国内造船的能力。在国内造船一时还不能适应需要时，适当买进一些船，把远洋运输的主动权掌握在我们自己手上。总理提出造船、买船并举，道理很简单，租船，花了钱，我们还没有主动权，进出哪个港口，往往要听船东的。买船虽开始要多花点钱，可所有权、指挥权都在我们。这是一个非常正确的方针。可是“四人帮”一伙，又借此发难。先是王洪文跳出来叫嚷：主张买船的都是迷信外国资产阶级的“假洋鬼子”，执行的是“修正主义路线”。攻击矛头对准国务院业务组，对准周总理。接着，江青又出来“骂街”，说：“从曾国藩、李鸿章、袁世凯、蒋介石，一直到刘少奇、林彪，奉行的都是‘造船不如租船，租船不如买船’的洋奴哲学”，说这“推行的是一条‘卖国主义路线’”。一时间，造船、买船的事闹得沸沸扬扬。“四人帮”鼓吹的“造船”舆论，听起来“很动人”，实际上他们对国家经济领域的许多事都一窍不通！总理根据我国当时实际能力，实事求是，或租，或买，或造，能造则造，不能造通过租船经营积累资金买船，买船比租船从长远看经济上划算。远洋运输企业资金积累多了也有利于发展自己的造船事业。这是个资金积累的过程，有什么错？说起这件事，还有个笑话。大家知道造船要有船坞。可这伙人说什么“地球这么大，还不就是个造船的船台吗”。他们看到沿海渔民在沙滩上打造打鱼船，就异想天开地要在沙滩造远洋轮。真是无知荒唐。

也就在“四人帮”大闹特闹造船买船这件事情上，毛主席发现了他们的政治野心，并说了那一段为中国历史学家关注的话。1974 年 7 月，毛主席在中央政治局会议上严厉批评江青，说“不要设两个工厂，一个叫钢铁工厂，一个叫帽子工厂，动不动就给人戴大帽子”，又说，“你也难改呢”。主席指着江青说：“她算上海帮呢！你们（指江、王、张、姚）要注意呢，不要搞成四人小宗派呢！”主席在会上两次郑重宣布，“她并不代表我，她代表她自己”，“总而言之，她代表她自己”。主席的话说得那样重，点出了“四人小宗派”的问题，这很不寻常。江青的确野心“难改”，对主席的话阳奉阴违，不仅没有收敛，反而伙同王、张、姚变本加厉地攻击总理。但“四人小宗派”即“四人帮”这个词，人们记住了，对这伙人的嘴脸也看得更清楚了。

“四人帮”无视当时有利于我国的国际形势，以极左言辞大肆攻击我国扩大进出口贸易，破坏一切有利于社会主义生产建设的举措。张春桥攻击进口成套乙烯装置，说出口原油是“买办资产阶级”的行为，“比蒋介石还厉害”。江青擅自召集12个省市区会议，会上她大放厥词，说她没有听到主席讲过“要把国民经济搞上去”的话，她辱骂出口原油、煤炭、布匹是“汉奸行为”。姚文元把出口煤炭、原油，进口成套设备，说成是“投降帝国主义”，把中国“变为殖民地”。1975年3月和6月，国家计委向中央政治局汇报工业生产和国民经济计划执行情况时，会上江青一伙又大骂出口原油，进口化肥、化纤成套设备，是“洋奴、卖国、汉奸”，攻击外贸部“有一批卖国主义者”，指责建立煤炭出口基地是把煤矿“租让给外国”了，叫嚷在中央政治局内部“有资产阶级、买办资产阶级”。

那个时候，周总理、李先念副总理和国务院业务组顶住那么大的压力，坚定执行“四三”方案。在打倒“四人帮”后，我国国民经济能够在崩溃边缘上迅速恢复过来，与那时抢先进口的这批先进设备不无关系。

第十三章

难忘的 1975 和 1976

一、邓小平复出
二、王震抓住黄金不放
三、全面整顿和《工业二十条》
四、周总理逝世
五、“反击右倾翻案风”
六、抗震救灾
七、毛主席逝世
八、“四人帮”垮台
九、“文化大革命”期间我国经济的曲折发展

一、邓小平复出

在四届全国人大一次会议召开前夕，江青一伙十分嚣张，借“批林批孔”，又别有用心地“批周公”“批宰相”，影射攻击周恩来总理，妄图为他们组阁铺平道路。不意，1974 年 10 月初自湖南传来毛主席的消息，提出仍由周恩来组阁，同时提议邓小平为第一副总理。做梦都想当总理的张春桥及江青一伙气急败坏。

邓小平复出并被委以重任，也是当时国内外形势的必然。国内当时政治、经济问题成堆，总理重病，主席自己也病卧在床，力不从心。国际环境也发生了重大变化。在毛主席的心目中管理国家内外事务，在当时诸多领导人中，无论是年龄、魄力、智慧，还是阅历、才干，邓小平不仅有分量，而且的确是“人才难得”。

邓小平不负众望，复出后即以非凡的胆略坚决果断地开始对国民经济进行整顿。我们在他的直接领导下，亲身经历了从铁路到各行各业的整顿，度过了既紧张又十分愉快的一年。邓小平在整顿中运筹帷幄的才能和大无畏精神，至今令我无法忘怀。

对 1975 年，我的印象非常深刻。这一年的 1 月 5 日，中央发出通知，任命邓小平担任军委副主席、总参谋长。我们大家都兴高采烈，感到小平出来主持工作，我们的国家，尤其是我国的经济发展有希望了。紧接着在 1 月 8—10 日召开党的十届二中全会，选举邓小平为中共中央副主席、政治局常委。同月，召开四届全国人大一次会议，在这次会议上总理抱病作了政府工作报告，提出国民经济发展的任务，重申要在 20 世纪内实现我国四个现代化的宏伟设想，号召全国人民为实现四个现代化而努力奋斗。会议任命邓小平为国务院副总理。

1975 年 2 月 1 日，我参加了周总理在人民大会堂西大厅召开的新组建的国务院全体会议。总理在会上宣布：邓小平任第一副总理，张春桥为第二副总理，李先念为第三副总理。宣布后，总理还特地补充一句，这三位副总理的安排顺序是毛主席决定的。对这个决定大家觉得一块石头落地，因为它预示了将由小平来替代重病中的周总理主持国务院的工作。毛主席对小平“柔中寓刚，绵里藏针”性格特点的那几句深刻、准确的评语，也是大家公认的。

小平办事非常干脆、果断。1975 年 2 月 1 日他开始主持国务院工作，2 月 10 日就批准了 1975 年的国民经济计划，并立即发了下去。这样全年要干的事情就定了，包括进口 18 套大化肥、化纤等项目，都在这个计划中。紧接着小平以其卓越的才能，着手对国民经济进行整顿，以整顿治乱局。他多谋善断，使我们的工作目标十分清楚，从无所适从、举棋不定的窘境中摆脱出来。

1975 年 2 月 15 日，邓小平找万里、谷牧和我到他家讨论经济整顿的事。小平说：整顿国民经济，要从整顿铁路秩序抓起。他说铁路特点是“高大半”（高度集中，经济大动脉，半军事化管理）。抓住铁路整顿不仅抓住了要处，而且容易打开乱局。在我的印象中小平似乎早已成竹在胸，具体做法也考虑得非常充分。那天万里带着秘书一起参加这个会，小平要这位秘书做记录，他一条一条地讲了四条，从铁路的半军事性质说起，一直说到铁路部门的具体领导，包括恢复政治工作、人事管理机构。他讲完以后，要计委和铁道部马上代中央起草一个关于加强铁路工作的文件，说文稿出来就开会，要把各省工业书记都找来，声势要大。我回来跟余秋里汇报后立即筹备这次会议。会议在京西宾馆举行，我提前进驻。先打了一夜长途电话，找到 28 个省、区、市第一把手，先口头传达了小平的几条意见，并要各地分管工业的书记来京开会。不到一周，一次非同寻常的解决铁路问题的全国工业书记会议在北京就开起来了。

会议由余秋里主持，谷牧参加，具体工作由我做。会议开宗明义就是讨论整顿铁路文件草稿。当时，除了那些造反派，大概没有不希望恢复铁路秩序的；就是“四人帮”巢穴上海的那些造反派也无可奈何地表示接受，因为铁路对上海来说是生命线。铁路不通，他们连吃的也难维持，更不用说生产了。我心想，这大概也是小平“绵里藏针”的一步妙棋。会议闭幕时，由王洪文主持，他请小平讲话，小平说：你先讲，我当然要讲几句。王洪文尴尬地说了几句开场白，小平发表了题为《全党讲大局，把国民经济搞上去》的讲话。他说现在的大局是把我国建设成为现代化的社会主义强国，要实现这个目标，不只是抓革命，还要抓生产。不敢抓生产，是大错特错。他说，当前薄弱环节是铁路，解决铁路的办法是必须强化集中统一，半军事化管理。他说，对闹派性的人要教育，但也要告诫那些闹派性的头头，从今天起只等他一个月，再不转变，性质就变了。讲话干脆利落，柔中寓刚。

这次会议开得很成功。《关于加强铁路工作的决定》草案，经会议讨论修改不多，作为中央文件下发，要求立即执行。随即拉开了铁路整顿的序幕。

为抓紧贯彻落实《决定》和小平讲话精神，铁道部雷厉风行，万里带着一批人下到重点路局，在地方党委配合下，摸清情况，调整充实了一些铁路单位的领导班子；在几个重要枢纽局、站，把数十个带头破坏铁路运输生产的铁杆帮派头头抓了起来，调离了一批派性严重又不肯改正的派性头头和支持帮派的干部；大力恢复和健全了铁路规章制度。铁路运输形势开始好转，不到一个月，堵塞严重的几个铁路局疏通了。全国 20 个铁路局，除南昌局都超额完成了全年运输计划，还创了历史最好水平。

在这次整顿中，徐州路局是重点户。造反派头头顾炳华在那把持着。他在“四人帮”纵容下，胡作非为，武斗频频，来往车辆严重受阻。徐州路局地处津浦、陇海南北东西两线的十字交汇点，是个大枢纽站。顾炳华不是路局的人，他是徐州市物资局的干部，靠武斗打上来的。物资局办公楼在徐州车站旁边，是个制高点。他利用这个制高点，指挥武斗，搞乱路局。江苏省委书记彭冲见到《决定》后，给我打电话说有了“尚方宝剑”，他要亲自去解决徐州的问题。他到徐州后，先把坏头头顾炳华抓了起来。这一招大快人心！不久，江苏省委就给中央上报了关于徐州地区铁路问题解决的经过。

邓小平在铁路工作会议上的讲话，在全国引起很大震动，受到广大党员、干部和职工的衷心拥护。铁路整顿带动了各行各业的整顿，全国工交生产和国民经济打破了停滞不前的局面。在整顿铁路取得显著成效之后，接着小平又召开了全国钢铁工业会议。在那个“以钢为纲”的年代，先抓钢铁有其特殊意义。如何突破，小平提出了三招：第一解决冶金工业部班子软和散的问题。决定除陈绍昆留下，其他的军代表包括杨殿奎副部长调出冶金部；另调唐克、钱传钧任副部长。这是厉害的一招。改组了陈绍昆的班子，他不服，跑去找李先念副总理哭诉说：你们不能光听袁宝华的。意思是说拆散他的班子是我的主意。先念告诉他：袁宝华是支持你的，在我们这里尽说你的好话。陈绍昆无言以对。第二全面整顿钢铁工业的生产秩序。第三确定目标，争取钢产量突破 2 000 万吨达到 2 600 万吨。

1975 年 5 月 8 日，中央在京召开了钢铁工业会议。会议参照铁路工作会议方式，先代中央起草了一个文件，经会议深入讨论后，作为中央文件正式下达。为把钢铁生产搞上去，5 月 29 日小平在会议上作了《当前钢铁工业必须解决的几个问题》的讲话，他提出整顿钢铁企业的四条办法：一是敢字当头，解决企业领导班子软、散、懒的问题。二是与资产阶级派性作斗争，要寸土必争，寸土不让。三是落实老工人、老干部政策。四是把必要的规章制度恢复起来。条条有的放矢。同时，小平针对江青等人歪曲和割裂毛主席关于“学习理论”“安定团结”“把国民经济搞上去”三项指示，强调三项重要指示是今后一个时期各项工作的纲，它们是互相联系、不可分割的，一条都不能忘记。强调 1975 年计划生产 2 600 万吨钢的指标不能动摇，欠产要补上，几大钢厂要限期扭转局势。

这次会议之前，国务院组成以谷牧副总理为组长，我和吕东为副组长的钢铁领导小组，小组办公室设在计委。把已调到地方工作的冶金部原办公厅主任邱纯甫调来主持办公室工作。钢铁领导小组至 1977 年结束时，主要协助冶金部抓了两件事：一是制定完成 2 600 万吨钢产量的具体措施。这个指标在江青一伙破坏下，没有能够实现。二是组织各方面力量大打矿山之仗，重点开展富铁矿会战。

二、王震抓住黄金不放

“文化大革命”期间，王震副总理分管交通、邮电和合作总社。王震对“文化大革命”尤其对江青一伙的横行霸道是满肚子气。周总理理解他的苦衷，令他负责组织人马，远离北京专做挖金找矿工作。周总理要王震像当年在南泥湾开荒大生产、像在农垦部开发北大荒那样，为国家找到更多更好的金矿。接受任务后，王震不辞辛劳，四处奔波。在他的建议下，国家组建了一支黄金工程兵部队。为配合找金，还将冶金部黄金处升格为黄金局，以加强黄金工业的领导工作。

王震还是老习惯，先做调查研究。1975 年，他先后到山东招远、掖县，河北张家口，内蒙古卓资等地。他组织地质队在一些地区采用“井探”“槽探”等办法寻找黄金矿源。招远采金历史悠久，远可追溯到东汉时期。《三国演义》里写关云长在曹营“上马金下马银”的黄金就是来自这里。日寇侵华占领胶东时期，据当时的文字记载，他们从招远金矿用掠夺性的开采方式挖走的黄金就有 80 吨。这地方的黄金储量丰富。内蒙古呼和浩特卓资附近有个金盆金矿，年采黄金近万两。王震到那里看了后宣布，他已同秋里、谷牧、宝华说过，生产一两黄金可给 100 元加 50 公斤化肥补贴，但不许拿这个钱盖楼堂馆所。

金矿有砂金、石英脉金、含金砾岩三种类型，在我国都有发现，远景很好。问题是设备陈旧，生产工艺落后，回收率低。所以要革新设备，改进生产工艺，提高回收率，才能提高产量。为此，王震不辞辛苦，到处做工作，力争扩大黄金生产规模。

经过深入调研，王震认为地质勘探是发展我国黄金事业的薄弱环节。在他的领导下，1975 年 6—7 月国务院召开了全国黄金地质工作座谈会。他亲自主持会议，我代表国家计委讲话，强调要加强黄金地质勘探工作，开展地质普查，在查清资源的基础上，大力发展黄金生产，增加国家黄金储备。

周总理多次说过，我国人口占世界第一位，而黄金产量只占世界产量的 1%。他对发展黄金很重视。周总理和王震副总理是新中国黄金事业的奠基人，在他们的努力下，已查明我国黄金资源遍布全国近 30 个省和自治区。这些工作为我国以后黄金生产的发展奠定了基础。据统计，2009 年我国年黄金产量已接近 300 吨，其中王震当年去过的招远金矿早已跻身世界 15 强。在这些数字中，我仿佛又看到了主持黄金会议时王震那自信的眼神。

三、全面整顿和《工业二十条》

在铁路、钢铁工业进行整顿之后，邓小平又组织召开了国务院计划工作务虚会，并组织起草《工业二十条》，开始了经济工作的整顿。计划工作务虚会于 1975 年 6 月 16 日召开，8 月 11 日结束。会上，他从理论上深刻论述了对国民经济进行整顿的必要性。

这次会议研究了经济工作的路线、方针和政策问题，决定制定一个整顿工业的文件，这就是当年 7 月国家计委起草的《关于加快工业发展的若干问题》（简称《工业二十条》），还为编制第五个五年计划和十年长远规划做了准备工作。会议断断续续地开了近三个月，小平、先念、王震和国务院各经济部门负责人都参加了。

务虚会分两个阶段进行：第一阶段围绕如何加快经济发展问题展开讨论；第二阶段就理论、体制、计划、基本建设、工业企业管理和各经济部门的发展规划，分别组成 10 个小组进行专题研究。大家谈论最多并达成共识的是：对经济工作中的乱和散，必须狠抓整顿。在计划体制上，强调集中，实行自下而上、上下结合、块块为主的办法，强调计划不能层层加码，也不能随意调减。在管理上，跨省、市、地区的铁路、邮电、电网、长江航运、民航、输油管道、远洋运输和重要的科研设计单位、专业施工队伍，以及大油田等少数关键企业、关键建设项目的管理应以中央各部委为主，其余划归地方管理，但不能层层下放。在物资管理体制上，通用物资由物资部门管理，专业物资由专业部门管理，设备成套应向以地区成套为主发展。在财政体制上，推行收支挂钩、总额分成的办法，大中型企业的折旧基金，中央集中 20%～30%。在班子、队伍建设上，必须下决心整顿软、懒、散问题，年老体弱的领导干部可以退居二线当顾问。对职工要严格训练、执证上岗，要建立岗位责任制等各项生产管理制度。务虚会还就如何发展钢铁工业、调整机械工业、缩短基本建设战线、安排好轻工市场、发展科学技术问题，提出了一些想法。

在开展经济工作整顿的同时，小平又开始对军队进行整顿。在1975年7月14日军委召开的扩大会议上，小平提出来：军队要整顿。我参加了这次会议，当时张春桥也在场，小平讲军队存在肿、散、骄、奢、惰。小平讲完以后，要张春桥讲一讲，张春桥满脸通红地说：我没有什么说的，完全同意小平同志的意见。所以，那次会议给我的印象也比较深刻，那时毛主席已经指出并批评“四人帮”。

8月3日，小平在国防工业重点企业座谈会上作了关于国防工业企业整顿的报告。这就是说要把整顿扩展到国防工业企业。

全面整顿是小平在农业学大寨会议上提出来的。1975年9月15日，在农业学大寨会议开幕式上，邓小平发表讲话，他说：毛主席讲过，军队要整顿，地方要整顿。地方整顿又有好多方面，工业要整顿，农业要整顿，商业要整顿，文化教育要整顿，科学技术队伍也要整顿。文艺方面，毛主席叫调整，实际上调整也是整顿。在这次会议上，虽然没有讲“全面整顿”四个字，但实际上就是要全面整顿。后来“四人帮”批邓小平的时候，批全面整顿主要是指这次会议。

1975年9月至10月，邓小平在各个方面还作了一系列的重要讲话，凡是我参加的，都有记录。很可惜，没有保留下来。

《工业二十条》体现了邓小平等中央领导同志一系列讲话和国务院务虚会的精神，是经济战线治“文化大革命”之乱的文件。文件从实际出发，批驳了林彪、江青一伙散布的破坏生产建设的许多谬论，明确了发展工业的一系列重大方针政策。邓小平说：《工业二十条》很重要，基本上是代替过去《工业七十条》的。1975年8月8日，他在国务院主持讨论这个文件初稿时亲自修改，增加了6条补充意见，文件由14条增加为20条。这个文件在9、10月间印发给一些地区、部门和企业征求意见，得到普遍的拥护。

《工业二十条》的主要内容是：不能把搞好生产当作“唯生产力论”和业务挂帅来批判，学习理论必须促进安定团结，促进生产发展；要调整“勇敢分子”当权的领导班子，要把坏人篡夺的权力夺回来；要划清造反派、反潮流分子同先进分子的界限，指出继续在职工中划分造反派和保守派是错误的；要建立以岗位责任制为中心的生产管理制度，建立强有力的独立工作的生产指挥系统；必须虚心学习外国一切先进的东西，有计划有重点地引进国外先进技术；不劳动者不得食，各尽所能，按劳分配，是社会主义原则，在现阶段，它是适合生产力发展要求的，必须坚持执行；所有干部、工人、科技人员都要走又红又专的道路；必须加强纪律性，对违反纪律的行为要批评教育，严重的给予处分，直至开除厂籍。

在计委起草《工业二十条》的同时，各有关部门先后起草了企业管理、基本建设管理、物资管理、财政管理、物价管理、劳动管理等条例，并都在一定范围内征求过意见。

1975 年 8 月 18 日，国务院通过了国家计委起草的《关于加快工业发展的若干问题》，即《工业二十条》。

在小平主持讨论这个文件时，他反复强调整顿企业管理秩序的重要性。他说：企业里面问题不少，其中带普遍性的问题是企业管理秩序不好，设备完好率差。要考虑今年十一、十二两个月集中整顿一下企业管理秩序，加强设备维修，为明年的生产打好基础。抓好产品质量。质量第一是个重大政策。

根据小平的指示，1975 年 9 月 1 日，国家计委在前一阶段整顿工作的基础上，着手全面部署工交各部门的企业整顿工作。我主持召开了工交口各部门负责人会议。会上，我具体论述了整顿企业中的几个问题。随后，又分批利用各省市领导来京的机会，向各省市作了部署。我主要强调要抓好三个方面工作：一是整顿企业领导班子是重中之重，二是加强企业管理和建立必要的规章制度，三是设备维修。我强调整顿和加强企业管理：一要提高对企业管理的认识，肃清林彪极左思潮的影响，批判“政治可以冲击一切”的谬论，抓住怕把企业管理说成是“管、卡、压”，因而不敢抓、不敢管的思想；二要全心全意依靠工人阶级搞好企业管理；三要建立和健全必要的规章制度，要解决有章不循的问题，必须把岗位责任制、技术操作规程、质量检验制度、设备维修制度、安全制度等必要的规章制度建立和健全起来。

经过这一年的整顿工作，各级党政领导干部进一步感受到小平的领导艺术：他站得高、看得远，高人一筹；他不畏强暴，敢与“四人帮”斗争；他在领导全面整顿中，又多谋善断，带领我们从“左”倾错误中解放出来，使人们的精神状态为之大振。1975 年是“文化大革命”中经济工作最顺利的一年。受到严重破坏的工交企业，经过整顿，开始恢复元气。国民经济开始复苏，超额完成了全年计划。工农业总产值比上年增长 11.9%，其中工业总产值增长 15.1%，钢产量增长 13.1%，原煤增长 16.7%，发电量增长 16%，铁路货运量增长 12.9%。

1975 年是那个时期收获最大的一年，是精神振奋的一年，也是我们从内心感到大有希望的一年。

可是时间进入 1976 年，灾难却接连发生。这是令人难忘的一年。这一年发生的事，有的叫人悲痛，有的叫人愤恨，有的叫人震惊，有的又叫人心花怒放、欢欣鼓舞。这一年，在新中国的历史上真的很不寻常！

四、周总理逝世

1 月 8 日我正在前门饭店参加全国计划会议，突然传来总理逝世的噩耗！那是 8 日的夜间有人悄声告诉我的，乍一听到如五雷轰顶，虽说几个月来这是人们最担心的事，可是来得如此之快，叫人还是接受不了，真的是心如刀绞。记得第二天早晨中央广播电台播放讣告，正在用餐的代表们，先是惊愕，后是抽泣，早餐谁也吃不下去了。这一天上午按议程，会议由我主持，当我宣布请大家起立默哀，话还没有说完，台下许多人就哭了起来，会场上，大概除了那几个“四人帮”死党，像上海的黄涛、辽宁的杨春甫之类外，大家都极为悲伤。会场谁讲些什么，讲的人、听的人都没有心思。会后，河北工业书记马力到我房间说，老袁，咱们哭吧，不哭心里实在憋得受不了。我们两个坐在那儿倾诉心情，哭了一阵子，哭过之后心里稍微平静，但都觉得无奈，预感到要发生大事，只能相互鼓励面对严峻现实，化悲痛为力量。人们此时无不心事重重，谁也没心思开会了。经商量由李先念副总理主持闭幕。先念讲话向来很少念稿子，这次照稿念完不到十分钟宣布散会。会后我到北京医院向总理告别，大家都心情沉痛、声泪俱下，不愿离开。1 月 15 日由小平主持举行追悼大会。在那凛冽的寒风中，长安街万人同哭送总理的悲壮场面，我终生不忘！

此时“反击右倾翻案风”已经开始见于报端，“四人帮”一伙弹冠相庆，气焰嚣张无忌，步步紧逼，篡党夺权。出乎他们意料的是一场自发的反对“四人帮”的强大抗议运动也随之开始了。

周总理逝世的消息震惊京城平民百姓，人们纷纷自扎花圈到天安门广场悼念，“四人帮”派人拦截，压制市民不准追悼，不准送花圈，规定许多个“不准”。“四人帮”的恶劣行径，理所当然地引起民愤与众怒，于是愤怒的烈火终于在清明节燃烧了起来。虽有通知不准去天安门，我还是冒险悄悄从前门步入广场。那场面真是感人。人山人海，在人民英雄纪念碑周围，各色花圈堆积如山，大批挽联和檄文充满激情，这一切都表达了人民对周总理的无限怀念，对祸国殃民的“四人帮”的愤怒声讨。这一正义之举，遭到无情镇压。“四人帮”歪曲事实，欺骗中央与毛主席，把天安门前人民群众的纪念活动定为“反革命政治事件”。硬把邓小平拉进“事件”中，诬陷小平是“天安门事件”总后台。因此，撤销了他党内外一切职务，再次受到不白之冤。参加天安门广场人民英雄纪念碑前悼念周总理活动的广大群众也遭到追查与迫害。

周总理的一生，光明磊落，是忠于党、忠于人民、忠于祖国的一生。他是伟大的马克思主义者和无产阶级革命家，是党和国家的卓越领导人，是杰出的共产主义战士。我跟随周总理工作多年，得到周总理培养教诲。他那坚如磐石的党性，勤政廉洁的风范，高超的领导才能，为民公仆的作风，永远是我们共产党人学习的典范。“以古为镜，可以知兴替；以人为镜，可以明得失。”周总理是我们做人的一面镜子，永远活在我们心中。

周总理对我的关心和保护，使我在“文化大革命”中免除了许多的磨难和更大的迫害。周总理在工作中对我们一直是严格要求的，并不因为对我们的关心和保护而放松。1971 年 3 月 27 日，周总理在审批《一九七一年全国计划会议纪要》的会议上，严厉批评计委算错经济技术指标数字的错误。指出：你们太粗心，左右颠倒。如此重要的文件，应当是一个字不能错。上次错了我未签，我很难过。计委这么多人搞，算错百分比这么高；包括大中电机、凿岩机、橡胶、合成氨等，不应该。海绵钛等六个生产指标，为什么去掉？计委要慎重啊。

我听了周总理的批评后，心情沉重，深感内疚。周总理身负重任，日理万机，对计划指标数字还一一过目，且能发现我们工作中的疏忽和错误。我在计委分管生产工作。当时，生产组负责编制工交年度生产计划，我作检查，责无旁贷。第二天上午，我召集计委副组长会议作自我批评。我说，不要把计划指标和编制计划方法只看作是技术问题，它是中央方针、政策的具体表达。为了这个计划，1970 年 10 月初总理就指示派干部下去调查研究，交换意见。开会前，总理亲自听过三次汇报，并组织讨论起草开会电报，会议期间，总理不但听汇报，还主持召集各地区主要负责人讨论《纪要》，这是有关党和国家国计民生的决策大事。周总理批评百分比差错，是严肃的。总理管大政方针，还管具体事务，重要工作都是亲自动手。我们再忙也没有总理忙，要作自我批评，要学习周总理高度负责的精神。我也批评了有关同志工作不认真，不负责，提出要摒弃交账思想，不要检查了不改，要保持工作的严肃性和认真负责的态度，丝毫不能马虎，要让总理和国务院领导同志信得过。

五、“反击右倾翻案风”

正当我们都满怀信心，准备在小平领导下，痛痛快快地大干一场时，谁也没想到会议还没有开完，到了 12 月又开始“批邓”。

实际上，“四人帮”一年来早已按捺不住。他们抓住主席病重，语言、行动不便，乘机诬告邓小平。当时主席不愿见江青，中央决定调毛远新来京陪伴，兼做联络。可是此人早已上了贼船，对江青言听计从，在主席面前搬弄是非。病中的主席怎能容忍否定他发动的“文化大革命”。他说过，他一生中做过两件大事，其中一件就是“文化大革命”。当然，整顿必然会触及“文化大革命”中的一些问题，也会影响到毛主席关于“文化大革命”七分成绩、三分不足的论断。也正在这时（1975 年 11 月 3 日），发生了小平将清华大学刘冰的一封信转交给毛主席，信中触及这场“文化大革命”。毛主席对这封信的批语极为严厉，说“这是一股右倾翻案风”，而且说“走资派还在走”。批语中的一些语词有没有人添油加醋，就不得而知了。就这样，一场针对邓小平的所谓“反击右倾翻案风”的运动在“四人帮”的煽动下迅速扩大到全国，正气再次受挫，社会秩序重新陷入混乱。

当时，我们正在参加全国计划会议，本来会议有两项议程，一是讨论发展国民经济的十年规划和 1976 年计划，二是讨论整顿经济工作和体制改革。由于“反击右倾翻案风”，被迫改了原定议程，第二项议程包括《工业二十条》及其配套条例都不能讨论了。“四人帮”及其一伙则借这个会议大打出手，帽子、棍子满天飞，搅得会议散也散不了，开也开不下去，从 1975 年 10 月 26 日开幕到 1976 年 1 月 23 日收场，近 3 个月之久，创 20 多年计划会议时间最长纪录。

11 月下旬的一天，我正在前门饭店开会，突然接到通知要余秋里和我参加政治局扩大会议，会议有 30 多人，王洪文主持，邓小平作自我批评。小平讲得很有分寸，在原则问题上寸步不让，只检讨了转递刘冰那封信。张春桥坐在那里一脸的得意相，余秋里和我心情都特别沉重。回来没几天，余秋里心脏病突发，经抢救后送他到广州休养。其实这次政治局扩大会议还只是“反击右倾翻案风”的前奏。“反击”的恶风，已刮到计划会议上。“四人帮”死党上海的马天水、黄涛，辽宁的杨春甫一伙在会上一再发难，使会议开不下去，也结束不了。余秋里病倒后，会议由谷牧主持。当时“批邓”还只在中央内部，但与会的人都能察觉出中央发生了什么事情。会议实在开不下去了，勉强维持到 1 月底草草结束。

1976 年 3 月 13 日，又接到通知说政治局要听计委关于 1976 年计划安排的汇报。谷牧原本只想讲计划安排，可又一想“批右倾翻案”的事，汇报稿不能不写几句，他与我商量，鉴于“反翻案”是毛主席讲的，虽说我们想不通，但汇报提纲不提不行，“四人帮”已把持了政治局，不讲也通不过，于是违心地应付了几句。汇报时是谷牧、我和顾秀莲三个人去的。到了那里一看，会议是小平主持，这可怎么办？谷牧在我耳边轻声说了几句，意思是说，稿子已发到大家手里，不讲不行了。他硬着头皮念稿子。因为政治局通知是汇报计划的，而且我们也批了邓。稿子念完，王洪文先是说：“汇报还可以。”只见姚文元和张春桥咬咬耳朵，张春桥满脸不高兴，阴阳怪气地说：汇报太一般化，对反右倾翻案的分量不够，没有触及实质问题，这不行！他说 1976 年工作安排也没有完全体现中央的“精神”，计委要重新考虑。张春桥50年代初在上海曾在谷牧领导下，对谷牧说话还算是“客气”。但江青、姚文元就接二连三地指桑骂槐、泼妇骂街，帽子一大堆，指责汇报内容与中央精神有“距离”“一般化”，实际是逼计委表态。与会的其他人都不作声。王洪文这时又把他先前的话收回去，说计委汇报的指导思想还没有转过弯来。会场一时僵在那里。还是吴德（政治局委员）出来打了个圆场说，根据政治局的意见，你们回去修改吧。

那天，谷牧念稿子，邓小平就坐在他旁边一言不发。散会后，人们都走开了，谷牧向小平表示歉意，说实在对不起，当面批了您。小平却若无其事，还幽默了一句：不批也不行，不要说你们批，谁都得批。

小平再次下台后，毛主席指定华国锋主持中央工作。“四人帮”借“批邓、反击右倾翻案风”大肆反扑。已经是4月份了，政治局才开会讨论《工业二十条》。他们知道《工业二十条》是邓小平主持起草的。但条文本身他们找不出什么把柄，就硬说《工业二十条》对“文化大革命”没有明确的肯定语言表述，是否定“文化大革命”，是“右倾翻案代表作”，他们不仅批邓，还影射周总理。会上纪登奎（政治局委员）刚解释说文件开头对“文化大革命”已经讲到了，话还没说完，江青坐在那指着纪登奎的鼻子不依不饶地骂起大街：你看没看过《聊斋》？那里面有一篇叫《画皮》，你就是《画皮》里的那个妖精，给他们梳洗打扮，想把他们打扮成美人！纪登奎低头不再说话了。

这次会议，名义是讨论《工业二十条》，实际是拿它做靶子，连带给华国锋一点颜色看看。华国锋倒也沉得住气，他不动声色，还一个人一个人地征求意见，有的打圆场，有的模棱两可，有的表示反对，就是没有一个人敢表示赞成的。最后华国锋讲，这东西还不成熟，先放一放。就这样，人们几个月的劳动，要为整顿企业秩序立一点章法，又被“四人帮”扼杀了。

由于“四人帮”煽动“反击右倾翻案风”，社会秩序刚刚稳定了一点，1976年伊始又陷入动乱。交通运输重又堵塞，陆海联运受阻，沿海港口压船严重，由此还引起外国船长在我港口跳海自杀（被我方救起）事件。当时，一艘我外贸租用的意大利“梅里地”号货轮装载进口纯碱17万吨抵达黄埔港，因铁路不接运，停港21天未卸；后又被调到湛江港，又因铁路无车皮，离开码头停泊锚地等待了20多天；第二次进港卸了 15 天，仍有 4 600 吨没有卸完。因该轮已转租日本，船东急于交船，多次令船长催我加快卸船未成，船东责备船长与我交涉不力，一些船员也埋怨并动手打了船长后辞职回国。船长万般无奈跳海自杀被救，成为一桩外事事件。那时，由于我们国家整个社会无休止地动乱，所以什么离奇的事都会发生。

陆海联运为什么受阻？郑州铁路局造反派头头唐岐山在江青的唆使下，在河南撤换干部、抢班夺权，造成郑州枢纽堵塞，使京广、陇海铁路运输受阻。仅当年 7 月上旬，这个路局先后发生了 12 次全局性的大堵塞，一天保留列车高达 80 多列，不仅使京广干线处于半瘫痪状态，太原等铁路局的 10 条铁路干线也处于堵塞状态，造成半个中国的铁路不通。陆海联运中断，各种重要物资包括从东北运往四川的救灾粮都不能通过，郑州路局瘫痪，使 12 个省、直辖市的工业企业和人民生活用煤供应困难，相当一批工厂因缺煤少电而停工减产。这就是“反击右倾翻案风”造成的恶果。

“反击右倾翻案风”运动，也使党内正气再次遭到严重打击，正在走向安定团结的社会秩序重新陷于混乱，工厂停工，交通堵塞，使刚刚回升的国民经济又遭挫折。1976 年国民经济和工交生产又一次下滑，主要工业产品产量：钢 2 046 万吨，仅完成计划的 79%；原煤 4.83 亿吨，比上年只增加 100 万吨，还没运出来；铁路货运量 8.21 亿吨，比上年减少 0.46 亿吨；基本建设投资总额 376 亿元，比上年减少 32.8 亿元；进出口贸易总额 264.1 亿元，比上年减少 26.3 亿元。

这一年江青有许多异乎寻常的表演。除了到处散布什么“从未听毛主席讲过把国民经济搞上去”，什么“把国民经济搞上去这句话是造谣”等，还制造和散布了许多破坏生产建设的谬论。

在 1976 年 7 月的计划工作座谈会上，“四人帮”的破坏捣乱达到登峰造极的地步。7 月 6 日，中共中央政治局在京西宾馆召开全国计划工作座谈会。“四人帮”指使上海、辽宁的几个死党在会上发难。他们左一榔头右一棒槌，一个劲儿地批条条专政，诬蔑 1975 年的国务院务虚会是“经济领域里右倾翻案风的风源”，向华国锋和其他中央领导同志点名发动攻击。

这次带头发难的除了上海的马天水、黄涛，辽宁的杨春甫，还有李素文、姚连蔚和孙健。李素文、姚连蔚当时是全国人大常委会副委员长，孙健是副总理。他们上下串通一气，提出要揭1975年国务院务虚会和这次计划会议的“内幕”，污蔑这两次会议是“右倾翻案风”的风源，是“复辟的高潮”，扬言不揭开这个盖子就不能散会。陈永贵也参加了会议，表现不错，不讲什么怪话。最差劲的是李素文，她跟“四人帮”跟得很紧，一次又一次地跳出来批判别人。辽宁的一伙造反派发难，就是李素文在幕后策划的。

此时的王洪文异常活跃，没有参加这次会议，却多次到计划会议上密谋策划，三番五次跑到京西宾馆楼上楼下四处活动，不仅挑动一些部门造反派头头窜到会上批这个斗那个，还唆使各部各地同伙大闹京西宾馆。有人说，计划座谈会与会是有级别的，都是领导人。造反派头头扬言，我今天不是领导，明天就会是。其夺权心态不打自招。他们把矛头指向华国锋，更指向叶剑英、李先念。王洪文叫嚷现在“打倒了邓小平，还有邓大平、邓二平”，公然叫嚷“不揭开这个‘盖子’就不能散会”。他和他的同伙在这个时候如此嚣张，又如此按捺不住，目的是什么，“司马昭之心路人皆知”。

在计划座谈会开幕那天，突然传来了朱德逝世的噩耗。与会同志悲痛不已，心情久久不能平静。年初计划会议期间，周总理离开了我们；年中的计划座谈会，朱老总又与世长辞，怎能不使我们更加悲痛呢！

然而“四人帮”全然不顾这些。他们把邓小平排挤下去后，伺机夺权的野心更加迫不及待。在这次会议上，“四人帮”施展伎俩的目的就是要派人接管国家计委。

会议期间，马天水有一次打电话约我，我到他房间时，看到上海的王秀珍、徐景贤都在。王秀珍见我到了，站起来走开说：我不了解情况，只有马老能挖出干货来。我不禁一惊，什么“干货”？马天水阴森着脸问我：国务院决定要开发兖州煤矿，租给外国人开采？我说：是要开发兖州煤矿，山东煤矿有个接续问题。马又问：据说要利用外资？我说：如果必要，可以利用外资建港（想引进外资建设石臼所港，再以开矿出口煤炭偿还外资）。马在追问中一再说：这是卖国主义。上海徐景贤在场，也说：这是卖国主义。我说：你们消息灵通，我一天忙于生产调度，没听哪位领导讲过。很快退了出来。后来，他们仍以此制造谎言，作为“批邓”的一发炮弹。我想这大概就是王秀珍说的所谓“干货”。

交通部于眉的发言因为没有符合“四人帮”的腔调，他刚讲完，李素文就指着他批判，说他的发言根本不合格，弄得于眉很紧张，为自己辩解说：这是我们党委讨论的，不是我个人的意见。交通部长叶飞知道后，批评于眉没骨气（于眉后来调到建委。打倒“四人帮”后，又把于眉批了一顿，说他是软骨头，当时不能顶着）。吕东发言的时候，事先没有估计到这个形势，一讲话就被人家抓住了把柄，一机部的纪兆全上纲上线批吕东，把吕东弄得也挺紧张。

一次我在生产调度会上故意放风说：现在批判条条专政了，我们这个调度室也属于条条专政，干脆取消算了。不想王洪文夜里 1 点钟给我打电话，他说：老袁，听说你们调度室要取消？我说：还没有，我们生产组有个调度室，还在正常工作。不到半小时，上海的马天水来电话，问调度室是不是要取消。我说没取消。他说：这几天怎么张雁翔找不到了？我说：张雁翔那是单纯业务观念，只低头拉车，不抬头看路，我让他学习去了。他说：你这个调度室可不能取消，张雁翔是立了功的，调度室尽做好事，没做坏事。可见他们的耳目不少。

7 月 21 日晚，中央政治局听取会议情况汇报。确定会议仍按原计划进行，规定不许追务虚会议问题，使王洪文等人妄图扭转会议方向的企图未能得逞。

就在这伙人大闹京西宾馆的时候，不想被一场突如其来的大地震“震”散了会议，也震跑了那伙“不解决问题不散会的人”。8 月 1 日计划座谈会结束。

六、抗震救灾

1976 年 7 月 28 日凌晨 3 时 42 分，唐山、丰南发生强烈地震，地震还波及北京、天津等地。震得最厉害时，可以看到宾馆的烟囱弯来弯去。全国计划会议还没有结束，大家不敢在楼上住，待在停放在院子的汽车里，关上车门太热，打开车门有蚊子，一致意见是必须散会，抗震救灾。因我负责全国工交生产组织、调度和指挥工作，于是一面抓紧向中央、国务院汇报灾区情况，一面联系有关部门投入抗震救灾工作。

当晚10时，我约工、交、建和军工各部门负责人召开紧急会议，以临战姿态，通报情况，研究抢险救灾事宜。要求把原计划由灾区调出的产品和物资都重新调整，作出应急安排。因开滦煤矿停产不能供上海用煤，事关重大，我当即与已调山东省工作的杨波商定，由山东计划外每天增调煤炭1万吨供上海；又同安徽商定，从淮南、淮北矿每天增调煤炭1万吨，也是供应上海。

7月29日一大早，我和当时国务院副总理孙健（原是天津内燃机厂的工人，造反后上来的，“文化大革命”后返回天津）驱车赶到唐山，先到受灾最严重的市区察看工厂，其惨状目不忍睹。大街小巷到处都是用被褥、草席掩盖着的尸体，许多人是在睡梦中被建筑物倒塌砸死、砸伤的。地震时躲在机器旁的一般没事，向外跑的被塌下的建筑材料砸死、砸伤的较多。开滦煤矿井下基本没有伤亡，伤亡的都是井上作业的职工，但是井下全被水淹。我们驱车赶赴震区时，余震仍不断发生，坐在车子里都能感到大地在摇晃。河北省委第一书记刘子厚住在机场搭的临时棚子里组织指挥抢险救灾。

同刘子厚等交换了情况后，我又立即驱车赶赴天津。沿途只见房倒屋塌，人畜伤亡，村庄都搭起地震棚子。天津市区街道狭窄，两侧都是地震棚，车子勉强能开过去。当晚我们由天津返回北京，立即召开有关部委负责人紧急会议，研究解决灾区人民和抢险救灾队伍的吃饭、供水、供电、恢复交通和医疗、电信问题。在地震发生后的两三个月时间里，我的大部分精力都放在了组织指挥抗震救灾、恢复生产工作上。

这次发生在唐山、丰南地区的大地震开始报的是震级7.8级，震中烈度11度。这一带历史上多次发生地震，据说1679年9月20日，曾发生过8级大地震，当时震中在三河、平谷两县之间。那时，这些地方是穷乡僻壤，人烟稀少，造成多大损失，不见记载。这次大地震，震中恰好在煤炭、钢铁、机械等工业比较集中，水陆交通网络密集，人口稠密的唐山、天津，还波及首都北京。而继发性地震不断，当日就发生了

6.2级和7.1级两次余震，在两三天中发生6级以上余震不下10次。其破坏之惨重、伤亡之众多、损失之巨大，触目惊心。

唐山市区居民人口80多万人，后来统计地震中死亡24.2万人，重伤16.4万人；90%以上房屋倒塌，城市被夷为一片废墟；铁路、电信、电力损毁中断；工业企业全部被毁，整个城市陷于极大的灾难之中。此外，唐山地区农田水利设施也受到严重破坏。陡河、邱庄、洋河三座大型水库大坝塌陷、裂缝，防浪堤倒塌。尤以陡河水库为甚，大坝一侧山梁纵向裂缝长6 700米，最大缝宽1.6米，裂缝最深处96米，坝身局部滑坡、喷沙，最大下沉1.64米。全市9万眼水井，约有7万眼淤沙、错管。排水渠、防潮蓄水闸、扬水站大部被毁。许多桥涵沉陷、断裂。沙压耕地50万亩，水淹70万亩，牲畜伤亡惨重。直到1978年才逐步修复或重建。

地震发生后，中共中央、国务院、中央军委成立中央抗震救灾指挥部，从沈阳、济南等地调集10多万解放军指战员、2万多名医务工作者和数万名各方面的支援人员，立即赶赴灾区，投入抢险救灾和铁路、电信、电力、自来水等设施的修复工作。党中央、国务院组成以华国锋为团长的中央慰问团，于震后几天内赶赴灾区慰问。这时，国家计委生产组实际已成为指挥部的办事机构，紧急组织调运大批物资到灾区。河北省委也成立了抗震救灾和恢复生产指挥机构，并组派医疗队、抢修队，前往灾区进行医疗抢救、转移伤员、掩埋尸体、慰问死难者家属、安顿受难群众。

1976年8月4日和7日，国务院组织了两个联合工作组：一个是国务院天津联合工作组，一个是国务院唐山联合工作组。两个联合工作组深入灾区，现场办公，协助当地党、政机关抓抗震救灾和恢复生产工作。

为了帮助灾区救灾和恢复生产，重建家园，1976年至1980年，国家通过多种渠道和形式，给唐山拨款总计33.6亿元，其中救灾款11.6亿元，基建投资22亿元；给天津拨款17亿元，其中救灾款6.7亿元，基建投资10.3亿元。

铁道部、铁道兵联合抗震救灾指挥部设在地震灾区塘沽。郭维城任司令员、刘建章任政委，亲临现场指挥。那时余震不断，抢修不停。8月3日修通了京山线滦县、茶淀地段的线路、桥梁，修复了4列脱轨列车；7 日，修通了通坨线 7 座下沉、有裂纹的桥梁，疏散 22 列货物列车和 5 列旅客列车，并转移旅客离开震区。在震后半个月内，从灾区运出伤员 159 列车，6.63 万人到各地医院。抢运各种救灾、生产、生活物资，其中经天津运进 80 列车，约 14 万吨；经沈阳运进 94 列车，近 11 万吨；从北京经通坨线运进 51 列车，约 8 万吨。还抢修了唐山、古冶等地工矿铁路专用线 21 条，约 295.5 公里。

在河北省和电力部组织指挥下，保定供电局抢修队于震后第二天修复了北京经蓟县、玉田到唐山贾安子变电站 110 千伏高压线，使唐山市三条主要大街的路灯亮了起来。冶金部抢运一台 125 千瓦柴油发电机到唐钢，解决厂区医院、照明、抽水用电问题。辽宁省电力抢修队修复了秦皇岛经刘庄到吕家坨电站 110 千伏输电线路和煤矿输变电设备，唐山电厂分别于 8 月 12、13 日恢复两个机组发电，部分解决了矿区、市民和医院的照明用电。

邮电部抢修队伍，于震后第三天修通唐山到北京、天津、石家庄、沈阳的电话干线，很快使北京和唐山地区能直接通话。

调拨物资、组织增产、支援灾区是国家计委的责任。震后党中央发出了《关于大力增产药品的紧急通知》，我们立即商同有关部门安排增产所需的硫磺、红矾钠、黄血盐、活性炭等基本化工原料，以及增产医疗器械所需的钢材、铝材、铜材、救护车底盘等。上海市各制药企业战高温、夺高产，增产药品；天津制药企业受灾严重，他们以“十二级台风刮不倒，七级地震震不垮”的英雄气概，很快恢复了生产。

开滦煤矿是上海等城市工业用煤和主焦煤生产供应基地，为尽快恢复开滦煤矿的生产，组成“恢复开滦生产会战领导小组”，我为组长，直接领导开滦煤矿恢复生产工作，对井下排水急需的大型水泵、阀门、吊车、电缆、高压开关板、高压综合启动器、继电保护屏、变压器、大口径高压钢管等，有现货的即刻调运，无现货的立即赶制。同时增调排水设备，使排水能力每分钟达到 350 吨，超过矿井涌水量。到 1976 年底，八个矿有六个矿先后恢复生产，产量达到震前的 20%。

为防止停靠天津港的 40 多艘外贸船舶发生意外，我即商交通部、外贸部，有的转移港外锚地，有的调至其他港口。同时通知各国，暂不要向天津港派船，在途航行的改驶其他港口。

冶金部抽调邯钢、武钢等 4 个单位基建施工队伍 2 500 人，分工包建天津 12 个冶金企业；调集 10 个冶金企业的施工队伍和设备以及电缆、高压电瓷瓶，帮助唐钢恢复生产。煤炭部组织 10 个省区的煤炭企业，分工包建开滦八矿、一厂和矿务局房舍。

石化部孙敬文等主动请战，到煤炭部联系支援开滦煤矿，当晚从华北油田派出水罐车 10 辆到达开滦。北京市支援震区汽车 159 辆、内燃发电机组 8 台、通信电缆 120 公里、麻袋一万条，以及钢材、木材、水泥、漂白粉、胶管、医药、氧气瓶和大量食品。解放军总参支援唐山吊车 101 台。铁道兵不仅参加抢修铁路，还承担天津化工厂、汉沽盐场和汉沽两座公路大桥的修复施工任务。国家建委成建制地调给天津施工队伍 6 000 人，组织省市支援土建施工队伍 4 000 人。这些施工队伍都自带工具、帐篷、车辆、机械设备等。

在祖国各地人民大力支援灾区抗震救灾、对口包建、恢复生产的同时，灾区人民在党的领导下，广大干部群众发扬了自力更生、艰苦奋斗、重建家园的精神，他们临危不惧、英勇奋斗，抢救生命和财产的英雄事迹，可歌可泣。

七、毛主席逝世

还是在 1976 年 1 月下旬，全国计划会议在前门饭店刚刚结束，我还未撤离，夜间突然接到魏富凯电话（原周总理秘书，时在卫生部工作），要找余秋里借心脏监护器（是周总理为余秋里特批购置的，当时京城大概仅此一台）。我告诉他秋里在广东疗养，问他谁要这个，魏说江青。我说秋里还用着呢！魏富凯则坚持说：既然她提出来了，你马上帮助打个电话吧。在电话里我刚对余秋里提到这事，不想他立即意识到是主席需要，说马上派人送去。我一听，心就紧张了。毛主席大约 70

年代就查出有心脑血管病，病情时好时坏。1976 年 1 月周总理逝世他没有出来，当时我心中就不安，想起 1972 年洒泪悼陈毅的情景，此时就更有些担心了。后来慢慢知道了一些情况。对他老人家在重病中，作出华国锋出任党中央第一副主席、国务院总理的决断，人们都极为庆幸！虽说他发动“文化大革命”伤了许多同志，但在重病中凭着头脑还清醒时，指出江青一伙搞“四人帮”，先是确定四届人大总理和邓小平为第一副总理人选，现在又手书指定第一副主席，这为后来彻底解决“四人帮”的问题奠定了组织方面的合法条件。人们对他重病中决定的这些重大人事安排更激起无比崇敬的心情。

1976 年 9 月 9 日，毛主席离开了我们。噩耗传来，全党、全军和全国各族人民无比悲痛。机关里许多人泣不成声。就是那些被整过的老同志也是泪流满面。我自己虽有前文讲到借心脏监护器的经过，心里有点准备，但消息传来仍觉得太突然，从感情上接受不了。大家永远不能忘记，为了推翻国民党黑暗统治，为了广大劳苦大众的翻身解放，为了建立由人民当家作主的新中国，他老人家立下的丰功伟绩，虽然他晚年发动的“文化大革命”，给林彪、江青一伙野心家、阴谋家以可乘之机，犯下大错，但综观他的一生，终究是一个伟大的无产阶级革命家所犯的错误，在他的全部革命生涯中，功勋是第一位的。邓小平在《答意大利记者奥林埃娜·法拉奇问》一文中，有一段极为精辟的论述，他说毛泽东同志“多次从危机中把党和国家挽救过来。没有毛主席，至少我们中国人民还要在黑暗中摸索更长的时间”，这句话代表了广大中国人民和中国共产党党员的心声。毛主席是我们党和全国各族人民的伟大领袖。

八、“四人帮”垮台

毛主席逝世后，党和国家的命运又一次处于极为严重的危急时刻。

一方是江青“四人帮”一伙，他们在中南海操纵党羽兴风作浪，指使上海的亲信准备兵变（组织民兵第二武装），伪造所谓临终嘱咐“按既定方针办”，连篇累牍地大造反动舆论。种种迹象表明，他们欲乘危篡党夺权了。另一方是华国锋、叶剑英、李先念等老同志，他们深感忧虑。为了全中国人民的利益，必须粉碎这个“四人帮”反革命集团。

自古以来，多行不义必自毙。1976 年 10 月 6 日那天，以华国锋、叶剑英、李先念等中央领导同志为代表的中央政治局，执行党和人民的意志，采取断然措施，以迅雷不及掩耳之势，把这伙多行不义之辈，猖狂了十年，坏事做尽的“四人帮”一网打尽，为党为人民除掉了一个大祸害，从危难中挽救了党，挽救了国家。

把“四人帮”抓起来的消息是当天晚上谷牧告诉我的。他说“四人帮”被抓起来了，现在还不能向外宣布，眼下要紧的是先处理好上海“四人帮”老窝的问题。中央决定派苏振华（政治局候补委员、海军司令员）和倪志福（全国人大常委会副委员长）、彭冲（江苏革委会主任）、林乎加（国家计委副主任）带一个队伍到上海，由苏振华主持上海工作。上海是海军东海舰队驻地，又是我国最大的工业城市，经济地位举足轻重。为了防止“四人帮”余党破坏上海，谷牧说根据中央意图，由计委、建委组织一个工作小组，以出差作掩护先进入上海，观察了解上海动态。我与谷牧商量决定由生产组副组长徐良图带队。那个时候，大家最担心的是上海出事。因为“四人帮”在上海的亲信、余党、“小兄弟们”可能狗急跳墙。“四人帮”被抓起来后，上海的动静我们还不清楚。因此，工作组必须立即出发。为避免打草惊蛇，工作组的公开名义是调查了解上海 1976 年计划完成情况及需要解决的问题。

10 月 7 日，我和谷牧召集计委的徐良图、干志坚、陈斐章、周力、王守家，建委的李景昭、王德瑛、曹大澄，宣布了党中央一举粉碎“四人帮”的消息。他们听后，齐声鼓掌，都高兴极了。我还宣布，由于对上海情况不明，为防止上海的“四人帮”爪牙闹事，撂挑子，扰乱社会，干扰生产，由徐良图牵头组成八人工作组，小组的使命是观察了解上海基层情况，公开名义是调查了解上海计划完成情况及需要解决的问题。如果发现什么重要情况要及时报告北京，此事要求绝对保密。出发前，由王守家告知上海市工交组值班室值班员单永志，请他们帮助安排接机和住宿。可是飞机 10 月 9 日上午到达后，却没有人来接，看来他们可能已有防备。工作组马上在机场用电话联系，值班室单永志回答：旅馆都已客满，安排不下来。几经交涉，终于住进了一个小旅馆。第二天上海工交组一位负责人来“看望大家”，改住衡山宾馆。说明他们措手不及，需要在衡山宾馆先做点“安排”。

工作组到上海后，立即各自探视访友，了解上海形势，紧接着又下到工厂，了解生产情况，听取工厂汇报生产中的情况和问题。每到一个工厂，让工作组很惊奇的一个现象就是民兵持枪坐在卡车的周围待命。就在这时，工作组联系上了上海市委常委、老同志王一平，每次市委开会他都参加，因年老、资格老、很少讲话，所以那些“四人帮”死党对他也不注意，但是他心里有数，他痛恨“四人帮”，看不惯这帮人。工作组与他联系并对他讲了北京的情况，告诉他“四人帮”已被抓起来了。王因直接出面不方便，通过李庸夫（原公安部下放到上海的干部）和工作组秘密接头，传递上海市委常委会每次开会的情况。接头时工作组去三个人，三人保持一定距离，前后照应，以保安全。情报取回来后，立即分析研究，当发现 7 日、8 日两日市委常委会议研究要阴谋策划反革命武装暴乱时，工作组立即决定，写密码信报告北京，由王守家、陈斐章二人去苏州邮寄（怕上海检查邮件），后因为情况紧急，邮寄已来不及，随即改用海军机密电话联系，将策划暴乱的情况报告北京。后来，工作组将了解到的情况每日都用海军驻地电话报告北京。在短短二十来天里，共有两次重大情况报到北京。一次是“四人帮”的亲信、“小兄弟们”在常委会上提出要组织暴动，阴谋炸毁上海大厦和市区桥梁及几个重点工厂，据说炸药已经备好；一次是上海一些工厂民兵已进入一级战备，武器已发到民兵手中待命，并打算上海保不住，就撤往安徽山里上海的“小三线”。

由于“四人帮”被擒，上海在京的几个死党也被控制的消息封锁严密，在上海的狐群狗党似热锅蚂蚁，既想冒险，又不敢轻举妄动。局面大有一触即发之势。他们控制着上海许多重要的部门，一旦失控，十分危险。工作组在上海的活动“四人帮”亲信们已派人跟踪监视，但他们的一举一动也在我们的视线之中，监视—反监视极为紧张。参加这场战斗的曹大澄后来把这一段经历记录下来，写了一本书叫《余党末日》，情节翔实、具体生动。描述的就是工作组在上海的这一段地下工作情况。

对上海，中央已做好各种准备和必要的措施，以防万一。中国有句老话叫作“树倒猢狲散”。当“四人帮”在上海的徒子徒孙们逐步弄清江青等一伙已落入人民法网，一个个已没有了往日的猖狂，基本上都是束手就擒。

1976 年 10 月 15 日，上海交大学生带头敲锣打鼓上街游行，高喊口号，庆祝打倒“四人帮”。从此，上海市人民狠打落水狗的战斗就开始了。

10 月 22 日，中央公布由苏振华、倪志福、彭冲组成中央工作组。10 月 30 日中央工作组召开全体成员大会，宣布改组上海市委。工作小组的 8 位同志也会合在中央工作组中，接受新的任务。

1976 年啊！真是难忘的一年！

九、“文化大革命”期间我国经济的曲折发展

我国经济发展出现过两个马鞍形，第一个马鞍形是从建国初国民经济恢复到“大跃进”，第二个马鞍形是从实行“八字方针”、国民经济恢复到十年“文化大革命”。“文化大革命”结束后，我国的经济发展基本上是稳步上升的。对于上述四个经济发展阶段，“文化大革命”十年是经济工作最艰难的时期。

这十年整个中国经济形势的发展大致可以分成三个阶段：

第一阶段是从 1966 年到 1969 年。1966 年虽说“文化大革命”开始，红卫兵开始串联，开始批判一些领导干部，包括薄一波等，可是这一年的工交生产基本上还能维持下来，基本还是好的。但 1967 年、1968 年这两年就不行了，生产连续下降，一直到九大以后，周恩来总理亲自抓国务院机构改革，1969 年成立了国务院业务组和国务院业务组领导下的生产组。所以这一阶段还能维持，不是马鞍形，经济形势还比较好。1967 年、1968 年生产下降，到了 1969 年稍微好一点，这是个

“U”字形。

第二阶段是从1970年到1974年。由于九大以后国内的局面稍微稳定一点，各个省、区、市革委会都成立了，就是实现了“全国河山一片红”。国务院业务组领导下的生产组成立之后，各个省都成立了生产指挥部，所以1970年到1973年全国生产比较稳定。可是到了1974年，“四人帮”又跳出来干扰国民经济，开始搞“批林批孔”运动，生产明显下降，这又是个“U”字形。在第一阶段、第二阶段出现了两个“U”字形。

第三阶段是从1975年到1976年。1974年邓小平复出后，1975年中央正式恢复了他的工作，1975年这一年是“文化大革命”时期发展经济的黄金时代。1976年“四人帮”批判右倾翻案风，邓小平从领导岗位下来了，生产也就下来了，出现一个马鞍形。

十年间，我国经济发展是两个“U”字形一个马鞍形。

“文化大革命”时期的经济工作过程概括起来，一是先把已瘫痪了的领导经济工作组织系统以应急形式建立起来，从国务院业务组，到业务组领导下计划起草小组和生产组，再到各部门、各省市相应成立生产指挥机构。二是依靠这个组织系统，一方面维持最低限度的生产，使国民经济尽可能运行，减少一些破坏；另一方面，排除困难，应对各种突发事件。三是不放弃各种各样机会，着眼于国民经济长远发展，引进先进技术装备。这在“文化大革命”期间是一件大事情。四是邓小平出来后整顿国民经济，从整顿企业开始，全面整顿。这些为粉碎“四人帮”后国民经济能很快地恢复和发展，也为改革开放打下了基础。

总结在“文化大革命”中的工作，有哪几条基本经验呢？

第一，有坚强的领导。“文化大革命”期间的经济工作由于有了周总理为首的国务院的坚强领导，周总理发挥了高超的领导艺术，才能够利用矛盾坚持发展。

第二，有坚定的信念。“文化大革命”中大家总还有一个坚定的信念。干部虽然“靠边站”了，他们还是相信毛主席、相信党。我曾在《新文学史料》中看到丁玲的儿子写的回忆，他回忆丁玲在太行山和北大荒的一些情况。丁玲一直到1979年才解放出来，丁玲说：我是个共产党员，总有个坚定的信仰，我总是相信群众相信党。我的不白之冤早晚会得到昭雪的，我有这个信心。有一次他儿子问她：在困难的时候，你有没有一丝自杀的念头？她说：没有，从来没有，我有信仰。当时绝大多数干部都是如此，大家对维持国民经济的运行总还是有种责任感、使命感，所以不管多么困难，大家都要排除万难，争取胜利。

第三，要调动一切能调动的积极因素。建立生产指挥部调动了一批军代表和没有"靠边站"干部的积极性，后来逐步地解放了大批干部，恢复了各个部门的工作，又调动了大家的积极性。另外，广大企业职工尤其一些老工人也是有责任感的，他们希望把生产搞上去，所以在困难情况下，调动大家的积极性很重要，越是困难，越要调动一切积极因素才能战胜困难。

第四，精简机构。"文化大革命"期间搞经济的机构小、人员少，虽说困难大，可是效率高。现在，各个部门都恢复了，机构臃肿，客观条件虽说好了，可效率反而低了。虽然那是特殊年代被逼出来的，但经过"文化大革命"这一段，也给我们以启示，就是管理层次多，人员多，机构庞大，就谈不上效率。如何注意和解决管理机构多层次的问题，是一个难事，但关键在人为。

第五，整顿。"文化大革命"把经济秩序搞乱了，把企业管理搞乱了，治乱必须先抓整顿，没有整顿不可能恢复，只有在整顿的基础上才能够发展。

第六，发展经济，政治上必须稳定。"文化大革命"是反面教材，因为政治上的动乱，造成社会上的混乱，必然带来经济上的滑坡，这个问题确实值得我们深思。所以，中央提出稳定是前提，没有稳定哪有发展，又何谈改革？改革是发展的动力。

这六条是"文化大革命"期间我们工作的宝贵经验。

"文化大革命"十年中，我们在周总理领导下艰苦奋斗，在困难中前进，虽然有两次"U"字形和一次马鞍形，经济还是有所发展的。工农业总产值 1965 年是 2 235 亿元，到 1976 年是 4 536 亿元，十年翻了一番。其中工业翻得比较多一点，工业总产值 1965 年是 1 402 亿元，到 1976 年就是 3 278 亿元，翻了一番还多一点。农业也有所发展，1965 年农业总产值是 833 亿元，1976 年是 1 378 亿元，不到一番。国营企业的固定资产这十年也有很大增加，1965 年是 1 446 亿元，1976 年是 3 728 亿元。其中国有工业企业 1965 年是 962 亿元，到 1976 年是 2 494 亿元。钢产量 1965 年是 1 223 万吨，1976 年是2 046万吨；能源产量 1965 年是18 824万吨标煤，到 1976 年达到50 340万吨标煤。

第十四章
经济工作的拨乱反正

一、正本先清源
二、所谓“洋跃进”
三、“三打 2 600”
四、端正经济工作指导思想
五、工业学大庆
六、两位值得怀念的人

一、正本先清源

粉碎“四人帮”后，人们在兴奋之余都在思索着一个问题，如何把被“四人帮”糟践掉的10年时间抢回来，早一点实现周恩来总理生前提出的“四个现代化”，尤其我们这些长期从事经济工作的同志更是为此着急。

华国锋是一个比较厚道的人，因为他是从基层来的，对基层比较了解，当时，他有个雄心壮志：“压了这么长时间，可该要发展了。”他经常在玉泉山召开会议。我多次参加他主持的经济方面的会议。十年动乱，国家经济已濒临崩溃边缘，积重难返，亟待正本清源。正本要先清源，从何处入手？1975年邓小平复出时主持整顿的经验是成功的，所以粉碎“四人帮”后第一件大事就是整顿。全国党政军、工农商各条战线都需要进行整顿。

如何整顿经济，如何恢复生产秩序，小平在1975年整顿时指出：“整顿必须从整顿铁路秩序入手”，因为铁路是国民经济的命脉，是“四人帮”搞乱经济的重点。所以，玉泉山会议决定，粉碎“四人帮”后经济工作的第一件事也是整顿铁路。中央决定从河南调段君毅进京担任铁道部长。段君毅原是晋冀鲁豫军区老干部，西南军政委员会财委副主任、工业部长，调中央后“文化大革命”前任一机部部长。

铁路是“文化大革命”的重灾区，虽然经过1975年的整顿，但在“反击右倾翻案风”时，在“四人帮”唆使下铁路系统闹得更凶。当时在铁路系统靠造反起家的头头中九大的中央委员就有6个，他们各有一群打手为非作歹，所以恢复经济工作秩序，关键是打通铁路大动脉。对此，华国锋很着急。一次在玉泉山听段君毅的汇报，他对铁路恢复进展工作不满意，说：老段啊！你是老同志，在恢复生产上总该采取个积极态度嘛！话说得很重，段君毅也很为难，当时整顿铁路的难度的确大。为帮助段君毅开展工作，他到职后，国务院指定我协助他召开全国铁路工作会议，主要是整顿。这次整顿的重点路局仍然是占据津浦、京广和陇海铁路枢纽的徐州、郑州两路局。会议于 1977 年 2 月在北京饭店召开。我帮助他做会议组织工作，每晚听各组汇报，简报稿由我阅后交段签发送谷牧、先念、华国锋。这次铁路会议是在粉碎“四人帮”后全国一片大好形势下召开的，没有来自上面的干扰，职工群众顾虑也少了，上下同心协力，基本上是一鼓作气把所有坏头头一网打尽。两条主干线铁路运输开始好转，为恢复国民经济打响了第一炮。但陇海铁路的另一枢纽兰州路局的领导班子依然在坏人手中，负隅顽抗。兰州枢纽瘫痪关系到陕、甘、宁、青、新疆五省区铁路大动脉的畅通。中央指定刚刚恢复工作的甘肃省委第一书记宋平、兰州军区司令员黎原、铁道兵政治部主任李际平组成领导小组，率领铁道兵指战员进驻兰州路局各主要站段，快刀斩乱麻，把“四人帮”余孽“一锅端”。为了及时打通西北大动脉，铁道部从沈阳路局、济南路局抽调了一批机车和司乘人员到兰州局各站段。在徐州、郑州、兰州路局整顿的同时，由计委生产组牵头，铁道、煤炭部派员参加的突击运煤工作组，奔赴山西、宁夏等地煤矿，将堆积如山的存煤，突击运到京、津、沪、唐山电厂及河西走廊各重要厂矿，充实库存，保证了生产的迅速恢复，使这一地区燃料紧张的局面开始缓解。

铁路会议之后，我们按照 1975 年的办法接着召开了全国冶金工作会议和全国计划工作会议，4 月 20 日至 5 月 13 日，又召开了全国工业学大庆会议。

恢复工业学大庆，是中央在经济领域拨乱反正的重要决策。我认为，学大庆不仅仅是学它的生产管理，最重要的是学习它的精神，这是社会主义建设时期的一笔宝贵财富。我是学大庆会议秘书长，学大庆会议筹备工作是从 1977 年 1 月开始到 4 月下旬，是我这一时期花费时间最多的一件事情。1977 年 4 月 20 日，我们在人民大会堂参加祝贺金日成 65 岁生日之后，当晚乘火车赶到大庆。“全国工业学大庆会议”在油田隆重开幕，当时党和国家的主要领导人都出席了这次会议，各地和企业代表七千多人。华国锋代表党中央、国务院讲话，他号召以大庆为榜样，抓思想政治工作，抓企业经营管理。他号召全国至少要有三分之一的企业办成大庆式企业。大会之所以先在大庆油田召开，目的是增加代表感性认识，在参观学习之后会议转到北京，由余秋里、康世恩在人民大会堂介绍大庆、大庆事迹和大庆铁人精神的报告，十分感人。这次会议使我们进一步认识了大庆。

工业是国民经济基础，“文化大革命”前曾有许多建设“大庆式企业”的经验，企业对大庆也比较了解，榜样、路数人们都熟悉。粉碎“四人帮”后，针对当时企业管理的混乱状况，工业企业学大庆内容有所侧重，主要是依照大庆“三老四严”的要求整顿企业，这是正本清源的最有效办法。这次会议重点抓了三件事：一是整顿领导班子。“文化大革命”中，把厂长、书记称谓取消，都叫革委会主任、副主任，成员来自军代表、工宣队、军宣队、造反派头头和所谓“解放”出来的革命干部代表。而熟悉生产、懂经营、会管理的一些老厂长们多数被“靠边站”了。整顿班子要把这批人“解放”出来。同时还要把“三种人”，即追随林彪、江青反革命集团靠造反起家的人，帮派思想严重的人，打砸抢分子清理出来。二是整顿企业秩序，恢复行之有效的规章制度。要求通过学大庆，肃清“四人帮”推行的所谓“三无企业”的流毒，强调做好“三基”工作。三是整顿职工队伍。开展以提高职工文化、技术素质为目的的“双补”活动，做好职工文化补课和技术补课，弥补“文化大革命”十年职工队伍整体文化、技术水平素质的普遍下降，弥补这一时期大量进厂的新职工文化、技术空白。一些“文化大革命”时期名为初高中毕业的工人“因停课闹革命”，他们的实际文化程度很低，有些工厂职工还有文盲。新工人技术操作水平则更差。通过“双补”，要求新工人文化补到初中三年级，技术操作补到初级技工的水平。

在会议上，华国锋还贸然地提出要有十来个大庆（油田），这个提法显然不切合实际，是急于求成。

二、所谓“洋跃进”

1977 年 3 月 3 日至 16 日，国务院召开全国计划工作会议，会议讨论了 1977 年国民经济计划。这是粉碎“四人帮”后召开的第一个计划会议。编制第五个五年计划是粉碎“四人帮”后经济工作的又一件大事。“文化大革命”期间编制国民经济五年计划一度中断，虽然也有年度计划，但年年计划，年年如同没有计划。粉碎“四人帮”后急需编制一套各行各业的国民经济发展计划，以指导经济的恢复工作。

由于十年动乱，经济领域极度混乱，为统一认识，会议提出了“十个要不要”的问题让大家讨论。如“要不要坚持党的领导”等，其中第八个是“要不要引进新技术”，也就是要不要有计划有重点地引进国外先进技术，以增强我国自力更生的能力。引进一些急需的先进技术、设备和管理方法，加快国民经济的恢复，也是粉碎“四人帮”后经济领域要解决的一个大问题。“文化大革命”后期虽然恢复引进了几个项目，但来自江青一伙的干扰太大，部分人将引进与“洋奴”、与“卖国”画上等号，所以引导大家讨论弄清是非是非常必要的。当然，我们的方针，一直是以自力更生为主，适当引进先进技术，取长补短，以加快我国建设速度。

就在这个时候（3 月 10 日），中共中央工作会议在北京召开，会议初步总结了粉碎“四人帮”以来的工作，部署了当年的工作，也讨论了 1977 年国民经济计划安排。会上，陈云提出“天安门事件”要平反，陈云的发言，因华国锋坚持“两个凡是”而未能刊发会议简报。这引起了一些与会代表的不满。当时“两报一刊”发表的一篇文章题目为《学好文件抓住纲》，对这篇文章，会上发生了严重分歧，争论得十分激烈。文章发表在《人民日报》、《红旗》杂志和《解放军报》上，这就是“两个凡是”的正式文本。之后，由胡福明等撰写，胡耀邦亲自修改的《实践是检验真理的唯一标准》一文在《光明日报》上发表，立即引起全国性大讨论。4 月间小平给中央写信，提出要用准确的、完整的毛泽东思想体系指导我们的工作。信中虽未提及“两个凡是”，但对于如何看待毛泽东思想，小平坚决而且鲜明地提出了自己的观点，支持真理标准大讨论。叶剑英、李先念也都反对“两个凡是”。

5 月间，小平明确表示“两个凡是”违反毛泽东思想。他说如果按照“两个凡是”的标准就说不通为他平反，为“天安门事件”平反是合情合理的。

在“两个凡是”的争论中，涉及了如何理解和实施毛主席“把国民经济搞上去”的这句话的含义。打倒“四人帮”后，怎么样来拨乱反正？又如何恢复经济？当时华国锋的指导思想是想把“文化大革命”耽误的时间抢回来，对当时的经济状况比较着急。计委据此思想编制的计划，引进项目偏多偏大，有些还是部门或地区重复引进。在审查计划时陈云不赞成，他认为当时急需的不是大量引进，而是通过调整缓解国民经济比例失调的问题，他提出引进必须围绕调整这一目的。他批评冶金部想借外债发展钢铁，不知道这里面的厉害。他说年度计划方案，大项目 1 700 多个，小项目几万个，搞计划的人忘了中国的国情，9 亿人口，80%还在农村，新中国成立 30 年，温饱问题还没有解决。陈云批评计委的方案显然与批判“两个凡是”有关。他反对脱离实际地为“把国民经济搞上去”而搞上去，说这不是毛泽东思想。有人说，陈云在会上发言批评了“洋跃进”。这也不是事实。中央领导同志在会上批评计委大引进的计划是事实，但“洋跃进”三个字，就我所知是在一个展览会的展板上出现的，后来被一些人引用了。

至于华国锋，我完全是直观感觉。毛主席的晚年，由于错误地发动“文化大革命”，使林彪、江青一伙得势，而他老人家在关键时刻把国家领导权交给华国锋，写下“你办事我放心”那张字条，我又深感庆幸。华国锋长期做地方工作，人很老实，不搞阴谋。从后来他服从多数，愿意辞职，说明他是个好同志，但他的思想认识局限在了毛主席怎么讲，我就一定要怎么干。

粉碎“四人帮”后的两年，主要是徘徊中前进、是调整。某些方面在调整中还有发展，特别是国民经济的整顿，成绩显著。从工农业总产值上说，1977 年、1978 年和 1979 年年增长率都是 10%以上。工业总产值 1977 年、1978 年增长也是 10%以上。1979 年增长幅度虽低于 10%，但增长率也是很高的。粮食产量 1977 年由于严重的自然灾害，比 1976 年减产 70 多亿斤，但 1978 年和 1979 年都是增产的。钢产量，1976 年、1977 年、1978 年所谓“三打 2 600”，但 1978 年钢产量还是达到 3 000 多万吨。

三、“三打 2 600”

钢铁工业“三打 2 600”是业内人士的一句笑谈，也是大家对那时工作难度的感叹。在那“以钢为纲”的年代，钢产量是工业发展的最重要指标，是国民经济计划中的“风向标”。1974 年 12 月全国计划会议确定 1975 年钢产量 2 600 万至 2 700 万吨。就当时的综合能力，这个指标并不高。因为 1973 年产钢 2 500 多万吨。1974 年“四人帮”大闹“批周公”“批宰相”，弄得许多企业半停半开，钢产量下滑，但能力尚在。所以 1975 年小平复出，他主持国务院工作时立即组织实施全国人大通过的 1975 年计划。为保钢铁，这一年国务院成立了钢铁工业领导小组，协助总理强化这项工作的领导。但整顿刚有好转，就遭到江青一伙的疯狂破坏。他们在全国大搞“两条路线斗争”和别有用心地批《水浒》，反“招安”，矛头直指周总理和邓小平。一些大中型钢铁企业与铁路一样都成了“重灾户”，所以 1975 年、1976 年钢的计划指标都未能完成。而 1977 年开始拨乱反正，恢复已濒临崩溃的经济，一切又要从头做起，所以连续三年钢产量上不去。直到 1978 年钢产量才突破2 600万吨，达到 3 200 万吨。人们感叹当时经济工作受政治运动干扰之大。有人把这三年钢铁工业的生产比拟《水浒》里“三打祝家庄”，叫它“三打 2 600”。

当然，“三打 2 600”之所以如此困难，除“四人帮”的干扰破坏外，也有历史留下来的一些问题。这些大中型钢铁企业，包括铁矿山，大都是“一五”时期老企业，近 20 年的运转，特别是“大炼钢铁”，设备拼损严重，又不能及时维修和更新改造，很多关键设备多年带病运转，影响综合能力的发挥。当时还有一个突出的问题是这些老钢铁企业铁矿石普遍供应不足，高炉长期吃不饱。包钢上不去，有矿石问题，攀钢矿山选矿技术不过关也是矿石问题，鞍钢、首钢都是贫矿，更是矿石问题，武钢没有自己的矿山，吃的是八方饭，也是矿石问题，几乎所有钢厂都有矿石问题，而那时又过于强调立足国内。直到改革开放后思想解放了，可以大量进口铁矿石了，才解决了这个矛盾。为找富铁矿，我国许许多多地质专家奋斗了几十年，那些年我几乎年年大声疾呼，但至今在我国富矿资源没有突破。

四、端正经济工作指导思想

1978 年 2 月，五届全国人大一次会议讨论通过了《国民经济十年规划纲要（草案)》。对其中的一些不切实际的奋斗目标，陈云要求计委多听听不同意见，特别是反对的意见。1979 年 3 月国务院成立了非职能序列的财经委员会。陈云、李先念分别为正、副主任，姚依林任秘书长。委员会从成立到撤销，整整一年时间，为端正经济工作中的指导思想做了大量工作。陈云和先念就当时的财经工作与国民经济调整问题有许多重要的讲话，尤其陈云针对计委的讲话给我留下深刻印象。他提出搞经济工作的人先要把实事求是的“实事”搞清楚，这个问题不搞清楚，什么事情也搞不好。把事情真实情况弄清楚了，前进步子才能稳健有力。他说要避免出现大的“马鞍形”，不能再折腾了，按比例发展就是最快的速度。他认为现在比例失调情况相当严重，要准备两三年调整时间，最好三年。钢的指标必须可靠，借外债必须充分考虑还本付息的能力。陈云的这些重要思想，对贯彻“调整、改革、整顿、提高”新八字方针具有重要的指导意义。

1979 年 9 月，财经委通过讨论明确 1980 年、1981 年的计划安排要端正经济发展的指导思想。可惜开会的时候，我先是出差，后因病住院未能全部参加。这年 8 月我参加方毅在包头召开的稀土工作会议，会议进行中，我突然胸部剧痛。开始疑为心脏病，先由方毅的保健医生为我治疗，一夜疼痛没有缓解。第二天送包钢医院，大夫诊断也说是心脏病。余秋里听说后，电话要我马上回京医治。所以会议结束我回京直接住进 301 医院。心脏病专家黄琬大夫检查后说，胸部剧痛这么长时间，若是心脏病早就没救了。经透视，是胆囊炎发作。于是住院治疗。所以财经委讨论计划的 7 次会议，我只断断续续、边治疗边参加，虽然没有参加全部会议，但也受益匪浅。这一时期陈云反复强调国民经济调整中的指导思想，重点是财政、物资、信贷和外汇的平衡，必须先解决国民经济比例失调。他批评国家计委编制计划的指导思想恰恰忽略了这一点，说这是对“文化大革命”造成的国民经济濒于崩溃的真实情况估计不足，又急于求成，企图用大量举债加快建设，是脱离实际的。对陈云的意见，当时计委一些人尤其主要领导实际上仍有保留。陈云强调国民经济调整要实事求是，要量力而行等一系列重要意见，得到邓小平、叶剑英和李先念的支持。

陈云一贯坚持实事求是发展经济的主导思想。不论在“一五”时期，还是“大跃进”时期，陈云强调的都是这一思想。在拨乱反正的年代里和之后的改革开放，他强调的仍然是这一思想。在这一思想指导下，他主张发展多种经济成分，发挥价值规律和市场的作用。虽说那时候陈云的讲话，多是同纠正经济中的“左”有关，因为“左”是当时的问题所在，但纠“左”不等于就是右，实事求是同保守风马牛不相及，几十年我们发展经济的一条重要教训，不就是忘记了实事求是吗！

五、工业学大庆

早在上世纪 60 年代初，石油部调集全系统主要力量在东北松嫩平原中部组织会战，以铁人王进喜为代表的石油职工，在外有封锁内有自然灾害条件下，发扬一不怕苦、二不怕死的英雄气概和一丝不苟、严肃认真的科学态度，高速度高质量地建成了具有先进水平的大油田，甩掉了中国贫油的帽子。为了安全，以国庆十周年命名为“大庆”。毛主席在 1964 年和 1971 年先后两次发出号召：工业学大庆。大庆是我国工业战线的一面旗帜。学大庆，对当时的工交战线来说是一件大事情。

“文化大革命”期间，林彪、“四人帮”否定大庆、干扰破坏学大庆。当时在北京展览馆有一个大庆创业展览，被他们唆使人给砸了，闹得很凶。这伙人揪斗石油部在京主持工作的副部长徐今强（部长康世恩常住大庆），否定铁人王进喜先进事迹。王进喜 15 岁在玉门油矿学徒，新中国成立后是玉门矿钻井队长，1956 年入党，1960 年参加大庆会战，是大庆油田英雄工人代表，全国劳动模范。“铁人”王进喜对“文化大革命”中的许多做法想不通，因病重来京治疗，他找到余秋里和我，老英雄含泪叙说他的处境。他说否定他个人是小事，否定大庆是大事！我们当时又能说什么呢？可惜老英雄在“文化大革命”中病逝，终年 47 岁。“文化大革命”中我们对大庆做了许多力所能及的保护工作。好在大庆有一把“尚方宝剑”，“工业学大庆”是毛主席的号召，“四人帮”也不敢太过分，但否定大庆这股歪风在“文化大革命”中从没停过，而大庆油田坚持“三老四严”也从没有放松过，无非是“隐蔽”一点，少讲多做。虽说社会影响有一些，譬如炼油厂个别工人外出串联，但油田生产没有受到大的干扰破坏。因此，打倒“四人帮”后，大庆生产的全面恢复也比较快。邓小平 1975 年复出后多次提出要学大庆。

1980 年 9 月，时任黑龙江省委书记的李力安写信，提出对工业学大庆应有个明确的说法，统一人们的认识。当时总书记胡耀邦也注意到了这个问题。记得 1981 年在一次中央书记处会议上，他说大庆的“干打垒”精神、艰苦奋斗精神、“铁人”精神和“三老四严”“四个一样”，以及做好“三基”工作等，这些都应肯定，应继续学习。对学大庆，耀邦讲的是公道话。这不只是对大庆，也是对历史的肯定。当时在工交战线一些人对大庆的议论，使许多大庆人想不通，有压力。企业对学不学大庆的认识也较混乱。会后，胡耀邦找我，他提出经委应把大庆的基本经验重新整理出来。国家经委《关于工业学大庆问题的报告》就是在此背景下出台的。《报告》肯定了大庆的基本经验，也指出了前些年学大庆活动中存在的一些问题，并且对今后工交战线继续开展学大庆活动提出了建议。1981 年 12 月中央在转发经委报告的《通知》中，再次肯定了大庆精神和学大庆经验的现实意义及其重要性，并且号召全国工交战线的领导干部和广大职工都要从自己的实际出发，学习和发展包括大庆经验在内的一切先进典型和先进经验。

六、两位值得怀念的人

余秋里和康世恩都已先后过世。我很怀念他们。我认为他们两位对我国工业，特别是石油工业的建设作出了特殊的贡献，是国家的功臣。他们在指挥开发大庆的建设过程中，正确运用集中优势兵力打歼灭战的战略战术，做得十分成功。他们把中国人民解放军的优良传统带到石油战线上来，以艰苦奋斗、不怕牺牲的精神，战胜三年自然灾害给国民经济造成的种种困难，在荒无人烟的大草原上，硬是建设了一个思想和技术都过硬的现代化特大型石油工业基地，真是不容易。我与秋里共事多年，他确实有气魄，有胆略，有冲劲，在一个所谓“贫油国”干出了一件了不起的大事业。他敢作敢为，在大办钢铁的年代，为了突出钢铁工业，别人都拱手相让，余秋里却顶住压力，提出来对钢铁“元帅”“又让又上”，钢铁要上，石油也要上。在国家经济极端困难的情况下，他们宁肯生活上少投入，住干打垒、地窑子，生产上也要多投入，高标准，严要求，一丝不苟。他们用“铁人”精神，创造出“三老四严”的作风，总结了办好企业的“三基”经验。与他共事，从他身上我学到很多东西。80 年代初，他回到军队担任解放军总政治部主任后，工作上与他来往就少了。他文武双全，干什么、学什么、爱什么。毛主席号召“工业学大庆”，学的就是这种精神！

秋里可钦佩之处还在于他是一位著名的独臂将军，他对事业的贡献，即使健全体格的人也难以做到，他就是一个铁人。1965 年我随他到云贵高原，车经曲靖、盘县、宣威，路过云贵交界的天生桥到水城，路过他当年长征经过的地方，他告诉我，这里是他长征时作战负伤的地方。他讲述了 30 年前在这里受伤的经过，1936 年他担任红六师第十八团政治委员，在乌蒙山回旋战中，团长成本新冒着枪林弹雨准备率先冲锋，刚一站起，敌人一排子弹打来，秋里一把将团长拉回，而自己伸出的左臂却被敌人机枪子弹击中，顿时鲜血喷出。师政委廖汉生强令担架抬下。他的伤势十分严重，左手腕关节至臂骨粉碎，由于连续作战、行军，得不到治疗，伤口溃烂，左臂神经坏死，不得已，在没有麻药的情况下，用木锯将左臂截肢。这位独臂军人，克服了难以想象的困难，一直拼杀在长征路上和抗日第一线。颇为巧合的是，抗战时期，他与另一位长征负伤失去右臂的独臂将军贺炳炎再次并肩战斗在冀中大地上，一位是支队司令员，一位是支队政治委员。当时人们把这两位英勇善战一左一右的独臂将军，以钦佩的口吻称为"一把手"。敌人对这两位"一把手"率领的队伍是闻风丧胆。

余秋里是农民出身，爱学习。他干一行学一行。建国后做解放军总财务部长（那时总后勤部和总财务部分设）的时候，一次他向毛主席汇报，没有稿子，但讲话条理清楚，数字准确，给毛主席留下深刻印象。

康世恩是清华大学学生，抗战时进入晋西北根据地。这个人爱学习，会学习。建国后，从军队调入石油战线，接管玉门油矿，这对他来说是全新的工作，他干得很出色，后来坐镇大庆指挥石油会战，战绩更卓著。在一望无际的大草原上，他以身作则，和广大石油职工同吃同住，同甘共苦，一起住干打垒，一起同大自然搏斗。一次大庆油田在露天大院（没有礼堂）召开职工大会，他正在作动员讲话，突然下大雨，因任务紧急，他坚持在雨中继续动员，有人给他披了件雨衣，他把雨衣甩开，身教胜似言教，职工坐在雨地里纹丝不动，一直把大会开完。这虽是小事，可是留给群众印象极深。他的身体多病，确实和大庆会战时艰苦的生活有关。他工作起来，总有一股老八路的作风，艰苦朴素，雷厉风行。有些人说他民主作风不够，可是在国家经委这一段工作中，我没有发现哪一桩事情是他不同有关人员商量就独自决断的，他很有民主作风。我和他共事三年多，他遇事总是找我或有关人商量。他同我们若有不同意见，包括后来做了副总理时也很少固执己见。对于老经委的人，包括我、郭洪涛、周仲英、王逢原等，他是尊重的。他常常找我们聊天，没有什么架子。康世恩在困难面前有不服输的劲头，工作中革命加拼命，应该说他是一位勤勤恳恳的实干家。1981 年中央通知我从广东从化疗养院回京，接替康世恩做经委主任。回京后，先念找我谈话，在谈话中他对我讲："秋里同志是顾大局的。别看他有时粗，他粗中有细，他勇于作自我批评，有些事情不应该由他负主要责任的，他都承担起来。”在我印象中，康世恩也是顾全大局的，他敢抓敢管，敢承担责任。用余秋里常常讲的话：“干工作嘛就是干。不干，半点马列主义也没有。”这两位同志的优秀品质就是真干、实干。他们给我留下了极为深刻的、难以磨灭的印象。

第十五章
十年新经委

一、组建新经委

经过一年时间的整顿，虽然国民经济得到较快的恢复和一定程度的发展，但人们思想仍在“两个凡是”的禁锢中，许多方面仍然是“文化大革命”期间的一套“左”的做法。生产上的高指标，基本建设拉长战线，而列入计划的产品新增能力，绝大部分完不成计划，煤电紧张，不少工厂开工不足，国民经济恢复和发展特别是生产管理与企业管理的恢复工作，步履艰难，任务繁重，靠计委那个“大组套小组”的生产组机制很难适应，所以恢复国家经委已是当务之急。

1978 年 3 月，全国人大五届一次会议通过恢复经委的决议，并任命康世恩为副总理兼国家经委主任，中共中央任命康为党组书记，我任副书记、常务副主任。对于康的任命，后来谷牧同我讲过是华国锋的提议。华国锋与康世恩抗战时期同在山西工作，康世恩是地区专员，华国锋是县委书记。打倒“四人帮”，华国锋担任总理，恢复工业学大庆，大庆代表人物就是余秋里和康世恩。余秋里是十一大政治局委员。华国锋提议康世恩做副总理兼经委主任，应该说既是出于对老领导的尊重，也是对老战友的重托。但新经委与以往不同之处是康世恩同时还兼任计委常务副主任，做余秋里的助手，这个安排，可能是余秋里的主张。康世恩实际上是在秋里领导下的一肩双挑。康世恩是聪明人，他清楚余秋里的用意。对此，康世恩在第一次经委干部见面会上，有句画龙点睛的话。他在讲到计委、经委的关系时，特地用了“龙头龙尾”这个概念，说“计委是龙头、经委是龙尾”。讲话引起一些同志的议论：同是国务院的职能部门，相互也有某种制约关系，怎么是“龙头”“龙尾”了呢？我明白老康的用意，他是在避免计委、经委矛盾重演。其实计委、经委的矛盾不是个人之间管多管少，而是生产与计划间的分工问题。早在1956年国家计委为什么一分为二，分出个经委来？就是因为在计划经济体制下，长远计划与年度计划统由一家负责，顾此失彼，顾了年度，放松了长远；抓了长远，又耽误了年度。新经委成立后，老康的另一措施是：只将部分职能局（室）分开，一些单位，包括办公厅、外事局等都是一肩双挑，两块牌子，一套人马，用意也在维持计委、经委一体的现状不变。

组建新经委首要的事，就是要尽快组成一批熟悉业务的干部队伍。除计委生产组外，还从国务院钢铁领导小组办公室、经委“五七干校”调回一些人，分别组成办公厅（同计委一起）、调查研究室、工业学大庆办公室、支援农业办公室、生产综合局、生产调度局、轻工业局、交通局、燃料动力局、重工局、机械局、技术局等职能局室。干部编制350人。组建初期，副主任还有马仪、徐良图、郭洪涛、岳志坚、薛仁宗、周凤鸣、邱纯甫。委员有张彦宁、赵荫华、张雁翔、郝一军、刘昆等。

新经委组建后，主要任务除了组织工交生产，完成国家年度计划，搞好挖潜、革新、技术改造和技术进步外，主要是继续抓整顿、抓企业管理、抓学大庆。我在这段时间按照李先念的意见，带着经济代表团先后访问日本、访问美国，1980年还访问了西欧。每次都在一个月左右，对这件事，康世恩都积极支持。工作上康世恩对我们很放手。对老经委的几位老副主任郭洪涛、周仲英、王逢原等，他都很尊重。

遗憾的是，我们共事仅两年多，1980年10月他因病休息，以后和余秋里一起调离了计委、经委。而我又恰恰此时因刚刚做完胆囊手术，在广东疗养。他们调走的事，是我回京后先念同我讲了他们的情况才知道的。康世恩离开经委前征求党组成员意见，邱纯甫、郭洪涛和马仪告诉我，大家讲了一些意见和希望，话说得也都有分寸。我请康世恩回来又专门主持开了一次党组生活会，会开得很好，该批评的批评，该肯定的肯定。通过这次党组会，康世恩心情愉快些，大家都有些恋恋不舍。我认为对同志，尤其对康世恩的功与过的评价要公正。

二、“半个”工交办

1981年1月，康世恩辞去经委主任，这时候担任国务院总理的赵紫阳把经委的工作一分为三，除经委外，又成立了国家能源委和国家机械委。余秋里辞去计委主任改兼能源委主任，康世恩兼能源委第一副主任并兼石油部长。能源委分管煤、电、油三个部。薄一波副总理兼机械委主任，调三机部吕东部长做第一副主任，分管几个机械部。当时有记者问我新成立两委后经委的分工范围，我说是“半个”工交办。因为冶金、化工、建材、铁路、交通、邮电、轻工、纺织部仍归经委口。当然，依照赵紫阳的“设计”也有不同。经委还是经济管理的综合机构，机械委和能源委是专业综合机构，也就是说两委行业管辖的工作，经委可以不具体过问，但涉及国民经济综合问题时，还是由经委负责。本来行业间都由经委统一协调，现在变成委与委之间协调，三委又分头与部之间协调，增加层次，也增加了人为的矛盾。因为多了一层专业部与专业委的关系和专业委与综合委的关系，所以矛盾更难解决。一家强调专业需要，一家强调综合平衡。有些事情从专业角度考虑，很必要、很重要，应该干，但就全局考虑，此事可以不干或者缓干，这就是矛盾。在这种状况下，有时能源委还比较好说话，因为余、康两人对“文化大革命”后经委的情况比较了解，一般不出难题，合作也比较默契。机械委有时就费点劲。记得一次机械委要上一个项目，国务院要经委处理，副主任马仪接手后还正在商量研究，没有马上批。吕东就找我，一波又亲自出马，我很为难。对这次机构改革，说句实话，我认为纯属因人设事，所以，勉强维持了一年，不得不再次合并重建。

在这段时间里，尽管经委工作范围缩小了一半，但局（室）设置和干部队伍基本没有变化。每年开一次全国工交会议，这是“文化大革命”前一波兼任经委主任时立下的惯例，不过那时叫全国工业书记会议，康世恩任主任时期改为工交会议。1979 年在成都召开了第一次工交会议，1980 年在南京开了第二次工交会议。1981 年我在上海主持召开了第三次工交会议。虽然康世恩离开了经委，但经委和计委的关系还是比较密切的。这时计委主任由姚依林副总理兼，宋平、柴树藩是副主任，都是熟人，彼此互动也多，合作得比较好。

这期间我的工作除经委这一块外，国务院要我还兼管了几件事：

一是安全生产工作。我兼全国安全生产委员会第一副主任，除每年召开全国安全生产工作会议外，日常也用了我不少精力。这项工作同生产管理领导责任制密切相关，抓生产，抓管理，必须抓安全，强调“安全第一，预防为主”。

二是国务院成立清仓核资扭亏增盈领导小组，由经委和财政部负责清仓查库、压缩库存物资。我是这个领导小组两个负责人之一。因为这时的国家物资总局归口在经委，总局局长李开信“文化大革命”前是经委副主任，也是老熟人。这件事涉及部门多，协调难度也很大，但由于人熟，做起来还算比较顺手。

三是中央决定成立全国职工教育管理委员会，我是主任，办事机构设在经委。

四是受国务院委托，帮助唐克协调冶金部一些事。这事之所以交给我，不光是冶金归口在经委，还因为我是冶金部出来的人，对冶金部几十年的人事关系知道一些。唐克又是我的老朋友，我们在东北解放战争期间都曾在乾安工作过，彼此熟悉。他从石油部调任冶金部长，初来乍到，人事关系生疏，唐克处理问题有时简单了点，有些人对他有意见，一位老副部长找万里一说就是几个钟头。于是万里找我，说冶金部的一些事情，你帮助唐克过问一下。万里告诉我，他已与唐克说了，有工作的难处就找老袁。大约有半年的时间，唐克每周都找我几次。唐克那时心情也不好，工业调整，企业整顿，改革开放，更棘手的是机关内部人事关系复杂。冶金是个老部，十来年的运动，尤其“文化大革命”中积累的恩恩怨怨不少，加上当时一部分搞有色金属的人想从冶金分出去，所以各种各样的矛盾都暴露出来了。

1981 年至 1982 年这几件事占我很多工作时间。

三、组建“大”经委

1982 年初，中央政治局在小平主持下讨论中央机构的精简问题。在这次精简中，提出重组国家经委，取消机械委、能源委、建委、农委和国务院财贸小组，合并重建国家经委。重建的国家经委集工交、基本建设（不久又分离出去）、农业、财贸合而为一。这是名副其实的国家经济委员会，一些人说它是“大”经委。由国务委员张劲夫兼经委党组书记、主任，这么多单位合在一起，当时最大的困难是上述部门原领导干部的安排。因为六个单位仅部级干部就有二三十位，怎么安排都是难题。最后决定由吕东、我和原财贸小组组长王磊三人为党组副书记、副主任，马仪为副主任，原农委主任李瑞山、原经委副主任郭洪涛、原机械委副主任张明远、原国务院财贸小组副组长史立德为顾问。因王磊一再坚持辞去副主任，改任顾问，这时原甘肃省委书记冯纪新来经委，这样经委的顾问就有 6 位。田纪云为党组成员兼秘书长（上任不久就到国务院任职）。其他同志，有的离退休，有的另有任用。

张劲夫早年在上海从事革命活动，是新四军老干部，建国后担任华东财办副主任，后任中国科学院党组书记、副院长兼国家科委副主任，曾参与组织“两弹一星”试制的领导工作，工作能力强，“文化大革命”中受到冲击、“靠边站”。1977 年我参加国务院召开的务虚会时，他的发言给我留下深刻印象。劲夫还先后担任过财政部长，国务院副秘书长，安徽省委第一书记、省长。安徽人对他的工作评价很高。新组建的大经委，由他来兼任是合适的人选。当时干部安排困难很大，思想也比较混乱，他沉着应对，硬是把整个局面安定下来了。1983 年 7 月，中央调劲夫去主持中央财经领导小组工作，任命吕东为国家经委党组书记、主任。

国家经委重新组建后，继续围绕“调整、改革、整顿、提高”八字方针，调整经济，改革管理体制，整顿生产秩序、改善产品品种质量、全面提高职工素质，尤其对扩大企业自主权和老企业技术改造更是全力以赴，受到广大企业和职工的好评。但也就是在这些问题上，再次出现了计委、经委的矛盾。这次的矛盾不是计划指标，也不是物资归口，而是关于基建投资和技术改造投资方向性的争论。经委主张宁可少建新项目也要增加老企业技改投入，不能只顾新建，忽视老企业老设备的技术改造。新经委成立后主管这件事的先是岳志坚，后是马仪，到朱镕基主管的时候仍然争论不断。镕基找姚依林、找宋平，这才从每年基本建设投资中，划一块专款交由经委搞老企业技术改造，这笔钱帮助一些老厂解决了大问题。但对基建、技改的概念，计委、经委仍然争论不断。这一时期综合部门又增加了个体改委。本来人们的理解是，体制改革委员会包括其前身“体改办”，都是国务院经济体制改革试点的“设计”机构，侧重调研方面。经委是改革的组织“施工”部门。因为“施工”必须结合企业生产与管理同步进行。但不承担生产管理任务的体改委，自成立后又逐步走上了不仅“设计”，还要“施工”的道路。这就与负有生产组织职能的经委在同一工作上重复劳动，矛盾时有发生。所以，此时的经委，生存在三个综合部门的夹缝之中，委与委之间工作上的矛盾逐渐显露。在这种情况下，赵紫阳酝酿了一个名为计委、经委合并，实为计委、体改委分别兼并了经委的方案。

赵紫阳很清楚这其中的问题，他把在四川工作时的办法移植到中央，要把计委、经委合在一起，并到处宣扬他的“合二为一”的“理论”。他找吕东谈，吕东坚决反对。他又找我，我不赞成。我向他讲了1956年为什么国家计委一分为二，分出个经委来，又讲了1978年为什么国家计委再次一分为二，又重组经委。这其中的经验教训之一是长远和年度计划的制定与组织实施同由一个部门承担，不仅困难、误时，而且也不利于部门间的互补和制约；经验教训之二是计划制定、实施与企业管理同由一个部门承担，顾此失彼，必然影响工作。我提出解决几个综合部门的矛盾，不必采取裁撤并合的办法，只需调整分工，避免职责重复，相互间建立起既合作又制约的关系，有点矛盾（不可能没有）也易解决。至于怎么调整分工，我提议：计委负责长远发展（五年、十年）规划，把根据国家长远发展规划编制和执行年度计划的工作交给经委。赵紫阳没有听进我们的意见，1988年4月将计委、经委合并。实际上哪里是什么合并，是把国家经委一分为三。生产综合、技术改造、质量等局归到计委；企业管理、经济法规等局归到了体改委；职教办归到了劳动部。硬把经委给分了。实践再次教训了人们。赵紫阳的这次“改革”还不到一年就弄不下去了，于是他又提出成立“企业管理指导委员会”，作为国务院的机构，放在体改委内。时间不到一年，又弄不下去了，于1989年12月，以治理整顿、深化改革、加强生产领导等为由，改“企指委”为“国务院生产委员会”，这说明体改委难以承担管理职能。到了1993年又不得不第三次重新组建经委，只是把名字改为国家经济贸易委员会。后来经贸委又被撤销，“三起三落”之后，又经过五年，又转了一个圈回到原地，成立了国家工业和信息化部，名称虽不同，但它的反复说明制定长远发展规划与安排年度生产计划放在一起是不行的。

从1978年3月5日新经委成立到1988年4月计经委合并，新经委存在整10年。“文化大革命”前的老经委是1956年5月成立的，到1966年6月“文化大革命”开始时撤销，也是整整10年，新老经委共计20年。这中间“三起三落”的教训实在太多！

我从1960年9月到老经委，到1988年4月新经委结束，有幸在新老经委工作16年，如果包括在“文化大革命”期间计委生产组在内，我50多年的经济工作生涯中，风风雨雨，耳闻目睹，多半是在国民经济综合部门度过的，见证了计划经济，计划经济为主、市场调节为辅，有计划的商品经济，社会主义市场经济，还有那“文化大革命”十年的无序经济。新老经委（包括生产组）在不同时期都做了不可替代的工作。

“文化大革命”前，在错综复杂的国内外形势和高度集中的计划管理体制下，历经反右派、“反右倾”、“大跃进”、三年调整等历史事件。国家经委在寻求新中国工业发展方向、发展道路的重要时期，组织了“企业下放”、“发展地方工业”、“以钢为纲”的工业跃进、“企业大协作”、“增产节约运动”、“调整企业隶属关系”、“推动技术革新与技术革命”、“清理企业拖欠货款”、“制定和试行工业七十条”、“试办托拉斯”、“工业学大庆”和协调调度工业交通生产、支援农业，以及组织推动全国工业交通企业学习解放军、开展思想政治工作等重要工作，为当好党中央、国务院的参谋部，作出了非凡的贡献。

“文化大革命”期间，生产组作为国家经济特殊发展时期的指挥机构，在同林彪和“四人帮”干扰反干扰的斗争中，发扬艰苦奋斗、无私奉献的革命精神，齐心协力，团结战斗，兢兢业业埋头工作，千方百计为工矿企业、交通运输排忧解难，在一定程度上缓解了“文化大革命”对经济和人民生活造成的冲击，保持了经济的适度增长，使一些部门和工交企业有新的进步，为国民经济恢复与发展作出了突出贡献。

“文化大革命”后，新经委在重建生产秩序，恢复行之有效的规章制度，恢复工业学大庆活动、普及大庆式企业，贯彻实施“调整、改革、整顿、提高”新八字方针，调整企业领导班子，在通过“双补”活动提高员工政治、技术素质等方面，在组织工业、交通年度生产计划实施进行老企业挖潜、革新、改造和技术革新、新技术推广方面，在按专业化协作的原则进行工业整顿，组织有关部门为国民经济提供先进的技术装备，组织开展工业支援农业方面，在协同工交各部门和省市区抓好工交企业的思想政治工作，加强领导班子和职工队伍的革命化建设等方面，都认真履行了国务院赋予的职责，做了大量的卓有成效的工作。

新经委在经济体制改革中集中力量抓了企业整顿和企业改革，整顿劳动组织、财经纪律，加强企业管理基础工作，加强企业思想政治工作，在工业交通、基建和财贸企业推行经济责任制。通过艰苦细致的工作，为全面推行改革打下了良好的基础。与此同时，新经委在全国范围内进行了以扩权让利为主要内容的一系列改革试点，对企业放权让利，使企业从过去没有任何经营自主权，没有自身经济利益，转变成为拥有一定限度的经营自主权和一定比例的经济利益的经济实体，维护了企业的合法权益。在贯彻以法治理经济，建立国家经济立法，特别是赋予企业独立的法人地位，实现政企分开方面做了大量的开创性工作，得到广大企业的赞许，受到职工的欢迎。

在适当调整和稳定国家与企业的经济关系条件下，新经委探索了对企业经营机制和经营方式的改革。在一些企业试点股份制，在小企业试行租赁制等，普遍推行承包制，使企业逐步转为眼睛向内，努力提高自身素质，挖掘内部潜力。同时，新经委还推行了一系列企业内部配套改革。例如：实行厂长（经理）负责制和任期目标制；改革企业组织机构，使之适应市场经济的发展；改革干部委任制为干部聘任制，试行招标选拔经营者；改革劳动制度，实行劳动合同制，有条件的地区和企业，逐步开展了优化劳动组合；改革工资制度，实行工资总额和经济效益挂钩，职工个人收入与劳动贡献相联系，使按劳分配的方式多样化。这些改革使企业经营管理有了明显加强和改善，管理现代化得到进一步发展，企业经济效益逐步提高。在改革中，新经委还对企业管理体制进行了调整，包括企业承包企业，企业兼并企业，发展横向联合，组建企业集团等，还成立了发挥政府与企业间桥梁纽带作用的中国企业管理协会（中国企业联合会）、中国职工思想政治工作研究会、中国工业经济协会（中国工业经济联合会）、中国质量协会、中国包装协会、中国交通协会、中国机械协会等一批社会经济团体组织。

经过十年改革，我国企业从多年的重产量、重速度、轻效益，转向了以提高经济效益为中心，重质量、重技术、重管理的模式，把经济推向了现代化建设发展的轨道。

我 50 多年的经济工作生涯，尤其在计委、经委这两个经济综合部门工作，就我个人说，是教训颇多，受益匪浅。

四、实施老企业技术改造

老企业技术改造是国家经委的一项开创性的重要工作，由于经委担负全国工交企业的生产组织和协调，我们对企业维持日常简单再生产的需求和挖潜、革新、改造蕴藏着巨大的生产能力，体会深刻，所以始终在积极探索推动这项工作。新经委成立后，在综合局内设立了挖、革、改处，专门负责这项工作。1979 年 7 月召开的第一次全国工交会议，挖潜、革新、改造是一项重要内容。同年 10 月，中共中央在北京召开省、自治区、直辖市第一书记座谈会，会上我专门讲了企业的挖潜、革新、改造问题。主要内容是：我国经过 30 年的经济建设，初步建立了一个门类比较齐全、布局基本合理、独立的比较完整的工业体系。建起了 38 万多个工业交通企业，拥有 5 000 万职工，4 000 多亿元固定资产（相当于旧中国近百年积累起来的固定资产的 20 多倍）。全国工业企业为国家提供的利润和税金，占国家财政收入总额的比重，由建国初期的32%提高到“四五”时期的75%。但同一些工业先进国家相比，还有很大差距：一是产品品种少，许多高精尖的关键设备自己不能制造；二是不少产品性能差、质量低、消耗高；三是生产、技术和管理水平落后。企业生产技术装备总的状况是：“基础不小，欠账不少，潜力很大，亟待改造”。我提出，要认真抓好老企业挖潜，这是多快好省迅速发展工业的必由之路。在做法上，一是把国内成熟的先进技术，尽快地推广应用到老企业的技术改造上去；二是把引进国外先进技术，同老企业技术改造结合起来，以取得更好的经济效果；三是结合大修理对现有工艺进行改造，充分挖掘生产潜力；四是对现有企业进行填平补齐，成龙配套，提高综合生产能力；五是结合经济改组，调整工业内部结构，提高生产、技术和管理水平。

为了使现有企业的挖潜、革新、改造逐步走上正轨，1979年夏，国家经委针对企业缺少更新改造资金的情况，向国务院提出了三点建议：(1) 提高固定资产折旧率；(2) 将折旧费的大部分，即70%留给企业自行使用（原规定企业只留50%)；(3) 企业扩建性质的投资由基本建设投资解决，促使企业把折旧费真正用于现有技术装备的更新改造。这一建议，经国务院批准试行。按此原则，国家经委商同有关部门、地区，在京、津、沪选择了首都钢铁公司等八个企业进行试点。结果表明，企业掌握一定的资金，自主地更新改造其技术装备，把微观搞活同宏观控制结合起来，调动企业的主动性，加速企业的技术进步，比国家财政集中企业折旧基金的办法要好。这就为以后逐步提高企业固定资产折旧率，把折旧费的大部分或全部留给企业使用开辟了一条路子。

1979年秋，面对当时市场轻纺产品供不应求，企业潜力很大，稍加填平补齐，即可迅速增产、增收的形势，负责轻纺工作的邱纯甫在经过深入调查研究之后，同中国人民银行、轻工业部、纺织工业部等单位商议，在国家安排的基本建设投资和技术措施费以外，每年由中国人民银行、中国银行分别发放20亿元轻工、纺织工业中短期专项贷款和3亿美元买方外汇贷款，用于支援轻纺工业重点企业的技术改造，以提高市场紧俏商品的生产能力。这一建议，经国务院批准，从1980年起执行。这批项目对我国轻纺工业产品更新换代，解决商品紧缺、品种单一问题起了重要作用。

此后，负责这方面工作的马仪，在全面总结1976年以来挖潜、革新、改造工作的基础上，组织起草了《关于加强现有工业交通企业挖潜、革新、改造工作的暂行办法》，经国家计委、财政部会审同意后，联合报请国务院批准，于1980年6月21日颁发执行。

这个《办法》是建国以来关于技术改造方面的第一个全面、系统的文件，具有十分重要的意义。《办法》指出：依靠现有企业，进行挖潜、革新、改造，充分发挥它们的作用，这是四个现代化的立足点，进行新长征的“根据地”。特别是国民经济调整期间，工业交通生产的增长，国内市场和出口商品的增加，资金的积累，将主要依靠挖掘现有企业的潜力来实现。因此，坚持“先生产后基建，先挖潜后新建”的方针，搞好现有工业交通企业的挖潜、革新、改造，这是一个关系全局的问题，具有特殊重要的意义。《办法》提出了八项具体要求。

为进行老企业技术改造，国家除拿出一部分财政拨款和集中的企业折旧费外，又陆续增加了轻纺、机械等专项贷款。1979—1982年，国家安排的挖潜、革新、改造资金共计168亿元，其中专项贷款53亿元，重点用于节约能源、增产轻纺市场产品、加强交通运输以及配套原材料等措施。这些措施对调整时期保持一定的工业发展速度，改变轻、重工业的比例关系，保证市场的稳定供应和增加财政收入，都起了重要作用。

1982年国务院机构改革，新经委专门成立了技术改造局，负责全国企业的技术改造管理工作，由年富力强的朱镕基任局长，后来他担任经委党组副书记、副主任时仍然分管这项工作。镕基思维敏捷，处事果断，工作雷厉风行。从1982年2月到1983年4月，经委召开了三次全国性技术改造工作会议，解决对技术改造工作的思想认识，研究技术改造战略，布置技术改造规划。直到1988年4月计委、经委合并，国家经委围绕节能降耗，提高质量，开发新品，扩大优质和短线产品的生产能力，加强治理环境污染等方面，重点组织实施了引进技术3 000项、轻纺出口“三为主”改造1 200项、机电工业重点改造1 115项、军转民改造296项等技术改造专项。技术改造年投资规模由1982年的290亿元增加到1990年的1 029亿元，年均增长17.3%。通过技术改造和技术引进，我国一些行业和部分产品实现了“跳跃式”的提高，大大缩短了与发达国家的差距；消费类产品的有效供给迅速增加，改变了我国经济长期短缺的状况，提高了人民的物质文化生活水平，并总结制定出一系列行之有效的管理办法和条例，为以后的技术改造工作奠定了坚实基础。

五、推行全面质量管理

在全国企业恢复性整顿和开展工业学大庆活动过程中，产品质量问题十分严重，解决产品质量问题日益迫切。当时冶金部抽查6 500吨入库的钢锭、钢坯、钢材，产品合格率分别只有 76.6%、54%和 61%。有家机床厂生产 10 台铣床就有 6 台不合格，有的拖拉机厂生产的手扶拖拉机，刚出厂门就熄火，轻工、纺织、邮电、交通等质量管理问题都十分严重，不仅造成损失和浪费，而且影响到经济的整顿和发展。

我国的全面质量管理是学习日本的经验搞起来的。开展第一次“质量月”活动的起因是新经委 1978 年 3 月成立后，把国家科委的标准计量局划到经委里来，局长岳志坚担任经委副主任（标准计量局到经委后又分成两个局，一个标准局，一个计量局，岳志坚分管这两个局。同年 8 月成立国家标准总局，直属国务院，由国家经委代管。岳志坚兼局长）。他没到经委以前，曾到日本的科技联访问过，参观了日本的规格协会，所谓规格协会就是质量协会（日本的规格协会归科技联领导）。他专门向我介绍了日本质量管理的经验和“质量月”活动的情况，还向我介绍了一位日本质量专家，叫石川馨。这人一辈子搞质量工作，已经去世了。

石川馨教授是日本东京大学名誉教授，1978 年来中国进行考察，在北京、上海、天津考察了大半个月，回来后专门与我谈了三次。那个时候计委、经委已经分开，我请计委副主任段云一起听了他的考察意见。石川馨提出中国制造业，特别是机械加工业，潜力很大，但管理落后，只要把管理搞上去，生产能力可以成倍提高。这使我大吃一惊，我详细地询问了他的见解，他一共提了 14 条意见，概括起来就是只要中国推广全面质量管理，经济效益可以成倍提高。听了他的话，我既惊讶，更感慨，我们这些多年搞经济工作的人，对提高产品质量，话说了不少，但办法不多。后来我向经委党组专门汇报了一次，经委党组认为很重要，要学习日本的经验，从搞“质量月”活动开始，推广全面质量管理。石川馨与我谈话是在 1978 年 6 月，7 月 5 日经委就发出相关通知，开展第一次“质量月”活动。

1978 年 8 月 31 日，在全国政协礼堂召开了全国第一次“质量月”活动广播电视大会。李先念、余秋里、方毅、王震、陈慕华、谷牧、康世恩等党和国家领导人都出席了会议，会议由我主持，康世恩讲话，组织全国2 000多万职工和家属收听收看大会实况，规模之大是当时前所未有的。

由于质量问题涉及千家万户，涉及方方面面，我们吸收搞群众运动的经验，报请国务院批准，决定从 1978 年起，每年 9 月为全国“质量月”。当然，所谓“质量月”活动，不是一个月的事，而是每时每刻都要做，只不过这个“月”要集中力量总结与回顾一年的工作，通过发动群众大张旗鼓地宣传和交流，表彰先进，推动质量管理工作深入开展。“质量月”对加强全民的质量意识，提高质量管理和产品质量水平，起了推动作用。这项活动在当时引起不小的震动。开展“质量月”活动以后，我们又开展了“节能月”活动。“节能月”是张雁翔到日本考察回来后提出的，也是想联合社会各方面力量，促进全民节能意识。“节能月”是在每年 2 月。这时，邓力群在中宣部正在推动“五讲四美三热爱”活动，人们叫它“五四三”活动月。还搞了“安全月”。一时间出现几个“活动月”。但在 1985 年就都被取消了，很是可惜。好在中国质量管理协会仍在，且作用日益明显。后来在镕基的支持下，“质量月”活动又恢复了。

为了解日本的企业管理尤其是质量管理，1978 年 10 月底，国家经委决定组团访问日本，这一年的上半年国家计委已经组织了一个团访问日本，林乎加带队，房维中参加了。接着建委又组团访问日本，韩光带队。11 月初我带队组织国家经济代表团访问日本，国家科委也同时组团访问日本，武衡带队，我在东京的时候，就看到他了。这四个委在 1978 年都组团访问了日本。

1978年11月我和邓力群、马洪组织中国经济代表团到日本考察，考察时参加了日本“质量月”活动，开阔了视野（关于这次考察后面还要提到）。我们深感：从20世纪70年代开始，“日本制造”一扫过去“东洋货”质量低劣的形象，其根本原因是认真改进了质量管理。日本推广的全面质量管理所包含的一整套观念，系统的原理，科学的方法，整体优化的思想，协调一致、全员参与和全过程控制的管理原则，充分体现了现代工业生产和提高产品质量的客观要求，对我国加强质量管理、提高产品质量是适用的，应当予以引进和推广应用。因此，我们在邀请日本学者继续来华讲学的同时，还邀请了日本小松制开展所株式会社社长河合良一1979年派专家来华讲学并与我国北京内燃机总厂开展对口交流试点，帮助推广全面质量管理。河合良一是中国人民的老朋友，早在60年代，周恩来总理曾帮助小松制作所渡过难关。在70年代，河合良一就提出要帮助中国推广全面质量管理，因当时正在搞“文化大革命”，所以未成。

与此同时，我国质量管理学者刘源张也应清河毛纺厂厂长丁鸿谟之邀，在清河毛纺厂开展全国质量管理的试点工作，取得了可喜的成果。这样，在我国工业企业中，1978年引进、1979年开始试点并广泛地开展了全面质量管理。经过不到一年的时间，全面质量管理在全国企业中引起了巨大反响，涌现出一大批参加质量管理的积极分子和主动学习试行全面质量管理的企业。

为了搞好全国第二次“质量月”活动，1979年8月11日国家经委专门召开电话会议，我在电话会议上对第二次“质量月”活动做了部署。我在讲话中指出：“质量不好是最大的浪费，既害国家，又害人民。提高产品质量，既是最好的增产，又是最好的节约，是调整国民经济的一个重要内容，是实现四个现代化的一项基本要求”。“因此，要把提高产品质量作为增产节约运动的重要内容来抓，要在保证质量的条件下，完成和超额完成今年的工业生产计划”。通过全国第二次“质量月”活动，我们还要抓紧办好两件事：第一，要召开全国质量管理小组代表会议，总结交流我国质量管理工作的经验，讨论《工业产品质量管理条例》，成立中国质量管理协会，把我国的质量管理工作逐步提高到一个新水平；第二，要从全国的优质产品中评选出拔尖过硬的产品，在全国第二次“质量月”广播电视大会上授予金质奖章和银质奖章。这是国家产品质量金银奖的起始。

1979 年 8 月 24 日，第一次全国质量管理小组代表会议在北京召开，命名表彰了第一批全国优秀质量管理小组。全面质量管理需要全员参与，质量管理小组活动是职工参与质量管理活动的重要形式。为了推动职工参与企业的质量管理活动，从 1978 年开始，经委每年都要召开一次全国质量管理小组代表会议（1985 年后由中国质协、中国科协、全总、团中央每年联合召开），总结一年来的质量管理小组工作，交流质量管理小组活动的成功经验，发表成果，表彰全国优秀质量管理小组。质量管理小组活动不仅有力地推动了我国群众性质量管理活动的向前发展，为国家和企业创造了巨大的经济效益，同时也提升了企业员工队伍的素质，培育了大批人才。质量管理小组活动实际是全面质量管理的群众基础，是全面质量管理的有机组成部分。

质量管理是全民的长期的工作，我们吸取了日本通过民间组织推动这项工作的经验启示。1979 年 8 月 31 日，在第一次全国质量管理小组代表会议闭幕的同时，成立了中国质量管理协会，由岳志坚担任理事长。这是一个由分管质量工作的领导、企业技术人员、大专院校、科研院所和媒体的质量专业人员组成的群众社团组织，通过它调动各方面的力量和智慧，开展活动、总结交流经验，提高全国的质量管理水平。全国质协成立后，各省区市、地方也都相继成立质量管理协会，形成了全国范围的群众性质量管理活动体系。中国质协一成立，就担负起在政府组织领导下推行全面质量管理的职能，迅速在全国掀起了推行全面质量管理的高潮。

为了引导全面质量管理向规范化、制度化方向健康发展，1980 年 3 月 10 日，国家经委颁布了《工业企业全面质量管理暂行办法》。《办法》强调：领导重视是关键，职工参与是基础，产品质量是载体，技术基础是保证，要求企业以全面质量管理作为企业管理的纲，真正形成全企业、全过程、全员参与质量管理体系，使产品质量在企业经营管理活动中始终居于主导地位，处于严格的受控状态。为贯彻好这个《办法》，1980 年 9 月 1 日在全国第三次“质量月”广播电视大会上，我对当时的质量管理工作又提出了三条要求：一是要继续做好质量管理基础工作，广泛开展全面质量管理，认真贯彻国家经委颁布的《工业企业全面质量管理暂行办法》。二是坚持高标准、严要求，创造更多的优质产品。

三是从原材料、元器件抓起，保证产品质量，做到用户满意。

在普及推广全面质量管理的基础上，为加强质量管理理论研究，使质量管理深入持久，1982 年 3 月中国质协邀请世界著名质量管理专家、美国的朱兰博士到北京作为期一周的讲学。事先朱兰博士特地为讲学提供了他主编的《质量管理》（第四版），由中国质协翻译出版。这次讲学效果很好。许多企业及质量管理学者、专家一致要求：应结合我国历年来比、学、赶、帮、超的实践，借鉴日本戴明奖的经验，对全面质量管理应用较有成效、产品质量和经济效益在行业和地区领先的企业予以表彰，以便比学有榜样，赶超有目标。于是，由经委起草文件，报请国务院同意，决定于 1982 年设立国家质量管理奖，由中国质量协会具体负责组织实施，表彰那些全面质量管理工作做得好，产品质量和经济效益好，在行业或地区领先的企业。

继日本在质量管理方面设立戴明奖、中国政府设立国家质量管理奖之后，1987 年美国里根总统签署了《马尔科姆·鲍德里奇国家质量提高法》，并据此设立了美国国家质量奖。此后，欧共体国家设立了欧洲质量管理奖，新加坡、澳大利亚等 60 多个国家和地区也纷纷效仿设立了国家或地区质量管理奖。从评奖的要求来看，大同小异，目标基本相同。这就是：（1）把设立"质量奖"作为实现国家经济振兴的一项重要战略措施；（2）把设立"质量奖"作为弘扬优秀社会文化的一种形式；（3）为了鼓励企业和组织向榜样、向标杆学习。国内外实践均证明：一个国家的经济发展程度可以不同，但都需要政府从宏观上积极引导企业，站在质量经营角度从优秀追求卓越。

在朱兰博士讲学期间，国家机构正在进行较大调整，参加朱兰讲习班的我国 26 位质量专家、学者和质量管理工作者联名给国务院领导写信，陈述了质量管理工作的重要性，建议国务院在机构改革中设质量管理委员会，加强对质量工作的领导。1982 年 3 月 31 日下午，我专门去首钢红楼朱兰讲习班所在地，召开了专家座谈会，听取他们的意见，同时，也向他们表达在国家机构改革过程中独立设立一个质量管理委员会，不符合中央精简机构的原则，可能性不大；重新组建的国家经委，是全国经济综合协调运行的主管部门，职能之一就是对全国的质量工作实施宏观指导；建议在国家经委内增设质量管理局，加强对质量管理工作的统筹规划、组织协调和宏观指导，这个意见，得到了专家们的一致赞同。

在新经委刚组建时，曾在技术局内设立了质量管理处，并要求国务院的各个行业主管部门和各省、市经委必须建立相应的机构，形成全国的质量管理工作系统，对全国的质量管理实行宏观指导，但随着质量管理工作的开展，一个处级机构确实不能适应，于是，经国务院批准，1982年4月成立了国家经委质量管理局，加强对全国质量工作的宏观指导、统筹规划和组织协调。质量管理局出色完成了制定质量管理方针、政策、条例，推行全面质量管理，开展“质量月”活动，组织优质产品、优质工程、先进企业评比、考核奖励活动，以及处理重大质量问题，推动各行业主管部门和各地经委加强质量管理等大量工作。直到1988年计委、经委合并，质量管理局的工作和这个局成建制地并入到国家质量技术监督局。

实施名牌战略是国家经委鼓励企业加强质量管理，提高产品质量的积极性，形成一种“生产优质产品光荣”的社会氛围的一项重要工作。为搞好这项工作，由国家经委起草，并报中共中央、国务院批准，于1979年6月30日颁布了《中华人民共和国优质产品奖励条例》，设立国家优质产品奖。随后，国家经委又发布了《优质产品标志实施办法》，明确把优质产品分为金质奖、银质奖两类。1981年2月28日，国家经委又发出了《关于贯彻〈中华人民共和国优质产品奖励条例〉的补充规定》，对评奖做了更具体的规定。并结合我国行业管理和传统工艺产品的特点，在国家优质产品奖中把优质工程和工艺美术单列颁奖，设国家优质工程奖和中国工艺美术百花奖。

优质产品奖的评选活动，调动了全国各行各业创优的积极性。为了把评优工作引导到产品创新的方向上来，1983年3月，国家经委发布了《关于在工业企业中加快发展品种，提高质量步伐的规定》。这个《规定》鼓励企业积极采用新技术、新材料、新工艺、新设备，支持依靠技术进步，推动产品创新。1987年4月20日，经国务院批准，国家经委又公布了《国家优质产品评选条例》，目的是把国家优质产品奖的评选方法进一步科学化、规范化，使整个评奖活动向国家的品牌战略方向推进。

国家经委推行全面质量管理和采取多项措施，取得了显著成效，但对一些急功近利、偷工减料、假冒伪劣的企业，质量管理部门在查处时常常感到力不从心，法律依据不足。为解决这个问题，国家经委起草了《工业产品生产许可证试行条例》，于 1984 年 4 月 7 日由国务院颁发执行；随后不久，国家经委又颁发了《工业产品生产许可证管理办法》，使质量监督主管部门查处有法可依。1986 年 4 月 5 日，由国家经委历时三年多时间起草的《工业产品质量责任条例》，由国务院发布。从此，消费者在产品质量方面开始有了维权的法律武器。随着《工业产品质量责任条例》的发布，许多行业主管部门陆续颁发了补充规定，使我国产品责任赔偿的法规开始走上轨道。

产品质量标准是质量管理的重要内容，在改革开放以前，我们这些生产管理部门，对这个问题并不重视，认为只要满足了基本需要就算完成任务。日本把标准叫“规格”，有规格协会，相当于我们后来的标准协会。我到日本规格协会参观了他们制定的一套日本产品标准，还有其他国家的产品标准都整整齐齐地放在许多大书架子上，其中也存有我国的质量标准，但只占书架上一小点儿位置，而且多数还是我们翻译苏联的“高斯特”。当时我感到差距太大了。回来后，我和岳志坚商量，要奋力赶上，一定要把国家标准的制定搞上去，实现产品质量标准化。经过一段时间的工作，1979 年 7 月 13 日，由国务院发布了《中华人民共和国标准化管理条例》，进一步明确由国家标准总局和省、区、市标准局负责管理产品质量的监督和检验，统一组织和指导有关专业检验机构开展监督检验工作，并在国家标准总局内设立了比较独立的产品质量监督局，各地也成立了相应的机构，负责产品质量监督和检验工作。国家经委还从技措费中拨出专款，在全国组建近 200 个国家质检中心，各省、区、市及地、县组建了2 000多个质检机构，作为技术基础保证。此后，还陆续发布了国务院批转国家标准总局《关于进一步加强产品质量监督检验工作的报告》的通知和《产品质量监督试行办法》，推动和规范这项工作。1984 年 1 月和 1986 年 6 月，国家经委和国家标准总局连续两次专门召开了全国采用国际标准工作会议，在采用国际标准认识方面普遍增强了紧迫感和历史责任感，加快了我国标准的制定修订速度，迅速开创了我国标准工作的新局面。为了加快国际标准与国外先进标准的引用和转化工作，国家经委连续多年从技措费中拨出专款支持。

与标准化工作一样，现代工业、现代农业、现代科技、现代国防、现代教育等，都离不开相应的计量技术，离开计量就寸步难行。计量工作也是质量工作的重要基础，因此，计量工作同样得到了国家经委的高度重视。1985 年 9 月 6 日，六届全国人大第十二次会议审议批准颁布了《中华人民共和国计量法》。从此，我国计量工作在法制化轨道上取得了长足发展，对国民经济建设和社会发展起到了至关重要的技术支撑和保证作用。

国家经委在质量管理方面的一些恢复性工作或开创性工作，在我国质量管理史上确实是可以浓墨重彩地写上几笔的。这些工作，在后来国务院发布的《质量振兴纲要》中都得到了肯定。应当说，国家经委的质量管理工作为我国新时期的质量管理工作打下了一个较为坚实的基础。

第十六章

学习考察西方发达国家

一、首次出访印象多多
二、在日本“蹲点”
三、两位老朋友的坦言
四、美国的“拿来主义”
五、施瓦布与世界经济论坛
六、要研究和借鉴西方国家的管理经验

一、首次出访印象多多

粉碎“四人帮”后的第二年，也就是1977年，在一次会上，李先念副总理提出搞经济工作的人应该到西方国家看看人家是怎么做的。他还指名要我出去看看。根据先念的意见，在十一届三中全会前后，我先后四次出访了英国、法国、日本、美国、联邦德国、瑞士、奥地利等西方发达资本主义国家。这是“文化大革命”结束后，我国较早派出的经济考察团。我是抱着极大的兴趣，对这些国家的经济发展道路、管理体制、技术装备水平、企业管理情况和政府的经济政策等，做了深入细致的考察和了解。通过考察，我打开了眼界，开阔了思路，对改革开放抱有的信心和头脑中的办法感到多了，路子也宽了，深感先念的提议深谋远虑。

出国考察就我来说已不是第一次，但这次与上世纪50年代到苏联访问有很大不同，虽然都是取“经”，那时我们是白纸一张，学人家只能“照葫芦画瓢”。现在不同了，我们已有30年的建设经验，看人家是怎样搞经济的，不仅有选择能力，而且鉴别能力也有所提高，通过考察，能够很快找出需要我们学习的东西。那时对西方国家虽了解不多，但多年的民间贸易也有所接触，只是我们这些搞经济工作的人，很少对西方发达国家实地考察。当时在深圳招商局的局长袁庚说，国内一些同志是关着门过日子，怎知“山中方七日，世上已千年”！现在打开大门出去看看，还真是大开眼界。我们虽然搞了30年的建设，有了相当的经济基础，但国力不够强大，出去考察既是取长补短，也是相互交流。在与西方一些人士接触中看得出他们对我们更是“关着门过日子”，他们封锁我们，也封锁了自己。现在他们也急于了解中国，想同我们做生意，但对中国可以说是一无所知，这说明在这个世界上交流比封锁、制裁更重要性。考察和交流，也是我们向他们介绍中国的好时机。多年来，我一直主张搞经济工作的人应多出去看看，也传递一些中国信息给他们。

1977年12月，我以顾问身份随同外贸部长李强率领的代表团访问英国和法国。这是我第一次出访西欧。李强是位老同志，多年从事外贸工作，很有经验，对国外情况也非常熟悉。依当时的经济体制，国外看中国外贸部长就是中国的“大老板”，所以接待规格、日程安排，都十分周到。随着参观考察，我愈来愈感到我们和这些国家经济上的差距太大了。英、法人口都是5 000多万，但它们跟世界经济联系密切，进出口总额都大我国十倍以上，它们经济发展的规模也是我当时没有想到的。这两个国家都是战后在被破坏了的土地上开始重建，为什么它们发展得这么快？我感触很深。在英、法的一些城市也会见到一些贫民窟和以捡破烂为生或露宿街头的乞丐等，但整体生活水平是我们当时难以相比的。要是从所有制上说，这两个国家也都在搞国有化。英国当时由工党执政，他们还反复向我们介绍国有化的优越性。他们的国有企业也有亏损的，例如英国钢铁公司在与我们座谈时坦言相告亏损了。所以保守党一上台就以此为理由推行私有化。其实问题不全是在国有化上。我们去法国时，法国也在推行国有化，而且国有化程度还相当高。巴尔总理是位经济学家，听了我们介绍“文化大革命”后经济恢复的情况，他很有兴趣。他在介绍法国经济情况时，特别讲了能源的重要性。法国煤、油储量都很少，主要是发展核电，所以他向我们详细介绍了法国的核电经验。他建议代表团参观里昂附近的一个核电厂。这是一个单机容量90万千瓦的核电站。核电设备开始是从美国引进，后来法国自己制造。据他说法国核电技术优于美国。听得出来，他在向我们推销核电设备。应该说，他们很有商业头脑，那时就看到了中国是个大市场。虽说我国发展核电是后来的事，但启动、酝酿、研究从那个时候就开始了。10年后，引用英、法技术建设的大亚湾核电站，就是李强和我在那次访问时开的头。

对环境保护，这些发达国家都比较重视。到钢铁厂参观很难见到烟火冲天、油灰满地，厂区、炉前区干净整洁。在英国，我参观了矿井，据说这曾是英国女王看过的煤矿，长长巷道干干净净，直到掌子面才见到煤。在掌子面上的工人虽然个个也是黑脸乌眼的，但使用的是先进设备，可保证生产安全。我一面看，一面想着我们的矿工，何时也能使用上这样的设备。现在，这个愿望早已实现了。

我国与英国因有个香港问题，它需要我们，所以，建交较早，虽然停留在代办级，但相互贸易还是不少。他们希望跟我们做生意。当时正有一笔大买卖，就是西安飞机厂准备购买罗—罗公司的发动机。这是王震拍板决定的。李强和我到此访问，他们认为我们是“实权”部门的，邀请我们参观罗—罗公司，还请我们观看可垂直起落的“鹞式”飞机表演。意思是想做成另一笔生意。

在法国，我们参观了图卢兹飞机工厂。当时法国想卖空中客车 A-284 给中国，邀请我们参观它的装配厂。空中客车飞机是英、法、德、意、西班牙几个国家合作生产的，是后起之秀。在法国我们还参观了农场，农业操作已完全机械化了，看了机械化养牛和挤奶场。当时，英、法都有打开中国市场的强烈愿望，所以有关部门的官员、经济界的人士对我们访问非常重视，要求见面、拉关系的人很多。

在考察中，给我印象较深的另一件事是英国首相府。唐宁街 10 号的照片经常在报纸上看到，但真的到了这里，感触颇深。堂堂首相府，除了门口站个警察，其他与两侧建筑没有两样。我们的车到时，主人在门口等候，也就是在大街上迎接。我们被引进大门，里面是个小过道，会议室里围着会议桌的座位可坐十来个人，这就是堂堂大英帝国首相府，使我惊讶。中国古时有句老话叫“官不修衙”。不论出于什么目的，我们的古人确实是那么做的，可我们现在呢？几乎是“修衙”成风！有的把政府办公楼装饰得富丽堂皇，像“五星级饭店”。不想 20 世纪 70 年代我在英国唐宁街看到了“不修衙”。几十年过去了，据后来去过唐宁街 10 号的人说仍然如故。发达资本主义国家“不修衙”，我想大概不是没钱！是重节俭、重传统、重实效，还是重表面形式？我没有研究过，但“不修衙”这一点是值得我们深思的！

在英国我们还拜访了前任首相希思。希思多次到中国访问，也是中国的老朋友了，他同李强很熟。希思在家里接待了我们。他住的是公寓，像咱们的机关宿舍，一栋楼几个单元。他住的是其中一个单元。进门上下三层，每层有两个房间。他把我们让到第二层客厅里。希思独身，雇了个钟点工，白天在他这儿上班。我们是晚上到这里，希思自己动手煮咖啡招待我们。他的门口也站了个警察。他说，本来他不要警察，不想下台后有人滋扰他，不得已他才同意内阁给他派个警察站在门口。据希思讲，他除了参加一些政治活动外，主要是读书。虽然他是高官，但不住“豪宅”，给我的印象也不同一般。这次访问我们会见了撒切尔夫人。我是头一次与撒切尔夫人见面，她当时是在野党领袖。李强提出要到她的总部拜访她。她说她是在野党，我们到那儿去有点太张扬了，她坚持到旅馆看我们。于是她带了她的“影子内阁”的“外交大臣”“国防大臣”来到我们下榻的旅馆。撒切尔夫人很有点风采，侃侃而谈。对英国政局她给我们作了分析，信心十足，言下之意下一届的首相就是她了。

二、在日本“蹲点”

从英、法回来后，先念要我再到近邻日本看看。于是1978年11月我带一个经济代表团访问了日本。

这次同我一起去的副团长有北京、天津、上海几位管经济的副市长，顾问是社科院副院长邓力群，成员有马洪（社科院工经所所长）、孙尚清（社科院经济所研究员）、宋季文（后来曾任质协会长）、徐良图（经委副主任）等，是一个近40人的代表团。代表团秘书长是张彦宁（经委综合局局长）。日方接待由日中经济协会会长稻山嘉宽出面。

为更多了解日本企业情况，我将考察团分为A、B、C三个组，这样可以多考察一些企业，对重点企业我要求不能走马观花，少则三天、多则一周，听讲、座谈、调查。我在A组，先到新日铁君津钢铁厂蹲了两天。邓小平不久前访问过这里，君津钢铁厂用的是进口矿，海运矿石，有自己的码头，设备先进。小平请稻山嘉宽帮助中国建一个同样的钢厂，这就是后来的上海宝钢。我在丰田汽车厂蹲点考察了六天，了解面广，感受也比较深，尤其对他们的发展战略。我去丰田的时候已是70年代末，他们介绍远景规划时，产品设计的新型号已开始21世纪的工作了，真的是“吃着碗里的，看着锅里的，想着未来的”，很不简单。还有丰田的“零库存”给我留下了深刻印象。汽车下生产线后直接送到船上外运。为了看个明白，我从新车下线、上运输车（运输车一次可载3辆）到码头，一路直看到一辆辆开上货船，整个过程井井有条。丰田协作厂的协作件也是直接送到生产线。仓库基本没有库存，所以叫作“零库存”。生产组织到这种程度，长期管过物资工作的我看了非常惊讶，钦佩人家的管理水平。而且一个生产线上可以生产多种型号的汽车，这是一项科学严密的组织工程。他们叫作“看板”管理。除此之外，我还参观了小松制作所，它的挖掘机与美国同类产品竞争相当激烈。在参观松下公司时，松下幸之助已退居二线，总经理是他的女婿。我看了他的一个电视机生产分厂，厂长说，他在这里已经干了几十年了。他说没有一心扑在事业上的事业心，是干不出今天的成就的。我读过松下幸之助写的书，知道他是从一个很小的电器商店发家的。夏普公司是我们参观的另一类典型。它走的是高科技道路。它的太阳能电池已经发展到几代了。接着我们到九州，参观八幡钢铁厂，这是日本一个老牌钢铁厂。一座已退役的高炉没有拆除，别出心裁地在原地修建了一个小公园，以此告诉后来人，八幡的发展是从这里开始的，不要忘记创业的艰难！很有一番高瞻远瞩的思想！

我们到日本时，正遇上自民党总裁选举，田中要下台，大平正芳、河本明夫等人都在竞选。河本是通产大臣，为了助选，他和我握手时招来一帮记者给他照相。经济企划厅长官樱内一雄，是我们熟知的老朋友，他自我介绍，说他的这条命是中国一位农民给他的。战时他在中国江西一带负伤，在庐山附近被一位农民婆婆救助，他说他永远忘不了中国人民的恩情。我们访问他领导的民间组织“科技联”，他特地介绍了旗下的规格协会。前文我说到的那个放满产品标准的大书架，就是樱内搞的。这次访问，樱内还向我们介绍了专利管理，专利当时对我们是个新鲜事物，很有启发。

在日考察期间，正是日本的“质量月”，我们参加并体验了这个活动，听了一些获奖企业介绍的经验后，还特地去考察了其中一些企业。他们不仅重视质量，而且重视原材料的节约，重视成本管理和降低消耗。这是高质量的前提，也是企业管理的基础。这些企业的管理功底都很过硬。日本同行还介绍了他们发挥职工积极性和创造性的各式各样的办法，包括终身雇佣制、质量小组活动（即班组活动）、“提案”活动（即合理化建议活动）和为职工过生日（凡工厂员工的生日企业都有登记，到时由厂长或委托其他人登门祝贺，以激励职工）。通过这种细微考察，我们感到日本的企业管理很重视人性化的关怀。

访问结束时，日方为我们举行了一场记者招待会，在这次招待会上，有日本记者突然发问：中国允许不允许或者说可不可以由外国人去投资建企业？那时乍一听，觉得不好回答，我同力群、马洪小声商量几句，用了个外交辞令，我说：你的问题提得很重要，我们要很好地研究。第二天日本一些报纸上居然用了大字标题：袁宝华讲了，这个问题很重要，要很好研究。国内当时尚无“开放”一说，的确难以明确回答。回国后，我们向中央汇报了这个问题。不想，不到一个月，党的十一届三中全会就提出了“要积极地引进国外先进技术”，“利用国外资金”，“大胆地进入国际市场”等，回答了许多国外工商人士关心的问题。对外开放是我国经济建设指导思想的一个重大转变！

在日本考察时，稻山嘉宽刚见到我就说，他这一年接待了四个中国的代表团，作为经济代表团我们是第一个，他很高兴。日方为我们安排了周到的考察行程。通过考察我们都觉得应当把发展商品经济提到我国经济工作的议事日程。邓力群对我说，要发展我国经济，真正实现四个现代化，不走发展商品经济这条路是不行的。当时对“商品”二字，大家很忌讳。回国后，华国锋亲自主持国务院会议听取了我们的汇报，我们在汇报中也斗胆提出了实现四个现代化必须发展商品经济的观点。在当时提出这些问题，顾虑很大，时处十一届三中全会前夕，人们的思想还在禁锢之中。所以在我们提出发展商品经济问题时，还特别强调两个界限：一是劳动力不能成为商品，一是货币不能成为资本。

汇报前，我们向国务院报送了30多页的《日本工业企业管理考察报告》。报告结合我国当时企业的实际情况提出，要解放思想，彻底摆脱小生产习惯势力的束缚，打破框框，冲破禁区；改革一些束缚生产力发展的管理体制，变行政组织管理为经济组织管理；扎扎实实做好加快实现社会主义现代化的各项基础工作，包括普及和提高教育，加强职工培训，提高全民族的文化科学素质等。报告还指出，日本经济成功的一个重要经验是引进国外先进的管理方法，并注意结合本国的国情及文化传统加以消化吸收，创造了一套以提高产品质量和服务质量为中心的、使管理工作全面现代化的、适合国情的独特的方法。先进技术和先进管理，是日本经济高速成长的两个车轮。报告还介绍了日本公司的组织、企业计划、专业化协作、质量管理、职工培训、刺激职工积极性的办法和提高职工生活水平的政策等。

考察报告也提出了许多极有价值的观点。例如，要正确认识企业管理与生产之间的关系，企业管理的任务既应该包括合理地组织生产力，又应该包括调整人与人之间的关系。那种把企业管理一概归结为资本主义生产关系，不能借鉴、不能学习、只能批判的观点是不正确的。要正确认识计划经济与市场的关系，社会主义既然存在着商品和货币，价值规律就起作用，应当利用价值规律的调节作用，把计划经济同市场结合起来。要正确认识公有制与竞争的关系，公有制经济也可以允许竞争，使先进更先进，后进赶先进，同时淘汰极少数长期吃社会主义、拖四个现代化后腿的企业等。国务院领导很重视我们的建议，立即将报告印发下去了。

考察中，我们深感日本的经济发展与其指导思想有很大关系。我们觉得日本的特点是政治思想保守，经济并不保守。发展经济他们是“拿来主义”，拿来以后加以利用、加以创新，再变成自己的东西。譬如质量管理是从美国学来的，一直到现在它的质量管理奖还叫“戴明奖”。前面我讲到，戴明是美国质量管理专家，他在日本传播质量管理知识，日本为此设立了戴明质量奖。之后日本又在美国质量管理基础上创造了全员质量管理，其实就是质量管理中的群众路线，即美国的QM到了日本又发展为TQM（全员质量管理）。日本还把中国“鞍钢宪法”中的“两参一改三结合”拿过去，组织工人参加管理，提出了日本式的“三结合”。再譬如，日本的企业管理也是照搬美国的。他们从泰勒制学起，在学习过程中又逐渐形成日本自己的一套。访日期间，日方为我们举行几次企业管理讲座。其中有一讲是一位名叫今森久雄的学者介绍日本企业管理的特点。他说来说去，中心意思是日本企业赖以生存的是三大支柱：一是终身雇佣制；二是年功序列制，就是按年加俸，减少职工跳槽；三是独立工会，工会是企业自己组织的，不受外部工会的影响。其实，所谓三大支柱，现在也在改变中。

三、两位老朋友的坦言

在日本访问期间与我们接触最多的是东道主稻山嘉宽和土光敏夫会长。稻山与我们详细谈了多次，有时上午谈，下午继续谈。在和我们交谈中，他提出了一些值得重视的观点。稻山说，日本经济的发展最重要的一点是严格的纪律和严格的管理。对这个问题，1981 年我随谷牧参加日本通产省一年一度的阁僚会议时，土光敏夫和稻山嘉宽还专门把谷牧、我和段云三个人邀请到日中经济协会，同我们推心置腹地说了他们的想法，尤其土光敏夫言辞坦诚，他说，中国的经济发展若没有严格的管理是不行的。没有严格的劳动纪律，松松垮垮，你们的经济发展不了。后来谷牧和我们议论时，认为土光说的这一条非常重要。谷牧说，本来马克思讲的就是产业大军，既然是大军，就应该有铁的纪律，没有纪律怎能发挥大军的作用。日本增强企业对职工的吸引力、凝聚力，又通过严格的管理、严格的纪律使企业的生产在严密的组织下进行，所以才有高效率，才有高效益。

关于中国发展经济，稻山嘉宽一再讲，中国提出的自力更生、艰苦奋斗非常好。他说，中国要发展经济就是要自力更生、艰苦奋斗，没有这个精神不行。日本战后恢复经济靠的也是自力更生、艰苦奋斗。他说日本的发展，资金积累在很大程度上是靠人们的储蓄，当时日本人的储蓄占国民收入的 20%～30%。当然，他们也借助外力。一是美国的核保护伞，使日本的军费开支降低到最低限度，把国民收入的很大一部分投入到经济建设。二是日本发了战争财，朝鲜战争和越南战争，美国在日本大量订货，促进了日本经济的发展。他说：这两条中国都没有。中国最可行的就是自力更生、艰苦奋斗。老朋友的话语重心长。回国后我们反复研究，下决心抓住企业管理和整顿劳动纪律这个“牛鼻子”。新中国成立后，“文化大革命”前的 17 年建了一大批新项目，国民经济有了一定的基础，但遭到“文化大革命”十年的很大破坏，在百废待兴的时候，大量新的投入比较困难，充分利用现有基础，发挥现有基础的效率和作用，强化企业管理是投入少收效大的最便捷的途径。所以回国后我们发起成立了中国企业管理协会。

日本是我国的近邻，在改革开放过程中，我多次访问日本，考察企业管理、质量管理、产业结构调整和进行友好交流，将他们的经验在我国企业整顿与企业管理现代化中加以吸收和借鉴，同时结识了许多日本政要和企业家，与稻山嘉宽、土光敏夫、松下幸之助、竹下登、乡司浩平、河合良一、樱内一雄、岩佐凯实、根本二郎等都曾建立起密切的友好关系。老朋友也都是坦诚相见。我也尽心尽力地为促进两国经济交流与发展做工作。

四、美国的“拿来主义”

在考察了英、法、日之后，1979 年 11 月我又访问了美国。仍然是我做团长，邓力群为顾问，副团长中有徐良图、北京叶林、上海韩哲一、天津张淮三，团员有辽宁王光中、体改委周太和、社科院孙尚清和张彦宁、刘昆、温厚文、康心浩等人，基本是考察日本的原班人马。目的是考察美国的经济管理、工业管理和企业管理，并分别访问和考察了一些政府机构、研究机构、工交企业、银行金融业、咨询公司和管理协会。这次考察也是兵分三路，由徐良图带队到可口可乐公司，韩哲一带队考察飞机工厂。非常巧也极为幸运，我们到日本考察是在邓小平访日之后，这次到美国考察又是在邓小平访美之后。两次考察都使我们感受到两国政治、经济、学术界和企业界及公众对小平访问的反应余热不减，使我们的考察自始至终处在由此引起的“中国热”的友好气氛之中。

我们访美，也是第一个中国经济代表团，成员又包括了京津沪辽沿海工业城市和部门官员及学者，美方接待单位很重视。邀请我们的是美中贸易委员会会长菲力普。他原来是美国驻联合国大使，所以美中贸易委员会算是个半官半民的组织。美国商务部、能源部、财政部的官员和国会经济工作委员会的成员也出面接待。在美期间，我们访问了华盛顿、巴尔的摩、纽约、芝加哥、休斯敦、旧金山、丹佛和小石城。时任阿肯色州州长的克林顿在小石城会见了我们。我们把这些城市的主要工业大致都看了，包括化学工业、电子工业、机械制造业，包括港口、墨西哥湾的采油平台，还拜访了美国大通银行和商业周刊。在美国访问期间，接待方做得都比较周到。看了这些城市和企业，给我的感觉是进一步印证了“拿来主义”在西方发达国家是较为普遍的。美国人很善于接受吸收别人家的东西。日本学习美国并加以创新，美国回过头来又学习日本，为我所用，所以发展很快。1979 年我第一次访问美国，工厂管理还不大注意人的主观能动作用。1986 年 4 月第二次访问美国，他们告诉我学习了日本的经验，办企业要“以人为本”，要强调行为科学，强调了解人的需要，满足人的需要。美国人学得也实在快，但他们在学习中也保持了自己的特点。给我留有深刻印象的另一件事是他们不断采用新技术，改造旧设备。我们参观一个造纸厂，看到它的一台设备是 20 世纪 20 年代制造的。我很吃惊，现在还用这么老的设备？经介绍才知道关键之处已经多次改造，设备外壳虽是 20 年代的，但机内关键技术的水平却是 70 年代的。也就是说，不断地在旧设备上进行技术改造。充分利用旧设备可以利用的部分，改造必须改造的地方，既快又省。在接受新技术方面美国人毫不保守，什么新的东西、好的东西，都加以学习、消化、吸收、创新。我先后四次到美国，看到新东西不断涌现，所以它的经济能够发展这么快，能从一次次的周期性危机中很快走出来，并不断改革、不断创新，使美国在经济上、技术上一直到现在都能够领先世界发展水平。

五、施瓦布与世界经济论坛

1980 年 6 月我到瑞士日内瓦访问欧洲管理论坛总部。之前，论坛主席施瓦布应中国社会科学院世界经济研究所钱俊瑞邀请于 1979 年来华访问时，经社科院邓力群副院长的介绍，施瓦布代表欧洲管理论坛总部与中国企业管理协会建立了合作关系。由此，中国企协每年除参加达沃斯年会外，还与论坛合作在华举办一次中国企业高峰会议。共举办过 26 次。这 26 次会议对外国企业了解中国，对中外企业家的经验交流有很好的效果。现在他们已采用在大连和天津开夏季达沃斯会的形式在中国开会。

欧洲管理论坛自上世纪 80 年代开始，作为一个国际民间经济组织，引起许多国家的重视。在每年一次的年会上，都有一些国家政要和学者、企业家与会，就共同关心的议题发表意见，交流看法。论坛在国际上的影响越来越大，被誉为“非官方的国际经济最高级会议”。每年我们都组织由企业家、政府官员组成的代表团参加会议。为推动发展我国在经济领域与世界各国的友好合作关系，国家领导人李鹏、朱镕基、李岚清、吴邦国、黄菊等都曾先后参加过达沃斯会议。2009 年 1 月温家宝总理出席了会议。1987 年，施瓦布提出，打算将欧洲管理论坛改组为世界经济论坛，以扩大它的影响，征询我们的意见。我们表示赞同并予以支持。达沃斯论坛年会，大都在中国春节期间召开，所以每次开会他都要祝贺中国春节。

施瓦布比较有远见。1989 年春夏之交的政治风波以后，西方国家纷纷制裁我们。在反动声音甚嚣尘上的时候，他决定继续与我们合作开会，所以我们的联系没有中断。当时我给江泽民、李鹏写了报告，他们都很支持这个会议。1989 年 10 月 26 日，中国企业管理协会和世界经济论坛联合召开的第九次企业管理国际讨论会在北京举行。来自 20 多个国家和地区的 70 多位外国企业家与中国企业家一起参加了会议。会议期间，江泽民会见了中外企业代表，并作了热情的讲话。在政治风波刚过，西方造谣诽谤的反华大合唱嚣张的情况下，会议如期召开，让外国人看到了中国的真实情况，起了积极的宣传作用。

世界经济论坛面向企业，当时它与西欧2 000多个企业建立了网络联系。在施瓦布案头的电脑里，可以随时点击他们中任何一个企业的管理数据。我们考察联邦德国，就是欧洲管理论坛介绍，由联邦德国欧洲管理论坛方面的负责人接待的。在联邦德国，我从南到北考察了他们的一些主要城市，还邀请我到西柏林，接待方告诉我联邦总统想在西柏林（当时首都在波恩）接见我。后来考虑到这对民主德国是个很敏感的问题，为不引起民主德国的误会，我和使馆商量，婉言谢绝了总统的好意。虽然他们因此降低了接待规格，却避免了给我外交带来不必要的麻烦。我在联邦德国活动主要接待单位是商会（相当于我国的工商联）。我参观了西门子公司、奔驰公司，还专门参观了证券中心及股市。联邦德国的企业管理非常严格，我很欣赏他们的职业教育制度。他们培养职工采取的是双轨教育制度。由商会负责组织，学校负责徒工理论教育，工厂负责岗位实习操作教育，他们重视手工技能操作训练，每一个徒工毕业时都要用手工做出一个纪念品，以示手工操作水平，这样的徒工上岗后都是熟练工人。

联邦德国为什么能够在战后的废墟上经济恢复和发展那么快？主要得益于德国传统的职业教育制度。他们说，战争炸毁了工厂，技术装备毁掉了，只要人还在，就有了重要资本，有了人就有了技术，也就有了迅速恢复经济的可能。他们提高职工素质从徒工开始，而且在职教育也从不中断，这非常重要。

我在1987年和1988年两次访问民主德国，他们也有这方面优势，当时民主德国人均国民收入在社会主义国家中是最高的，大约是6 000美元，虽说与联邦德国比差距明显，但他们的工人技术素质并不低，这也得益于德国传统教育制度，两者差距是在企业自主权上。民主德国企业的发展受制于政府的行政干预太多。发展生产与改善人民生活质量脱节。民主德国人向往联邦德国，最重要的是人民生活水平差距所致。就以照相胶卷这个小小的产品来说，我在美国、西欧包括联邦德国考察时彩色胶卷到处可购，可是民主德国仍然是黑白胶卷。其原因不都是企业技术不行，而是政府管得死、企业没有“自主钱”，限制了企业研制的积极性。

结束了在联邦德国的访问，我到奥地利参加欧洲管理论坛专为中国代表团举行的一次国际讨论会。出席这次讨论会的有瑞士、联邦德国、奥地利和荷兰四个德语国家的有关人士。主题是：外国企业怎样到中国投资办厂？会上，我全面介绍了中国改革开放的对外方针，并以瑞士迅达电梯公司和北京电梯厂合资组建的中国迅达电梯公司的合作合同内容为例，具体讲解中国的政策，引起与会四国企业家的极大兴趣。施瓦布为中欧（洲）合作做了一些有益工作。

通过这几次考察，虽然是开阔视野性质的考察，感受却颇多。看看人家想想自己，深感思想解放的必要。没有思想解放，何来经济发展。搞社会主义商品经济，不论经济管理、企业管理，都与市场分不开。有市场才有竞争，有竞争才能优胜劣汰，才能促使生产技术的进步，才能给企业带来压力，增加动力。创新是企业发展的动力，没有创新，你的产品就不能吸引人，没有创新，你的产品价值就低，所以要不断创新。哪怕有一点点新的东西，都是进步，都能提高价值，都能有利于改善和提高人民的生活水平，都应得到支持。企业要在竞争中创新，在竞争中壮大。企业要立于不败之地，关键是产品先要立于不败之地。好多东西看起来是小改小革小进步，可是积累起来就会把整个事业向前推进一大步。我很欣赏一些优秀企业家讲过的两句话，“人无我有、人有我优、人优我转”，要“生产一代、开发一代、储存一代”。如果说，几次考察还只能是“走马观花”，那么在“观花”之余我还想到的是企业的社会责任，企业也是社会的公民，一定要在自己产品质量、品种和售后服务上下大功夫，才能满足社会需要。

六、要研究和借鉴西方国家的管理经验

从 1977 年起，我先后考察了英、法、日、美、瑞士、德、奥、丹、挪和澳大利亚等国家的一些企业和经济管理组织。每次考察都给

我以新的启迪。考察，对我们这些社会主义经济建设者来说是很有帮助的，因为我们考察的这些国家都有很长的资本主义市场经济发展历史，他们在发展经济的过程中，既有失败的教训，也有成功的经验。我们从事社会主义经济建设还只有几十年，要坚持社会主义，要发展社会主义市场经济，就要借鉴这些国家管理经济的好经验、新方法来不断调整我们的步伐。资本主义能够生存到现在并有所发展，就是因为它能不断地调整，不断地采取新的方法来激发经济。对此，我们要深入研究与借鉴。

第一，研究和借鉴西方国家长期以来不断调整和建立起来的一套监督、管理企业的办法。就资本主义制度来说，它的核心是坚持私有制。在坚持私有制的前提下，他们的许多管理制度也在不断改革。资本主义开始时是由家族企业起家，企业由家族成员管理，进而则聘请专业人员替代家族来管理他们的工厂。现在很多发展为股份制，不仅吸收了更多的资金，而且加强了对企业的经营监督。我们要认真研究和借鉴他们的这一整套监督与管理方法。

第二，研究和借鉴西方国家多年来不断进行资源优化配置、资产重新组合的经验。资源配置、资产组合，在经济发展中很重要。资本主义国家每年有数以万计的企业关闭，又有数以万计的企业出现，资本主义是在这个基础上生存和发展的。而我们的企业是能生不能死，使得一些长期经营不好的企业拖住了我们的腿，制约着我们的经济发展。优胜劣汰，我们要研究和借鉴资本主义这方面的经验。

第三，研究和借鉴西方国家维护其制度的生存、保持社会稳定的方法和存在的问题，特别是“高福利”带来的问题。一些西方国家为了与社会主义制度竞争，用高福利笼络人心，使福利的增长超过生产发展的可能，造成国家负担沉重而陷入困境。我们要认真研究。

第四，研究和借鉴西方企业职工参与管理的经验。我 1979 年到美国，当时美国没有职工参与这一概念，而我 1978 年到日本，他们就大谈职工参与。日本人讲，职工参与是他们从中国的“两参一改三结合”中学来的。现在职工参与、以人为本，已经变成世界许多国家企业管理的共同语言。美国人也在讲，欧洲人也在讲。从卓别林的《摩登时代》中描写的工人作为机器零件的时代开始到现在，这是多么大的变化啊！而作为“两参一改三结合”的创始国，我们又该如何继承和发展呢？

第五，研究和借鉴西方国家在发展高新技术和推行科学管理方面的先进经验。资本主义国家经济能够持续发展，很重要的一个原因是不断地发展和采用先进技术与科学管理。日本把发展高新技术提高到国策的高度，以保持在市场竞争中居于领先地位。科学管理也在不断发展，开始提出的科学管理和现在提出的内容大不一样，有很大变化和改进。现在，资本主义国家经济正在向国际化发展，大多数国家的经济活动已不局限于一国之内，这同高科技发展关系极大，这方面尤其应引起我们的注意。

资本主义的发展历史说明，它是靠不断地进行调整来维持其制度，克服一个又一个困难的。列宁讲，资本主义制度是垂死的制度。他是从战略上讲的，是从一个比较长的历史时期来讲的。当然它不断地调整，可以缓和矛盾，但基本矛盾是不能消除的，最后它还是要走向灭亡。我们要在坚持社会主义制度的同时，学习、借鉴西方发达国家先进的东西，研究它克服困难、化解和调和矛盾的经验教训，在学习的基础上借鉴和不断创新。只有创新才能使我们的社会主义事业不断发展。创新是我们民族进步的灵魂，是我们国家兴旺发达的不竭动力。这一点很重要。我们要建立自己的一套企业管理方法，既要总结自己的经验，也要向西方发达国家学习，不断改革，不断创新。

第十七章
企业整顿与改革

一、恢复性整顿
二、全面整顿
三、企业升级
四、扩权让利
五、从包干到承包
六、建立经济责任制

一、恢复性整顿

1977年召开的全国工业学大庆会议，是结束十年动乱后再次拉开了全国整顿企业的序幕。从邓小平1975年全面整顿时起，我先在计委，后在经委，把主要精力用在了企业整顿和改革上。

整顿从“文化大革命”的混乱中刚走出来的工业企业是当时全国经济工作的重点。企业整顿大体可分三个阶段：第一阶段是从1977年到1981年底，是以学大庆和贯彻实施1978年4月20日中共中央《关于加快工业发展若干问题的决定（草案）》（《工业三十条》）为主要内容的恢复性整顿。第二阶段是从1982年到1985年，是以贯彻实施中共中央、国务院《关于国营工业企业进行全面整顿的决定》为主的全面性整顿。第三阶段是在全面整顿的基础上，以企业升级为主要形式的建设性整顿。国务院要求这一阶段的整顿从1986年开始到1990年完成。但在1988年经委被撤销，这项工作就停止了。

所谓“恢复性整顿”，也就是拨乱反正，恢复企业的元气，包括的内容主要有：

1. 整顿领导班子，恢复企业原有领导体制，撤销革委会，恢复厂长职能；把那些追随林彪、江青反革命集团造反起家的人，帮派思想严重的人及打砸抢分子清除出去。同时，改正企业是“无产阶级专政的基层组织”提法。

2. 改善经营管理，扭亏增盈，重点是恢复企业管理的规章制度。“文化大革命”中，有相当一部分企业亏损严重。1976年同1970年相比，国营工业企业的亏损面由28.9%扩大至37.2%，亏损金额由14.65亿元增加到72.4亿元。1977年1—5月工业企业累计亏损额又比上年同期增加了35%。为此，1977年7月8日，国务院发出《关于大力开展扭转企业亏损、增加盈利工作的通知》。要求亏损企业必须制定切实措施，限期转亏为盈，对政策性亏损也要压到最低限度，严格实行定额补贴的办法。为保证措施的全面实现，国务院决定成立扭亏增盈领导小组，谷牧任组长，姚依林、张劲夫和我任副组长，办公室设在计委。恢复性整顿和扭亏增盈结合起来进行，以促使企业走上正常的轨道。

3. 扩大企业自主权。1979 年 4 月 5 日中央召开工作会议提出，在扩大企业的自主权、建立责任制的同时，企业要实行民主管理，把企业经营好坏同职工的物质利益挂钩。这不仅加速了恢复整顿进度，而且也是恢复性整顿和改革的结合，为企业改革做了铺垫。

在恢复性整顿阶段相继召开了三次全国工交会议，三次会议上企业整顿都是重点议题。

第一次是 1979 年 7 月 10 日在成都召开，落实当年 4 月中央工作会议的部署，研究讨论了扩大企业自主权中的诸多问题。

第二次是 1980 年 4 月 9 日在南京召开，主要讨论工业改组和企业领导班子建设问题。讨论中遇到了奖金问题，这在当时很棘手，一方面不能“干好干差一个样”，一方面发奖金是不是物质刺激，也就是说企业经营好，有了钱，该不该发奖金？企业有没有权作出决定？会上反映强烈。问题主要是与财政部、劳动人事部当时的规定相矛盾。会上争论不下，康世恩只好给赵紫阳打电话，讲了一个多小时，当时赵紫阳比较灵活，他同意发奖金，这事才算解决。这次会议特别强调通过改革要整顿企业内部的劳动组织和一些相关的制度。

第三次是 1981 年 4 月 15 日在上海召开，主要讨论建立经济责任问题。

这期间蒋一苇（当时在一机部研究室工作）提出了“四全管理”的概念，即全面计划管理、全面技术与质量管理、全面经济核算和全面人事劳动核算。他发表的《企业本位论》，在理论上支持了企业整顿和改革，对企业整顿很有影响和推动作用。

1981 年是恢复性整顿关键的一年。我们相继召开了一系列会议，研究解决企业整顿的问题。

2—3 月，经委与国务院体改办在北京召开了工业管理体制改革座谈会。会议提出，搞好整顿必须解决好五个问题：一是正确理解和全面贯彻调整方针，立足现有企业，搞好挖潜、革新、改造；二是搞好工业结构、产品结构和组织结构的调整；三是搞好企业的关、停、并转；四是加强规划、上下结合、统一行动；五是要有统一的、强有力的调整工作机构。

4月，国务院同意并批转了2—3月座谈会的《汇报提纲》和三个附件。三个附件是《关于工交企业改组、联合的情况和今后的意见》《关于在调整中把扩大企业自主权试点工作进一步巩固提高的意见》和《关于在调整中进一步抓好企业整顿、改善经营管理的意见》。这个月，我还专门到天津召开了工厂改革试点座谈会。

6月，国家经委召开了全国企业民主管理座谈会。在会上，我强调民主管理要解决的中心问题是要让职工群众行使当家作主权利。这不仅是我国社会主义公有制的生产关系决定的，也是社会主义国家工人阶级的地位决定的。民主管理是社会主义企业管理的一项根本任务。

7月下旬，国家经委在北京又召开了企业整顿工作座谈会，请中央部委、省（市）经委以及一些地方、企业的同志参加座谈。座谈中突出反映企业存在两个平均主义：一是国家和企业收入分配比例关系，企业经营好坏一个样；二是企业内部的分配制度，职工干好干坏、干多干少一个样。与会者认为，克服平均主义，是建立经济责任制的突破口，建立经济责任制又需要有整顿和加强管理工作做保证，两者结合起来才能收到预期的效果。座谈会后，国家经委向国务院汇报了座谈会的情况和反映的问题，提出要从以下六个方面继续抓好企业恢复性整顿工作的建议：

第一，整顿、建设好企业领导班子，这是整顿企业的关键。提出要按照"革命化、年轻化、知识化、专业化"的要求，调整整顿好企业领导班子。

第二，建立健全经济责任制和按劳分配制度。

第三，搞好整顿企业的基础工作，推行全面经济核算，全面质量管理。

第四，加强政治思想工作和职工队伍建设。

第五，加强民主管理，充分调动广大职工当家作主的积极性，切实保障职工的民主权利。要积极推行党委领导下的职工代表大会制。

第六，整顿财经纪律。企业经营管理，要在提高经济效果上狠下功夫，纠正损公肥私、滥发奖金、截留上缴利润、拖欠贷款和偷税等问题。

同时提出了整顿企业的六条标准：

第一，有一个坚持"四项基本原则"、党风端正、团结战斗、精干有力、年富力强的领导班子。正、副厂长懂生产技术，会经营管理。

第二，建立、健全党委领导下的厂长负责制和党委领导下的职工代表大会制。党委核心领导强，职工民主管理好，生产行政指挥系统工作效率高。

第三，有一支觉悟高、技术精、纪律严、作风强的职工队伍。

第四，建立各级责任制，完善企业管理的各项基础工作，推行全面质量管理、全面经济核算、全员培训。

第五，全面完成国家计划，产量、质量、成本、利润等主要技术经济指标接近或达到本省、区、市内同行业先进水平。

第六，在发展生产的基础上，职工集体福利和物质、文化生活得到了改善。

当年10月28日，国务院批转了国家经委《关于加强领导抓好企业整顿工作的意见》和整顿企业的6条标准，要求各工业部门据此制定本行业整顿企业的具体要求。

经过恢复性整顿，不仅清理了队伍，调整了领导班子，培训了企业的负责人，进行了职工队伍的建设，而且还强化了原始记录、计量标准和班组管理等基础工作，使企业的状况发生了很大变化，为企业的全面整顿创造了良好的条件。恢复性整顿取得初步的经济效果，1981年工业总产值达到5 399亿元，相比1976年的3 728亿元，平均年增长7.69%。

这期间我们邀集各方面人才成立了中国企业管理协会、中国质量管理协会、中国设备管理协会等一批非政府中介组织，这些中介组织在抓管理、抓规章制度建设等方面，起了不小的作用。

二、全面整顿

中共中央、国务院《关于国营工业企业进行全面整顿的决定》在1982年1月2日发出前，我参加了中央书记处1981年12月30日对

《决定（草案）》的最终审议会议。为什么要全面整顿呢？这就不能不说到，广大企业虽然经过恢复性整顿有了一个良好的开端，但就整体来说整顿工作进展不平衡，整顿好的是少数，处于中间状态的是多数。当时相当多的企业，程度不同地存在着领导班子软弱涣散，精神不振，思想政治工作薄弱，机构臃肿，人浮于事，劳动纪律松弛，产品质量低，浪费严重，经济效益差等现象。少数企业领导班子成员不纯，有的企业领导人受腐朽思想侵蚀，搞不正之风，违反财经纪律，甚至弄虚作假，偷税抗税，截留上缴利润，营私舞弊，贪污受贿等。所以中央要求从1982年起，再用两三年时间，分期分批地对所有国营工业企业进行全面的整顿工作。

全面整顿重点做五件事：一是整顿和完善经济责任制，改进企业经营管理，搞好全面计划管理、质量管理和经济核算工作；二是整顿和加强劳动纪律，严格执行奖惩制度；三是整顿财经纪律，健全财会制度；四是整顿劳动组织，按定员定额组织生产，有计划地进行全员培训，克服人浮于事、工作散漫的现象；五是整顿和建设领导班子，加强对职工的思想政治教育。

《决定》用建设性整顿来区别前一段的恢复性整顿。整顿要达到的目标也很明确，就是“三项建设，六好要求”。“三项建设”是通过全面整顿，逐步地建设起一种既有民主、又有集中的领导体制，逐步地建设起一支又红又专的职工队伍，逐步地建设一套科学文明的管理制度。“六好要求”，是通过“三项建设”使企业能够正确地处理国家、企业、职工个人三者的经济关系，出色地完成国家计划，成为三者兼顾好、产品质量好、经济效益好、劳动纪律好、文明生产好、政治工作好的六好企业。

《决定》要求在两三年时间内，对全国的大中型骨干企业，能够扎扎实实地、分期分批地完成整顿任务。为此，国务院又专门成立了全国企业整顿工作领导小组，由中央组织部、全国总工会、劳动人事部、财政部、团中央、妇联等有关部门参加。我担任组长，全面负责企业整顿工作。全国企业整顿领导小组办公室设在经委，由企业局、学大庆办公室三位一体，主任由企业局长兼，开始是沙叶，后来是郑肇桥，再后来是陈兰通。

按照《决定》要求，各部委，各省、自治区、直辖市都成立了相应的组织机构，并由党、政负责同志组织工作组深入企业蹲点调查帮助整顿工作。

全面整顿进行了 4 年，到 1985 年底结束。4 年里，全国企业整顿领导小组坚持不懈地组织推动这项工作，相继召开了 40 次整顿工作例会，几乎每月一次，研究、部署、检查、督促整顿工作。我参加并主持这些会议。在全面整顿期间，每年还要召开一次工作会议，每次会议都确定一个主题，围绕主题进行研讨，统一思想，协调步骤。记得企业整顿最后一次工作会议是在 1985 年 12 月 20 日，我作了企业全面整顿的总结。根据部门和地方推荐，会上命名了首钢等 230 个企业为“全国企业整顿先进企业”。到此，历时 4 年的企业全面整顿告一段落。

在 4 年整顿中，每年都制定详细的工作计划，每年都按计划完成了任务。

1982 年，企业全面整顿工作处于起步和试点阶段。这一阶段主要是思想发动，建立组织机构，制定规划和标准，进行整顿试点，在试点中摸索建设性整顿的路子。

1983 年，按照中央的要求，我们进一步明确了企业全面整顿要以提高企业素质、提高经济效益为中心的指导思想。企业要由单纯生产型转变为经营开拓型，把各项工作转到以提高经济效益为中心的轨道上来。重点抓了大中型骨干企业，特别是盈亏大户的整顿，取得了显著的经济效果。这一年的完成情况是大中型骨干企业基本上验收合格，近三分之二的中小企业完成了整顿的任务。

1984 年，在党的十二届三中全会以后，以城市为重点的经济体制改革加快了步伐。这一年，党中央、国务院陆续发布了简政放权、搞活企业的一系列规定。在改革的新形势下，进一步增强了企业全面整顿的自觉性，加快了整顿步伐。但这年 8 月，我们发现由于企业整顿工作进展过快，管理工作没有跟上，出现了一些新问题。如不少企业领导班子虽经调整但还不理想，思想建设工作没跟上。有的水平低，有的班子不配套或不团结，有的经营思想不端正，思想作风不过硬。再如企业管理基础工作不牢靠，责任制不落实，规章制度执行不严格。一些企业产品质量下降，物耗上升，亏损增加，安全生产情况不好。据 1984 年上半年统计，全国主要工业产品质量稳定提高率只有73.4%，比上年同期低 11.6%。1—7 月工业生产可比成本上升 4.1%，这样大幅度的上升，是前几年少见的。工业亏损额达到 14 亿元，比上年增亏 2.2%。又如消费基金增长过猛。不少企业互相攀比，滥发奖金、实物的现象没有得到有效的制止。上半年奖金总额（含计件超额奖）81.3 亿元，比上年同期增长 62%。这些情况，说明不少企业虽然经过整顿，但企业素质和经营管理水平仍然不高，需要抓好整顿的巩固和提高工作。

鉴于这些情况，5 月 21 日，在第 22 次整顿工作例会上，我对进一步整顿和建设好企业的领导班子提出：已经调整的班子要按干部“四化”的要求进行复查考核，不适合的要坚决调整。

1985 年，是完成企业全面整顿的最后一年。为了善始善终、保质保量地完成企业全面整顿任务，坚持高标准、严要求，我们一手抓验收，一手抓验收后的巩固提高和复查补课工作。

经过 4 年的全面整顿，整顿的质量和效果总的情况是好的，整顿促进了企业素质和经济效益的提高，为推进企业管理现代化创造了有利条件，也为促进国民经济的发展和经济体制改革的顺利进行打下了良好的基础。主要成果有：

1. 企业整顿实现了预定的目标，大中型骨干企业基本完成了整顿任务。到 1985 年底，列入企业全面整顿规划的近 5 万个预算内国营企业，验收合格率为 98.9%，其中的3 084个大中型骨干企业，除 2 个企业有客观原因不能完成整顿任务外，都已验收合格。规划外的其他全民和集体所有制企业的整顿工作也已基本完成。经过全面整顿，综合治理，还涌现了一批技术进步快、经营管理向现代化迈进、经济效益显著提高的先进企业。

2. 企业领导班子的素质有了新的提高，实现了新老交替，开始打破实际存在的干部职务“终身制”。当时对全国2 900个大中型骨干企业的18 000名党政干部的统计，平均年龄 45 岁，其中 41～45 岁的占 63%，基本上形成了以四十几岁的干部为主体的梯形年龄配备。大专以上文化程度的成员占 74%，厂长中具有大专以上文化程度的占 89%，比整顿前增加 40%；党委书记中具有大专以上文化程度的达到 81%，比整顿前增加 70%。各地都选用了一批自学成才的干部。

3. 改革使整顿取得了突破性的进展，整顿巩固了改革的初步成果，企业经济责任制不断发展完善。经过整顿和改革，在学习首钢经验的基础上，以责、权、利相结合，包、保、核相联系为基本内容的企业内部经济责任制普遍建立健全起来。由于企业在经营管理方面有了一定的自主权，加强了市场开拓、经营决策、技术开发等方面的工作，使经营销售工作搞得活了。企业内部实行层层承包，使经济责任制得到进一步完善和发展，促进了组织机构的改革，推动了劳动组织的整顿和人员的精简，提高了工作效率，并且广开了生产门路，妥善安排了富余人员，带动了第三产业和集体经济的发展。据当时上海、天津、辽宁等 11 个地区、铁道等 3 个部门的统计，整顿企业共 22 557 个，职工总数 46 666 571人，共有富余人员253 227人，占 0.54%，共安置233 237人，占富余人员的 92.1%。石油部富余人员44 632人，共安置 99%。有些企业把职工奖金和一部分工资同经济效益挂钩，进一步贯彻了按劳分配的原则，调动了职工的积极性。当然，真正搞活了的企业，当时还不是多数。从全国情况来看，当时搞得比较活的，在大中型企业中也只占 15%左右。

4. 企业管理基础工作得到了加强，企业管理现代化取得了一定进展，各种标准数量增加，水平得到提高。到 1985 年底，国家标准达到 7 500个以上，比整顿前增加 1.2 倍，其中采用国际标准和国外先进标准的占 28%。县以上企业正式生产的产品，90%以上都有了标准。据当时对全国 315 个大中型企业的17 908种产品的调查统计，90%的产品建立了标准，没有标准的由过去的 25%减少到 10%，采用国际标准的达到 9.6%。计量工作也有了加强，计量升级活动初见成效。计量器具配备率达到 80%以上。计量检测率达到 88%以上，比整顿前提高了 20%～30%。企业经过整顿，逐步配备和完善了各种计量器具和监测手段。据全国计量系统对2 000个企业的调查，计量器具配备率已由整顿前的 75%提高到 95%。物资检测率由 75%提高到 90%，进出口检测率已达 95%。实行定额管理的面有了扩大，定额水平有所提高。当时，上海市对 929 个整顿合格的企业统计表明，各种定额比较齐全，并比过去有提高的有 787 户，占 85%；各项记录比较健全的有 696 户，占 74.9%。信息工作开始得到了重视。据 10 个省、市的统计分析，有 30%～50%的企业初步建立了信息的收集、整理、传递、分析、控制网络，有的企业已开始利用信息反馈指导生产经营。比较普遍地建立了信息管理，其中已形成信息的收集、整理、传递、分析、控制网络的企业占 47.3%。以责任制为核心的规章制度日益完善。基础教育工作也有较大的进展。

5. 在整顿中认真抓了企业职工队伍建设，思想政治工作取得了新的成绩。各地区、各部门在整顿中，广泛开展了“五讲、四美、三热爱”的活动和创建“文明单位”活动，取得了很好的成效。许多企业把思想政治工作同经济工作结合起来，研究解决整顿、改革中出现的带有倾向性的问题，保证了整顿、改革的顺利进行。通过贯彻《职工守则》《职工奖惩条例》，企业的劳动纪律有所改善，劳动态度、服务质量有所提高。劳动出勤率提高了3%～7%。工时利用率提高了5%～10%。

6. 劳动组织整顿取得初步成效。企业里机构臃肿、人浮于事、“一线紧，二、三线松”的状况有所改善，劳动定额面扩大，水平提高。据11个省、市部门统计，定额面扩大6%～19%，定额水平提高5%～16%。4年间工交、建筑、商业企业初步撤出和安置富余人员300万人。大中型企业普遍建立了生活劳动服务公司，开辟了生产门路，发展了第三产业。

7. 职工队伍素质有所提高。据不完全统计，当时全国有15个省市的青壮年职工“双补”任务达到或接近60%的低限要求，其中，北京市青壮年职工技术补课达到77.8%（高限要求为80%）。上海、北京和江苏、辽宁的一些城市的基层企业，开展全员培训的达到70%以上。各地普遍抓了青工系统教育和正规培训，先进地区已达80%以上。第一批企业经理、厂（矿）长参加国家统考的有工业、商业、外贸、施工、邮电、铁道、交通等七个行业共9 000多人，考试成绩平均得分74.91，及格率为96.6%。通过统考，有力地促进了干部培训和职工教育工作，也反映了干部、职工的政治、文化、技术和业务水平有了新的提高。

8. 促进了经济效益的提高。企业全面整顿促进了生产发展和商品流通，建立健全了企业财务管理制度，加强了经济核算。企业的经济效益普遍高于整顿前的水平。1985年11月与整顿前的1981年同期相比，全国工交企业总产值增长了47.5%，实现利税增长38.1%，上缴利税增长16%。扭亏工作成绩显著，国营工业企业亏损户由12 598户减少到4 718户，亏损面由31.1%降到12.1%。商业企业1985年与1982年相比，销售总额增长20.7%，利润总额增长62.5%，上缴利税增加47%，亏损面减少40.2%。国营工业企业的亏损额已由1981年的42.4亿元下降到1983年的28.6亿元，1984年11月又下降到20亿元，比上年同期下降16.1%。

9. 培养和锻炼了一支懂企业管理、从事企业整顿工作的干部队伍。在全面整顿工作中，给我印象很深的一件事是1982年2月在天津召开第四次全国工交会议。这是党中央、国务院在1月作出要全面整顿的决定后的第一次整顿会议，赵紫阳提出他要亲自参加这次会议。会前他对我说，厂长、副厂长年龄不能超过50岁。这对企业说来是个很大的冲击，因为在恢复性整顿的时候，把原来一些有作为的厂长、副厂长调了回来，这些人经过十年“文化大革命”，差不多都40岁以上或50多岁了，有的还要大一些。我同赵紫阳解释了半天，他仍坚持这一条。最后没有办法我就传达了他的这个意见。这一传达，下面就炸了窝，反应非常强烈。我把参加会议的人的意见向他反映，赵紫阳不得不妥协，说放宽点，不提50岁，提55岁，他说这个不能再妥协了。因为邓小平提出的“四化”标准里面有个年轻化。这年的8月，国家经委、中组部、劳动人事部、财政部、中国人民银行下发的《关于国营工业企业全面整顿若干问题的意见》中指出，企业的正副厂长（正副经理），应该有一个年龄限制，除了特大型企业和全国性公司（如鞍钢、中国船舶总公司等）以外，正副厂长（正副经理），尽量配50岁以下的人员，最多不能超过55岁。企业党政领导班子的大部分成员应是中青年干部。要特别注意挑选一批40岁左右、德才兼备、熟悉业务、有组织领导能力的专业人员进入领导班子。企业党委书记，需要思想政治水平高、有经验的同志担任，年龄可稍高于55岁。同时规定副厂长（副经理）的人数，按《国营工厂厂长工作暂行条例》规定，设一至五人，小型企业一般为一人，中型企业不超过三人，大型企业不超过五人。对选拔年轻干部还提出了五条主要要求。

对这个问题，我认为当时提出年轻化主要是为解决干部终身制的问题。因为在改革之前，企业领导干部与政府公务员是一样的，都是终身制。这对企业发展确实不利。但没想到这个文件下发后产生了消极作用，将大中型企业厂长的年龄定在50周岁，那么如果是任期三年，当他53岁或54岁时就没有资格再当选了。这就使一大批有经验的中年干部上不了厂长的领导岗位。我始终认为，企业的领导干部与政府公务员应有所不同，政府公务员应该有任期，企业领导干部任期制很值得研究。任期制往往会使一些有经验、有阅历、身体壮的中年干部到期也得下来，很可惜。这样的任期制，在很大程度上也会妨碍职业企业家队伍的形成。1992 年就此我们到浙江调查后，专门给国务院写了个报告，提出企业家职业化的问题，建议企业领导人和党政机关干部的管理体系应脱钩。一个较成熟的厂长只要是对企业有利，年龄可以延长。对这一建议，李鹏专门作了批示，并且把批示批给了人事部。当时的部长赵东宛专门找我谈了这个问题，后来人事部也发了通知，知会各地，企业的领导干部不要按照党政机关干部那样评级别、限年龄。但是，长期以来政企不分的思想根深蒂固，使企业领导干部脱不开党政机关领导干部那一套管理办法。说实话，一些企业领导人也习惯于原来的办法，不给他相当于党政机关的哪一级，他心里好像还不平衡。这有许多习惯势力的影响，所以我的报告和领导的批示也没能解决这个问题。

三、企业升级

随着企业全面整顿的完成，国营企业改革又进入了一个新的阶段，即企业升级阶段。

1986 年 7 月，国务院颁布了《关于加强工业企业管理若干问题的决定》。《决定》提出，“七五”（1986—1990 年）期间要抓紧搞好“抓管理、上等级、全面提高素质”的企业升级，把提高产品质量、降低物质消耗和增强经济效益作为考核企业管理水平的主要指标。企业升级有国家特级、国家一级、国家二级和省级这四类先进企业。“七五”期间企业升级的任务是：40％的主要产品性能和质量都要达到 70 年代末 80 年代初的国际水平。升级目标很明确。为此，国务院成立了加强企业管理领导小组，我担任组长。在 1986 年 7 月 23 日的第一次例会上，我对企业升级工作做了部署，我说：企业升级是企业整顿的继续和发展，是推进管理和技术进步的一种新形式。从企业整顿到企业升级，目的在于改善和加强企业管理，提高企业素质，提高经济效益。企业升级的重点是要突出质量、消耗和效益的考核指标。要正确处理企业升级与改革、与技术进步和管理现代化、与精神文明建设的关系。

1987年3月11日，全国加强企业管理领导小组和国家经委联合印发了《关于企业升级若干问题的说明》。《说明》对企业等级指标的确定与考核，企业升级的审批程序，企业升级工作的组织领导和鼓励政策等作出了进一步的规定和要求。6月，我在国务院各部门加强企业管理工作第五次例会上围绕提高企业素质提出，一靠技术进步，二靠加强管理。但从我国多数企业现状来看，技术落后，管理更落后，所以提高企业素质，首要问题在于抓好企业管理工作。

1988年2月，在第九次例会上，一些人认为企业升级政府行政干预太多。对此我认为，企业升级是市场体系形成前国家管理企业所采取的一种行政手段，这种行政手段在当时是必要的。当然，也要十分注意把这种行政手段可能产生的副作用减少到最低限度，不给深化企业改革带来新的障碍。

不出所料，企业评级对企业压力很大，对企业的促进动力很强，一些单位纷纷想来“搭车”，如计划生育等，企业不胜其烦，影响了我们原来设想要达到的目的。本来是件好事，一旦都想插手企业，致使国务院不得不决定停止企业升级活动。

企业恢复性整顿、建设性整顿和企业升级这三个时期的主要工作有相同的地方，也有不同的地方，但整顿的核心都是加强管理，提高效益。通过整顿，全国企业呈现了根本性的变化。这种变化可概括为十个方面：一是企业经营思想从适应产品经济的封闭型向适应社会主义商品经济的开放型转变；二是企业经营机制由缺乏生机向增强活力的方向转变；三是企业领导人员由行政型向经营型转变；四是企业领导体制由党委一元化领导向厂长负责制转变；五是企业组织由单一形态向多元化转变；六是管理重点从着重对物的管理向以人为中心的现代化管理转变；七是质量管理由单纯的质量检验向全面质量管理转变；八是管理技术由传统型向科学化、现代化转变；九是战略规划由单纯完成国家计划向主动适应市场需求转变；十是企业建设由单纯重视物质文明向双文明建设转变。

粉碎“四人帮”后进行的这次企业整顿，既是一项宏大的系统工程，又是一次全国性普及企业管理知识的教育活动，企业职工，特别是各级领导干部的企业管理知识水平普遍得到提高。各级企业整顿领导小组办公室，在企业整顿中发挥了重要作用，形成了一支熟悉企业管理、有一定组织能力的干部队伍，这支可贵的队伍，在后来推进企业改革、企业管理现代化中发挥了重要作用。

通过企业整顿，我认为对经济工作有许多有益的启示。一次我应邀在中央党校作报告时讲了九个方面：一是发展经济必须量力而行，二是重视综合平衡，三是就工业内部讲也要有一个合理的比例，四是质量品种要放在第一位，五是要专业化协作和社会化大生产密切结合，六是重视价值规律和市场机制的作用，七是多种经济成分和多种经营方式共存，八是重视科技和技术干部的培养与作用，九是处理好生产和生活的关系。后来在曾培炎主持老同志座谈会上，征求对制定“十五”计划的意见时，我就企业整顿对经济的启示又补充了几点意见：一是可持续发展要提到重要位置上来，必须重视环境保护。不能再走先排污、后治理的老路，损失太大了。二是坚决转变经济增长方式，一定要走集约化的道路，粗放经营，浪费资源，“两高两低”的道路不能再走了。三是企业三项制度改革过去是作为企业改革的突破口，现在仍是企业改革的核心问题。企业的分配制度、劳动人事制度必须进行彻底的改革。一定要避免重复过去吃大锅饭、拿铁饭碗的错误。四是改革要配套要创新，企业改革不能一家孤军深入，倘若只是企业单打独斗的改革，整体改革是进行不下去的。

四、扩权让利

对企业放权，从深层次讲，就是要突破计划经济体制的限制。在1979年初，李先念听了我们访日汇报后不久，他向我提出要经委研究扩大企业自主权问题。

在党的十一届三中全会召开前，华国锋主持听我们从日本考察回来汇报时，先念等国务院领导都参加了。在汇报中，我们除了提出要发展商品经济外，还提出了企业改革，扩大企业自主权的问题。先念仔细听了汇报后说：经济要搞好，首先是企业要搞好。他支持扩大企业自主权。

因为出访日本，正在召开的中央工作会议，我只参加了后半段。十一届三中全会我参加了全过程。会议对形势的认识，对工业调整的意见，都存在着很多不同意见。虽然陈云、先念多次讲话，对改革做了许多说服工作，但受传统思想，尤其“两个凡是”的影响，统一认识很困难。看得出来，在改革过程中最难的是人的思想观念的转变。所以，邓小平提出来要解放思想，要向前看。我们长期做企业管理工作的人都知道，如果在原来的体制中，企业要发展是很困难的，所以一定要给企业自主权。当时我们也想过从所有制这方面去考虑企业改革，不过这是个很敏感的话题。那个时候人们的思想不像现在，连对扩大企业自主权的认识都难以统一，所有制问题就更不容易提出了。

当时扩权的阻力来自哪里呢？主要是三方面：一是财政部门。我们想通过扩权使企业有点自主权，什么叫自主权？说白了就是“自主钱”。国营企业利润统归国家财政，可是财政部门坚守“阵地”不放。二是政企不分。从中央到地方的党政部门对企业干预太多，企业是个“小媳妇”，上面“婆婆”多，而且各有各的管辖权，企业扩权就是要减少一点行政干预。而行政部门热衷于行政干预，习惯势力根深蒂固。三是长期以来我国实行的是计划经济，企业内部也形成了“等、靠、要”习惯思想。有些企业你给权，他不想要，如同小孩在托儿所有人喂吃喂喝，习惯了，你让他出托儿所他也不习惯。这就是当时的几种思想阻力。

按照先念的指示，我让经委研究室深入企业同地方一起调查研究，起草扩权条例草稿。他们先在北京召开了一些部门和一些企业的座谈会，许多企业负责人提出了很多要求和建议，形成了一些意见，归纳起来有七八条；然后到东北一些地区进行调查研究，他们深入到大庆、鞍钢等国营大型、特大型企业，听取意见和建议；又到上海、江苏等地进行调研，听取这些地方国营中小型企业的要求和建议，最后形成了扩权十条建议，又在北京召开企业管理改革试点座谈会征求意见，与会的企业代表对扩权十条进行了认真讨论，均表示热烈拥护，经过经委党组讨论，才把扩权十条建议提交中央工作会议审议。

1979年4月5日中央召开工作会议。这次会议主要是进一步落实十一届三中全会提出的新时期党的以经济建设为中心的基本路线，贯彻“调整、改革、整顿、提高”八字方针。扩权十条建议在这次中央工作会议上得到了中央的认可，原则通过。应该说，我国国营工业企业改革实际上是从这个时候开始的。当时国家经委、财政部等六个部门确定先在北京、天津、上海选择首钢、北京内燃机总厂、清河毛纺厂、天津自行车厂、天津动力机厂、上海汽轮机厂、上海柴油机厂、上海彭浦机器厂等八个企业进行扩权试点。

扩权十条建议是对旧管理体制的一次强烈冲击。在原来那种体制下，企业已经进入死胡同了，财务规定太死，很不合理。例如冶金企业搞设备大修，财政部门规定大修不许变样。首钢搞高炉易地大修，财政部反对，为此我与财政部“吵了一架”。扩权十条就是在这种背景下应运而生的。资本主义国家的企业，它无所谓扩权。一些西方国家也有“国有”企业，但他们的政府只能管重要人事任命、重要资产管理，其他不过问。而私人企业，权力全在自己手中。政府对企业只制定宏观政策，利用经济杠杆指导企业活动。扩权十条是针对我们社会主义国家高度集中的经济体制而提出的。

扩权十条经中央工作会议通过之后，放权让利给企业，主要是财政问题，题目就出给了财政部。这时，对企业放权让利到什么程度，财政部和我们的意见又有了很大分歧。由于扩权的建议是李先念提出来的，财政部不得不同意。建国后，李先念长期担任财政部长，一直抓财贸，直到“文化大革命”时期。他了解我国财政体制存在的弊端，所以支持我们。财政部为此花了很大力气和我们反复研究，最后达成一个妥协的结果，就是搞了五个文件：《关于扩大国营工业企业经营管理自主权的若干规定》《关于国营企业实行利润留成的规定》《关于开征国营工业企业固定资产税的暂行规定》《关于提高国营工业企业固定资产折旧率和改进折旧率使用办法的暂行规定》《关于国营工业企业实行流动资金全额信贷的暂行规定》。为了尽快推动扩权工作，在起草五个文件时，我们在很大程度上做了让步，吸收了财政部的意见，所以这五个文件名义上叫扩权让利文件，实际上是扩权有限，让利也不多。现在回过头仔细看一看这五个文件，不难看出，当时的财政部控制得很紧，因为国家财政收入主要靠企业。

经国务院同意，1979 年 7 月 10 日，国家经委在四川成都召开了全国工交工作会议。会议的议题是研究讨论扩大企业自主权的五个文件。在去成都参加工交会议之前，也就是 7 月 4 日，我专门到国家经委举办的第二期企业管理研究班结业仪式上，就企业扩权问题讲了意见。当时我总感到我们的经济管理、工业管理和企业管理之所以问题成堆，一个核心问题就是把社会主义计划经济同市场经济对立起来，没有充分利用价值规律和市场调节的作用。所以改革经济管理体制的中心，就是承认企业的商品生产者的地位，相应地扩大企业的经营管理权限。

四川成都会议除各省市工业书记或主管副省长外，还邀请了省市财政厅长参加。财政部吴波部长亲自带队出席。会上对扩大企业自主权争论得十分激烈。当时担任中央政治局候补委员、四川省委第一书记的赵紫阳作为东道主出席了会议，他是全力支持放权的。四川率先搞了 100 户企业扩权试点，实践证明放权让利对企业增产、国家增收都有好处。四川介绍的扩权试点经验，得到与会工业企业的热烈欢迎，但各省财政厅长只有四川的田纪云支持。

说实话，在那种财政体制下，财政部门确有困难。但事情总归有个大道理和小道理之别，小道理再多也得服从大道理。什么是大道理？发展生产。国家财源在生产。对于单纯财政观点，毛主席早在抗战时期就批评过。他说，“终日只在单纯的财政收支上打圈子”的“单纯财政观点”的人，“不发展生产，忘记开辟财源，财政困难是不可能解决的”。道理就是这么简单。没有企业的增产，哪来财政的增收！

会议几经争论后商定，结合企业经济责任制的改革，明确厂长的经济责任制；扩权企业必须保证上缴比例，一分不能少。会议对初步形成的扩大国营企业自主权的五个文件草案，几经修改，7 月 13 日由国务院颁发实行。五个文件包括企业利润留成、开征固定资产税、提高设备折旧、实行流动资金全额信贷等，大家管它叫放权让利。文件规定的放权步子虽小，可意义重大。它在某种程度上冲破了统收统支的老模式，在当时那种思想状态下能迈出这一步是很不容易的。在这场争论中，我也深感在原有体制下，搞生产难，搞财政也不容易。

在国家经委积极推行国有企业扩权让利的同时，农村的乡镇企业也得到了很快发展。1979 年 7 月，国务院在颁发关于国有企业扩权让利五个文件的同时，还颁布了《关于发展社队企业若干问题的规定》。就是在对工交企业扩权让利的时候，对我国农村发展工业的积极性也要给予保护和支持。在当时发展社队企业，首要目的是“以工补农”。其次是要为农村劳动力找出路，因为农活没那么多了，办社队企业有个好的条件，就是农村有丰富的劳动力。

扩大企业自主权虽然只是初步的，让利也是有限的，但已显示了它的政策威力，给企业带来了许多具有重要意义的变化。

第一，企业开始形成具有内在动力的经济单位。通过让利这一形式，把国家、企业、职工三者利益统一起来，把企业的经济责任、经济效果和经济利益结合起来，从领导干部到广大职工都增强了某种责任感，提高了按经济规律办事的自觉性，促进了企业自我整顿和改善经营管理的积极性。不少试点企业还推行了全面质量管理和全面经济核算，使企业的经营管理水平有了提高，促进了生产的发展。

第二，企业开始重视发挥市场调节的作用，普遍增强了经营观念、市场观念、服务观念和竞争观念。广大干部和职工动脑筋、想办法，广开生产门路，扩大财源，努力改变经营作风。

第三，企业有了一些发展生产资金，可以用于挖、革、改，做到花钱少，收效快。北京首钢、内燃机总厂、清河毛纺织厂三个试点企业，1979 年利润留成总额有 31.5%，共 808 万元用于发展生产，他们把这笔钱同设备折旧等捆起来使用，说这叫“自主钱”，也就是说，企业可以自主动用的资金，共有7 900多万元。三家企业当年安排 126 项重点措施，有利于加快企业的发展和技术改造。

第四，企业领导干部、管理人员和技术人员得到了自主经营的锻炼，涌现出一批有才干的经营管理者。

第五，在发展生产的基础上，逐步地改善了职工生活。许多试点企业在职工宿舍、食堂、澡堂、幼儿园等集体福利设施方面，都有所改善。1979 年一般都发了相当于两个半月左右标准工资的奖金，体现了按劳分配的原则，从而调动了广大职工的积极性。

总的来看，一般扩权让利试点企业的产量、产值、上缴利润增长幅度都超过试点前，也高于非试点企业的水平，一些试点企业实现了“三多”：国家多收、企业多留、职工多得。

有关试点情况，1980 年 8 月 9 日国家经委给国务院写了《关于扩大企业自主权试点工作情况和今后意见的报告》。这个报告比较全面系统地总结了一年来全国扩大企业自主权的情况，并对下一阶段的试点工作提出了具体意见。报告中写道：从1979年到1980年6月底，根据29个省、市、自治区和一些工交部门（不包括军工企业）的统计，试点企业总计为6 600多个，约占全国预算内工业企业总数的16%，但试点后产值达到总产值的60%左右，利润达到总利润的70%左右。其中上海、天津试点企业的利润达到总利润的80%以上，北京达到94%。

1980年9月2日，国务院批转国家经委《关于扩大企业自主权试点工作情况和今后意见的报告》，并指出，一年来，扩大企业自主权试点发展很快，现已具有相当规模，取得了显著效果。扩大企业自主权，是整个经济管理体制改革的重要环节，对于发挥企业的内在动力，促进企业间的经济联合，挖掘我国的经济潜力具有重大的意义。各地区、各部门要改进试点办法，扩大试点内容，把扩大企业自主权的工作进一步推开。

虽说企业试点取得了明显效果，但这仅仅是起步。试点暴露出的问题不少，如企业产量、产值、利润、物资、劳动等计划指标分头下达，互不衔接，市场调节阻力大，企业没有外贸权，出口外汇分成不兑现，企业没有用人权，没有招工权，利润留成资金没有充分的权力支配，“自主钱”使用还有许多“条条框框”，限制留成比例偏低，发展生产资金计算基数“鞭打快牛”、先进吃亏等一些新问题。新问题出现在预料之中，能看到问题才有可能解决问题。我们当时的态度是，改革中的问题只有靠深化改革去解决。为使企业在人、财、物，产、供、销等方面拥有更大的自主权，国家经委1981年提出了一些新的试点项目：

有“企业独立核算，国家征税，自负盈亏”试点。四川试行企业向国家交纳“三税”（工商、固定资产和所得税）。上海试行“五税、两费”（工商、收入调节、房地产、车船牌照和所得税及固定资产占用费、流动资金占用费）。财政部税务总局在柳州试行“四税、两费”等。企业在上缴上述税费和归还贷款后，所得收入可以自行支配。企业自负盈亏。

有计划自主权试点。企业执行计划中，若发现计划与实际情况不相符合，企业有权进行调整，报主管部门备案或批准。企业完成国家指令性计划后，可以根据市场需要在企业有燃料、动力、原材料的条件下，广开生产门路，鼓励企业努力增产增收。

有产品销售自主权试点。企业在完成国家指令性计划任务和供货合同之后，有权销售超产的产品和企业自己组织的原材料生产的产品，以及试制的新产品。

有自行定价试点。对产品供过于求，或积压超储产品，国家有统一价格的按国家统一价自销，没有统一价格的，可以按照优质优价、薄利多销、有利竞争的原则，实行浮动价格。企业新产品试销价格，也由企业参照市场同类产品的价格自行制定。

有企业参与外贸出口和外汇分成试点。这类试点由工贸双方按照“四联合、两公开”（即联合办公、联合安排生产、联合对外谈判、联合派组考察；工贸价格公开、成本公开）的原则，产品作价、外汇分成。

有留成资金使用自主权试点。试点企业可以依照政策法令自行安排使用，有关部门负责监督，但不得平调。企业暂时不用的留成资金，可以存入银行，也可以在自愿的原则下，由上级部门组织有偿调剂使用，或者采取合营、联营、“国内补偿贸易”等经济联合的形式，使这些资金充分发挥作用。

有固定资产和流动资金有偿占有试点。试点企业对国家封存的设备不交占用费，也不交折旧费；对封存外多余、闲置的固定资产，有权出租或有偿转让，所得的收入，用于设备的更新、改造。

有企业自定内部组织设置和人员配备试点。试点企业依据需要、精简和效能的原则，自行决定组织设置和各类中层及中层以下干部配备，也可根据国家下达的劳动计划指标自行招工。

这些意见得到了国务院的支持，并批转各地区和各部门贯彻执行。总结这段工作，可以这么说，是扩权让利五个文件揭开了我国工业企业改革的序幕。通过不断地深入试点，研究新情况，解决新问题，总结新经验，创造新的试点形式，为企业真正成为企业注入更多的活力。

扩权让利是企业改革的重要内容。扩权让利使我国长期以来在计划经济管理体制下过分集中、统得过死的状况有所改变，使企业有了一定的经营管理自主权；调整了国家、企业、职工三者的利益关系，在一定程度上克服了吃“大锅饭”、平均主义的弊病；调动了企业的积极性，增强了职工的主人翁责任感。

虽然“让利”带来的效果使试点企业有了一点活力，但“让利”只是国家在企业上缴利润中让出一点给企业。根本的问题在管理体制和上层建筑不能适应经济基础，束缚了生产力的发展。这一时期，我们还发现一些管理部门对企业放权让利试点时，“明让暗不让”或“只让利不减负”，所以不改变管理体制，不“拆庙”，不减“神”，不下决心使政企分开，企业永远不会有自身的活力。扩权前，国家对企业实行“统收统支”，即企业收入和用钱都归国家财政部门审批；扩权后，有些企业用钱向银行贷款，收入归国家，企业还贷后剩下的只有很少部分，这使企业更加困难，尤其是老企业根本无钱搞技术改造，以致有的企业宁肯设备带病运转，也不愿去背“阎王债”。这就是当时许多企业在试点中所出现的名惠而实不至的外部环境。

除此之外，在企业外部环境中，有几个长期困扰企业的问题，也阻碍生产力的发展：

一是企业“办社会”。长期以来，我国的企业，不只是经济组织，还是个社会组织。在经济管理体制中有一个怪现象：“政府办企业，企业办社会。”城市劳力就业主要在国营工厂或集体所有制企业，提倡“三个人的饭五个人吃”，使企业人浮于事。而且一个劳力一旦进了工厂，他的吃喝拉撒、生老病死都得由企业包下来，这是“企业办社会”。在这种情况下，企业吃国家的“大锅饭”（企业亏了，国家得管），职工吃企业的“大锅饭”（进了国营企业就进了保险箱），而且，人只能进不能出，企业背上了沉重的社会包袱。

二是来自各方面的摊派。有人说“上至国务院（部门），下至街道办（各种各样与企业稍有关系的组织或个人）”，都可以向企业伸手摊派，要物要钱要房子。企业为维持生产，又不敢说一个“不”字，谁也得罪不起。在有些人心目中，企业是“唐僧肉”，都想吃一口，稍有怠慢，马上给以颜色。西北某工厂，厂大门对着马路红绿灯，因怠慢了交警，红灯不变，运送产品的汽车就是出不了厂门。类似这种“给以颜色”的“小动作”太多，企业不堪重负。

三是企业找政府办事难。难在有“拜不完的庙，磕不完的头”。我手头有一份旧报纸，是当年江南某工业城市一份日报披露企业办事难，所举事例，至今不忘，也最能说明改革的迫切。一家工厂要上个项目，在申报过程中，一共盖了745个公章，每一公章都代表着一个厅、局、处、科、股的“舍我莫过”的关卡。每个关卡的决策者、拍板者少则几人，多则十数人，要办事就得逐庙逐神逐个礼拜磕头，甚至还要烧香进贡。这个市另一家工厂为了办一件事，在 65 天之内北上京城 45 次，不仅庙多，一些部、委、办“门难进、脸难看、事难办”，重重关卡是可想而知的了。当然许多时候，问题不在这些关卡里的人，问题的实质是体制和机制上存在着严重弊端，表现为管理层次繁多，职能交叉多，政出多门，相互内耗，这样的体制，不改变行吗?! 不改革则企业无法生存。所以我们把按先念指示起草并经 1979 年 4 月中央工作会议原则通过的“扩权十条”修改后，报送国务院审批。

1984 年 5 月 10 日，国务院批准了国家经委上报的《关于进一步扩大国营工业企业自主权的暂行规定》，即新的“扩权十条”。暂行规定既是前 5 年扩权试点经验的总结，又反映了广大企业的呼声，把一些行之有效的经验加以肯定，明确规定了企业在生产计划、产品销售、产品价格、物资选购、资金使用、资产处理、机构设置、人事劳动、工资奖金、联合经营等方面拥有更大的生产经营权。新十条对原有的计划经济体制又是一次大的突破。

对于 80 年代的企业改革与实践，我认为政府要为企业放权让利，更要为企业松绑。也就是说，搞活企业，发展经济，除企业内部强化自我管理外，政府部门要为企业解难减困，轻赋薄敛，给企业生产经营创造一个适度的外部环境。后来，我把解决企业外部环境和内部管理问题归纳为十六条，也有人称之为“外八条”和“内八条”。这里的“外八条”，主要是解决企业的外部经营环境：一是政企分开，政府要管社会上的事。二是轻赋薄敛，严禁向企业伸手，培植国家财源。三是稳定政策，不能今天一个办法，明天一个措施，一个将军一个令，使企业无所适从。四是调整经济结构，农、轻、重，第一、二、三产业的比例要合理，要考虑能源、资源和环境的承受能力。五是整顿市场流通秩序，严禁无序竞争、地方保护。六是对一些国营老企业的技术改造政府要支持，增强这些企业发展的后劲。七是加强国家宏观调控。八是企业内外改革要配套，只讲企业改革，政府职能不变，事事处处设卡，许多不该管、管不好、管不了的事也都要管，企业永远活不起来。

在整个 20 世纪 80 年代的改革中，企业是先行，其他经济的、社会的改革是后来才跟上的。因为改革就是从企业开始的，其他改革虽然在企业改革的同时也都在考虑怎么改，但是步子小，行动慢，它们没有考虑到怎么样跟企业改革同步配合，至少是考虑得不够，所以形成了企业改革孤军奋战。从一定意义上来说，是企业改革带动了其他方面的改革。

五、从包干到承包

包干制最早是1981年从山东搞起来的。那一年计划会议上的财政指标分配不下去了，继续争论也无益，所以赵紫阳拍板，要大家先都背回去。这样做乍看起来有点霸道，但事涉全局，局部必须服从全局。因为当时财政体制是中央和地方“分灶吃饭”，年度财政计划中央、地方意见一时难以统一，只能由地方先背回去。背回去怎么办？山东想了个办法，就是把背回来的任务，切块包给企业，由企业按规定完成上缴利税任务后，超产部分留给企业。这一包把企业的积极性调动了起来。因为完成上缴财政，剩下就都是自己的，它就有了积极性。可到了这年底，中央财政部门又不答应了，提出为增加国家财政收入，超额部分国家要再提成。对此企业反应很强烈，有厂长说这是“阎王不嫌鬼瘦”！为此，经国家经委与财政部反复商议，1981年12月26日出台了《关于国营工交企业实行利润留成和盈亏包干办法的若干规定》。规定提出：国家根据不同情况，对企业实行多种（共五种）形式的利润留成和盈亏包干办法，即“基数利润留成加增长利润留成”“全额利润留成”“上缴利润包干，超收分成或留用”“亏损补贴包干，减亏分成或留用”和“超计划利润留成”。《规定》还提出，不论按部门或者按企业实行，一个部门、一个企业只能采取一种办法，不能兼用两种办法，重复提取留成。这个规定比1980年1月下达的利润留成试行办法总算又进了一步。

包干使企业有了活力，但也使财政部门的管理越来越复杂。1984年7月13日国务院决定，从1984年10月1日起，不再批准企业实行利润递增包干等办法，一律搞利改税。原批准试行利润递增包干的企业，到期的，改按利改税办法执行。

首钢是第一批国家经济体制改革试点企业，首钢承包制是国务院支持搞的。1979 年，国家对首钢实行的是利润留成办法，1981 年 7 月改变分成办法，实行定额包干的承包制。当时因有国务院第一副总理万里的支持，财政部承认首钢一家可用此办法，实际上财政部并不情愿，所以推广首钢经验他们就不赞成。首钢办法的关键是包死基数几年不变，财政部的办法是包基数后每年得递增，这是争论的焦点。由于首钢建立了与承包制相适应的领导体制和责、权、利相结合的内部承包机制，使其对国家承包指标的实现有了可靠的保证和坚实的基础，经济效益持续增长，1979 年至 1988 年连续十年实现利润平均年递增 20%。

从 1987 年开始在全国范围内推行承包制。这一年我用了很大的精力搞企业全面承包。当时，根据企业不同情况，承包形式也不同，但其核心都是正确处理国家与企业之间经济利益的分配问题，大体有几种形式：

"双保一挂"，也叫"双包一挂"。这种形式是在北京市第一机床厂、重型机器厂等 8 个企业搞起来的。"双保"一保上缴税利，如果完不成承包指标要用自有资金补，二保国家已经批准的技术改造项目；"一挂"是企业工资总额和实现税利挂钩，一定四年不变。

"上缴利润递增包干"。即确定上缴利润基数和递增比例，一定几年不变。首钢、攀钢、涟钢、一汽、二汽、北京电机总厂、佳木斯造纸厂等企业，都是通过这种承包形式把企业搞活了。

"上缴利润定额包干"。即核定上缴利润基数，超额部分全部留给企业，有的按规定的比例分成。这种办法适用于那些利润不高而产品又为社会所需要，处境困难急需扶持的企业。

"上缴利润基数（或纳税目标）包干，超收分成"。即确定企业上缴利润基数，超收部分按规定比例进行分成或分档分成。

"企业投入产出包干"。实行这种包干的企业有石油、煤炭、石化、冶金、有色、铁道、邮电和民航等 8 个行业。行业内部的企业，有的也实行这种承包办法。

此外，有些地方搞了"全员承包""抵押承包"等。这些承包经营责任制的基本特征是：包死基数，确保上缴，超收多留，欠收自补。这种承包经营机制，最根本的作用是能够激励企业职工尽其所能多创效益。多创了，不仅确保国家能够多收，企业也能多留，职工也能多得。

到了1988年，一些地方又出现了“企业承包企业”和“企业兼并企业”的形式。这是承包制发展的成果。“企业承包企业”是经营权的转移；“企业兼并企业”是企业产权和经营权同时转移。通过承包和兼并，使劣势企业的产权和经营权流向优势企业，使企业的人才、资金、技术、产能得以充分发挥，劣势企业的场地、设备得以更好利用，从而促进企业组织结构、产品结构的合理化，有利于提高经济效益。据河北、天津等15个省市不完全统计，实行产权转移的企业超过了600家。吉林化学工业公司承包了吉林市13户小企业，仅1988年1月至5月统计工业总产值增长达20%，实现利润增长51%。保定市依靠企业兼并，消灭了全市工交企业经营性亏损。

1988年2月9日，经国务院批准，国家经委在京召开了全国企业承包经营责任制座谈会，12日结束。会议总结了1987年以来承包制的情况和经验，并将总结报告上报国务院。2月27日，国务院发布了《全民所有制工业企业承包经营责任制暂行条例》，从而将企业承包经营责任制纳入法制化轨道。

在理论界，当时有的专家认为承包不是一个合理的办法，因为承包是一个企业一个样子，不容易掌握。所以在首钢开始搞承包制后，人民大学宋涛教授找我，说大家对首钢搞承包制有些看法。我说宋涛同志啊，这对我们来说是没有办法的办法，就当前情况只有这个办法能渡过目前难关。我说你先去首钢看看。他到首钢，一个星期后回来对我说首钢这个办法有道理，他支持首钢这个办法。还有的专家对于“包字进城，一包就灵”很有意见，提出在农村一“包”就灵了，是联产承包责任制，在城市，企业是经济责任制，“包”字进城究竟灵不灵？实事求是地讲，农村和城市的情况不完全一样。就城市来说，各个企业的情况又不一样，有些企业基础好，大家齐心协力，一“包”就灵；有些企业基础不好，大家三心二意，怎么包也不灵。其实承包制在我们心中是个过渡的办法。

我曾经用朱熹的两句诗来说明当时承包制的意义：“问渠那得清如许，为有源头活水来”。承包就等于打开了企业创造财富的源泉，好像打开的自来水龙头，长流不断；不会像一杯水那样，你多喝了，我喝得就少了。所以承包给企业带来了生机。

六、建立经济责任制

经济责任制是由企业整顿和改革的需要创造的，目的是使企业的权、责、利有效地结合。建立经济责任制保障了企业整顿的圆满完成，保证了企业改革的顺利进行。前面讲到1981年4月15日，我在上海主持召开了全国工业交通工作会议，在那次工交会议上，我讲了八个问题，其中就讲到经济责任制，重点是讨论研究如何建立经济责任制问题。但会议一开始，大家就表达了对财政部的强烈不满，提出很多意见。

那时陈锦华在上海工作，他是市委常委、副市长。开会前，他和韩哲一（市委书记处书记）来看我。他们两位都谈到财政部冻结上海“挖、革、改”资金，控制发放奖金，商业部和外贸部不按计划收购工业品，反映一些中央部门对企业卡得太死，不利于生产的发展。正好会议结束前，姚依林（时任国务院副总理）4月22日到上海，我向他讲了会上讨论企业整顿、职工教育和对企业乱摊派等情况的一些意见，也谈了对上海奖金总额控制和冻结资金等问题，建议请他给大家说说。这样，姚依林在4月24日召集省市和财政、商业、外贸几个部的与会人员就这些问题交换意见。各方发言，针锋相对，一下子把矛盾爆发出来，意见不能统一。姚依林不愧是“老商业”“老外贸”，情况熟悉。他说，双方讲的都是实话，都是实实在在的困难。他支持工业企业要求，同时提出了工业生产企业要承担的具体责任。姚依林的“拍板”和讲话，使会议的紧张气氛稍有缓和，一些争论也趋统一。上海会议后，财政部对企业奖金和“挖、革、改”资金冻结也都放开了一点；相应地，工业企业增产也要保国家增收，让财政部放心。其实，姚依林的讲话也是大家能接受的折中意见，如何理解他的讲话，各个部门也有自己的角度，后来贯彻中都打了折扣；但对这次会议讨论的经济责任制问题起了积极的推动作用。上海会议对各种利润留成和盈亏包干的办法作为经济责任制的政策加以肯定后，使建立经济责任制发展得更快。

为进一步推动建立经济责任制，1981 年 8 月 22 日至 9 月 1 日，国家经委、国务院体改办召开工业经济责任制座谈会。会议结束时，我作了《工业企业推行经济责任制要注意解决的几个问题》的讲话。我讲话的主要内容是推行经济责任制需要认真研究、解决的几个问题：一是端正指导思想，下决心解决吃“大锅饭”的问题。二是经济责任制的具体形式，要在实践中不断发展完善。三是摆正国家、企业、职工个人三者利益的关系，合理确定经济利益分配的水平。四是加强计划指导和国家监督。五是把推行经济责任制同认真抓好企业整顿结合起来。六是各部门管理体制的改革要和推行经济责任制同步配套，进一步落实企业的自主权。

1981 年 10 月 29 日，国务院批转了国家经委、国务院体改办《关于实行工业生产经济责任制若干问题的意见》，在通知中指出：工业生产经济责任制必须进一步发展和完善，不仅要和利润挂钩，而且要和产量、质量、品种、成本等挂起钩来。这就要求企业在生产、技术、经营等方面建立健全明确而又具体的岗位责任制，实行全面经济核算，改善经营管理，实现各项技术经济指标，全面完成国家计划。《意见》提出了健全和完善工业经济责任制的七条原则和八项工作，强调实行经济责任制要解决好两个问题，一是解决好企业经营好坏一个样的问题，一是解决好职工干好干坏一个样的问题。当时在分配方面基本有三种类型：一是利润留成；二是盈亏包干；三是以税代利、自负盈亏。《意见》指出，究竟采取哪种形式，由各省、自治区、直辖市从实际出发，实事求是地确定，不搞“一刀切”，不急于定形，要在实践中不断总结经验，逐步改进完善。

接着 11 月 16 日，国务院批转国家经委、国务院体改办、国家计委、财政部、劳动总局、中国人民银行和中华全国总工会联合制定的《关于实行工业生产经济责任制若干问题的暂行规定》，《规定》对如何全面理解工业生产经济责任制，实行工业生产经济责任制的单位必须完成国家计划，企业的奖金水平，对企业生产市场短缺的低利产品和小商品的鼓励与扶持政策，企业要严格执行国家经济政策和财经纪律，实行经济责任制要加强党的领导、坚持思想领先等，都作出了明确规定。

这个《规定》是在国家经委、国务院体改办、国家计委、财政部、劳动总局、人民银行、中华全国总工会等单位召集的京、津、沪、辽、鲁五省市经济责任制座谈会上讨论后提出的。国务院通知要求，要结合国务院《关于实行工业生产经济责任制若干问题的意见》一并认真贯彻执行。

1982 年 10 月 23 日，国家体改委、国家经委、财政部召开了 11 个省、自治区、直辖市工业经济责任制座谈会，总结一年来的经验。大家认为一年多来，工业企业推行经济责任制，取得了较好的效果。我在座谈会上有个发言，强调：实行经济责任制，必须贯彻责、权、利结合的原则，把责放在首位。实行经济责任制应以提高经济效益为目的。完善经济责任制的重点要放在抓好落实企业内部经济责任制这个环节上。实行经济责任制要体现奖勤罚懒的原则。实行经济责任制必须加强思想政治工作。

会议认为，由于工业是社会化大生产，企业与企业之间、部门与部门之间互相依存，问题比较复杂，实行经济责任制需要规范统一思想。针对这个问题，两委一部代国务院起草了《当前完善工业经济责任制的几个问题的通知》，国务院在 1982 年 11 月 8 日公布《通知》时，要求各地要认真贯彻计划经济为主，市场调节为辅的原则，努力搞好企业内部的经济责任制，正确处理国家、企业、职工三者利益，把完善经济责任制和企业技术改造结合起来，同时要求各地首先要重点抓好大型企业完善经济责任制的工作。

回顾当时经济责任制的发展，大体可分为三个阶段。

第一阶段是起步阶段。这一阶段主要侧重于解决国家和企业的关系。1978 年底 1979 年初，首先在北京、天津、上海等地的 8 个企业，即首都钢铁公司、北京内燃机总厂、清河毛纺厂、天津自行车厂、天津动力机厂、上海柴油机厂、上海汽轮机厂、黄浦机器厂和四川省 100 个企业进行企业管理改革的试点。

第二阶段是全面推开阶段。1981 年 4 月，在全国工交工作会议上，对各种利润留成和盈亏包干的办法作为经济责任制的政策加以肯定以后，经济责任制发展很快。各地从国营企业到集体企业，从盈利企业到亏损企业，普遍实行了各种形式的经济责任制。

第三阶段是发展完善阶段。随着国家与企业分配关系的明确，特别是实行利改税以后，经济责任制的重点转向企业内部。以首钢为代表的一批企业，继承和发扬了大庆油田岗位责任制的经验，建立了岗位责任制、专业经济责任制，进而发展到纵横连锁的企业内部经济责任制网络体系，比较好地解决了企业和职工的关系。其主要特点是按照责、权、利相结合的原则和用包、保、核的方法，把企业的生产经营总目标在企业内部层层分解展开，落实到每一个部门、科室、车间、岗位，严格考核，奖优罚劣、奖勤罚懒。这样，把职工的积极性和创造性集中到一个统一的经营目标上来，使职工同企业成为命运与共的关系，增强了主人翁的责任感。1982 年 1 月 2 日，中央和国务院发出的《关于国营工业企业进行全面整顿的决定》，把完善企业内部经济责任制作为企业全面整顿五项工作的重要内容。特别是 1984 年《中共中央关于经济体制改革的决定》，把经济责任制作为重要内容之一，推动了经济责任制的进一步完善和发展，出现了利改税加目标管理承包，划小核算单位，实行分级分权管理，围绕企业发展战略目标，建立经济责任制体系，以及经营者承包，厂长任期责任制等新内容。考核办法进一步完善和健全，突出了产品质量、能源和原材料消耗等重要指标，分配、奖罚办法也趋向合理，既拉开了差距，又不过分悬殊等。

从 1982 年开始，国家经委每年都召开一次经济责任制座谈会，目的是总结交流经验，推动经济责任制不断完善和发展。

第十八章
制定《企业法》

一、党委领导下的厂长负责制
二、彭真领导草拟“两法”
三、要下决心改变企业领导体制
四、胡耀邦：企业弊端在“四无”
五、对勇于改革的人要“四不”
六、“立法条件还不成熟”
七、新“三个条例”与《补充通知》
八、全国人大常委会三次审议《企业法》
九、《企业法》也应与时俱进

一、党委领导下的厂长负责制

《企业法》的全称是《全民所有制工业企业法》，它是我国历史上第一部全民所有的工业企业大法，是我国企业发展史上的里程碑。《企业法》是在邓小平支持和彭真亲自领导下制定的，是经过长时间的酝酿、调查、讨论、试点和广泛听取多方面的意见之后产生的。这个过程前后经历了十个年头，草案修改 21 次。时间之长，易稿次数之多，在我国经济立法史上也是为数不多的。《企业法》制定过程之所以长，主要是新旧思想、新旧制度交叉转变的过程难点太多。新思想逐步替代旧思想、新制度逐步替代旧制度是要有一个过程的。

新中国成立后，国家进入经济建设时期，当时的国营（接收的官僚资本）企业领导体制多元化，开始多为军代表制，后有些工厂沿用解放区的“工厂管理委员制”，由厂长、党团、工会、工人代表组成。但东北和华北部分工厂仿照苏联中长路管理体制实行“一长制”（我们改为厂长负责制），厂长是“第一责任人”，党委书记负责政治思想工作。这一体制片面突出厂长，有忽视企业民主管理和思想政治工作倾向，在 1956 年党的第八次全国代表大会上受到了严厉的批判，决定企业实行党委领导下的厂长（经理）负责制，凡企业重大决策都要经过集体讨论决定，由厂长负责组织实施。两种制度在干部配备上，厂长负责制的厂长行政级别略高于书记，而党委领导下的厂长负责制则反之。1957 年，党中央还决定在实行党委领导下的厂长负责制的同时，企业实行常任的职工代表大会制度，作为群众参加管理和监督行政的民主机制。上述体制到 1958 年“大跃进”期间许多事都要求“书记挂帅”，强调党的“一元化”领导。党委领导下的厂长负责制被逐步演化成实际上的书记说了算的书记“一长制”。十年“文化大革命”，党委领导下的厂长负责制遭到彻底破坏，在“踢开党委闹革命”的口号下，书记、厂长或被揪斗，或“靠边站”。“厂长”被称为“封资修”，被扫地出门，替代它的是革命委员会主任。

粉碎“四人帮”以后，1978 年 7 月中央颁发了《关于加快工业发展若干问题的决定（草案）》（即《工业三十条》），宣布取消革委会，恢复党委领导下的厂长分工负责制和职工代表大会制。本来，1961 年中央颁发的《工业七十条》有关条款叙述是“党委领导下的厂长负责制”。《工业三十条》受当时“两个凡是”影响，将毛主席 1960 年在“鞍钢宪法”批语中“党委领导下的厂长分工负责”又搬了出来。当时，有人归纳为三句话十八个字：“党委集体领导，职工民主管理，厂长行政指挥”。表面上看，似乎把企业党、政、工会之间的关系说清楚了。其实，由于指导思想上的“左”，三者关系更复杂了，以党代政，党政不分更突出了，尤其厂长、副厂长按各自分工都直接对党委负责，形不成“厂长行政指挥”。实行的结果，反而将书记“一长制”更制度化了。当然，党委领导下的厂长负责制的实行，同高度集中的社会主义经济计划体制有关，也同长期以来频繁的政治运动有关。

所以新时期开始时，邓小平在 1980 年 8 月 18 日发表的《党和国家领导制度的改革》那篇重要文章中提出要“有准备有步骤地改革党委领导下的厂长负责制”。小平强调“这不是削弱党的领导，而是更好地改善党的领导，加强党的领导”。但这一改革设想由于当时历史情况，一直没有得到实施，而且在 1983 年出版《邓小平文选》时，因为一些人对文中“改变党委领导下的厂长负责制”想不通，经胡乔木请示，小平同意暂时删节，但表示保留意见。果然在时过 3 年后，1986 年 7 月 1 日为纪念党诞生 65 周年，《人民日报》在重新发表《党和国家领导制度的改革》一文时，特地注明是“按照原记录补全”。“补”在哪里呢？细心人经过与 1983 年出版的《邓小平文选》对照发现，此文“补全”的正是“改变党委领导下的厂长负责制”这一条。这说明改变和完善企业领导制度，小平态度是坚决的、明确的，是从来也没有动摇过的。

二、彭真领导草拟“两法”

早在1978年12月，邓小平在中央工作会议上就提出要制定《工厂法》（企业法）。他说：“应该集中力量制定刑法、民法、诉讼法和其他各种必要的法律，例如工厂法、人民公开法、森林法、草原法、环境保护法、劳动法、外国人投资法等等，经过一定的民主程序讨论通过，并且加强检察机关和司法机关，做到有法可依，有法必依，执法必严，违法必究。”他指出，今后“国家和企业、企业和企业、企业和个人等等之间的关系，也要用法律的形式来确定；它们之间的矛盾，也有不少要通过法律来解决”。

1979年彭真复出并担任全国人大常委会法制工作委员会（法工委）主任后不久，他找我和时任国务院副秘书长兼经济法规研究中心主任的顾明，要我们组织起草《工厂法》和《经济合同法》。这样1980年8月，全国人大常委会法律委员会决定成立由国家经委牵头的“两法”起草小组。

1980年10月18日，彭真在人民大会堂主持召开了有当时中央59个部委和北京市参加的起草《国营工厂法》（后来改为《国营工业企业法》，简称《工厂法》）和《经济合同法》座谈会。彭真就如何起草《工厂法》作了重要讲话。他指出：《工厂法》要调动四个积极性，一是中央各部的积极性，二是地方的积极性（包括省、地、市、县），三是工厂的积极性，四是职工个人的积极性。特别是工厂与职工个人的积极性。他说，《工厂法》如不能调动这些积极性，就不能算是成功的，或不能算是完全成功的。他指出，现在一些人见钱眼红，中央、地方各分多少，没个法是不行的，光凭良心是不行的。制定《工厂法》要从实际出发，我们有什么问题，怎么解决，要先调查研究，这是个出发点，外国的经验可以吸收，但不能抄外国的，我们有我们的国情。

根据彭真的指示，我们从 1980 年 8 月就开始组织有关部门起草《工厂法》。1980 年 10 月，由中央 59 个部委组成 15 个调查组 100 多人，分赴四川、江苏、上海、辽宁、北京、天津等 16 个省、市、自治区，对制定《工厂法》和《经济合同法》的有关问题进行了调查研究，先后去了 16 个城市进行调研。国家经委派人参加了全部 15 个调查组。12 月中旬，派赴各地的调查组陆续返回北京，并于 12 月 29 日、30 日和 1981 年 1 月 5 日举行汇报会。

彭真在人民大会堂亲自听取各调查组的汇报。《经济合同法》有“文化大革命”前国家经委颁发的有关行政条例比照，起草工作进展较快，主要是经济合同内容、程序、违约责任等企业间关系的调整。《工厂法》因涉及国家、工厂的权利、义务、利润分配关系和工厂内部机制等，意见分歧较大。各地对企业领导体制，也有许多不同意见：有主张党委领导下的厂长负责制的；有主张党委领导下的分工负责制的；有主张厂长负责制的；有主张职代会领导下的厂长负责制的。汇报结束时，彭真表示现阶段工厂还是实行党委领导下的厂长负责制好，但“分工”二字必须去掉，要准确无误地明确厂长的生产指挥权。当时又有人引经据典提出“鞍钢宪法”规定的“党委领导下的厂长分工负责制”，1961 年《工业七十条》篡改了“分工”二字，应予恢复。彭真指出，《工业七十条》也是毛主席批准的。而“分工”二字，写与不写，涉及责任制本身。写，意味着厂长、副厂长各自按分工分别对党委负责，厂长的生产指挥权实际上被否定了。不写，明确了副厂长是在厂长领导下由厂长对党委负责。他还说，企业实行“厂长负责制”也可以写上，供讨论用。至于职代会领导下的厂长负责制还是不写为好，等试点成熟后再写不迟。汇报结束，彭真把这件事情交由国家经委牵头，依据各地提出的十几个方案负责草拟《工厂法（草案）》和《经济合同法（草案）》。

《经济合同法》在国家工商总局的大力配合下，只用了一年的时间就在 1981 年五届全国人大四次会议上审议通过。

《工厂法》草案因涉及面太宽，许多意见一时难以统一，有些还正在改革试点中，立法条件不成熟，急于立法也会给正在进行的改革带来新的障碍。鉴于企业急需一个统一的章法，中共中央、国务院决定先将《工厂法》草案中有关企业党、政、工的职责范围部分，用法规形式颁发试行。这就是 1981 年 7 月、1982 年 1 月和 6 月，中共中央、国务院先后颁发的《国营工业企业职工代表大会暂行条例》《国营工厂厂长工作暂行条例》和《中国共产党工业企业基层组织工作暂行条例》出台的来由。三个条例，明确了企业实行党委领导下的厂长负责制和职工代表大会制。所谓“两制”管理体制，它不同于50年代的厂长负责制或“一长制”，也与1958年以来实际执行的“书记一长制”不同。通过三个条例的颁发执行，初步调整了企业党、政、工之间的职责范围。1983年4月1日，国务院又将《工厂法》中有关企业成立审批程序、权利和责任、生产经营必须遵循的原则等，以《国营工业企业暂行条例》形式，与三个条例共同试行。上世纪80年代初期，通过颁发这四个条例，算是将当时企业内外各种关系大体做了某种程度的规范。四个条例对这一时期国营工厂管理、生产经营活动发挥了积极作用。

三、要下决心改变企业领导体制

1983年12月的一天，已担任全国人大常委会委员长的彭真突然打电话要我和顾明去他那里。一见面彭真就传达了小平意见：要下决心改变党委领导下的厂长负责制，实行厂长负责制。彭真说小平已同胡耀邦、万里等商量过，他们都赞成厂长负责制。还说，小平对国营工业企业四个暂行条例有点看法，说厂长负责制已说过多次，出版文选时删节了有关的那句话，是出于妥协，目前再维持企业由党组织包揽行政事务的领导体制，不仅不利于企业生产经营活动，更不利于加强和改善党的领导。还说，实行厂长负责制现在时机已比较成熟。对此，彭真要我们做好准备。他说他想找个时间专门谈谈这个问题。1984年1月16日，彭真通知我和顾明到他那里，具体谈了他的一些意见，在座的还有人大法工委正、副主任王汉斌、宋汝棼等。谈话中，彭真重述了小平意见后说，党委领导下的厂长负责制讲的是集体领导但不承担责任，讲的是“厂长负责制”，实际上是谁也不负责任。为使党政分开又体现集体领导，有人提议职代会领导下的厂长负责制，那么这就带来一个问题，党委还可说对上级党委负责，厂长对国家负责，职代会对谁负责？全民所有制企业同集体所有制企业不同，集体工厂职代会选举厂长是可以的，但国营工厂是全民所有而不是本厂职工所有，是10亿人民所有，这一点已经载入我们的宪法。它的厂长只能由国家有关部门委任，要对国家负责。他说，最近他找北京几位改“委任”为民选的厂长座谈，厂长们讲他们既要听国家行政主管部门的，也要听本厂职工的，谁也不敢得罪。得罪了职工，“选票”成了问题，左右为难。彭真讲，实行厂长负责制，工厂党组织的领导主要体现在检查监督企业行政执行党的方针政策、法律法规、完成国家计划等重大方面，不管工厂的生产经营工作。至于党委具体怎么工作，还需要继续研究。他说《工厂法》要把党、政、工三方面主要工作分工清楚，各负其责。彭真要求大家先把厂长干什么、党委干什么、工会干什么理出几条来给他。他说，这几年因为《工厂法》搞不出来，去年只好先搞三个条例，维持党委领导下的厂长负责制，现在看这个问题不解决不行了。

接着，彭真对《工厂法》涉及的几个具体问题讲了他的意见。他说实行厂长负责制，车间主任是选举还是任命？车间党组织是保证监督还是领导？职工评议管理干部当然可以，有监督之权，但直接选举要斟酌。“两参一改三结合”说的是工人参加管理，不是直接管理。小平曾经提出企业成立管理委员会，公司要不要成立管理委员会？他说工厂不能包就业，但减下来的人出路怎么办？黑龙江有一些地方成立劳动公司、生活服务公司和培训中心，有机会你们去看看。劳动就业要国家包，不能要企业包。马克思说英国服务部门占用的劳动力，超过了生产部门占用的劳动力，从而造就了产业大军中的精兵，这与美国泰勒制提倡的精兵是一致的。工厂用人就是要一个顶一个。不能把工厂同慈善机关救济混为一谈。彭真说，抗战时一个美国考察团到延安，参观了我们的一些小工厂后，提出了一个问题，说延安的工厂与慈善事业没有分开。其实他们看的是民政部门办的一些作坊。那时我们的军工厂虽然不大，可也是“精兵”。彭真说，搞《工厂法》，对能够规定清楚的内容要写得一清二楚，对一些“老大难”问题，能解决的也要写得一清二楚。彭真要求由经委、国务院经济法规研究中心和全国人大法工委组织力量对工厂立法的有关问题深入调查研究，多听听各方面意见。

对于组织调查组，我建议应增加中央组织部和全国总工会，由五家组成三个混合组。彭真同意，还说他也参加一个组。他提出三个调查组有三个地区应该去：以上海为中心的江浙一些工业城市，有英美的经验；以重庆为中心的西南地区，有抗战时搬迁去的老实业家；以沈阳为中心的东北地区，有日、俄和苏联的管理经验。下去要多开一些调查会，要找几位厂长座谈2～3次，找几位工会主席座谈2～3次，找党委书记座谈2～3次，也要找一些老的工商业者座谈1～2次，每次下去2～3个星期，回来议论总结，然后第二次再下去，顶多下去3次，争取5月间拿出草案提交全国人大讨论。他强调：《工厂法》要放在人民代表大会上讨论，因为这是一个基本法。

1984年2月12日到3月5日，我跟随由彭真带领的一个组到浙江、上海、江苏调研。参加这个组的人很多，有全国人大财经委、全国人大法工委、中央政法委、中央书记处研究室、中组部、全国总工会、国务院经济法研究中心、农牧渔业部、国家经委，一共9个单位29个人，在彭真带领下先到浙江调查，然后到上海、江苏。每到一地，彭真开宗明义：要改变党委领导下的厂长负责制。他的讲话明确、生动，给我留下深刻印象。他说：现在对企业政出多门，大家都负责又都不负责，三个和尚没水吃。虽然有了党、政、工三个条例，但说句实话，不仅条例本身互相矛盾，而且三者的职责有一些仍然不清楚。三个条例是经委、中组部和全总三家草拟的，所以本身就存在不少问题。虽然三个条例草拟时，经委、中组部和全总都召开了有厂长（经理）、党委书记、工会主席参加的座谈会，作为三个条例总协调的经委也确实做了很多工作，但协调本身就是个妥协的产物。党、政、工职责还是没有分清楚、有矛盾，原因出在制度上。中央倾向于厂长负责制。职工的思想政治工作、贯彻党的方针政策、党建等是党的工作，不能削弱。厂长负责制不是不要党的领导，社会主义企业没有党的领导不行。问题是党领导什么？怎么领导？除了党委、厂长职责外，工会应该干什么？这些问题咱们在屋子里头都解决不了，要到实际当中去，按照毛主席的办法进行调查研究。他对参加座谈的地方和企业同志说，经验在你们手里，你们在第一线，党的、行政的、工会的，大家都讲一讲，哪些应该归你管，实际上你没管；哪些不该归你管，实际上你管了，可又没管好。通过调查，大家会找出一个解决问题的办法来。解决问题要先熟悉问题，要先把问题提出来，提出问题本身也就包含着解决问题的方法与可能。他说：在延安中央党校时，毛主席是校长，我是副校长。我问主席，校训是什么？毛主席说，实事求是，不尚空谈。彭真说，提问题也是这样，实际是怎样，你就怎样讲，什么问题都可以提出来，不论是中央的、人大的，还是国务院的，都本着实事求是的精神把它提出来。你们大家都有许多实际经验，只是没有把它集中起来。他说我们这一次调查，收获的大小、成功与失败，决定于你们讲话是不是痛快。如果顾虑重重，吞吞吐吐，不想提出问题，也就解决不了问题。彭真讲话一向是直来直往。他对小平关于改变党委领导下的厂长负责制的精神，阐述得简明、准确。

四、胡耀邦：企业弊端在“四无”

调查回京后，1984年3月24日，彭真专门给中央写了一封信，将他在浙江、上海作调查期间的讲话报告中央，并让我立即向中央书记处汇报有关草拟《工厂法》的一些问题。同时我们还将彭真“关于草拟《国营工厂法》的谈话要点”书面报送胡耀邦、叶剑英、邓小平、赵紫阳、李先念、陈云。谈话要点指出：我们管理大型工厂有近40年了，积累了很多经验，也有了比较完整的一套，但总觉得工厂的领导体制不很理想，主要是党、政、工三者的关系、分工还没有完全解决。现在中央倾向于实行“厂长（经理）负责制”，明确一点说，在计划经济体制下，工厂任务、计划的贯彻执行和生产的指挥、经营管理工作由厂长负责，调查中绝大多数人都赞成，也有些人持有不同的看法，或者有这样那样的顾虑。实行“厂长负责制”，不是削弱党的领导，也不是原样恢复“一长制”，而是要党、政、工三家搞好分工，各尽其责，同心同德，群策群力，在党的领导下，共同完成国家给厂矿的任务。许多同志提出，国营工厂领导体制不仅涉及企业内部党委、行政、工会之间的关系，还涉及许多“外部关系”，如同国务院主管各部门、同地方党政、同其他企业以及同社会之间的关系。《工厂法》不可能把企业目前外部存在的复杂关系和问题全部解决，但是必须解决一部分，否则因为缺少外部条件，改为“厂长负责制”也无法实行。

小平在报送的第二天就批示：赞成。《工厂法》最好早点搞出来。

关于《工厂法》的调查情况，我向中央书记处先后汇报了三次，都是胡耀邦主持。第一次是在 1984 年 4 月 2 日，我着重讲了参加座谈的人绝大多数认为国营工厂领导体制势在必改。四个条例下发后，虽然党政工三方责任不清的状况有所缓解，但企业党政不分、多头领导、多权分立的状况问题仍然很多，导致企业的生产经营管理决策慢、效率低。厂长办一件事情，要过三关：党委会议、厂务会议、职工代表大会，一个会议卡住了，事就办不成。赞成改的人不少，但怎么改？许多人对党委领导下的厂长负责制、职工代表大会领导下的厂长负责制、厂长负责制三种体制做了反复比较，赞成实行厂长负责制，但不赞成“一刀切”，理由是有些企业条件不成熟。主张有条件、有领导、有步骤地推进。对实行厂长负责制后，党委领导什么、行政指挥什么、职代会审议什么，职责权限目前也难说清楚。至于企业同外部的关系，座谈当中反映极为强烈，主要是“婆婆”多、管得宽、摊派滥、负担重，要求《工厂法》应有限制性规定。

中央书记处讨论得很热烈，几位领导同志赞成经营管理工作厂长负责制势在必行的论断，但职代会的作用，党委的作用，从理论到实践许多问题都还说不清楚。考虑到目前国营企业正处在大变革之中，很多问题都要在试验中探索，特别是工厂外部的体制改革问题还在酝酿中，一些领导同志认为制定《工厂法》的条件还不完全成熟。书记处提出再将中央、国务院已颁发的四个条例加以修改，解决一部分工厂存在的问题。同时，将《工厂法》初稿选择若干城市进行改革工厂领导体制的试点，为制定《工厂法》创造条件。

在我汇报后，胡耀邦说：听了汇报，这回我弄明白了党委领导下的厂长负责制弊端在哪里！他说，现在国营工厂存在的问题从表面上看是无人负责，实际上是无权负责、无法负责、也无力负责。因此，当前首要的是扩大国营工厂的自主权，而工作重点要放在增强企业活力上。他说，扩大企业自主权，国家经济管理体制必须改革，过去从某些部门如财政入手扩大企业的自主权是正确的，今后要进一步扩大企业计划权、生产和原料采购权及部分企业的外贸权。耀邦这段话，我认为他准确概括了企业当时存在问题的实质。

在这次会议上，我把彭真的书面意见交给了书记处。另外，依据最初的起草大纲搞出的《国营工厂法（草稿）》，也交给了书记处。

会后，5 月 18 日中共中央办公厅、国务院办公厅发出《关于认真搞好国营工业企业领导体制改革试点工作的通知》，并附《国营工业企业法（草案）》。确定在大连市和常州市的全部国营工业企业以及京、津、沪、沈阳市的部分国营工业企业中进行厂长负责制试点。《国营工业企业法（草案）》对厂长、企业党组织和工会的职责、权限分别作了规定。改革试点先按草案进行，在实践中不断探索和完善，也可以有所突破。

通知发出后，6 月 29 日我带领调查组赴东北地区调查。这次参加调查的单位更多了，有全国人大财经委、全国人大法工委、国务院经济法研究中心、中央组织部、全国总工会、国家计委、国家经委、国家体改委、财政部、劳动人事部和全国职教办等多个单位参加。调查的地点主要是东北，重点是调查实行厂长负责制的试点情况。前后在大连、沈阳、本溪、辽阳、鞍山、长春、吉林、哈尔滨 8 个城市进行调查，前后与 50 多家企业的厂长、书记、工会主席及有关城市的党政领导交换了意见。

7 月 14 日至 8 月 3 日，我又随彭真到辽宁、吉林、黑龙江继续调查研究。东北与华东不同，知道厂长负责制的利弊得失，在批判“一长制”时许多老厂长也吃了不少苦头，一些人仍心有余悸。彭真给他们做工作，说明党和国家的工作重心转移，要发展商品经济，企业要走向市场，这是大势所趋。其实厂长们内心是赞成的，只是不能完全打消顾虑。这使我深感实行厂长负责制不仅体制上，心理上阻力也不小。

从东北回来，8 月 8 日，我接受了《经济日报》记者采访。后来他们发表了题为《认真贯彻厂长负责制》访谈录，其中关于党的领导、思想政治工作和职工民主管理等许多观点都是彭真的意见。我是想通过媒体告诉全国的企业经营者们。

9 月 20 日，彭真在京召开各省、自治区、直辖市人大常委会负责人座谈会，会上他就《国营工厂法（草案）》发表讲话，他要求各级人大也要重视这件事。他提出，11 月或 12 月拿出一个《工厂法（草案)》，交全国人大常委会审议。

五、对勇于改革的人要“四不”

第二次向书记处汇报的时间是 1984 年 10 月 29 日，主要是汇报在东北的调研情况。在我汇报前，彭真依然要我把他在东北讲话要点整理报送给中央。

我在汇报时先介绍了东北的做法，他们是先为试点企业选择一位好厂长，由企业上级行政主管部门对试点工厂重新任命。他们认为这是试点成功的关键，也是加强试点厂生产经营指挥系统的组织保证。入选的标准是：“懂政治、精业务、会用人、会做人”。也就是说厂长要有开拓精神，要有干劲和闯劲，不仅业务强，政治上也强，民主作风要好，能团结人。我们认为这一经验很重要。同时还讲了东北 50 年代初期学习“中长铁路”经验，实行“一长制”（厂长负责制）时，一些人为此受到批判，座谈中一些年轻厂长对当年在工厂参加批判老厂长的场面记忆犹新，心有余悸，担心将来再变，轮到自己，顾虑很重。

这次汇报的重点是五个问题：

一是企业党委的地位和作用。有四种主张：一种意见是实行厂长负责制，党委仍然在企业中起领导核心作用，认为这是由社会主义企业性质和执政党地位决定的，没有党的领导核心，三驾马车会各行其道。再一种意见认为企业是经济组织，各项工作都是以生产为中心，而厂长是受国家委托，对企业生产经营全权负责，所以核心应该是厂长为首的行政指挥中心。第三种意见认为，党委负责思想政治领导，厂长负责生产行政领导，党政两个系统各司其事，各负其责，不要提谁是企业的领导核心。还有一种意见主张企业应避开以谁“为首”，谁是“一把手”这类政治术语。大家都希望中央对此应有个明确的说法。

二是企业干部的管理。试点中有几种做法：一种是党管干部，主要是管干部政策和干部的政治思想工作。一种是企业厂长、副厂长由上级主管部门管理，中层及中层以下由厂长和党委分别管理。一种是厂长由上级行政主管部门任命，副职由厂长提名、备案，中层由厂长任命。大家主张除了个别小型企业和特殊情况外，厂长和党委书记一般不要由一个人兼任，虚化了监督职能。

三是企业决策组织形式。许多同志主张工厂管理委员会比较好，由厂长主持，党政工团负责人参加，协助厂长进行决策。

四是企业内部党、政、工之间的工作协调。过去是党委协调，实行厂长负责制后，谁来协调，有的主张厂长主持厂务会议协调，有的主张党委书记召开党政工团联席会议协调。

五是职代会的性质和职权。东北试点企业还缺乏系统完整的经验。有的提出“职代会是职工行使民主管理的权力机构”。有的提出“职代会是职工行使民主管理权力的机构”。一个“的”字是放前还是放后，性质完全不同。调查组多数倾向于后一种提法，“职代会是职工行使民主管理权力的机构”。但全总参加调研同志坚持“职代会是职工行使民主管理的权力机构”。

汇报仍由胡耀邦主持。汇报后，书记处议论得很热烈，最后由耀邦归纳为四点意见：第一，应当使用明确的语言，讲清楚实行厂长负责制后企业党委和厂长的关系，不要怕引起一部分人的震动。现在震动一下，将来改革阻力就会小一点。实行厂长负责制，树立厂长的权威，生产经营工作的大政方针，党委可以讨论但不做决定。企业中党组织的主要任务是积极支持厂长行使统一指挥生产经营活动的职权，保证、监督党和国家各项方针政策的贯彻执行，加强企业党的组织建设和思想建设，加强对工会、共青团的领导，做好企业的思想政治工作。在实行厂长负责制的同时，必须健全职工代表大会制和各项民主制度。第二，要充分估计到实行厂长负责制的阻力。多年来党委领导一切、办什么事都要“书记挂帅”的“传统”在一些人心中根深蒂固。要改变这种状况，必须做好耐心细致的说服教育工作。第三，对职工的工资报酬应予以规范，必须打破在奖金分配上的平均主义。第四，经济体制改革不可避免地会出现这样那样的问题。勇于改革的干部，特别是年轻的改革积极分子，可能说些错话，办些错事，对这些同志应该抱着爱护的态度，积极进行疏导和帮助，不要讽刺挖苦、不要冷眼相待，更不允许戴帽子、打棍子。

我认识胡耀邦比较早，在延安的时候就有工作关系。我在中央组织部，他是总政组织部副部长。当时中央组织部和军队有工作关系，写信都写给他，他比较活跃。1975 年他回北京工作，他办事认真，雷厉风行，看问题比较尖锐，只要看准的，他就一抓到底。他做中央组织部长时，将“文化大革命”期间一批又一批的冤假错案给予平反。对“文化大革命”以前历史上的冤案，他也亲自去过问。譬如，人民大学葛佩琦写信送到他家里，他接到信后，第三天就批给中央组织部，很快得到解决。他做总书记时，开始这一段抓拨乱反正很有成就，贯彻执行小平的思想路线很得力，大家对他很有好感，很怀念他。他主持中央工作这一段，我多次向他汇报工作，也多次列席中央书记处会议，对他印象很深刻，他确实是在干事，也干出了成绩。对于耀邦，我一直保持比较好的印象。他朝气蓬勃，个子虽小，劲头很大，干什么事情，总有点坐不住的样子。

耀邦讲的这四条意见，对当时推动改革非常重要，尤其对经过东北批“一长制”那场运动心有余悸的人来说，无疑是一次政策宣示。

这次汇报后，我受彭真委托，又组织三个调查组分赴华东、中南、西南三路继续做调研工作。11 月 5 日至 13 日，我带其中一路到成都、重庆。三路人马 11 月中旬齐聚江苏常州。11 月 17 日到 22 日，我在那里主持召开了企业改革试点工作会议。这次试点会议除听取各地试点情况外，主要是逐章逐条逐句地讨论修改《工厂法（讨论稿）》。参加会议组织工作的有宋汝棼、顾明。讨论中一些地方提出《工厂法》应改为《国营工业企业法》，认为这部法的调整范围不能只是工厂，我们的工业企业，除工厂之外有公司，如鞍山钢铁公司，有工业局，如北京供电局等。大家认为法律名称改为《国营工业企业法》名实相副。

会上有人说厂长负责制不符合党的民主集中制原则，也违反党的传统。对此，中国社科院一位同志的发言给我留下了深刻印象。他研究了我党从江西苏维埃时期兵工厂领导体制“三人团”，到陕甘宁边区时期工厂领导体制，都是厂长管事，而且当时根据地许多单位党组织并不公开。工厂有职工参加的工厂管理委员会。他引用大量历史文献，说明党委领导下的厂长负责制是建国后才形成的。听了很受启发，使我们这些建国后从事经济管理的人增长不少历史知识。

会后我和宋汝棼、顾明又去了苏州、张家港等城市继续调研。

这一年在彭真的直接领导下，进行了4次调查，开了一系列的座谈会，还进行了一批试点。我们根据彭真的指示以及各地反映的意见，把1980年的《工厂法（草案）》作了修改，并在此基础上，提出了新《国营工厂法（讨论稿）》，规定："企业实行厂长负责制，厂长受国家委托，对企业的生产经营和行政管理工作统一领导，全权负责。""管理委员会讨论企业的经营方针、长期规划、年度计划、重大技术改造计划，做出决定或提出建议，报主管部门审批；协调企业各方面的步调；讨论决定厂长提出的其他重大问题。"关于职工代表大会的性质，根据《中共中央关于经济体制改革的决定》的提法，"讨论稿"规定为："职工代表大会是企业实行民主管理的基本形式。是职工行使审议企业重大决策、监督行政领导、维护合法权益等民主权力的机构。"

1984年，我们把《国营工厂法（草案）》基本上定下来了。

彭真委员长从东北调查回京后，因全国人大工作繁忙无暇再具体参加企业法调查，他要我主持这部法律的修订工作。我在彭真直接领导下的4年间，真的是受益匪浅，终生难忘。

六、"立法条件还不成熟"

1985年1月10日上午，我第三次向中央书记处汇报。胡耀邦和书记处同志主要听取我们在常州召开的厂长负责制试点工作座谈会情况。汇报中除了介绍6个试点城市和18个试点企业的情况外，主要讲了三个问题：

第一，试点的初步效果。试点企业由开始6个城市的191个企业已扩大到2 913个企业。通过试点促进了企业内部组织机构、劳动人事、工资奖励等方面的一些配套改革，也提高了认识、积累了经验，实行厂长负责制使当时一些企业行政、党组织、群众三方面的工作在各自的职责范围内都得到了加强，也为进一步制定《工厂法》创造了条件。

第二，一些有争议的重点问题：一是企业党组织的地位和作用问题。实行厂长负责制要突出厂长的作用，厂长对企业的生产经营，统一领导、全权负责。企业党组织的职责是积极支持厂长行使统一指挥的职权，保证监督党的方针、政策的贯彻执行，但保证监督的具体方法，一些企业方法各异，我们建议，允许在试点中继续探索。二是关于企业的民主管理制度问题。就是既要保证厂长行使生产经营的决策权、指挥权，又要加强民主管理，保障职工群众行使民主管理的权力。如果有不同意见，除了经营状况不允许的，可以暂缓执行，如果生产经营上发生了紧急情况，厂长有临时处置权。都要同时报上级主管单位。除了上述两种情况外，有不同意见应暂缓，不要急于做决定。三是企业决策组织形式问题。试点中大家认为比较好的是设立工厂管理委员会，协助厂长进行决策。

第三，关于下一步试点的一些想法：一是要准备进一步扩大试点。汇报时，党的十二届三中全会的决定已经出台，所以根据书记处的指示，准备加快步伐进一步扩大。汇报提出，到 1985 年可以在大部分经过整顿、验收合格的国营工业企业分批进行试点。二是关于《工厂法》的起草，调查组已根据大家对《工厂法》草案提出来的意见，整理出一份送审稿，拟进一步征求意见，进行充分修改。建议同时修改三个条例。三是关于厂长负责制，大家要求应从理论上进一步进行深入研究和阐述。

书记处在听取了汇报后，提出了四点意见。

第一，充分肯定这几年国家经委组织一些部门就改革企业领导体制、实行厂长负责制问题做了大量的调查研究工作，包括在一部分城市里进行了试点，取得了经验，对今后企业领导体制改革会起到促进作用。但同时指出，要看到我国的经济体制改革还在进行中，理论和实践都有许多问题一时看不清楚，需要进一步探索，改革中也会出现许多新情况、新问题需要研究解决，现在制定《工厂法》，可能束缚正在进行的经济体制改革，所以书记处认为现在立法条件和时机还不成熟。

第二，建国三十几年来的经验说明，实行厂长负责制比较符合我国工业企业的实际情况。《中共中央关于经济体制改革的决定》指出："现代企业分工细密，生产具有高度的连续性，技术要求严格，协作关系复杂，必须建立统一的、强有力的、高效率的生产指挥和经营管理系统。只有实行厂长（经理）负责制，才能适应这种要求。"因此要加快实行厂长负责制的步伐。

十二届三中全会在经济体制改革的决定中，明确企业实行厂长负责制。决定在叙述企业干部次序上，厂长摆在第一位，接下来是总工程师、总会计师、总经济师，第五位才是党委书记。对此有好多企业的同志不满意，认为不应把党委书记放在"三师"的后边。汇报中耀邦说党委书记放在最后一个，并没有削弱党委的作用，主要是明确党要管党，要加强党的监督作用，不要再去管行政事务了。

当时很多人接受不了这个排次。多年来形成的一把手、二把手的思维方式还在发挥作用，党委书记从一把手一下子变成五把手，这个落差确实是太大，因而很多人对这点非常有意见。

第三，指出实行厂长负责制后需要进一步解决的几个问题，主要是厂长身份问题。在《工厂法》中讲到，厂长具有企业经营管理负责人和国家利益代表两种身份。但是厂长能不能是国家利益的代表，存在不同认识。

关于这个问题，当时有个背景，就是 1984 年 12 月出现"四行争贷"，我国四家大银行争着给企业贷款，仅仅一个月竟贷出去上千亿。货币发行量增大了，担心引起通货膨胀。厂长权力大了，他不代表国家了，又不顾及国家利益，怎么办？

最后一条意见，书记处同志认为我国法制还不健全，要大力建立和健全社会主义的法制，但目前立法条件不成熟的不能急于制定，否则不利于实事求是的调查研究和在实践中总结新的经验。有些尚待研究的问题，不要急于作出这样那样的规定，实际上这是对《工厂法》讲的。所以书记处决定《工厂法（草案）》可以提交全国人大常委会审议征询意见，暂不要求提请正式审议。

1 月 11 日，我向彭真汇报了书记处讨论的情况。

七、新“三个条例”与《补充通知》

鉴于当时立法条件不成熟，《工厂法》草案又仅限于试点企业，它本身在全国并无约束力。所以，书记处同意先按照《工厂法》草案有关厂长负责制内容，修订 1981 年至 1982 年制定的三个暂行条例，以党政法规形式先扩大试点面。由我来牵头组织经委、中组部、全国总工会等有关人员着手酝酿修订这三个条例。后几经易稿，报送中央、国务院，这就是 1986 年公布的《全民所有制工业企业厂长（经理）工作条例》《中国共产党全民所有制工业企业基层组织工作条例》和《全民所有制工业企业职工代表大会条例》。新修订的三个条例最显著的特点是企业改党委领导下的厂长负责制为厂长负责制。三个条例草案还送到当年 6 月正在召开的全国省长会议征求了意见，由国务院副总理兼秘书长田纪云向省长们作了条例说明。薄一波在省长会议上讨论时有个发言，大意是厂长负责制好。他认为当年实行的“一长制”也没有错。

新修订的三个条例于 1988 年 9 月以中共中央、国务院名义发至省、自治区、直辖市人民政府，中央和国家机关各部委，连军委各总部都发了。中央、国务院在颁发通知中要求：三个条例要在各自的地区、部门正在进行企业领导体制改革试点的全民所有制工业企业中实行。1987 年 1 月 11 日中共中央、国务院发出《关于认真贯彻执行全民所有制工业企业三个条例的补充通知》，明确“全民所有制工业企业的厂长（经理）是一厂之长，是企业的法人代表，对企业全面负责，处于中心地位，起重心作用”。《补充通知》的要求与原通知有三处不同：第一，原通知规定厂长“对企业生产经营管理负责”，《补充通知》规定“全民所有制企业的厂长是一厂之长，是企业的法人代表，对企业全面负责，处于中心地位，起重心作用”。第二，三个条例的实行范围，原通知规定在试点企业中实行，《补充通知》扩大到所有全民工业企业。第三，《补充通知》规定企业党组织在企业的作用是保证监督。此外《补充通知》还规定“对厂长的地位和作用在提法上过去文件中与本通知不一致的地方，一律以本通知为准”。《补充通知》颁发后，地方、部门和企业反应较大。说实话，就是三个条例的起草单位，国家经委、中央组织部、全国总工会，一时也不得其解。本来我是想，厂长负责制先扩大试点，待十三大党章修改和《企业法》经全国人大通过后，再依照党章和法律重新修改、制定包括三个条例在内的其他配套实施法规。未曾想《补充通知》越过党章和法律要提前一步到位。事物的发展往往是欲速则不达！

1987 年 8 月 25 日，国家经委、中组部、全国总工会联合在京召开贯彻全民所有制工业企业“三个条例”，全面推行厂长负责制工作会议，29 日结束。会议认为，实行厂长负责制，既是经济体制改革的需要，又是政治体制改革的需要。关键是必须划清党政的不同职能，做到厂长全面负责，党委保证监督，职工民主管理。按照《补充通知》的规定，会议要求全国所有的大中型工业企业 1987 年内要普遍实行厂长负责制，全民所有制工业企业全面实行厂长负责制要在 1988 年底以前完成。

八、全国人大常委会三次审议《企业法》

1985 年我第三次向中央书记处汇报后，我们工作的重点开始转向全国人大，为全国人大审议服务。

第一次是 1985 年 1 月 15 日，六届全国人大常委会第九次会议开始审议《国营工厂法（草案）》，受国务院委托，我作了草案说明。彭真就这部法律草案讲了一段话。大意是，《工厂法》是我国经济领域中一部极重要的基本法，从 1980 年算起，调研起草已经 5 年。中共中央、国务院都做了充分调研，经济体制改革还在深入，目前赋予企业多大权力、实行怎样的领导体制还有不同意见。法工委早已参与，这是一件大事，不能盲目地做决定。此次列入常委议程，即为提前参与之意。

会议按照议程，对《工厂法（草案）》进行了热烈讨论。不出所料，人大常委在审议《工厂法》时争论非常激烈，焦点仍然在工厂领导体制上。由于意见各异，会议决定对《工厂法》暂时搁置，继续进行试验探索。

人大常委讨论时集中在国家法律能不能规范党组织能做什么不能做什么？对此，一种意见认为不能写；一种意见认为可以写。认为可以写的依据是所有国营企业都有党组织，它是工厂组成部分，是中国特色，但强调文字表述必须跟党章一致。还有一种意见是仿照我国《宪法》，将企业党组织作用写在“前言”里。

六届全国人大常委会第九次会议后，根据常委会的决定，由全国人大财经委、全国人大法工委、国家经委、全国总工会一共十几个单位组成一个《工厂法》调查组，从1985年1月一直到1986年11月，前前后后进行了两次调查。第一次调查是沿着黄河往上走，由我带队。另外一次调查是到中南一些省区，因为为制定《工厂法》调研时我去过华东、东北、西南，所以这次未去。

1985年4月下旬，彭真出访日本。在去日本以前，他就《工厂法》问题同邓小平交换了意见。他认为，《工厂法（草案）》还是要继续抓紧修改，他倾向于近期搞出来。彭真回国后，又同胡耀邦谈了这个问题，胡耀邦同意他的意见。

第二次是1986年11月15日，六届全国人大常委会第十八次会议二次审议《企业法》。由我作草案修改第13稿说明。这次将名字改成《国营工业企业法》，即《工厂法》改成《企业法》。这次会议审议与上次不同，大家都希望《企业法》赶快出台。但审议争论焦点除了党组织的地位、作用、任务，厂长的职责权限等问题外，给我印象最深的是常委们担心国有大企业掌握在厂长一个人手里会出问题。有人说，把鞍钢交给总经理，20万职工的事他一个人就决定了？总觉得不对劲。有少数常委坚持认为工厂应实行党委领导下的厂长负责制，来自军队的老将军们说，军队在党的领导下，党指挥枪，打了20多年的仗，挺顺当的，为什么企业就不能实行党委领导下的厂长负责制？难道企业的问题比打仗还复杂？一些多年从事经济工作的常委，都主张要改变，觉得党委领导下的厂长负责制确实不利于责任制的实行。

这一次会议决定把《企业法》草案交给全国人大法律工作委员会，由法工委根据常委们提出来的意见进一步修改，然后交下一次人大常委会会议讨论。

六届全国人大常委会第十八次会议还对国务院提的《国营企业破产法（草案）》进行审议，也是我作的草案说明。在讨论这个法律草案时，一些委员认为现在《企业法》还没有出台，《企业破产法》的外部条件没有界定，应该先有《企业法》，后有《破产法》，也就是“先有妈妈，后有儿子”，而不是“先有儿子，后有妈妈”。11 月 29 日，彭真在联组会议讲话时，就这个问题指出，我们目前的问题是没有制定出《企业法》。我们一直是实行党委领导下的厂长负责制，听说有个厂经营出了问题、亏损了，厂长什么都承认，但最后说，这都是党委决定的。党委那么多人，你处罚谁？所以实际上是无人负责。现在我们搞经济体制改革，企业里面的问题会更多，如果无人负责，怎么处理啊？所以提出厂长负责制。同志们在讨论《破产法》时，讲条件不成熟，法律不配套，有人讲《企业法》制定不出来就先制定《破产法》，是先有儿子后有妈妈，这个问题确实存在。所以必须先有《企业法》才能有《破产法》。这次《破产法》提出来，对《企业法》不也是促进吗？

1987 年 3 月 5 日，彭真指示法工委尽快召开《企业法》修改方案座谈会。拟在 3 月 10 日至 19 日召开的全国人大常委会第二十次会议上将《企业法》草案列入议程。

这样，1987 年 3 月 16 日，我们第三次向六届全国人大常委会第二十次会议汇报《企业法》草案修改情况。也是全国人大常委会第三次审议《企业法》。在这次会议上，我们向人大提供了两个《企业法》草案，请人大选择，这是过去从来没有的，有些人形容是空前的。这个办法是宋汝棼提出来的。例如，关于厂长的地位和作用问题，第一个方案规定企业建立以厂长为首的生产经营管理系统，厂长依法对企业的生产指挥、经营管理工作统一领导，全面负责；第二个方案规定企业建立以厂长为首的生产经营管理系统，厂长在企业中处于中心地位，对企业负有全面责任。文字上的两种表述，供人大常委选择比较。当时很多法律文件送交全国人大审议，都是经国务院审议完了后才报送人大，从没有提交两个方案由人大选择的。但是《企业法》是个特殊情况，为什么呢？就是争论得太厉害，两种方案都有道理。在这次会议之前，我们组织了两个调查组到企业进行调查，结果厂长、党委书记和工会干部对这两种方案的态度截然不同，党委书记和工会支持第一方案，厂长支持第二方案。两种意见都有道理，何去何从，需要最高立法机构来定夺，当然也是广泛咨询之意。关于厂长的职责权限问题，赞成第一个方案的委员认为，这个方案对厂长的地位已经做了明确的规定，体现了厂长负责制的实质。而第二个方案容易被理解为厂长对企业党政工团的工作也要负全面责任和主要责任。赞成第二种方案的委员认为折中性质是办不好事业的，既然实行厂长负责制，厂长就应当处于中心地位，对企业负有全面责任，这对企业有好处。在这次常委会上，围绕是否在法案中规定党组织的地位和作用，争论也比较激烈，主张写的人认为企业中党组织存在是客观的，《企业法》应该反映这种客观存在，规定企业党组织对企业实行思想政治领导有利于监督企业贯彻党的方针政策；不同意见则认为企业党组织的地位和作用问题不应该由人大在法律里边规定，不写不等于取消党的领导。

3 月 16 日下午，彭真主持召开了部分人参加的《企业法（草案）》座谈会。参加会议的有：彭冲、我、叶林、人大常委会秘书长王汉斌和副秘书长有林及中央组织部的曹志。会上重点讨论三个问题：一是《企业法》中有关党的组织问题；二是厂长负责制问题；三是职工的地位问题。彭真说：关于党的组织问题，1984 年我曾提出过党委领导下的厂长负责制改为厂长负责制，我说的是行政生产指挥系统。实行厂长负责制，目的是加强生产指挥经营管理。当时，有人不赞成，经过这几年实践，现在看不是要不要实行，而是在这个问题上不能再折腾了，要顺顺当当地搞下去，这样做没有危险。至于企业的外部条件，《企业法》中只能原则地写一写，比如指令性计划、原材料供应等要保证，等等。厂长负责制不能使厂长担负太繁重的任务，厂长应限于生产指挥、经营管理，有些福利工作可以不由厂长管，是否工会可以担负一点，有人说工会怕搞成福利主义。工人的地位问题，工人是企业的主人是对的，但这句话又是不完全的。党是工人阶级的先锋队组织，国家是工人阶级领导的。企业管理委员会不是党的组织，也不是群众组织，是行政管理组织，把应当对工人办的事写上几条，写清楚了，工人的地位也就体现出来了。

3 月 17 日彭真又主持召开委员长会议，会议着重议论了彭真 16 日下午的讲话，决定成立一个《企业法》修改小组，由彭冲、王任重、我、叶林、有林、宋汝棼、邬福肇、王书明、张彦宁、曹志、顾大椿共 11 人组成。

3 月 18 日，彭冲主持 11 人小组会议讨论《企业法》问题，但由于争论较大，开了半天会，结果《企业法》中的五十条只讨论了三条，其中只有一条意见比较一致，其他意见都不一致而且都是重要的问题。鉴于此，彭真紧急主持召开了委员长会议，建议这个草案不提交六届人大五次会议审议了。

3 月 19 日，由陈丕显主持委员长会议。陈丕显说：对《企业法》草案，本次会议进行了认真充分的讨论。根据三年的实践经验，委员们同意厂长负责制，大部分问题已经取得了一致的意见，但还有一些主要问题需要进一步听取各方意见，要继续审查，继续修改。所谓《企业法(草案)》，“一些主要问题”要继续审查修改，指的就是厂长负责制。因为这一问题，在人大常委会讨论前，在委员长会议上讨论几次都没通过，包括彭真都感到为难了。从企业讲，首钢不赞成厂长负责制，大庆不赞成厂长负责制；从领导层讲，也有一些同志坚决反对厂长负责制。一次彭真主持党员副委员长开会，我列席会议，好几位都不赞成取消“党委领导下”。这时列席会议的国务院副秘书长王书明一看形势不对，立即电话报告给赵紫阳，赵紫阳马上打电话问我，在我把会上情况报告后，他说：你给彭真同志讲，这一次人大会议就不要讨论了。他的意思是万一给否决了更麻烦。我建议他亲自给彭真打电话说，果然他给彭真打了电话，这次不讨论了。

虽然六届全国人大常委会第二十次会议没有再议论《企业法》，但彭真在会议结束的时候，就厂长负责制又讲了一段意味深长的话。他说：现在的问题不是搞不搞厂长负责制，是怎么把它搞好。我们的国家大，人口多，各地的经济、文化发展不平衡，地区和地区、企业和企业、内部和外部条件差别很大，立法必须注意到这一实际情况。法律对全民所有制企业规定个基本制度是必要的，但是不能“一刀切”，应该允许其他形式存在和试验，有一点不同的形式存在，继续进行探索试验，没有什么坏处。立法必须从实际出发，成熟的、有把握的、大家意见大体一致的，就应该定下来。不成熟的、还没有看准的、意见不一致的可暂时不定。暂时不定不等于否定。

时间到了 1988 年 1 月 11 日，六届全国人大常委会第二十四次会议召开。这次会议是在党的十三大闭幕两个月后召开的。十三大通过的新党章明确了新时期企业党组织的主要任务。这一次，《企业法》草案是经中央政治局会议讨论，由国务院总理正式提请全国人大审议。六届全国人大常委会第二十四次会议决定先将《中华人民共和国全民所有制工业企业法（草案）》交《人民日报》全文公布，广泛征求全国各界意见，根据各界意见修改，最后提请七届全国人大一次会议讨论。

在全国人大审议前将法律草案公布征求公众意见，这大概是我国立法中的空前之举。这次公布的草案对企业领导体制在表述上，几经争论采纳了送审稿的第二个方案："企业建立厂长为首的生产经营管理系统，厂长在企业中处于中心地位，对企业负有全面责任"。1 月 12 日《企业法》草案公布后反响强烈，全国人大收到读者来信千余封，提出许多很有价值的修改意见，经常委会讨论修改后，交由第七届全国人民代表大会全体会议审议通过。

至此，《企业法》从 1978 年邓小平首次提出《工厂法》到 1988 年全国人大通过，用了整整 10 年的时间，可谓"十年磨一剑"。作为起草小组牵头人，我终于长舒了一口气。

九、《企业法》也应与时俱进

《企业法》的制定和颁布实施是我国经济体制改革与法制建设的一件大事。它用法律形式"记录"了我国全民所有制工业企业在改革、开放、搞活中发生的一些深刻变化，不仅仅体现在企业内部领导体制的调整上，我认为更为积极的变化在四个方面：一是结束了长期以来企业法律地位不明确的状态。企业是经济法人和法人代表，具有权利和应承担的责任，它不再是一切听命于上级主管部门的行政机构附属物，而是要逐步向自主经营、自负盈亏、独立核算的社会主义商品生产者和经营者转变。二是国家作为资产所有者，对企业该管什么，不该管什么，有了初步规范与律条。三是企业的经营方式不再拘泥于“国有国营”的传统模式，而是依据企业的不同情况，可以采取承包、租赁等多种形式的经营责任制，并且随着横向经济联合和专业化协作的发展，会出现跨地区、跨部门、跨不同所有制的企业群体和企业集团。四是《企业法》出台，还表明了我们党开始注意到把自己的主张通过法定程序变为“国家意志”。这对以法治国，以法治理经济，以法巩固改革成果、推进改革步伐，以法调整企业内部与外部的各种经济关系，确立具有中国特色的企业制度，都具有十分重要的意义。

邓小平是《企业法》的倡导人，在这部法律制定过程中，由于涉及企业党政体制改革，他力主企业实行“厂长负责制”，他的决心是一以贯之，态度坚决。胡耀邦态度积极、稳重，善于抓住主要矛盾，给人们以启迪，如他概括的那时企业“无人负责、无权负责、无法负责、也无力负责”，成为当时统一各方思想的“名言”。赵紫阳对厂长负责制，态度上有几次变化，影响较大的一次是 1984 年底因“四行争贷”，他对厂长究竟代表不代表国家利益发生怀疑，提出“厂长身份”问题，甚至主张向企业另派公方代表，使问题复杂化。一次是 1986 年中央颁发三个新工作条例的通知他不满意，自作主张坚持发一《补充通知》，不考虑企业的不同条件，硬要全面推行“厂长全面负责”。“一刀切”，带来了思想波动，扩大了意见分歧，不仅使《企业法》草案修改走了弯路，也给《企业法》的实施带来困难。

一部《企业法》制定之难，正如《人民日报》记者鲁牧说的“十年孕育，魂系三分”。“十年孕育”说的是难产；“魂系三分”说的是党政工之间的关系难以处理。老实说，这个问题至今仍然没有处理好。我们的企业有党组织，“支部建在连队”是我们党的力量所在，用松下幸之助先生的话叫作“共产党的诀窍”。党组织在企业的作用十分重要。而企业毕竟是一经济组织，它不是政府，也不是社团，如果实行民主集中制、集体负责，实际上又无人负责，影响决策，更不利于应对市场经济。

其实，党委领导下的厂长负责制，最后拍板也是一个人，不然为什么叫“书记挂帅”“书记一长制”呢？康世恩生前总说：大庆是党委领导下的厂长负责制。而熟悉情况的人说，哪里是党委领导下的厂长负责制，是“余秋里、康世恩一长制”。我认为，这不是他们专断，而是反映了“大兵团”生产活动必须有高度集中指挥的“一长制”。计划经济时期需要，市场经济更需要，就是军队“双首长制”，遇有重大军事行动，政委也要听司令员的。但是怎么处理好企业两者关系，则是企业搞好搞坏的关键所在。过去极端重要，今天仍然极端重要。怎么处理好，一直到现在还是个问题。有些企业实行两个职务一肩挑，这是没有办法的办法。江泽民到中央后，中央发过一个文件，强调“企业党组织在企业的核心作用”，发文件前，征求我的意见，我不完全赞成这种表述，我认为笼统地提“核心作用”，会使企业领导体制改革走回头路。若无“前提”，企业又会成为变相的没有“党委领导下”的“厂长负责制”。后来正式文件改为“政治核心作用”。1989 年中央又把它归结为三句话：加强党委政治核心作用，坚持和完善厂长负责制，全心全意依靠工人阶级。这三句话归纳得很好。

遗憾的是，《企业法》通过后不久，国务院机构改革撤销了国家经委，贯彻实施《企业法》的后续法规配套工作也随之搁浅。例如原有的三个条例如何依照《企业法》和十三大新党章的规定做进一步修改，使法律更加完善，使企业党、政、工更加协调地开展工作。

虽然如此，但作为一部法律，《企业法》对人们思想的影响是深远的，对企业改革和发展起了历史性作用，有了法律保障。时代在进步，随着改革开放的进展，情况在不断变化，新事物在不断产生，国资企业立法也应随着社会主义市场经济的发展而发展，《企业法》也必须与时俱进，或补充，或完善，但不应回避！

第十九章

职工教育

一、成立“职教委”
二、考厂长
三、工商管理教育
四、职工教育是企业百年大计

一、成立“职教委”

1978年8月12日，在李先念副总理主持的国务院务虚会上，我作了题为《提高职工技术水平是当务之急》的发言。《人民日报》发表了全文。发言主要讲了全国工交企业职工技术水平在“文化大革命”十年中严重下降，远不能适应即将到来的建设高潮的问题。1977年全国工交企业职工技术等级平均只有三级上下（工人的技术等级最高是八级）。据北京市1977年调查，职工中初中和小学文化程度的约占80%，所谓初中文化的，实际上因停课闹革命，多数也只有小学水平。像“首钢”这样的现代化大厂，居然还有1%的青年工人是文盲。企业工程技术人员比例也很低，职工教育设施遭到严重破坏。“文化大革命”刚开始时，1966年全国有技工学校1 200余所，师资、教材、教学设施、实习工厂都比较健全，培养出来的学生一般可以达到三至四级工水平。“文化大革命”中技工学校基本上都被迫停办了。1965年厂办业余大学在校生41万人，厂办业余中学在校生650万人，1972年分别降为1.3万人和不足69万人。各部门按照工人技术等级标准和工程技术人员等级标准的定期考核晋级制度也被废除。由于长期没有考核晋级，职工的技术等级和实际的技术水平脱节，职工学习、钻研技术的积极性大受影响。据1975年全国工交系统的调查，五级工以上的工人人数只占职工总数的10%多一点。

“文化大革命”十年，是国内科学技术停滞不前的十年，又是世界科学技术发展突飞猛进的十年，所以我国与世界先进技术水平的差距又落下了一大截，技术上我们大约落后了一个时代。职工文化技术水平的低下，是造成企业落后的重要原因。整顿中我们提出“双补”（即补技术、补文化），目的是要补上这一课。当时我们的目标就是力争在较短时间内把职工的文化水平从小学提高到初中。我在发言中还提出“双补”不只是工人，干部也要“补”。为此，除恢复“夜大”外，还建议委托高等学校办厂长短期学习班；按照新的情况修订工人技术等级标准，恢复考工定级制度；提倡尊师爱徒，订立师徒合同，做到“四懂”“三会”：懂工艺流程、懂设备结构、懂设备原理、懂设备性能，会操作、会维修保养、会排除故障；对现在岗位上的技术工人普遍进行测验，不合格的要进行补课，限期达标，否则另行分配非技术工种工作；新工人进厂要先进行生产操作、安全规程和必要的理论知识等培训，测验合格，才能上岗；落实技术人员政策，专业要对口，技术职称要评定；同时办好社会上的高等理工院校、中等专业学校，尽可能多招一些学生，为企业发展准备后续人才。

对我的发言和建议，先念很重视，他提出在经委设立专门机构，统筹经济干部的教育和培训工作。

这项工作也得到其他中央领导的高度重视。1979 年 4 月的中央工作会议提出“在三年中我们要通过各种形式，把企业一级以上的干部普遍进行轮训”。邓小平还指出，不搞教育，四个现代化就没有希望，就是一句空话。培训工人、干部现在就要着手，不然就要吃亏。为贯彻落实中央领导的指示，国家经委多次召开教育工作座谈会，研究部署全国企业职工和领导干部的培训规划；会同国务院工交各部、总局，各省、自治区、直辖市制定分行业和分级的培训规划；明确国家经委，国务院工交各部、总局，以及省、自治区、直辖市经委培训对象的分工。

在党中央、国务院的推动下，全国的职工教育工作很快就蓬勃开展起来，据 27 个省、自治区、直辖市和 16 个部、总局的统计，到 1979 年 9 月就轮训干部 16.1 万多人，其中县团级以上领导干部 3.3 万人。并积累了教学资料，组织起了师资队伍，恢复和建立了一些培训基地。

部门之间抓工作往往会出现一种现象，一件事情没有提出时谁也不注意，一旦提出来，又会多个部都想干。职工教育这件事受到中央和国务院的重视后，教育部提出，职工教育一向是他们的工作，此事应由他们抓。全国总工会提出，“文化大革命”前职工教育这一块是他们的工作，应由他们抓，各不相让。“官司”打到了中央书记处和中宣部。当时书记处邓力群主管文教，中宣部部长是王任重。力群了解企业培训工作的情况，他建议由国家经委主抓，教育部和“全总”参加。书记处定下来后，王任重找我和教育部副部长张承先、“全总”副主席宋侃夫开会，宣布中央决定成立全国职工教育管理委员会（职教委），指定我做主任，教育部副部长臧伯平、“全总”副主席宋侃夫担任副主任。他们两人在部里都是分管职工教育的。并在1980年4月17日由中共中央发文任命。参加“职教委”的除三家外，还有中宣部、中组部、劳动人事部等单位。“职教委”的办公室（职教办）设在国家经委，调进20名专职干部，调教育部副部长浦通修为“职教委”专职副主任，经委邵子言、史玉清、柴文田、周仲藩和劳动部李亨业等参加“职教办”工作。国务院又在1980年7月16日批准成立了国家经委经济干部教育局。

“职教委”成立后，大家建议由中央发个加强职工教育工作的文件，来推动这项工作。我在6月初从西欧访问回来后就组织大家下去调研，经过半年多时间起草了一个文件并报中央书记处。经书记处讨论通过。1981年2月20日，中共中央、国务院颁发了《关于加强职工教育工作的决定》。《决定》把加强职工教育、提高职工队伍素质问题摆到发展我国经济战略的高度，要求各级领导提高认识，采取切实措施，做好这方面工作。《决定》还对开展职工教育的经费、基地建设、师资配备等作了具体规定。

为贯彻好《决定》，1981年3月20日国务院召开了全国职工教育工作会议。各省、自治区、直辖市及国务院各部、委领导参加会议。姚依林出席会议并讲话，我在会上作工作报告。

党中央和国务院的《决定》发布后，各地区、各部门亦设置相应机构，配备人员。职工教育工作得到全面加强。

在《关于加强职工教育工作的决定》中，要求各地必须结合“六五”计划，分别对工人、技术人员、经营管理人员、领导干部抓紧制定不同的训练计划，必须在两三年内把职工教育的重点放在对领导干部培训的同时，完成职工的“双补”计划。根据中共中央、国务院的要求，由国家经委牵头，“职教委”负责会同教育、劳动人事等部门结合企业整顿，深入实际调查研究，很快就制定出“六五”期间职工岗位培训计划，提出了具体方案和达到的目标：

在政治思想方面，结合拨乱反正，以提高广大职工社会主义觉悟为重点，树立重事业、守纪律的主人翁责任感。

在文化科学知识方面，对青壮年职工，五年中凡文化程度不到初中的，要有60%～80%达到初中毕业水平；已是初中毕业的应有1/3达到相当于高中或中专毕业的水平；已有高中或中专程度的要有相当一部分达到大专水平。对现有大专程度的技术人员和经营管理人员，鼓励他们通过自学，掌握新的科学技术和现代经营管理知识。

在生产技能操作方面，工人要学习技术理论、工艺规程、操作技能等，做到本等级应知应会。青壮年工人五年内实际操作技术水平人均提高一到二级，高、中级技工的比重要有较大增加。所有工交企事业单位和管理部门的主要领导干部，在1985年前普遍轮训一次，学习企业经营管理知识和有关的专业技术知识，逐步成为管理内行。

职工岗位培训五年计划下发之后，各地采取了多种形式组织培训，全国每年都有1/4以上职工参加各类学校学习。参加全员培训的人数之多，热情之高，是建国以来少有的。据统计，仅1985年参加培训的职工全年累计在100小时以上的近3 000万人，学习中等专业的200万人，高等专业的近300万人。五年期间培训职工达上亿人次。回顾这一阶段工作，有三个明显的特点：

第一，抓职工岗位培训，强调从企业领导干部轮训入手。“六五”前三年全国工交、财贸系统就轮训领导干部近500万人，占干部总数的一半以上。干部教育从普通轮训，开始向专业化、正规化方向发展。通过培训，提高了贯彻执行党的方针政策的自觉性，学到了一些科学管理的基本知识和方法，初步懂得按经济规律办事的道理。

第二，文化、技术“双补”不忘政治思想、路线教育。“六五”期间全国完成了3 000多万青壮年职工“双补”任务。其中2 038万人初中文化补课合格，占应补课人数的80%，1 600万人初级技术补课合格，占应补课人数的75.4%，两者都超过党中央、国务院“双补”规定的60%的低限要求。在“双补”的同时，对青工进行了系统的政治教育。通过“双补”和政治轮训，弥补了一代青年在十年动乱中耽误了的学习，激起了进一步掌握文化科学知识的积极性，政治觉悟和道德纪律观也有所提高。

第三，科技人员和专业管理人员自觉“充电”的人愈来愈多。五年间，每年都有近百万科技人员学外语、学计算机应用等工具性知识，学工程数学和现代化管理知识，学与本专业相关的新理论、新技术、新工艺知识。仅1985年全国报名参加培训的专业人员就有近300万人。

“职教委”抓企业职工教育工作的特点是齐抓共管，既能集中各方优势，又减少对企业多头领导，效果极佳。“六五”期间职工教育工作开展得很顺利，是我国职工教育发展最快、收效最大的一个时期，为我国企业改革和发展所需人才打下了一个好的基础。这项工作“职教委”各部门的同志功不可没。

1986年2月19日，全国职教委、全国总工会共同召开了表彰全国职工教育先进教师新闻发布会，表彰了“六五”期间为职工教育工作作出突出贡献的3 800名先进教师。

二、考厂长

根据中央的部署，中组部从1983年开始，按照“四化”的要求，对全国大中型企业领导班子进行调整。经过调整，企业领导干部的年龄和文化结构都有所改善，但专业知识结构仍不合理。绝大多数干部原来学的是理工科专业，有些同志虽然从事过企业管理，也只是习惯于管生产型企业。就当时整个厂长（经理）队伍的基本状况看，普遍缺乏经营管理知识和经验。为了帮助广大厂长（经理）补上这一课，使他们成为既懂生产技术又懂经营管理的社会主义企业领导者，促进企业的改革和转型，对企业厂长（经理）进行一次国家统一考试，通过统考促进企业领导干部的学习，提高他们的政治和业务素质，从而进一步改善和加强企业管理。这就是统考的主要目的。

考厂长是赵紫阳提出来的。他在1984年5月国务院提请六届全国人大二次会议审议的政府工作报告中正式提出：“要开辟多种途径，加快经济工作干部的轮训速度。对厂长（经理）国家要统一组织考试。”

1983年6月根据赵紫阳对全国企业厂长（经理）进行国家统考的

要求，国家经委党组专门研究了全国厂长（经理）统考工作，并听取了有关部门的意见。在这个基础上，制定了统考实施方案。方案规定统考的范围包括工业、商业（包括粮食、供销、饮食）、施工、外贸、铁路、交通、邮电、民航、电力（包括小水电）、物资、农垦、金融（包括保险）、地质、采掘和旅游等 15 个行业。统考对象是 1985 年 6 月底以前任职的企业厂长（经理）。应参加培训统考的是全国 8.9 万个企业中的 20.4 万名厂长（经理）。培训考试内容主要是党的十一届三中全会以来社会主义经济建设的基本方针政策和企业管理基本知识。为了加强对统考的领导，实施方案决定成立经济管理干部国家考试指导委员会，由 31 个部委和高等院校的负责同志组成，张劲夫兼任主任委员，我和一些同志任副主任委员。考试指导委员会的主要任务是研究制定国家对经济管理干部进行统考的政策和措施，组织编写统一的教学大纲和教材，统一命题，统一评卷标准。

同年 10 月 19 日经济管理干部国家考试指导委员会召开第一次会议，通过了《关于对企业经理、厂矿长进行国家统考的实施方案》。考试合格者由国家考试指导委员会发给统考合格证书，不合格者要限期补考；考试成绩存入干部档案，作为考核使用干部的依据。这些规定促进了厂长（经理）参加学习和培训的积极性。

为了保证方案的贯彻实施，国家考委办公室还会同各地区、各部门举办了统考师资培训班，编写各种学习辅导材料，研究改进培训和考试方法，组织交流经验，为统考做了大量的工作。在统考前，分期分批组织应试经理厂（矿）长进行培训。

1984 年 8 月 3 日第一批厂长（经理）开考。参加第一批统考的有工业、商业、外贸、施工、邮电、铁路和交通等七个行业的厂长（经理），共9 000多人，及格率为 95%。到 1987 年底，共组织了 8 批全国统一的培训和考试。参加培训和考试的总人数达 17.6 万多人，占规划总数的 86.1%。其中，大中型企业厂长（经理）5.9 万多人，占规划总数的 98%；预算内小型企业厂长（经理）11.6 万多人，占规划总数的 81%。此外，还有9 000多名非厂长（经理）人员也参加了培训和统考。可以说，参加统考的人数之多、行业之广，是前所未有的。统考工作效果很好。经过统考，提高了厂长（经理）的素质，促进了改革，改善了企业经营管理，而且为改革干部教育工作提供了经验。

三、工商管理教育

我国工商管理（MBA）教育是从1980年开始的。1979年邓小平访美，同美国签订了《中美科学技术合作协定》，当时美方由商务部负责，而中方是由科委负责。由于国家经委主管经济和企业管理工作，科委同志找到我，希望与经委共同组建一个培训中心，地点选在大连，并说教育部也参与此事。

在确定我们和美国商务部一起办大连培训中心后，首先要解决的问题是必须在大连找到承办单位。经过一番联系，我想到了在延安时的老同志屈伯川，他时任大连工学院院长。我跟他一谈，他爽快地答应了。他对这个项目给予很大的支持和帮助，为完成好这个项目，他立下了汗马功劳。为感谢他推动中国MBA教育作出的贡献，2006年中国中央电视台主办的“中国MBA人物颁奖盛典”会上，授予他“推动中国MBA教育特别贡献奖”。

根据《中美科学技术合作协定》，1980年8月18日国家经委与美国商务部在大连工学院（现为大连理工大学）合作举办的工业科技管理干部培训中心开班，培训对象为中国企业管理干部和经济部门管理干部，第一期120人。这是在我国最早开展的MBA教育。虽然大连培训中心的课程在当时还不能称为完全意义上的MBA，但其核心内容都是MBA课程，所以有人称之为“压缩版的MBA”。

1984年4月，第一个五年合作期满。双方认为这个合作项目是有成效的，在里根总统访华期间，中美两国政府签订了《中华人民共和国国家经济委员会和美利坚合众国商务部工业科技管理合作议定书》。将大连培训中心合作期限延长五年（1985年至1989年），并扩大合作范围，由单一层次的培训扩大到多层次的培训，由单纯的培训扩大到研究、咨询和情报交流。

1985 年底曾对大连培训中心进行了前期工作总结。

一是比较全面和系统地引进了美国管理理论和管理方法，美国培训在职管理干部的教学思想和原则，以及美国的管理教育的教学方法。通过系统地引进和借鉴美国企业现代管理的理论、经验和方法，培训我国的工业、科技管理人才，并在系统引进的基础上，结合我国企业管理的实践和经验，加以研究、消化和鉴别，吸收对我国有用的内容，为建立中国式的社会主义企业现代化管理体系作出了贡献。

二是培训了一批干部，提高了干部的素质。6 年中，大连培训中心分六期共培训了1 279名管理干部。根据培训中心对六届学员进行的问卷调查，从反馈的信息中，认为美国的管理理论和管理方法很有用的占 36.4%；认为有用的占 63.6%。学员普遍认为通过培训比较全面地了解了美国企业管理的概貌，开阔了眼界，增长了知识，启发了思路，找到了差距，促进了经营思想的转变，比较能够适应改革的形势。他们应用所学的内容，结合中国的实际，改善经营管理，取得了较好的效果。从大连培训中心结业的学员返回单位后很受欢迎，他们中很多人被提升和重用，有的还担负了重要的领导工作，在借鉴外国管理经验、探索中国自己的管理体系方面发挥了作用。

1986 年 12 月 27 日，第一期管理硕士研究生班毕业。我向他们提出要总结办学经验，对出现的问题一定要改进，要做到“前事不忘，后事之师”，希望每位学员回去后，上岗前，要给自己拟定好工作规划，在工作岗位上，要谦虚谨慎，要用自己的行动为第一届硕士研究生班建立起良好的信誉。大连培训中心要加强与每位学员的联系，要跟踪调查，了解他们所学知识的应用情况，不断改革教学。

三是根据美方教师课堂讲授的内容，整理了一套 MBA 课程教材，并开始案例库建设。另外还培养了有一定数量和质量的自己的教师队伍。

美方讲学教师多为教授、专家和企业经理。6 年中，美方先后派出 120 多人，其中有的还是世界或美国的知名学者。他们理论水平较高，具有丰富的实际经验，教学内容新颖，教学方法生动活泼。

为感谢他们推动中国 MBA 教育作出的贡献，2006 年中国中央电视台主办的“中国 MBA 人物颁奖盛典”会上，我们授予美国商务部原副部长巴鲁奇“推动中国 MBA 教育特别贡献奖”，授予美国商务部原中国管理项目美方教学团团长李文翰和美国俄亥俄州立大学管理学院院长、纽约州立大学布法罗管理学院原院长阿罗托“推动中国 MBA 教育贡献人物”。

国家经委和美国政府商务部合作创建大连培训中心以后，又陆续和加拿大、日本、联邦德国、欧洲经济共同体、英国、世界银行合作，在北京、天津、上海、无锡、广州、武汉、西安等九个培训中心建立了管理培训合作项目，比较系统地引进了国外先进的管理科学和管理经验，培训了一大批具有现代化管理理论和方法的人才。

1984 年 10 月，由大连培训中心和美国纽约州立大学布法罗管理学院合作举办了 MBA 班，并由纽约州立大学授予硕士学位。

1985 年 3 月，国家经委与欧洲共同体合作举办的工商管理硕士研究生（MBA）开班。这个班在京共办了 6 期，248 名学员获得学位。1994 年该班迁往上海，更名为中欧国际工商学院。

1985 年，与加拿大合作，加方有 16 所院校和中方的 8 所院校进行合办 MBA 教育。

在这期间，部分省市培训中心也与国外组织开展了合作办学。如天津与日本，上海与联邦德国等。同时，我们还派出了一批留学生到国外攻读 MBA，也取得了外国的管理经验，他们不仅学习了许多日本、北美、西欧的管理教材和案例，还到国外的企业进行了实习调查，在案例的收集、研究、开发等方面做了很多工作。

就是这些项目使我们又有所启发，企业管理者经过 MBA 教育和没经过 MBA 教育确实不一样。特别是在企业战略管理方面，他们的认识程度比没有受过这种教育的要深，立足点要高。

1986 年 4 月，我以中国人民大学校长身份率领代表团去美国考察 MBA 教育，当时代表团的成员中有清华大学经济管理学院的赵纯均教授，人民大学计划统计学院的邵汉青教授。我们首先到波士顿麻省理工学院的斯隆学院，在那与该院专家整整座谈了一整天。专家们作了很好的发言，给我们留下了很深刻的印象。接着分别考察了哈佛和北卡州的工商管理学院。这一次我对 MBA 教育做了全面的考察，做了更进一步的了解，所以回来以后大家对这个问题的认识更深了。

工商管理（MBA）教育是一项具有战略意义的大举措。我国工交企业加上商业企业数以百万计，需要大量高层次的工商管理人才。在一些发达国家，对厂长（经理）的素质和任职资格要求是非常严格的。我曾到澳大利亚哈默斯利铁矿参观，这是一个管理很好的企业。我问矿长是学什么专业的，他们告诉我，在大学是学采矿专业，在矿山搞技术工作 15 年，但按照规定，当矿长还有个资格问题，为此企业花钱送他到哈佛大学商学院读 MBA。他拿到了 MBA 学位后，才担任了矿长职务。这件事对我的触动很深，在他们那里学采矿的人员不取得工商管理硕士学位是没有资格当矿长的！所以我深感中国要发展工商管理教育，尤其要培养技术型的工商管理硕士。

培养工商管理专门人才这件事，已引起了党中央、国务院的注意。1991 年国家教委和国务院学位委员会决定要办 MBA 教育，但当时人们的认识还不完全统一。是时任国家教委主任的李铁映，下了决心才开始搞试点。

从 1991 年第一批 9 所院校试办 MBA 教育到 2010 年，经国务院学位办批准的具有 MBA 办学资格的院校已达 182 所，每年可培养 3 万名学员。尽管中国 MBA 教育在早期经历了一些曲折，但是总体上来说发展是健康的。经过了三年的试点，教委和学位委员会 1994 年决定成立全国 MBA 教育指导委员会，那就是说这三年是一个统一认识的过程，通过试点来统一认识，我认为这一段很重要。

1994 年全国 MBA 教育指导委员会成立的时候，要我做指导委员会的主任，这时试点的院校已经达到 26 个。

中国的 MBA 教育可以说是经济管理工作的实际需要孕育和催生出来的。中国 MBA 教育的发展历程，与中国经济持续、快速、稳健地增长有着非常密切的关联。“文化大革命”后期邓小平重新出来工作，他在国务院的一次会议上，有针对性地提出企业管理是一件大事情，一定要认真搞好。在当时这样讲，让我印象非常深刻。粉碎“四人帮”后，1980 年 3 月 31 日，在一次会见日本友人结束后，他又跟我讲企业管理是一件大事情，小平在讲到中国既要学习外国先进科学技术，也要学习他们的经营管理经验时指出：管理也是一门科学，是更带有综合性的科学。

所以我说过，中国 MBA 教育能有今天的大好局面，与国家领导人的关怀和支持、与 MBA 教育专家们的辛勤劳动，以及 MBA 学员们的努力是分不开的。

四、职工教育是企业百年大计

1985 年 6 月，国务院改教育部为国家教育管理委员会，李鹏兼主任。国家教委成立后，我建议将“职教委”工作交给教委，至此国家经委结束了全国职工教育委员会的牵头工作。1987 年 4 月 10 日，职教办与国家经委经济干部教育局合并成立国家经委教育局。实行一套机构，两块牌子，对外仍保留全国职工教育管理委员会办公室名义。当然，国家经委作为经济综合管理机关，也从来没有放松过抓企业职工教育工作，直到 1988 年撤销经委，这项工作连同职工教育局一起合并到劳动部。

从 1978 年到 1988 年，国家经委抓职工教育工作整整十年。这十年间，职工教育工作发展很快，在全国范围内，形成多学科、多层次、多形式的职工教育体系，为企业 30 年改革打下了良好基础。十年时间不算长，但它是在一个特殊的时期做了一项特殊的事情，实际上是在弥补十年“文化大革命”对职工教育的“欠债”。

我手头的一份资料很能说明十年中培训的进程和取得的一些成绩。

1. 从 1979 年 3 月国家经委主办，中国企业管理协会负责承办的第一期企业管理研究班开始，到 1987 年 1 月共办了 26 期，重点培训了经济管理部门和大中型企业党政工领导干部。研究班按照一年四期，每期两个月左右的时间，方法采取讲课与讨论并举，重点在研究。其中一至十期轮训了经委系统的干部 800 人（包括省区市经委正副主任 151 人，重点工业城市经委正副主任 370 人），国家经委及工交各部、司、局、处级干部 110 人，大型骨干企业党政领导干部 132 人，工会系统干部 358 人，其他部门的干部 41 人，各地财经院校和工交干部学校教师 57 人。此外还吸收了北京和外地有关单位的旁听学员 500 多人。

2. 对全国企业的青壮年职工进行了文化、技术补课和系统的政治教育（即前文讲到的青壮年职工“双补”），共3 000多万人。这项工作在 1985 年前已基本完成。

3. 对高级、中级技术工人进行了培训。到 1987 年共有 305 万名中级技工和 13.5 万名高级技工参加培训。提高了技术工人的实际操作水平，使中级、高级技工的比例有了较大的增加。

4. 组织科技人员学习新理论、新技术、新工艺和现代化管理知识，每年培训都近百万人。通过这项活动，使科技人员扩展了知识，提高了吸收、消化、应用新技术的能力，取得了一批技术革新、技术改造的成果。

5. 结合企业整顿、扩权搞活和承包经营，举办企业管理、班组管理和各种专业管理短期训练班。培训基层管理干部、专业人员和生产骨干达几千万人次。通过培训，企业各项基础管理得到加强，对建立和健全承包经营责任制，提高企业管理水平，起了重要作用。

6. 为适应对内搞活、对外开放的需要，培训短线、缺门人才，各地区、各部门，特别是沿海开放城市和经济特区，开展了外经贸、金融、法律等人才的培训工作，并在干部中进行外资利用、经营决策、新技术等知识的培训，造就了一批专业人才。

7. 培养了一大批中青年后备干部。全国各类职业高等和中等专业教育，为企业、事业单位输送了数以百万计的毕业生，在一定程度上缓解了企业特别是中小企业人才不足的矛盾。

8. 开展了岗位职务培训。经中共中央、国务院批准，1986 年在全国开展了大中型企业领导干部岗位职务培训。共培训大中型企业厂长、党委书记、总工程师、总经济师、总会计师 1.5 万多人。同时一些省、市和部门也开始对大中型企业的中层干部和小型企业领导干部进行岗位职务培训。到 1987 年共培训 34.2 万人。进一步提高了企业领导干部的整体素质和领导工作能力。

9. 建设了一批经济管理干部学院和培训中心。这是党的十一届三中全会后创造的新生事物，是在边实践、边总结、边进行中发展起来的。1985 年 4 月 29 日国务院发出通知，批转了国家经委《关于加强工交、财贸系统经济管理干部学院建设若干问题的意见》。在这个文件的推动下，全国初步形成了一个从初级到高级的职工教育办学体系，办学条件大有改观。截至 1986 年底，全国各地区、各部门办起经济干部学院 93 所，其中经国家教委审批备案的有 89 所。国家经委与地方、部门合办的培训中心 10 所。学院和培训中心共有专职教师7 481名，其中教授、副教授 275 人，讲师1 742人；校舍建筑面积 154 万余平方米。到 1986 年底，学院和中心为经济部门与企业培训各级领导干部、管理人员 10 多万人，其中短训班结业人员 9.5 万人，大专班毕业 1.1 万人。当时还有在校生 4.7 万人，其中大专班 3.4 万人，各类短训班 1.3 万人。另外学院还承担了厂长统考培训的重要任务。

建设经济管理干部学院和培训中心为我国企业管理干部提高素质、适应改革与发展的要求发挥了重要作用。

回顾我在国家经委抓职工教育的全过程，深感企业抓职工再教育（日本称“终生教育”）的重要性。企业是生产单位，同时也是一座大学校，没有熟练的工人和技术人员，生产不出好产品。企业兴旺必须从职工教育入手，所以职工教育是企业管理的重要组成部分。职工教育与普通教育相比，它同经济联系更直接、更密切，也更易于理论联系实际。随着我国国民经济的高速发展，企业的设备更加现代化，企业对职工的文化素质和技术素质的要求越来越高，所以职工再教育绝对不能放松。没有一大批文化水平高、技术能力强的职工队伍，就不可能有高水平的工业现代化，从这个角度讲，职工教育更是国民教育的重要组成部分。国家经济管理部门应该重视这项工作。

世界新技术革命的挑战，更加突出了知识和人才的重要性。掌握新知，造就人才，正在成为时代的普遍要求。我经常向一些企业领导说，技术是企业的今天，管理是企业的明天，教育是企业的后天。我这样说不一定准确，也可能有些企业管理就是今天，技术才是明天，企业间可能不同。但我的中心意思是，职工教育是企业发展的百年大计，既要看到今天，也要看到明天，还要为后天、大后天做准备。

第二十章
企业思想政治工作

一、“政工办”和“政研会”
二、亟须思考的话题
三、1989年春夏之交的政治风波的教训

一、“政工办”和“政研会”

思想政治工作是我们党的优良传统。党通过思想政治工作，为实现特定时期的总任务服务。建国后，结合社会主义经济建设需要，在总结战时政治工作经验的基础上，思想政治工作又有了新的发展，用毛主席的话说，叫作“政治工作是一切经济工作的生命线”。从上世纪60年代企业“学大庆”“学解放军”开始，企业思想政治工作从未放松过。1964年8月中央成立工交政治部，谷牧兼主任（后陶鲁笳兼）。工交各部也分别成立政治部，专事政治工作。1966年由林彪掀起的那场“突出政治落实到哪”的大争论，使企业思想政治工作失去方向，受到极大破坏。这年2月，他们在《解放军报》上发表名为《永远突出政治》的社论，接着就连篇累牍地刊出二论、三论直到六论。六篇社论一个调子，“政治决定一切”，鼓吹突出政治就是“要把人的思想染红，促进人的思想革命化”，说“有了精神的成果，就一定能出物质的成果”，鼓吹“突出政治一通百通”，极力宣扬历史唯心主义观，为后来的“政治可以冲击一切”的“文化大革命”制造舆论。4月，《人民日报》就此发表了三篇意见完全不同的社论，坚持“政治统帅业务，政治要落实到业务，（政治）与业务密切结合”。三篇社论遭到林彪、江青一伙的疯狂围攻，被指责是“二元论”。一时间唯心主义横行，形而上学猖獗，完全背叛了党的思想路线和思想政治工作的优良传统，把思想政治工作变成了“整人”的手段。

接着在十年动乱中，林彪、江青反革命集团对党的思想政治工作优良传统的干扰、破坏手段更加恶劣，他们借“以阶级斗争为纲”，以极左方式夸大、歪曲思想政治工作的地位、作用，鼓吹政治“高于一切、大于一切”。他们用政治运动和大批判、大字报代替深入细致的思想政治工作，推行政治工作实用主义，助长人们讲假话、讲大话、讲空话、讲套话、讲派话。他们片面强调“突出政治”，不讲客观经济规律，把企业正常的规章制度，说成是“管、卡、压”，把体现按劳分配的奖励制度说成是“物质刺激”，把正常的技术、装备引进，说成是“洋奴哲学”“卖国主义”，是“花钱买四化”。

这个时期我虽在经委不主管企业思想政治工作，但对这场歪曲、反歪曲的争论，特别是十年内乱，对思想政治工作的大破坏，我身经此中，有深刻的体会。

1978 年党的十一届三中全会后，企业思想政治工作在指导思想上从“以阶级斗争为纲”转到了以经济建设为中心的正确轨道上来。

根据国家经委党组分工，由我主管企业整顿。整顿，在很大程度上是思想整顿。那个时候的中国大地，经林彪、江青集团的疯狂破坏，人们的思想极度混乱。粉碎“四人帮”后，我们恢复了工业学大庆，目的就是继承和发扬党的思想政治工作优良传统，为恢复和发展生产创造条件。通过学大庆、普及大庆式企业的群众活动，创建、推广和命名一批“大庆式企业”，对推动思想上的拨乱反正、恢复生产，取得了明显的效果。1980 年 8 月邓小平在中共中央政治局扩大会议上发表的《党和国家领导制度的改革》讲话中明确指出：“现在群众中需要解决的思想问题很多，党内需要解决的思想问题也很多。我们一定要把思想政治工作放在非常重要的地位，切实认真做好，不能放松。”1981 年 7 月，邓小平在与中宣部负责同志谈话时，又严厉批评了某些资产阶级倾向和党对思想战线领导上的涣散软弱状态。虽然他是针对宣传战线讲的，其实也是针对各行各业讲的，因为思想领域被“四人帮”搞得涣散软弱的状态当时已不是个别部门、个别地方和个别单位，而是全党的一个普遍问题。当然宣传战线首当其冲。所以要加强思想领导，包括加强经济战线的政治思想领导。

这一点，国家经委行动较快。因为在拨乱反正、企业整顿开始时，我们碰到的正是这种思想障碍。为进一步切实做好企业思想政治工作，1982 年 1 月 6 日国家经委在天津召开了全国工交企业思想政治工作座谈会。会议由我主持，与会同志就当时工交企业思想政治工作的基本状况，加强思想政治工作的意见，以及政工机构和政工队伍建设等问题，进行了深入的讨论，交流了各地在整顿中的经验。会议通过了《工交企业思想政治工作座谈会纪要》。为恢复企业职工思想政治工作队伍，纪要提出企业党务干部要占到职工总数 1.5%的比例，这可能是建国以来的首次。

国家经委基层政治工作办公室（简称“政工办”）就是在这样的历史背景下于 1982 年 7 月成立的，由赵荫华任主任。它主要承担企业思想政治工作的研究和宏观指导，我分工主管这部分工作，这也是我主抓这项工作的开始。我的想法比较明确，经委是经济工作的综合部门，任务重，业务多，很容易产生重视生产和技术，忽视企业职工，尤其是干部的思想政治工作的倾向。我要求要把这项工作作为各级经委的工作任务之一。我的指导思想就是，经委工作不能一手硬、一手软，要两手硬，既抓物质文明建设，又抓精神文明建设，要齐抓共管，才能调动起职工积极性。所以，要求各级经委要及时总结和反映新形势下企业思想政治工作的新思路、新经验、新建议，为领导决策提供依据。

开始，我曾想恢复工交政治部，胡耀邦不同意。他认为各级党委就是做政治工作的，不要另外再设机构。他说，过去成立政治部是因为党委不抓政治工作，今后党委要少管行政事务，思想政治工作就是党委的一件大事，是中国共产党各级组织义不容辞的责任。你再成立一个政治部，党委做什么？我当时对不能恢复政治部还觉得有点遗憾，因为工交政治部有现成的经验可利用。

“政工办”在国家经委党组的领导下，围绕党的中心任务和基层政治工作中的一些问题，组织力量深入工矿企业调查研究，为经委领导在新形势下做好“两手都要硬”提供决策意见，同时还协同中央、国务院有关部门就如何加强和改进企业思想政治工作的一些课题做专题调研工作。所以，经委“政工办”受到基层企业，特别是企业党、政、工会的欢迎。说“政工办”是企业向上通话的“天线”，是党和政府与企业，特别是企业党委的一座桥梁。

“政工办”从成立那天起，始终把学习大庆精神，恢复党的思想政治工作优良传统，为企业整顿和改革保驾护航作为主要工作。工作方法就是深入厂矿企业调查研究，总结经验。“政工办”成立不到半年时间就起草了《国营企业职工思想政治工作纲要》和《关于加强企业政治工作队伍问题的若干意见》两个企业思想政治工作的纲领性文件。这两个文件都是通过对当时的我国工人阶级状况和企业职工思想政治状况进行了大量调查研究的基础上制定的。

受中央书记处委托，由中宣部、国家经委、中央书记处研究室、全国总工会等七个部门筹备的全国企业职工思想政治工作会议，于1983年1月8日在京西宾馆召开。会议由邓力群主持，胡耀邦就四化建设和改革问题发表了长篇讲话，讲了三个多小时，讲话后来发表在《红旗》1983年第一期上。这次会议是在新的历史条件下召开的，对加强和改进党在企业中的思想政治工作有重要的指导和推动作用。会议讨论了经委起草的《国营企业职工思想政治工作纲要》《关于加强企业政治工作队伍问题的若干意见》两个文件。《工作纲要》由中共中央批转试行。

这次会议，还做了一件很重要的事，就是成立了"中国职工思想政治工作研究会"（简称"政研会"）。人民大学林涧青教授在会上作了"政研会"章程说明。"政研会"的成立第一次把党的思想政治工作作为一门学科提到研究议事日程上。

"政研会"成立前，上海、四川、广东、湖北等已有一些企业，如上海国棉二十一厂，四川成都车辆厂，广东、湖北工交系统等已自发成立了一些群众性的政工研究小组。陈进玉（中央书记处研究室助理研究员）、王树人（中宣部宣传局局长）、赵荫华（国家经委政工办主任）和韩西雅（全总宣传教育部部长）在调查中发现后联名给邓力群、顾大椿和我写信，建议成立全国性科研组织，并附上他们的倡议书和章程草案。倡议书很快得到参加此次会议的700多位代表的响应和有关部门的批准。因事关企业，会议商定，"政研会"挂靠在国家经委。

"政研会"理事会成员包括党、政、工（会）、企、学、研和青年、妇女团体等各个方面有关人员，具有广泛的代表性。在第一届理事会上，经协商推选邓力群和我，还有曾志、林涧青、马洪为顾问，顾大椿（工会）为会长，赵荫华为秘书长。第二年发行会刊《思想政治工作研究》。请小平题写了刊名。"政研会"的成立，是企业思想政治工作史上的一个创举，也标志着我国企业思想政治科学研究进入了一个新的阶段。在各级党委和政府领导支持下，各省区市，各部门，部分大中城市，地、县以及大中型企业都相继成立了"政研"组织，几年中就形成了遍及全国、纵横交错、上下贯通的政工研究网，拥有大量团体会员，联系和团结了一大批热心于企业思想政治工作的各方面的人士，涌现出不少理论研究骨干和许多优秀科研成果，充分发挥了党政领导的参谋作用、上下沟通的桥梁作用和对基层服务的功能作用，对加强和改进新时期企业思想政治工作作出了重要的贡献。

“政研会”的工作受到党中央领导同志的重视，江泽民曾接见会议代表，朱镕基曾写信指导，尤其李瑞环亲自莅会讲话。中宣部、国家经委、全总领导更是全力以赴，对“政研会”的工作方针、部署和组织建设等重大事项给予指导。1988年经委、计委合并，经国务院办公会议征求各方意见，“政研会”办事机构改挂在中宣部，由中宣部领导。秘书长改由李传华兼任。1989年3月，在“政研会”第五届年会上，我被推选为“政研会”会长。1999年以后，由于我年事已高，具体工作力所不及，几经请辞，一直到2004年7月“政研会”第八届年会上，才准辞会长一职。

二、亟须思考的话题

20多年来，“政研会”为联合社会各方面的力量推动企业思想政治工作的健康发展，做了许多工作，也留下了多年我都在思考的一些话题，例如：

企业怎么样做到“两手都要硬”？思想政治工作必须为实现党的总目标、总任务服务这是毫无疑问的，许多人可以说是“倒背如流”，但究竟如何紧密结合经济建设和经济体制改革一道进行，做到两个文明一起抓，两手都过硬，就是另外一回事了。在一些企业，只要经济效益好就“一好百好”，在某些职工和干部中“一切向钱（前）看”的心态，说明企业思想政治工作怎么样才能真正结合经济工作一道去做，在相当多的企业里，仍是一个不能忘记的话题。

1984年7月29日中宣部在吉林省延吉市召开的全国城市经济改革思想教育工作座谈会上，对所有制结构改革、管理体制改革、分配制度改革、对外开放等发生的一些争论。教育、动员广大职工群众理解改革，支持改革，积极参与改革，是思想政治工作经常性的任务，不可小视。我在这次会上作了《经济战线各级干部要做城市经济改革的带头人》的讲话，强调要紧密联系干部的思想实际，进行深入的城市经济改革的思想教育，真正从理论与实践的结合上搞清一些基本问题，扫除思想障碍，保证改革的顺利进行。

关于企业思想政治工作要不要改革和改进，也是多年议论的话题。记得 1982 年 11 月 30 日“政工办”在北京燕山石化公司召开京、津、沪、辽、黑、川六省市思想政治工作座谈会，就《改进和加强企业思想政治工作若干问题的探讨》一文征求意见。吴仪当时还在燕化工作。黄菊、赵启正、张建平等都是当时各地政工负责人，也都参加了座谈。《探讨》一文第一次提出改革开放中的企业思想政治工作和企业思想政治工作自身的改进、改革问题。其实我说的“思想政治工作自身的改进和改革”是一个问题的两个方面，是紧紧相连、密不可分的。开始有人反对，他们忌讳把“政治”与改革连在一起。我认为，在经济改革开放中如果没有思想政治工作自身的改进和改革，改革中的思想政治工作是注定做不好的，关键是必须认识和处理继承、借鉴与创新的关系，正确运用马克思主义的立场、观点、方法，结合企业改革开放的现实，积极地、有选择地吸收和借鉴先进管理科学、企业文化及相关学科的有益成果，不断研究职工思想新情况、新问题，总结新经验，探索企业思想政治工作现代化的新路子。不探索研究新时期政治工作的特点、规律，不创新、不改革，不把政治工作的路子搞得宽一点、活一点，只满足于“我讲你听”的老路子，政治工作难以在现代企业扎根立足。我一向认为，在改革开放的形势下，企业思想政治工作同经济工作一样，都面临着新的挑战，需要解决“转轨”“转型”问题。为政治工作而工作，这是长期以来思想政治工作与经济工作“两张皮”的症结所在。在这次会议结束时，我作了总结讲话，讲话中阐明了我的观点。

思想政治工作的主要任务是“调动企业职工的积极性”的提法对不对？有人认为这降低了政治工作的地位。党的十四届八中全会后，“政研会”的研究工作重点，主要是怎样围绕转换经营机制、深化企业内部改革，更好地发挥思想政治工作的作用。1992 年 5 月“政研会”在甘肃白银有色金属公司召开第七次年会，会议主要任务是学习和贯彻邓小平南方谈话精神，促使企业思想政治工作适应新形势。在这次年会上，使我深有感触的是，一些政工干部因受苏联、东欧剧变影响，出现消极情绪，从他们的发言中听得出顾虑重重，对以经济建设为中心产生动摇。有人认为，当下企业思想政治工作应以“反和平演变”为主，他们认为强调“调动职工的积极性”会降低政治工作地位。恰在这时我看到新华社记者采访匈牙利前党中央书记的一篇讲话。他说：匈党丧失政权，其中很重要的原因之一是国营企业没有搞好，生产效率低，生活水平差，给群众造成一种印象，社会主义不如资本主义。这位书记的话，从另一个侧面证明了小平反复强调的抵御和平演变，最根本的是要把经济搞上去。经济搞上去，没有群众的积极性行吗？以调动职工积极性为己任，不是“地位”高或低的问题，一旦失误，那是亡党亡国的问题！我当时反复强调的是：搞政治工作的人思想更不可僵化，在继承、发扬党的优良传统的同时，要拓宽视野。

再如“口号”问题。开展思想政治工作常常需要提出一些口号，在复杂情况下这往往是动员群众的一个重要形式。口号简明扼要，但口号的提出要慎重。记得当年我们倡导企业以三项制度为突破口进行劳动、人事、分配制度改革时，对分配制度改革，有的地方提出破“铁工资、铁饭碗、铁交椅”，于是有人演绎出要以“铁心肠、铁面孔、铁手腕”的所谓新“三铁”来砸老“三铁”的口号。就是这个“砸”字引起职工的强烈不满。做什么事都要得人心，涉及职工利益的事更要把道理说清楚。对“破三铁”我也有一个认识过程。比如“铁饭碗”，我在相当一段时间里认为是正确的。因为早在延安时我听陈云讲过多次，将来我们得了天下，要让全国人人都有个饭碗。建国初期，我们在国民党留下的烂摊子上进行建设，当时城市失业问题严重，毛主席提出“三个人的饭五个人吃”，我理解就是要使人人有个饭碗。记得关于“铁饭碗”的好处，我曾应邀在中央党校讲堂上作过一次系统的阐述。直到80年代开展关于国有企业为什么会低效率运转的大讨论时，才引起我的深思。说明我对陈云“人人有个饭碗”的广义性和毛主席“三人饭五人吃”的政治含义理解上的片面。企业是物质生产部门，企业低效率意味着什么？平均主义“大锅饭”和干好干坏一个样的“铁饭碗”，久而久之，必然养成人们没有了责任感、危机感。对于这个问题，在一段时间里我的思想很矛盾。而许多事实告诉我，这种局面不能持久，更非工人阶级根本利益所在。“政研会”就此问题派人深入调研，认为“三铁”必须改革，但“砸三铁”的“砸”提法不妥，建议停止使用这种口号。我在年会上提出要坚定不移地依靠群众深化改革，在改革中要广泛听取群众意见，要放手发动群众参与改革，要关心和爱护职工，满腔热情地做好老工人和落聘、下岗、待岗人员的思想工作与安置工作，要广开就业门路，做到“先开渠后放水”，保持企业的稳定和团结。要向职工说清楚，今天破“铁饭碗”，正是为了明天捧上“金饭碗”“银饭碗”。事实告诉我们，改革中出现的矛盾，必须通过深化企业改革来解决，切不可以用简单的口号替代政策。

有些人对我们提出的思想政治工作现代化存有疑虑，认为提现代化必然滑向资产阶级化，资本主义思想必然要抬头。一些人认为，物质文明可以现代化，精神文明不能现代化。这里要弄清我们讲的精神文明是什么，是社会主义的精神文明。1998 年“政研会”第十次年会上，我在《努力实现思想政治工作现代化》的主题报告中提出，要加大思想政治工作改进力度就必须实现思想政治工作现代化。因为我们已生活在一个开放的社会中，思想政治工作的对象、对象的构成、对象的观念等，都发生了很大的变化。为适应这些变化，就必须提出思想政治工作自身的现代化问题。小平说，改革是第二次革命。不断创新，创新就是革命，创新是现代化的保证，也是现代化的源泉。思想政治工作现代化遵循的指导思想和原则，就是以邓小平理论为武器，坚持以人为本，不断促进企业的和谐。具体说来，就是坚持探索和创新，坚持重在教育、启发诱导、解疑释惑、化解矛盾，力争主动，防患于未然，不能只当灭火队。企业政工队伍建设应由“小政工”向“大政工”发展，就是要在企业内组织起一支党、政、工、团相结合，专兼相结合，专群相结合的宏大的政工队伍。总之把继承、借鉴、创新三者关系处理好了，思想政治工作才有生命力。我们说的思想政治工作自身的现代化，同资产阶级化风马牛不相及。

改革开放中党在企业的思想政治工作和领导方法，也有不同的意见。我认为改革开放决不能削弱党在企业的思想政治工作领导，不能削弱职工参加民主管理，这是法律明确规定的。1985 年 5 月 15 日“政研会”在北京与有关单位联合举办了有 50 多个大中型企业党政领导干部参加的研究班，我兼任研究班主任，办班的意图是帮助企业干部正确理解在实行厂长负责制后企业党组织对企业的政治领导作用。这件事也引起许多中央领导同志的重视。1986 年 8 月，我在青岛胶南召开全国企业文明单位建设座谈会上又专门讲了这个问题。当时正在江西出差的邓力群给我打电话，要我跟大家说说，新形势下党在企业的领导工作不能再用行政办法了，要强调政治领导，通过党员先进模范作用、支部的战斗堡垒作用和党委保证监督作用（后改为政治核心作用），抓好党员、抓好干部、抓好群众的思想政治工作来体现和实现党对企业的领导。我赞同力群的意见。我认为，企业领导体制的重大改革，同时也是企业党组织工作的重大改革。所以企业党组织和共产党员都要从思想观念到工作内容、工作方式和工作作风来一个大的转变。长期以来那种我讲你听、我“打”你“通”的简单化、形式化方式，只会做八小时之内的工作，不会做八小时之外的工作的状况必须改变。一些人一谈到思想政治工作，就要厂长给时间。八小时紧张劳动，能停下来给你时间吗？这些都是亟待探索的问题。

还有外商独资企业、合资企业中，中方职工的思想政治工作怎么做，股份制企业、民营企业中的职工的思想政治工作怎么做，如何提供政策和法规的依据，如何创建、发展职工思想政治工作科学基础理论研究和完善它的研究体系，以及企业文化建设等许多问题，都有待人们继续研究探讨，在实践中解决。

企业文化建设是社会主义精神文明建设的重要组成部分，是企业培育“四有”职工队伍的重要途径，也是思想政治工作的载体。通过建设企业文化，对职工进行潜移默化的教育，效果很好。企业文化要坚持以人为中心，以文化引导为基本手段，以激发职工的自觉行为为目的。它是市场经济高度发展的产物。借鉴、吸收企业文化有关理论和实践经验，把建设企业文化作为思想政治工作的组成部分，有助于企业思想政治工作与企业管理的结合。关于企业文化，一次钱学森见到我，说起企业文明来，他建议应该用企业文化来概括企业精神、职业道德、集体主义等。我认为有道理，接受了他的意见。许多企业通过宣传企业文化，培育企业精神，加强职业道德建设，将它引入班组建设、强化生产一线的管理，让思想政治工作进车间、入班组、到人头，发挥了意想不到的作用。

三、1989 年春夏之交的政治风波的教训

政治风波爆发前，我在人民大学组织了一次形势分析会，张腾霄教授送给我一份他整理的资料，资料列举许多事例说明西方一些反华组织正蠢蠢欲动，在与国内某些少数所谓“精英”串通酝酿或即将闹事的情况。资料整理得很好，看了使我惊讶，也使我清醒。后来的事实证明，政治风波不是偶然的，他们之所以选择在天安门聚众闹事一个多月更不是偶然的，是国内外反华势力酝酿已久、相互勾结，妄图颠覆新中国的一次“颜色革命”大暴露。耀邦逝世，只是他们以为时机“成熟”，借题发挥而已。由于人民大学党组事前思想上有所准备，所以，全校师生思想比较稳定。政治风波爆发前，我召集“政研会”在北京六里桥办了一个形势分析研讨班，针对西方反华势力的活动，组织人们专门作了一次分析研讨，大家的看法也比较一致。当年 5 月初，依约我率一个代表团访问美国，其间“精英”们正在天安门闹事。我从美国东部地区访问后又到西海岸的洛杉矶参观美国的宇航中心。一到那里，宇航中心的一个台湾人见到我就讲：“啊呀，袁先生，我告诉你个新消息，北京已经宣布戒严了。”他问我：“你知道北京的情况吗?”我说：“不清楚。”紧接着接待我们的《侨报》负责人谭华焕的弟弟也来到我的住处，强烈表示他同情天安门闹事的人。我给他做了一些解释工作也没有用。其实代表团内部此时有人也流露出所谓“看法”了。我决定停止参观，大家坐下来敞开思想交换看法。我得益于张腾霄给我的那份资料，给大家介绍了天安门前闹事的一些背景，经过整整一天时间的讨论，大家的思想稳定下来，头脑也清醒多了。这个时候真的显出思想政治工作的威力!

访美回来，已经是 5 月底了。这时天安门广场已被那些阴谋颠覆新

中国的国内国外大大小小的野心家闹得乌烟瘴气，一些人在大街上明火执仗打砸抢烧，烧街上行驶的小汽车。经过这场“斗争”，代表团的一些人事后看到我，都说“非常感谢你在美国给我们上的那一课”。

1989年春夏之交的政治风波和不久苏联、东欧局势的突变，也使我们的思想政治工作在反动乱的问题上面临一场严重的挑战。邓小平在总结政治风波时指出“十年来最大的失误是教育”。我理解小平这里讲的教育，虽然指的主要是学校思想政治教育，但其含意很宽，我们的企业有些不也是“一手硬、一手软”，存在思想教育“软”的失误吗！那么企业思想政治工作“软”在哪里呢？1989年7月8日，我邀请邓力群、顾大椿、曾志、徐惟诚、王维澄等“政研会”顾问、会长们座谈，会后又组织力量深入企业调查研究，听取各方面的意见。总的讲，那几年企业思想政治工作是有成绩的，大家也是重视的。同时大家认为，“软”处主要有三：一是忽视了企业转型期思想动态的复杂性，在政治教育上一般号召多、针对性不强（如“和平演变”）。二是转型中要求党组织“支持厂长行使职权，支持厂长独立负责地处理经营管理、生产指挥、技术开发工作”的同时，虽然也讲了“不能淡化基层党组织的作用，不能削弱党的领导”，但改革中党组织如何真正发挥战斗堡垒作用，党员发挥先锋模范作用，党员干部发挥表率作用，说得多做得少，花的力量也不够。三是企业实行厂长负责制后，党组织在企业中的地位，自1986年三个条例试点到普遍推开，以至到1988年《企业法》实施后，党内认识不完全一致，如何在思想上、法律上统一步调，无人问津，也影响了企业党组织的作为。所以，大家一致意见要围绕当前亟待解决的一些问题，组织专题研讨，包括对十年企业思想政治工作的基本估计问题、在企业职工中坚持四项基本原则的教育问题、企业思想政治工作的体制问题、稳定加强企业职工队伍问题、进一步阐明党组织在企业政治核心作用问题等。

在专题调研、听取各方面意见后，9月14日中宣部和“政研会”在京举办全国企业思想政治工作研讨班，有100多个大型企业的党政领导干部参加。期间，江泽民接见了全体学员，宋平、李瑞环与部分学员座谈并讲了话。我们同企业一起，冷静思考和总结了十一届三中全会以来企业思想政治工作的经验和教训，探讨研究了当时企业思想政治工作一些突出的问题和解决的意见。针对这些问题和意见，1990 年 5 月我在广州主持召开了“政研会”第六次年会。这次年会受到江泽民、李鹏的重视。李瑞环亲自到会就思想政治工作的基本经验，企业思想政治工作的一些重大问题从理论上加以阐述，对企业思想政治工作有很重要的指导作用。

第二十一章
创建中国的企业社团

一、“中企协”和企业家协会
二、培训班和研究班
三、企业“诊断”
四、对外交流
五、出版、报刊和信息
六、建设职业企业家队伍
七、厂长（经理）座谈会
八、联合社会力量为企业服务

一、"中企协"和企业家协会

1979 年初，在邓力群和我的倡议下，成立了中国企业管理协会，这是改革之初成立的第一个全国性社会经济团体。"中企协"的成立，受到社会各界的重视，得到各方面人士的积极参与，当然国家经委和中央、国务院各有关部委都是积极支持者。

中国企业管理协会（简称"中国企协""中企协"）成立初期的宗旨很单一：研究推广国内外企业管理理论、制度、先进管理方法和管理经验。第一届理事会产生于是年 3 月 3 日。理事包括了企业、院校、科研单位和政府中积极支持这件事的负责人士。大家推选我为会长，邓力群为顾问，叶林（北京市）、孙友余（机械部）、马洪（中国社科院）、薛仁宗（经委）、陈宇（全总）、邓存伦（铁道部）、张淮三（天津市）、周壁（上海市）、胡林昀（人民大学）九人为副会长，张彦宁为秘书长。中企协成立后工作从何处入手？大家首先想到的是培训，所以中国企协成立大会也就是"企业管理研究班"第一期开学典礼。大会和"典礼"既不在酒店，也不在礼堂，而是借铁道部招待所会议室摆下课桌讲第一课。当时大家抱着一种心情，那就是经济起飞必须从人才、从科学技术和经营管理抓起。

中国企协的成立是改革开放的需要，也是我们走出国门、开阔视野的众多启示之一。我们吸取了美、欧，尤其是日本的经验。日本战后经济之所以得到高速发展，原因固然是多方面的，但其中重要的一条是得益于科学技术和经营管理的进步。而推动科学技术和经营管理的进步，民间团体发挥了重要作用，它的优势在于通过各自成员（多为专家学者）的活动，运用社会力量推动经济发展，这对我们是个极大的启示。所以，中国企业管理协会的成立，是运用政府体制外人力资源的一次重要尝试，也是为中国科研、院校、专家学者提供了一个理论联系实际的很好“平台”。30多年来，许多人为中国企协成长与发展倾注了大量的心血。党和政府也极为重视这支“编外”力量。

中国企业家协会是在中国企业管理协会之后成立的。中企协成立后，企业家们在一起交流经验、研究问题的活动越来越多。1982年5月23日第一次厂长经验交流会在无锡召开，就怎样当好一个称职的厂长为主题广泛交换了意见，交流会总结了四川“厂长研究会”开展活动的一些经验，大家认为获益匪浅。1983年9月1日又在成都召开了第二次厂长经验交流会，研究怎样提高厂长的素质。会议中通过了成立全国厂长工作研究会筹备小组。接着，1984年11月30日在广州召开了第三次交流会。通过一年来的筹备，在这次会议上正式成立了中国厂长研究会（简称“厂研会”），推选沙叶为会长。沙叶调经委前是北京内燃机厂厂长。“厂研会”属中企协二级组织，其办事机构与中企协一套人马、两块牌子。郝建秀为名誉会长，顾问有朱镕基、曾志、盛树仁，副会长中有耿昭杰（一汽）、陈清泰（二汽）、李华忠（鞍钢）、鲁冠球（浙江万向集团）等12位国有、民营厂长。“厂研会”成立后，积极配合中企协各项工作，尤其在提高厂长素质方面做了许多工作。为满足更大范围企业的要求，经国家有关部门注册，1988年4月在中国企业管理协会第九次年会上，将“厂研会”更名为中国企业家协会。在推选中国企业管理协会第四届理事会的同时，也通过了中国企业家协会章程及第一届理事会。为集中力量，减少工作上的重叠，中国企业管理协会和中国企业家协会两会理事分别产生，但执行理事会合二为一。鉴于实用、效率的原则，在1992年召开的中国企协和企业家协会会员代表会议上，决定两个理事会合并，中国企协与中国企业家协会正式用两块牌子一套办事机构运作，会议协商产生了两会新的理事会和执行（常务）理事会，我被推选为两会会长，张彦宁为常务副会长兼理事长。

中企协从1988年开始实行理事长制度，当时鉴于会长、副会长年事已高，这些人都是企协创始人，还可以继续为企协服务，可是完全靠这批人已经有点力不从心了，所以改变了领导体制，实行理事长负责制。副理事长基本上实行国家公务员制度所要求的条件，除少数特殊需要，一般到离退休年龄就要从一线退下来，选拔一批年轻人做副理事长。

企协的组织建设应该说是很广泛的。1979年以后，各个地区的经济部门都有一个企业管理机构，各个企业里也都有企业管理机构，企协基本是把它们作为联系机构或基层组织。企协的组织建设，还包括各个行业部门成立的协会。企协下边还设立了一些工作委员会：管理现代化、古代管理思想学术、培训、咨询、信息、企业管理报刊联谊、维护企业和企业家合法权益等工作委员会。这些工作委员会都分别联系、团结一大批专家、学者、教授，有了问题与他们一起讨论研究。所有这些工作都是围绕着企协的宗旨，就是面向企业，全心全意为企业和企业家服务，为发展国民经济服务。

在企协组织建设初期，我提出了“三自”方针，即“自治、自立、自养”。因为中国的具体情况是成立协会、学会、研究会等民间团体离不开政府的支持，也就是说，依靠政府的支持才能把协会办起来，才能办好，政府要给以帮助，给以支持，给以指导。可是就我们协会自己来说，不能完全依赖政府，特别是经济上不能总是靠政府。所以协会必须要自治，协会要自治，就要自立，要想自立必须要自养，自己不能养活自己，是不能自立、自治的。过去一开会，秘书长们就讲编制问题、经费问题、房子问题。现在基本上都有自己的办法了，只有这样企协才能生存下去。

二、培训班和研究班

中国企业管理协会成立伊始就急企业之急，培训企业急需的懂管理的人，让管理经济和企业的领导者明白什么是经济管理，什么是企业管理，给他们最基本的经济管理和企业管理的知识。所以中国企协 1979 年 3 月 3 日成立之时，也就是企业管理研究班第一期开班之时，成立与开班合二为一。康世恩先讲话，接着请薛暮桥、胡乔木、邓力群三人共讲第一课，主题是商品经济的重要性。从思想和理论上拨乱反正。由于当时我们是计划经济体制，要对企业进行整顿，进行改革，加强管理，首先要把政府部门管经济的领导思想转变过来。所以第一期培训的对象主要是各省、区、市、经委主任、副主任，工业城市的经委主任、副主任和部分大企业的负责人。这是一种启蒙性的培训。当时中国人民大学的副校长胡林昀担任协会副会长，他用了很大的力气搞培训工作。工经系的徐伟立、塞风等教授都来授课。为此，人民大学编了两本书，一本是《工业管理》，一本是《企业管理》，这两本书都发行了几十万册，起了很大的作用。两本都是启蒙性质的书，目的是让大家了解什么是工业管理，什么是企业管理，这是第一阶段。

第二阶段是举办专题研究班，从启蒙教育深入到专题研究。培训内容比较深入了，讲话整理出书，有七八种，很受欢迎。

第三阶段，培训范围扩大到省辖市和地区（专署）经委主任。当时近 200 个工业城市经委主任基本上培训了一遍，对推动这些市的企业管理起了不小的作用。

第四阶段是结合企业正在进行的建设性整顿培训。这次整顿特别强调企业干部要革命化、知识化、专业化，所以一些企业干部较普遍地进行了调整，一大批工程技术人员走上了领导岗位。这批人大多缺乏企业管理知识，所以必须进行大规模培训。这一阶段我们培训重点是这批人。通过培训，这批干部对企业后来的改革开放发挥了重要作用。

研究班是以经委的名义主办的，实际由中企协承办，教学工作主要依靠人民大学。研究班教学内容都是根据国内经济发展形势，急企业之所急，密切联系实际。教员都是当时国内知名学者、专家和部门专业管理负责人。通过授课和研究，也使他们增长了才干。考虑到培训是个长期工作，在企业研究班开班的同时，80 年代我们成立了培训中心。并陆续办了大连、成都、武汉、上海、天津、无锡、广州和西安等 8 个培训中心，后来西安培训中心给了设备协会。因为中企协培训开展的时间早，影响比较大，带有启蒙性质，也带动了一些协会重视起这项工作。培训中心的“中心”两字是改革开放中我们第一个使用的，是个先例。在这之前没有人用“中心”二字，不料后来“中心”就泛滥成灾了。

经过这四个阶段，相继对全国工业城市经委负责人、大企业负责人、走上领导岗位的工程技术人员进行了系统管理培训。我是研究班主任，每期我都要与学员们一同探讨企业管理的理论与实践问题。到 1998 年底，通过中短期培训班、电视讲座、函授讲座等教学方式，中企协培训中高级管理人员 30 万人次，省级经委主任、体改委主任1 200人次，还选派2 000余名中青年管理干部出国进修。

企业管理研究班自 1979 年 3 月第 1 期开班，到 1982 年第 13 期，三年间已基本上将大中型企业厂长，省、地工业城市在职经委主任培训了一遍。研究班很受厂长们的欢迎。1982 年 3 月，中企协第三次年会总结了研究班的工作，对研究班今后的研究方向，确定除继续学习国外经验外，重点要放在总结中国企业自己走过的路。所以，研究班课题开始以研究中国特色社会主义企业经营管理科学体系为主，力争把中国的经验系统化、理论化。为此共同商定六个专题：企业领导体制；企业思想政治工作；企业管理基础工作；企业经济效益；老企业技术改造；企业经营管理。六个专题是围绕有计划的商品经济为中心进行系统的研究。一期一个专题，内容集中，也易于深入。六个研究课题，自 1982 年 9 月到 1984 年 1 月，共办了六期研究班，历时一年零四个月，参加研究班的有 600 多人次，主要是厂长、部分书记和工会主席以及有关部门主管人员。研究成果，每次出一本书，共出六本书。就是上世纪 80 年代我们自己编印的一套理论联系实际的企业管理研究系列丛书。

为增强企业对宏观管理的认识和增长商品生产知识，1985 年在举办第 23 期研究班时将“企业管理研究班”更名为“经济管理研究班”，研究班除继续研究企业管理外，研究课题更广泛了，也就是说，随着我国经济的发展，经济管理已是企业经营者的必修课了。

从 1979 年到 1994 年的 15 年间，中企协共举办了 35 期研究班。参加过研究班学习的厂长、经理、党委书记、工会主席和少数省市及大中工业城市经委主任共3 800多人。

另外，从 1985 年开始还举办了青年厂长（经理）企业管理研究班，到 1995 年共举办 10 期，培训青年厂长（经理）800 余人。

前面讲到，早在 1980 年 3 月我陪同邓小平会见日本友人时，邓小平就对我们提出，管理是一门科学，是更带有综合性的科学。学习国外先进的科学技术和企业管理，比做生意还重要。邓小平在谈话中对我们探索中国特色社会主义企业管理科学体系，提出了要求。为落实贯彻小平的指示，我在 1982 年初，提出要在企业整顿中逐步总结一套适合中国特点的社会主义企业管理制度和办法。在 1983 年初，我又提出学习别人的经验要采取“以我为主，博采众长，融合提炼，自成一家”的方针。从这一年起，中企协开始连续数年每年召开一次全国企业管理现代化座谈会。为此，我们出版了《中国企业管理百科全书》和《工业企业经营管理》丛书，对推动我国企业管理科学的发展起了重要作用。

作为管理科学，我认为有继承问题，有借鉴问题，也有创新问题。所以，1995 年，我在协会五届四次执行理事会议上提出中企协要集中力量探索建立有中国特色的社会主义企业管理科学。而建立中国特色很大程度上在于创新，继承优良传统也要创新，借鉴外国先进经验也要创新，只有创新，才能够真正建立起有中国特色的企业管理科学。

企业管理现代化座谈会一共召开了六次，都是中企协与国家经委一起举办的。记得第一次管理现代化座谈会是在 1983 年 1 月，我的学与用的“十六字方针”是在这次座谈会上提出的。第二次企业管理现代化座谈会是在 1984 年 1 月，我提出企业管理现代化模式多样化的问题，强调根据企业自己特点探索创新，重点是破除思想、组织、方法、手段、人才使用等不利于现代化的障碍。第三次是在 1985 年 3 月，第四次是在 1986 年 4 月。这两次座谈会都是围绕制定和落实《企业管理现代化纲要》进行的。关于推行管理现代化的指导思想，我提出坚持社会主义道路，坚持实事求是，发扬创新精神，确立经营战略思想，树立市场竞争观念和坚持群众路线六个原则。推行企业管理现代化的方针、纲领和指导思想，基本上都是在这一时期形成的。1987 年 5 月召开了第五次会议。1988 年 11 月召开了第六次会议。为发动更多的人参与这项工作，在中企协领导下又成立了企业管理现代化研究会，专事推动这项活动。

三、企业“诊断”

企业诊断，又叫企业管理会诊，源于日本。中国企协成立的第二年即 1980 年，我们同日本国际协力事业团总务部商定，由中方邀请 30 名日本专家来华传授企业诊断方法，同时由中企协向日本派遣 150 名进修生学习企业管理。1981 年 4 月国务院领导人在听取关于全国工交工作会议汇报时，赵紫阳也提出此事，说日本行业协会都有专事帮助企业改进管理事务的，叫企业会诊，是有偿服务的。他说中国企业管理协会也可以试试，搞个咨询公司。不久，胡耀邦在一份刊物上看到郑州机床厂职工提出请经济学家和企业管理专家到厂矿企业当顾问的建议。他将此件转给我，问："可否逐步推行?"当时，企业正在进行整顿，我们也在日本专家指导下组织有关人员试着就管理存在的问题帮助企业找出症结所在，有问必答，我们叫它企业咨询。经过一段时间的试点摸索，中国企协在天津召开了企业管理咨询工作会议，又在哈尔滨举办为期三个月的经营顾问讲座，由日本生产性本部专家授课，并同中国学员在一些工厂进行企业管理诊断（咨询）。经过我们的探索、培训、总结经验，很快拟定了一套适合中国国情的《咨询服务暂行方法》并组建了一批咨询队伍。实践证明，为企业提供咨询服务是提高企业管理水平、普及现代化管理知识的一个有效途径。咨询服务促进了企业整顿，成为为整顿服务的重要途径和力量。

随着企业管理现代化的深入发展，虽然咨询内容、方法在不断改变，企业咨询迫切程度也有所不同，但企业与人体一样，不同时期有不同的"病症"。企业产品质量、经济效益下滑，有时原因并不明显，由专家深入车间、科室帮助找出"症结"，开出"处方"，往往有"起死回生"的效果。时至今日，"诊断"、咨询仍在继续，当然，咨询内容、方法，也在与时俱进。

四、对外交流

为适应改革开放新形势，中国企协成立伊始，就十分注意扩大我国企业的国际交流，通过参加国外有关社团举办的各种层次的国际讨论会、座谈会来提高我国企业管理水平和经营者素质。与我们联络多的是日本团体，一方面距离近方便些，另一方面我们和他们联系较早。其次是美国和西欧，和德国联系也较多一些，跟德国最早是杜伊斯堡基金会，曾专门邀请张彦宁带个代表团到他们那里访问。从 1980 年开始，我们和欧洲管理论坛来往，后来叫世界经济论坛，我与施瓦布的交往经过，在前文已讲过，他的达沃斯年会很受西方财界、工商界及政界的关注，每年都有一些国家的总统、总理、知名学者与会发表演讲。从 1981 年开始，论坛同中国企协联合每年在北京举办世界经济论坛北京企业管理国际（高管）讨论会，由他约请西方工商界人士来华与中国企业家共同讨论一些大家感兴趣的问题。中方企业参加人数每年都在数百人。讨论会引起中外企业的关注和欢迎，共举办 26 届。

中国企协与日本日中人文社会科学交流协会（现更名为日本经营行动研究会）联合举办的“中日企业管理讨论会”，自 80 年代开始已举办了 22 届；与日本经营者团体联合会（已与日经团联合并为日本经团联）合作，每年在日中两国轮流举办一次“中日产业研讨会”，共举办了 11 届。中国企协与日本生产性本部、经团联都有很长时间的友好合作关系。这些组织在日本都很有影响，对我们也较友好。另外在亚洲国家中，中企协与韩国企业团体组织来往活动也较多。

中国企协与澳大利亚“澳中贸易合作委员会”共同举办了“中澳高级管理人员讨论会”，当时澳大利亚总理霍克来参加过会议，赵紫阳也参加过会议。第一次讨论会 1984 年 6 月在北京举行，田纪云副总理到会祝贺。我多次会见过澳方会长阿尔德里奇。这个讨论会每年在两国轮流召开。1985 年，我和马洪率中国企业家代表团到堪培拉参加过这一活动。这个讨论会前后共举办了 12 届。

在对外交流中，中企协在请进来派出去方面也做了不少工作。例如派一些厂长经理到瑞典参加他们的研讨会，实际是一些短期训练班，很起作用；曾多次派人到日本进修，沙叶就是第一批到日本小松制作所学习质量管理的；也派人到美国去过，在美国通用电气公司开办的短期训练班学习。

到中国企协成立 20 周年时，已先后与世界 40 多个国家和地区、近 70 个国际组织建立了友好合作关系和交往，为中国企业和企业经营者走出国门创造了条件，帮助他们放眼世界、开阔思路，提高素质和在国际市场的知名度，对中外企业沟通起了很好的作用。

在对外交往中，中国企协做了很多宣传中国、介绍中国的工作，特别是宣传中国共产党坚持社会主义道路，坚持改革开放的方针政策的工作。我国民间经济组织外事活动，是改革开放以后才快速发展起来的。民间外事与政府外事不同，它是经营理念的交流和经营合作的交往。一些政府不宜做、做不了的事，由民间组织做常常会效果更好。改革开放，为民间外交创造了最有利的条件。比如国内发生什么事情，或者有什么重大的政策变动，现在国外友人常常会给我们来信、来电话询问。一些西方人对我们既坚持社会主义制度，又坚持改革开放觉得很奇怪，不理解。中企协作为企业民间组织经常做这方面的宣传和解释工作。又如对国外的种种疑问，有时政府不便讲的话，民间组织就比较好讲。1989 年春夏之交的政治风波发生不久，中企协与世界经济论坛举办的那场国际讨论会，在会上对中国的改革开放政策做了很多解释和宣传，起到很好的效果，在当时如政府出面做这样的事就比较困难。

中国企协（企业家协会）作为经济社团组织，它是中国出席国际劳工大会三方代表之一。国际劳工组织成立于 1919 年，第二次世界大战后它成为联合国的下属专门机构，中国也是该组织创建国之一，它的最高权力机构就是国际劳工大会。1971 年中华人民共和国重返联合国后，国际劳工组织也于当年通过决议恢复我国在该组织的合法权利，但由于种种原因，我国在 1983 年才参与其活动。而当时劳工组织中的雇主组织却顽固地坚持“两个中国”或“一中一台”。中国企协（中国企联）在我国交部的大力支持下，经过数年的斗争，国际雇主组织终于在 2003 年接受我方条件，决定接受我国为正式会员。

中国企业家协会，与劳动和社会保障部、中华全国总工会共同组成三方代表，参与国家有关涉及劳动关系方面的法律法规和政策的制定，维护企业和企业家合法权益，负责指导与协调各地、各行业企协、企业家协会开展三方机制建设和协调工作；并代表中国雇主与劳动部、全总组成中国代表团，参与一年一度的国际劳工大会活动。国际劳工大会由国际劳工组织每年在日内瓦召开。大会由各成员国派代表团参加，代表团成员有政府代表 2 人、工人和雇主代表各 1 人。中国政府代表是劳动和社会保障部，工人代表是中华全国总工会，雇主代表是中国企协（企业家协会）。其中工人代表、雇主代表，由成员国推荐，但必须得到国际劳工组织的认可。参加国际劳工组织，有利于维护中国企业在国际上的权益。

总之，加强中国企协的国际交流，对于促进我国国有企业改革，促进中小企业和民营企业发展，都起了积极的作用。尤其是我们参与国际劳工组织三方机制活动，对中国企业创建和谐的劳动关系，加强企业的社会责任、企业对职工的责任等方面的工作都起到了越来越重要的推动作用。

五、出版、报刊和信息

企业管理出版社是在中企协成立当年5月创办的。《中国企业管理百科全书》就是企业管理出版社作出的重要贡献。这是邓力群在看到台湾发行的《哈佛企业百科全书》上下两卷后提出来的。力群说，哈佛能出个百科全书，咱们为什么不能出个百科全书？于是我们组织了一批专家、学者，以人民大学为主力，吸收其他财经院校和中国社科院的研究人员参加编写，用了一年多时间，分上、下两卷出版，后来又出了一本续编。这套书发行量相当大，有几十万册。企业管理出版社还组织编写出版了《企业概况》大型书籍。30多年来，出版社出版了很多企业管理科学方面的书，为企业整顿、企业改革和创新服务，作了很大贡献。

《企业管理》杂志也是1979年创刊的，开始是季刊，后来是双月刊，1983年应读者要求改为月刊，一直到现在仍然是受企业欢迎的读物。上世纪70年代像《企业管理》杂志这一类管理型期刊大概只此一家，很受企业欢迎，最高时每期发行量达到40多万份。《企业管理》杂志在各个不同时期都发挥着它宣传企业、服务企业的宗旨。

《中国企业报》创刊较晚，1988 年开始发行，报头是陈云题写的。一个时期发行量虽然不大，但在企业中影响不小。现在这份报纸办得有些起色了。

关于信息工作，我们最早受到启发的是，1980 年我访问欧洲管理论坛总部，看到当时他们能直接联系欧洲大大小小8 000个企业。施瓦布对我讲：你们要了解哪个企业的情况，只要说出来，5 分钟之内就可以把企业现在的基本数字从计算机的屏幕上告诉你们。我们看了感觉很新奇，回来后就与一些同志商量想干这件事，酝酿并成立了中企协信息中心，当时我们还缺乏这方面的条件，几经周折，现在才初步形成一个网络，能直接同一些大城市企业组织直接点击，现在正努力与企业联网。就企协来说，这是我们联系企业，为企业服务的重要手段。当然要把大量的信息经过分析筛选传递到企业里去，这件事情还正在努力做到。

六、建设职业企业家队伍

有的专家讲，在计划经济体制下，没有什么真正的企业，我认为这句话是有道理的。在计划经济体制下，企业是政府的附属物，没有自主权。要改变计划经济体制为社会主义市场经济体制，就必须让企业有自主权，还必须培养一大批能够正确用权的职业企业家，也就是职业经营者，企业才能在市场竞争中发展。

1984 年，福建 55 位厂长（经理）共同发表要求“松绑宣言”，得到当时省委的支持。“宣言”在全国影响很大，在“宣言”发表十周年的时候，福建企协建议举行一次纪念活动，中国企协支持这一建议，同时决定将活动定为“企业家活动日”，每年 4 月举行一次，以示“宣言”精神的发展。1994 年第一个企业家活动日就在福州举行。这个活动一直在坚持。“活动日”全国有主会场，各个地方可设分会场，可在同一时间，也可在不同时间举行。要求“活动日”每年都有一个主题。实践证明，这样的活动，不仅有利于提高企业家的影响和地位，有利于宣传贯彻党和政府有关企业改革的方针、政策，也有利于交流企业管理经验。当时企业家活动形式很多，如企业家俱乐部等，各种活动对于企业家开阔眼界、交流经验、加强联系很有作用。“首都企业家俱乐部”的活动，每届我都是尽力参加。

随着企业家队伍的扩大，人们对企业家队伍素质的提高也越来越重视。我认为，一个企业的稳定发展，经营者素质，包括思想素质、业务素质、组织能力和道德情操等很重要。一个成熟的经营者凡事要以身作则，要别人做到的事，自己首先做到，要求别人不做的事，自己首先不做。要多谋善断，要有面对困难和克服困难的勇气和魄力。一个企业好比家庭，俗话说“家和万事兴”，“和”的中心，就是经营者（厂长）自己。所以经营者本身必须严格要求自己，注意提高自己的政治思想、文化业务素质。要学会做事，更要学会做人。另外，建设一支高水平的企业家队伍，从外部来说必须完善选拔机制、激励机制、培育机制和监督机制，这四种机制缺一不可。

1995 年 4 月，我在第二次全国企业家活动日上作了《论企业家的修养》的报告，目的就是如何提高经营者素质。我从十个方面系统地论述了作为社会主义企业家、企业经营者应该具备的十项基本条件，即“一、天下兴亡，匹夫有责；二、胸怀全局，脚踏实地；三、艰苦创业，无私奉献；四、解放思想，开动脑筋；五、清正廉明，依靠群众；六、疾恶如仇，从善如流；七、谦虚谨慎，戒骄戒躁；八、学而不厌，诲人不倦；九、丢掉幻想，搏击市场；十、锲而不舍，刻意创新”。后来我又几次谈了企业家如何健康成长的一些意见。这是我多年考察和思考的结晶。根据马洪的建议，我将多年来论述企业家的文章以《论企业家的修养》为书名汇集成册，赠送给了企业家们。

对企业家职业化问题，我认为：一是年龄不能沿用政府机关体系；二是尽量不要把优秀的厂长经理，调到党政机关做领导干部，这不利于企业家队伍建设。我不反对少数人的调迁，但这不能成为惯例。那是计划经济时期的做法。所谓党政不分，这是其中一个表现。这种不成文的制度，给培养厂长带来很多副作用。我认为，培养一个优秀的企业家，比培养一个厅长、局长难！何况从人的专业素质上说，管企业与管政府不同。如同知名教授不见得适合当学校校长，知名医生不见得适合当医院院长一样，一些能干的企业家不见得适合当政府官员，留在企业更有利于他的发展，对国家整体利益更有利。当一个知名企业家，将一个企业搞得红红火火，对国家不是更好吗！应鼓励企业家留在企业，扎根在企业。当然，我不主张“一刀切”，只是希望有关部门在调动厂长工作时，孰轻孰重，应慎重掂量。

对这个问题，在1992年我到浙江调查回来后给李鹏写了封信，提出干部年龄不要与政府公务员画等号，不要限制在55岁或60岁，这不利于企业家职业化。他赞成，还说“咱们中许多人都当过厂长，知道这里边的酸甜苦辣，年龄不能一刀切”。他把我的信批给了当时人事部长赵东宛。我曾把《论企业家的修养》一书送给李鹏，他给我写信说“您早在1994年提出的企业家职业化问题，我想这也是社会主义市场经济内在规律的要求。中国企业管理协会在培养我国企业家队伍方面起到了积极作用”。

为保护企业和企业家的合法权益，我和杨洪很早就想在中国企协搞一个法律事务所，为企业和企业家服务。司法部没有同意，说不能再批事业单位办法律事务所了。后来我们在中企协成立了维护企业和企业家合法权益工作委员会。这个工作委员会只能起一些辅助作用，如帮助企业以法经营，引导企业通过法律渠道解决纠纷。再如建议急需制定有关企业的法律法规，或国家正在拟定有关企业法律、法规草案，通过中企协这一渠道征求企业的意见等。这当然是一些重要的工作，但市场经济发展到今天，企业的很多问题过去靠行政主管部门解决，现在主管部门已是无能为力了，要通过法律来解决，可一些地方保护主义很厉害，应赋予企业维权手段。在社会主义市场经济下，企业权益、企业家权益不时受到侵犯，这在一些地方已是家常便饭。这个问题，在1986年讨论《厂长工作条例》时，我们曾力争企业法律顾问与三总师并列。可是这部法规在《企业法》实施后再也无人过问，连同其他两个条例也不了了之。我认为企业要依法经营，同时企业也应有能力依法维护自己的权益。这件事应引起我们的重视。

七、厂长（经理）座谈会

厂长（经理）座谈是我在 1987 年开始就如何搞活企业为题与厂长对话和交流的又一种形式。每月召开一次，间距有时长一点，有时短一点。在我退居二线后，有了时间，我在中企协将这一形式作为同厂长们沟通的一个平台，引导厂长间新思路、新理念、新经验的交流。有人说这是厂长“一日学习班”。通过这个形式，我能及时了解企业，掌握企业第一手资料，急企业之所急，为企业做点力所能及的工作。如 1989 年春夏之交的政治风波中，社会混乱，交通堵塞，影响工人上下班和正常工作，大有“文化大革命”造反派卷土重来之势，厂长们一时也不知所措。我记得厂长座谈会是 6 月 23 日召开的，座谈会上，厂长们都表示，中国不能再乱了。不难看出，由于那几年企业思想政治工作的加强，在这场政治风波中，广大工交企业职工参与的极少，说明粉碎“四人帮”后十多年来我们企业员工政治识别能力和综合素质都在提高。再如，关于“翻牌公司”，我也是在厂长座谈会上听北京一位厂长发言时才知道的。所谓“翻牌”，是指在转变政府职能过程中，有的政府行政职能部门改局名为公司，将已下放给企业的权力又收回来。在座谈会上我就此有个发言，与会的《经济日报》记者整理发表了，不意竟招来轩然大波。有的拿着所谓“报告”，带着人马登上门来，口口声声“声讨”“您（指我）的错误”，而且是“罪状”条条。有人说我捅了“马蜂窝”，但我至今不悔，因为“翻牌”伤了企业利益，这个“马蜂窝”非捅不可！

厂长座谈会每次都有一个主题，地点也不限于北京，我在云南、广西、浙江、贵州、广东、河南、山东、辽宁等地都开过。每次座谈后，厂长们的一些意见和我的发言，都整理上报给中央、国务院和有关省市领导，厂长们座谈中提出的问题，有的还引起中央领导的注意，李鹏、朱镕基、李岚清、薄一波、罗干等都曾有过专门批示。定期邀请厂长座谈我坚持了11年，座谈50多次，直到1998年因身体原因没有能再续下去。

八、联合社会力量为企业服务

中国企协、企业家协会作为中国民间经济社团，团体会员覆盖全国各行业企协，省、自治区、直辖市以及各大中城市的企业管理和企业家协会40多万个。可以说两协会是涉及地区广泛、行业众多、功能配套的经济社会团体。

回顾中国企协、企业家协会的这段创业历程，可不能忘了许多老朋友的倾力支持。中国企协老朋友在国内遍布各界，主要来自三个方面：一是党中央、国务院有关部委的负责人；二是中华全国总工会、共青团中央、全国妇联与企业工作有联系的负责人和专业人员；三是中国科学院、中国社科院和大专院校的学者专家。他们中许多人都参与了中国企协组织的各专业工作委员会的活动。尤其是中国社会科学院、中央党校、国家行政学院、中国人民大学、清华大学、北京大学、中国政法大学、最高人民法院、最高人民检察院的学者、专家、法官、律师中的热心朋友，他们在各专业工作委员会担当顾问和专家，为两协会工作出谋划策，提供咨询服务，帮助我们做好工作。

1999年4月，中国企业管理协会在纪念成立20周年时更名为中国企业联合会。更名是为了整合力量，扩展服务的宽度、广度和力度，为企业做更多的事，进一步把经济社团的整体性、实践性、学术性、社会性和服务性融为一体，更好地发挥桥梁纽带作用。中国企协20年多的努力在全国已形成了系统组织网络和配套服务功能的联合体雏形，在此基础上与乡镇企业协会、外商投资企业协会、个体劳动者协会、女企业家协会、青年企业家协会、民营科技实业家协会等共同发起组建中国企业联合会。

中国企协更名后，中国企业家协会仍保持独立经济社团法人地位不变，仍保持两块牌子、一套工作班子，统筹兼顾。

由于我自己年事已高，为了中国企业联合会事业的长远发展，辞去会长一职已是我很久的想法，曾与朱镕基谈过，在庆祝中国企协成立20周年前夕，经我再三坚持，他终于同意了，并要我提出接替人选，我推荐陈锦华，镕基甚为赞同。就这样，在1999年中国企联六届四次常务理事会上由锦华接替了我的工作。2008年，因锦华身体原因，又由王忠禹接任中国企业联合会和企业家协会会长。我很高兴地看到，中国企业联合会和中国企业家协会在他们的领导下不断向前发展。

第二十二章
出任中国人民大学校长

一、意外的任命
二、我的治学理念
三、关心和尊重知识分子
四、筹建国家行政学院

一、意外的任命

1985年4月24日，胡乔木打电话找我，他当时是中央政治局委员，主管教育。乔木见到我寒暄几句后说："中央有个意见，要你担任人民大学校长。"谈话中他讲到，成仿吾去世后，人民大学校长位置已经空了三年，他说：我们考虑来考虑去，你来担任人民大学校长。他强调这同经委的工作不矛盾，理论联系实际，最合适。这件事，此前邓力群曾给我说过几句，我以为只是他个人的想法，没当真。人民大学的老校长吴玉章、成仿吾都是无产阶级革命家，我党教育界元老。做这所学校校长的分量我清楚。再说，我虽念过大学，可是从没有办过大学。所以在乔木那里，我作了一些解释，表示担子太重，怕干不了。5月5日，乔木又叫我到他家里，再三动员，并说："中央已定，还是你最合适，你到人民大学可以发挥作用。"我知道乔木是代表中央同我谈话，所以提出容我考虑考虑。因为这件事来得突然，回来后同几位同志议论了一下，还是拿不定主意。一方面自己没有办学经验，虽说管过一段职工教育，那是培训，与办大学不同，接受这个任务有些勉强；另一方面，在长期的经济工作中又切身感受到高素质人才的重要。特别是十年"文化大革命"人才资源遭受极大破坏，知道中央对这件事的急迫性，不应推诿，心情十分矛盾。余秋里知道了这件事，他对我说，百年大计教育第一，这是大事，说他当过南京高级步校校长，鼓励我说我可以干，也应该干。他说，人民大学是我们党在战争时期办起来的大学，发展到现在，已是培养干部的重要基地，这与经委工作不矛盾。我对他讲，吴老和成老都是有成就的知名教育家，他们开创的事业交给我，我担心做不好。秋里说：依靠人大的干部，依靠人大的师生，依靠人大的党组织，有什么做不好的，一定可以做好。虽说这是两句原则话，但在这位老同志的一再鼓励下，在乔木的一再催促下，我表态接受了。接受工作之前，大概是 1985 年 3、4 月间，彭珮云曾多次向我详细介绍了人民大学的情况，包括教学和校领导班子情况。因为这之前她带一个工作组在人民大学蹲点半年。彭珮云的工作做得比较细，她的介绍对我很有帮助。

中国人民大学是我党亲手创办的第一所社会主义大学，具有光荣的革命传统，其前身是 1937 年党中央在延安创办的陕北公学，经历了华北联合大学、华北大学不同的发展阶段，为我们党领导的抗日战争和解放战争培养了大批干部。新中国成立后，为培养社会主义革命和建设的急需人才，1950 年在华北大学的基础上，合并中国政法大学，从华北人民革命大学抽调部分干部，成立了中国人民大学。吴玉章、成仿吾、郭影秋等先后出任校长和名誉校长。中国人民大学是一所以社会科学为主的多学科综合性大学，是国家的重点大学。现在人民大学培养出来的学生遍布全国各地，活跃在各条战线上。就是这样一所革命的大学，在“文化大革命”中被张春桥一伙强令停办，学校设施遭到严重破坏。粉碎“四人帮”后，在邓小平的关怀下，人民大学 1978 年得以复校。复校后，摆在学校师生面前的是百废待兴，到 1984 年，经过五年的恢复性建设，情况虽得到很大改善，但整顿的任务依然很重。对此中央的主管领导和学校的广大师生，都热切希望人民大学能够加快改革与发展的步伐。我就是在这种情况下来到人民大学的。

我刚到人民大学正赶上中央提出教育改革，又赶上 1985 年 9 月第一个教师节。由于“文化大革命”的破坏，挫伤了广大教职员工的信心，许多人心中存在严重的怨气、泄气。过去，我念书的时候，大学是最高学府，是至高无上的地方，在社会上有很高的地位。当时我就想应该利用这个机会，鼓舞师生的士气，提高人民大学的影响，把大家的精神振奋起来。所以在庆祝新学期开学，祝贺教师节时，我把时任副总理兼国家教委主任的李鹏、国务委员方毅、中央顾问委员会常务副主任薄一波等几位领导请来参加庆贺。教委有的同志同我开玩笑说，我们可请不起呀！其实这些人既是在支持我，也是他们对中国人民大学的一种特殊情感，尤其李鹏。我介绍他时，没有讲他是人大校友。他讲话时首先纠正说：宝华介绍得不完全。他说自己是人大校友。实际上他是延安自然科学院的，他应是北京理工大学校友。方毅那时候工作很忙，我向他一讲，他很爽快地答应了。教师节那天下午，我们把老教授邀请在一起，方毅去看了大家。他的讲话生动，老教授们认为讲到他们心里去了。晚上，在学校的露天体育场开会，薄一波去作了很受欢迎的讲话。我以《教师节就是功臣节》为题也讲了话。后来我多次请中央、国务院领导同志去人民大学参加包括教师节等各种座谈会，当时中央的领导除了胡耀邦、赵紫阳，差不多都去过。

“文化大革命”前，人民大学为国家培养了大批建设人才。建国初期，党和国家从各条战线调来了具有一定文化基础的年轻干部（时称“调干学生”）到人民大学学习。通过专业学习，他们迅速成为各条战线的骨干。人民大学还开办过速成中学，调一些年轻的劳动模范、战斗英雄，先补文化课，再升入大学深造。同时还开办函授大学，通过函授培养了更多的在职专业人才。有一些年轻的调干学生在人大学习后留校，其中不少人成为学校学科的教师骨干，像后来担任北大校长的吴树青、人大校长李文海等就是50年代初期调干学生中的佼佼者。

人民大学的一些学科尤其是人文社会科学，是吴老、成老亲手创办起来的，其中诸如计划统计系、工业管理系、金融系、会计系、法律系、新闻系、历史系、语文系等都是全国一流，影响很大，有的在上世纪五六十年代还是独此一家。在全国，尤其是北京的许多新闻机构都有人民大学新闻系的毕业生。在国家经济计划、财政、银行等部门也都有人民大学的毕业生。

现在，人民大学已是桃李满天下。我出差到一些地方，常常会遇到有人站到面前说：报告校长，我是人大某某系某某级的学生。其中不少还是一些省市的党政领导或企业负责人等。一次到深圳，他们把在深、港工作的人大校友聚集起来与我见面，他们中许多人已身居要职，在地方或企业很有点影响力了。

在人民大学这样一个重要的教育阵地，怎样做校长？工作重点放在哪？这是我上任时思考的问题。那时候国家经委正在集中精力抓《企业法》的调查和拟定工作，同时企业整顿也到了关键时刻，不能有一丝马虎，可以说工作正忙得不可开交。在这种情况下，来到人民大学，工作从哪里入手呢？我先找学校的各级领导班子，包括各教学行政部门负责人交流思想，找老教授、青年教师谈心，倾听学生们的想法，召开各种形式与规模的座谈会。前前后后我用了两个月的时间搞调查研究，心中稍微有了点底。为了搞好工作，我提出参考党章“关于在国家机关和人民团体中设立党组”的规定，在人民大学设立党组。人民大学党组对国家教委党组负责，党组成员由教委党组指定，学校大的问题必须由党组讨论决定，其他一切校务、教学实行党组领导下的校长负责制。我重点抓党组工作，日常工作交由常务副校长黄达去处理。这个设想，得到李鹏同意。这在大学里是个特殊的领导体制，我在人民大学期间就是运用这一体制工作，大家还觉得顺当。

二、我的治学理念

建设一个团结奋进的领导班子和一支坚强有力的科研与教学队伍是办学的根本。所以我到人民大学工作首先是抓班子和队伍的建设。在党组会上，我对新的领导班子提出“学新知、立新意、树新风”九个字的要求。学新知，就是要学习新东西，包括政治理论知识和科学技术知识；立新意，就是要有开拓创新精神，要有新见解、新思路、新章法、新要求；树新风，就是坚持新的工作作风，不故步自封，不搞形式主义，大力提倡民主作风，防止和克服官僚主义。我建议大胆选拔、起用有才能的年轻人，把他们放到各级领导岗位，给他们锻炼机会，使他们很快成长起来。把年轻干部放到岗位上，就要信任他，放手让他工作，对青年人既要培养、使用，也要严格要求，使人民大学有一股清新的空气。我在上任后的第一次开学典礼讲话中，向全校师生提出，人民大学要多出人才，出好人才，一要发扬人民大学的革命传统，坚持马克思主义理论的基本教育；二要提高教学和科研水平，首先是加强科研工作，提高学术水平，把教学和科研结合起来，进一步提高教学水平，其次是教和学都要与实际密切结合起来，在教学方法上，要更多地启发学生开动脑筋，解放思想，更多地讨论问题，全校所有的教职员工都要为教学和科研创造必要的物质条件；三要站在改革的前沿，通过改革进一步发挥人民大学的特色和优势。我还在第一个教师节大会上提出：要大力倡导“尊师重教”。这是治学之道，也是育人之道。

人民大学具有社会科学、人文科学集中的优势，有较高素质的老中青三结合的教师队伍和光荣的革命传统的优势。针对这些优势，对人大的教育改革，我提出首先是教育指导思想的改革。这就是发扬人民大学社会科学、人文科学集中的优势，继承人民大学战时建立起来的优良传统，进一步调动人大老中青教师队伍的积极性。改革的突破口应放在民主办学上，这是进一步办好中国人民大学的根本出路和可靠保证。民主办学意识不光领导者要有，所有师生员工都要有。民主办学意识在很大程度上是自主意识。因此，学校改革要以教学与科研为中心，加强教学与科研的管理，提高教学与科研质量。特别强调面向社会，加强调查研究，因为在我到人民大学前，参加社会劳动已经被取消了，我总感到这是个缺陷。

在上述思想的指导下，经反复酝酿制定了以疏通民主渠道、落实民主办学为主旨的《充分发扬社会主义民主，进一步搞好民主办学的若干措施》十三条具体办法。办法规定，学校定期召开校务委员会会议、教职员工代表会议和学生代表会议，作为师生员工对学校进行民主管理和公开监督的有效形式。学校领导班子在确定学校的重大决策前要广泛征询师生员工的意见，按照民主程序反复讨论、集思广益、群策群力、切合实际、科学决策、避免失误。所有的人都要自己身体力行，尊重知识、尊重知识分子，与老教授、老专家赤诚相见，虚心听取他们的意见，和他们交知心朋友。我强调要在发挥老教授、老专家、老教师作用的同时，加强青年学术带头人的培养，促进中青年教师在教学、科研方面得到更快的提高。我要求老教授们都要挈带青年，奖掖后进，为提高他们的“知名度”创造条件。那些年在许多老教授的带领下，人民大学一批卓有成就的中青年人脱颖而出。

在教育改革过程中，有一些同志在校务会议上提出要“教授治校”。我不同意这个意见。我向他们讲，教授在学校里起重要作用，可是他们是一方面，办学还是要依靠全体教职工，也包括全体学生在内。学生虽说是我们的教学对象，可是在学校里学生也是主体之一。

大力倡导理论联系实际的学风是人民大学的优良传统。在人民大学的教育改革中，我们强调学校教学要与科研紧密结合，加强科学研究、提高学术水平，日益深入的教学改革为科学研究提出了丰富的课题；学校的科学研究应该与我国当前改革开放的现实中的重大实际问题紧密结合，认真研究社会主义初级阶段的重大理论问题；强调学校的普通教学应该与培养高层次硕士生、博士生的工作紧密结合，使科研成果能够有助于提高学生的学业质量。这都是人民大学教育改革的重要内容。通过理论联系社会实际，联系教学实践，一些学生写出了一批具有一定水平的社会调查论文，编纂成书，他们特地邀我为书作序。

20 世纪 80 年代，中国正处于各个方面急剧变革的重要时刻，经济体制改革是整个社会大变革的中心，所以如何把高等教育工作同经济工作紧密地联系到一起，是当时高等教育改革面临的迫切问题，同时也对中国人民大学提出了新的要求，教育体制改革要适应经济体制改革和政治体制改革对人才的需要。我在学校工作中提出，要在拟定学校发展规划、考虑学科建设和课程建设时充分考虑时代的新要求，努力培养数量更多、层次更高的合格人才。

当时，许多教师同我讲，他们教过的学生中，好教爱学的是那批上山下乡的学生，这些学生有强烈的学习愿望，理解力强，教学效果好。这说明不了解社会的人，何谈理论联系实际？许多教授极力主张恢复社会劳动课，走出学校，到农村、到工厂、到商店调查研究。我非常赞同，和工厂打招呼，先让研究生进厂实习。同时改变研究生在应届毕业生中招收的办法，规定招收的研究生中有实际工作经验的必须占一半以上，应届毕业的研究生进校后必须按规定先到工厂或商店实习一段时间再回来攻读学科理论，当然教师也需要实践，学生实习，教师要带队。这是人民大学教育改革的一项重要内容。

发挥学科优势，办好人民大学是学校发展规划的大事。我们把学科建设放在学校工作的重要位置，在改革开放的形势下，当时我们提出要进一步调整和完善人民大学业已形成的以人文社会科学为主的综合性大学的学科体系，稳定多层次、多学科、多形式的办学格局和规模，加强同自然科学和技术科学的联系，促进文理渗透，提高现有各个学科、专业的水平。

人民大学是一所有光荣革命传统的大学。1986 年初，我在学校的一个会议上明确要求：马克思主义政治理论课在学校教育中占有特殊重要的地位。它是学校教育的灵魂，是党在学校中思想政治工作的核心，是社会主义学校区别于资本主义学校的重要标志。学校要重视爱国主义教育，让青年们知道自己肩负的重要责任。要针对大学生的特点和他们最关心的问题，寓思想政治教育于系统的理论教育之中，侧重培养学生树立科学的世界观、人生观和价值观，培养他们运用马克思主义分析问题、解决问题的能力，这样才有可能培养出真正适应四化建设需要的人才。人民大学始终不渝地坚持社会主义的办学方向，坚持对学生进行系统的马克思主义基本理论的教育。1997 年 5 月，我在吴玉章奖学金基金委员会上强调，捍卫马克思主义就要通过研究马克思主义来发展马克思主义。

关于学校体制改革，我们主要围绕“两项改革、两项建设、两项保证”进行。即改革教学体制和改革行政体制；学校建设和学院建设（指经济管理学院、行政管理学院）；后勤工作保证和思想政治工作保证。对于这三个“两项”，大家花了不少力气。

校园建设在这些工作里难度最大。“文化大革命”中人民大学停办，校园被一些校外单位占住。复校后几经交涉，恢复十分缓慢，令人头疼。当时也曾设想再找地方建新校舍或新校园。这件事大家费尽了心血、用尽了力气，直到 1991 年底我卸任时也未能完全解决。

三、关心和尊重知识分子

人民大学有好的传统，也有不足之处。当然不足之处，在各大学带有普遍性。因为一次又一次的政治运动，伤害了大量的知识分子，伤害了这些知识分子的感情，很多知识分子对党组织敬而远之。上世纪 50 年代反右期间，刚刚创办的新闻系的学生都是地方保送来的，许多是战争年代的优秀新闻工作者，反右中给“反掉”了三分之一，使他们几十年没有翻过身来。据说当时吴老在医院养病，副校长胡锡奎向躺在病床上的吴老汇报：“学生中的右派打的还不够市委要求的数字。”愤愤不平的吴老腾地坐起来说：“把我也算一个吧！”以示不满。那时人民大学的“左”是出了名的。

历次政治运动在人的思想观念上形成了根深蒂固的“左”的观念，这是后来人大建设的致命伤害。在党组会上，我多次提出来要正确对待知识分子，其中有一条就是要正确对待和原谅知识分子的非原则性毛病。因为知识分子，尤其一些老知识分子，或多或少受旧的思想影响，毛病不少，对一些非原则性毛病，不要斤斤计较，不要抓住不放。我到人民大学后有意识地注意多和老师们交朋友，在历次党组会上也要求校领导班子多关心知识分子的生活，帮助他们解决一些实际问题。有些规定该改的就应决心去改，不能口惠而实不至。例如一些有作为的教师住房困难，分房规则不要过于强调论资排辈。又如评定职称，对确有真才实学的讲义应视同论文，不要过于强调写了多少篇论文和发表在什么刊物上，要在制度上解决。总之，我认为论资排辈，不能够体现真才实学和多劳多得。把论文与职称画等号，也不见得能真实反映其教学科研水平。对知识分子做人做事的要求要与其他人一样，必须严格，但不能苛求。我在校党组会上多次说过，我们学校对待老师最大的不足是缺少关怀，对他们中某些人这样或那样的非原则性问题又过于吹毛求疵，有的还抓住不放。既伤人，也留不住人。有的虽然一走了之，但留下对人大一辈子忘不了的不愉快，还造成了人才流失，这是我们的失误。对此，黄达、李文海都有同感。但习惯势力根深蒂固，少数几位想通了，有时也无力扭转。

1990 年前后，人民大学相继有多位 50～60 岁的学术骨干去世，这使我十分伤心，我曾因一位中年老师去世感叹道：

> 教业经营赖俊才，英年辞世实可哀。
> 而今千里马骨贱，何日再筑黄金台。

葛佩琦是我在北大的同学，是“民先”队员，1957 年被划成全国知名的右派。一些在京老同学都极为惊讶。他的情况是我到人民大学后才知道了一点。葛佩琦是作为留用人员进入人民大学的，对此他一直不满。1957 年大鸣大放，他讲了一些话，说共产党进城的时候，穿着布衣、布鞋，背个背包，和老百姓模样差不多，能和群众打成一片，这才得到天下。进城后，慢慢脱离群众了，房子越住越大，汽车越坐越小，衣服换上呢子的，鞋也换上皮的。假如这个作风不改，脱离群众，将来群众不满意，会起来像对付国民党一样，要打倒共产党，等等。他讲的这些话，了解他的人，一听便知是发牢骚、说怪话。可在当时的环境下造成的轰动可不一般，学校当局对他不满，断章取义摘了几句重话，错打成了“右派”，把他抓了起来。还因为他解放前夕挂过国民党少将军衔，又是历史反革命，数罪并罚，判了刑，关进监狱十多年，身体垮了，眼睛也折腾成半瞎。直到上世纪 70 年代，释放国民党战犯，才把他放了出来。

葛佩琦是一二·九运动时期北大学生会副主席之一（主席是陈忠经）。那时他和党很贴近，我与他都住在北大西斋宿舍。当时他是个热情、活跃的人物，敢讲话，仗义执言，我们经常在一起议论时局。七七事变，我们分手，再无音信。1949 年 4 月我到北平开会，遇到他，问他别后情况，他说他入过党，但他的上级领导在西安被捕后失去党的关系。我说你现在干什么，他说先教教书吧。没有想到 1957 年《人民日报》头版大字标题写着：“葛佩琦要杀共产党”。对此，葛佩奇不服，给《人民日报》写信要求更正，《人民日报》把信转交人民大学核查，当时怎么查的就不清楚了，但好心人把这封信存入他的档案。后来给他平反时，查到了这封信，信中讲，“我当时不是这样讲的，有××在场”。同时在档案中也看到罗青长的证明：葛佩琦抗战期间确给我们提供过一些有价值的情报。至于他入党和失掉党的关系后的情况就无从查起了。我到人大后依据这两件材料给他平了反。

葛佩琦对他离开北大后的一些情况，同我讲了一些。他说抗战初期离开北平，在河南经刘子久介绍入党，他利用个人关系到国民党第一战区司令长官程潜那里做事，后程潜到天水行辕做主任，把他也带到天水。抗战胜利后，他被派作接收大员到东北，他还挂了个国民党少将参谋的军衔。他与地下党（据他说是康生领导的社会部）的关系，因联系人被捕，无人可以证明。所以这一段重要经历说不清楚了。当时，在胡宗南身边做秘密工作的有两位著名的共产党员：一位是熊向晖，清华学生；一位就是陈忠经，葛佩琦的北大老同学。此时陈忠经的公开身份是三青团西安市主任委员。据葛佩琦说，在西安还和陈忠经一起工作过，但彼此无联系，陈忠经也无法证明。沈阳解放时葛佩琦留在沈阳没有跟国民党逃走，他找到我军管会，军管会和沈阳地下党都不知道他的地下关系。于是他到了北平。建国后，大家都很忙，又不在一个行业中工作，接触很少，突然他成了大右派，老同学们在惊讶之余，也都不敢同他来往。从葛佩琦性格上讲，大家相信他可能会说一些不在行的话。因为他向来说话口无遮拦，直来直去，有时言不及义、尖酸刻薄。被划成“右派”后，夫人跟他离了婚，对此葛佩琦耿耿于怀。我劝他，夫人是为了孩子，不离婚，孩子们怎么办？可他就是转不过弯来，直到去世，就是不复婚。这就是葛佩琦！

晚年的葛佩琦，写了一本回忆录《艰苦奋斗六十年》，他把书稿送给我征询意见。书中他对人民大学一肚子怨气，说了些不实事求是的话。我劝他说：老葛，你的这段遭遇，自己也得历史地看待，例如，因故失掉党的关系，这在那个时期不少见，可自己为什么不积极寻找党组织呢？反右不是人大一家的事，何况自己讲的一些话也缺少实事求是，怎能都怪别人，怎能都赖党组织呢？他冷静下来，作了一些修改。他的书还将地下情报工作这一段写得非常详细。当时中央有个规定，凡属于地下工作回忆涉及情报工作，为维护国家和个人安全，公开发表的必须经过审查。安全部看了书稿，对有关部分不同意公开出版。因为他的回忆有些内容涉及居住在海外、境外的一些人。后来，还是陈忠经给他出了个主意，把情报部分删除了。现在他出版的这本书里这一段写得很隐晦。作家罗竹风也是北大老同学，为他写了序言，着重向读者介绍了作者的坎坷的人生经历。

通过这些事，我更感到应该重视和关心知识分子，特别是对受过委屈的知识分子更要十分关心。大学是知识分子集中的地方，不能在工作上、思想上、生活上给他们以应有的关怀与照顾，不能在政治上对他们多加帮助，不能够创造条件让他们充分发挥积极性和创造性，这样的大学如何能发展起来呢！

四、筹建国家行政学院

建设行政学院的想法是 1986 年开始酝酿的，当时人事部部长赵东宛跟我谈，要成立一个行政管理学会。人民大学行政管理研究所所长黄达强很注意这件事，他提出来是不是建立一个学院？所以 1986 年、1987 年就酝酿这件事了。为这件事，1986 年 4 月我以中国人民大学校长身份访问美国时，把它也作为一个重要的考察内容。我们在哈佛大学行政管理学院（肯尼迪政治学院）看到，这个学院不仅为政府培养后备公务员，而且还培养在职公务员。对在职培训的学制很灵活，从一周到两年不等，但多数为两年，学生有一个月来一周的，有一季度来一周的。培训内容主要是案例教学为主，理论和实际相结合，实用性强。海尔总裁张瑞敏曾被邀前去讲学，广东珠海也有人受邀去那里讲过课。我在肯尼迪学院遇到耿飚的女儿耿焱，她是从新华社香港分社到这个学院学习的，我说，欢迎你学成后回国和我们一起办行政学院。她说，那是当然。后来她还真的参加了一段我们行政学院的筹备工作。

1987 年 9 月 12 日，时任国务院副总理兼秘书长田纪云找到我，他说："听说人民大学要筹办国家行政学院，我支持。"在当年 10 月 26 日，我在党的十三大小组会发言中建议要筹办国家行政学院，大家都表示赞成，说我这个意见很好。党的十三大报告中提出了建立国家公务员制度，筹办国家行政学院。11 月 3 日，教委副主任何东昌向我表示，人民大学筹建国家行政学院教委赞成。接着国务院张志坚给我打电话，要人民大学写一个筹建国家行政学院的报告。11 月 17 日，人民大学将筹办国家行政学院的报告报送了国务院。11 月 19 日接到赵紫阳秘书电话，说赵紫阳也同意人民大学的报告。

我们建议由人民大学来承担这项工作的理由主要是，人民大学的师资、专业稍加调整就可以办起来，投入少，可事半功倍。开始时赵紫阳、李鹏都是赞同的，于是我们着手筹备。

1988 年 2 月 3 日，中国人民大学党组讨论通过了关于筹建国家行政学院给国务院的报告和代拟的国务院决定稿。2 月底，李鹏批示赞成由中国人民大学筹办，并让有关部门提出修改意见。于是我分别邀请教委刘忠德、计委房维中、人事部赵东宛商量。他们都积极帮助人民大学筹建。1988 年 3 月，李鹏在七届全国人大一次会议的《政府工作报告》中提出筹建国家行政学院的正式建议。

我多年从事经济管理工作，对国家公务员综合素质的再教育深有感触。1985 年我到人民大学时就想恢复人民大学的历史作用，既承担常规高等教育，又专事国家公务员再培训。我同赵紫阳说过，他表示赞成。我当时有个想法，为适应办学要求，争取将人民大学改为国务院直属院校。这个想法同李鹏讲了，他赞成，但说要听听教委意见，不料教委不同意，说人大是它的重点大学，不能放。既然教委不同意，李鹏就不好办了，这就出来个“另起炉灶”，建一所新的国家行政学院。可是筹建工作，李鹏坚持仍由我来“挂帅”。1988 年 7 月 5 日，国务院总理办公会决定由人民大学继续筹建国家行政学院，筹建起来后与人民大学脱钩。会议决定成立筹建领导小组，我做组长，副组长由赵东宛（人事部部长）担任。8 月 13 日召开了国家行政学院筹建领导小组第一次会议。会议由我主持，参加的有国家计委副主任郝建秀、人事部副部长程连昌、财政部副部长刘积斌、北京市副市长张百发、教委夏自强、北京市规划办陈书栋等。黄达、李文海作了教学方案的报告及基建投资和费用设想的报告，经过讨论，原则上通过了这两个报告。还决定成立筹建小组办公室。

在这个过程中还有一个插曲。当时中央党校也想牵头办这件事。他们提出培养国家公务员应由党校承担。他们发动一百多位教授、教师签名给中央写信申明这一主张。赵紫阳把信交给李鹏。李鹏不赞成，主张党政干部培训机构要分开，政府应设行政学院。李鹏的想法是对的。因为国家行政学院要培养后备公务员，有很强的专业性，从上到下应有一个完整的培训体系和制度。

忙活了两年，我的想法未能实现，筹建国家行政学院工作，还得要人民大学帮忙。我仍然全力以赴。人民大学由力康泰、黄达强等一起参与筹建。在筹建期间还邀集了曾经在法国国家行政学院学习的几位同志座谈，征询他们对筹建工作的意见，他们中有时任外交部发言人的朱邦造，国家经委外事局的王世云等。他们向我详细介绍了法国国家行政学院的办学体系。他们讲，法国行政学院的教学目的就是使公务员队伍的知识结构和素质能跟上国家政治、经济、文化的发展。他们认为实行公务员制度，需要有一个专门培养合格公务员的学校。对筹建国家行政学院，几位非常有兴趣，整整谈了一个上午。后来我把记录整理送给了李鹏。

我们在学院筹备的同时，先办了国家公务员制度训练班。1988 年 7、8 月间，由人事部调集国家机关部委、省、区、市的人事厅（局）长共 100 多人集训，目的是让大家知道什么是公务员制度，为什么要实行公务员制度。这个班办完后，接着又办了一个培训班，这个班是讨论酝酿制定《国家公务员条例》的专题班。在举办这两个培训班的同时，还专门成立了两个编委会：一个是国家行政学院教材编委会，一个是国外行政管理著译编委会。

行政学院筹备小组成立后，还连续接待了法国国家行政学院院长、联邦德国行政学院院长和加拿大行政学院官员来访，他们是来华参加“中国公务员制度和人力资源开发研讨会”的。我听了他们介绍的一些经验。

1989 年是筹备最为紧张的一年。拟定建院方案，报批建设计划，择聘教师队伍，最重要的是选院址。我在北京跑了许多地方，我们原设想在二环路以内，但因有关单位不同意而作罢。我们又想在三环以内寻找，也未成。为加快选址的进度，筹备组副组长赵东宛找到张镜源。张镜源是中央国家机关党委副书记，曾任国务院副秘书长，当过万里的秘书，对北京上上下下都很熟，国务院又有正式文件，所以他又找到陈希同，陈希同没办法，也只好批给现在国家行政学院这块地方。

在国家行政学院筹建工作基本就绪后，1989 年 12 月我向李鹏提出来，我年纪大了，请辞人民大学校长和行政学院筹建领导小组组长职务。李鹏同意我辞去人民大学校长，专门来筹建行政学院。他说：“将来你做院长。”我跟他讲：“行政学院是国务院的最高学府，最好有一位副总理兼这个院长”。1990 年 3 月，我再次写信给李鹏，要求辞去行政学院筹建领导小组组长，我建议由赵东宛担任，因为他是人事部部长，筹建小组办公室可以放在人事部，由人事部直接领导。4 月份李鹏批准了我的辞呈，由人事部部长赵东宛主持工作。1996 年 10 月国家行政学院建成举行开学典礼，很隆重。此时，我仍感慨不已。我对舍弃人大另起炉灶，很有些遗憾！

从 1985 年 5 月至 1991 年 12 月，我担任中国人民大学校长、党组书记。在这段时间里，我与人民大学的师生员工一起弘扬优良传统，发挥学科优势，坚持社会主义办学方向，坚持学校教育改革和发展，共同工作了既紧张又愉快的六年多时间。

从人民大学退下来是在 1991 年 12 月 16 日，何东昌代表教委在中层干部会上讲了一篇颂扬我的话，在感动之余，深感受之有愧。

后　　记

从第一线工作岗位退下来后，我一天到晚还是忙忙碌碌。家里的人也一再提意见："你少干一点吧!"整个这段时间，一直到现在，我都坚持看中央、国务院文件，看发改委（计委）、统计局、国务院发展研究中心、国家经贸委（已撤销）的文件或资料，看报纸和参考资料。我订了《人民日报》《光明日报》《经济日报》和《求是》杂志，这些报刊每天必看，还有《北京晚报》《文摘报》以及《中国企业报》和家乡的报纸。另外各地和企业赠送的报刊曾达到近200份，我也要选择看一些。主要是让自己的思想跟上形势，无论如何不能落伍。在人民大学1986年春节干部聚会的时候，我念了一首自己写的《七十自勉》。那首诗中写道："思想勿离退，始终须如一。"这也是我退下来后对自己的要求。

上世纪90年代，我的事情比较多，日程排得相当紧，主要是研究和推动企业管理与企业改革，探讨企业思想政治工作的新路子。我把它当成自己余生的事业。那时我还担任着中企联和中国职工思想政治工作研究会会长。我先后到过上海、江西、河南、云南、浙江、山东、辽宁、广东、广西、陕西、甘肃、内蒙古、四川、福建等地调研考察，召开了几十次厂长（经理）座谈会和企业党委书记座谈会，参加中企联、政研会和人民大学的活动，还经常参加企业家俱乐部的活动，首都企业家俱乐部的活动只要通知我，都尽量参加，目的是和企业的同志多接触。企联的活动比较多，厂长（经理）座谈会，原来想一个月开一次，后来一个季度开一次；当时还想一个星期参观一个工厂，后来没做到；政研会的活动、人民大学的活动、发改委的活动、各种专业会议也不少，几乎每天都排得满满的。

1990年7月4日，江泽民同志在勤政殿亲自主持召开经济工作座谈会，我在会上讲了"调整经济结构和增强企业活力"问题。我说：

“调整经济结构有三条，一条是增强宏观调控的能力，第二条是发挥市场调节的功能，第三条是大力推行企业的技术改造和新产品开发。”国家计委几个老同志都参加了，宋劭文散会后，跟我招招手，说：“老袁，你讲这几条我都同意。”

1991 年 4 月，这是我离开家乡 51 年后第一次回去，看望家乡的父老乡亲，祭悼李益闻老师，祭悼当年和我一起革命、被国民党杀害的战友。

外事活动方面，主要是接待日本、美国、韩国、俄罗斯等国家的外宾，参加一些外事会议、活动等，包括到日本、韩国、瑞士、法国、荷兰、美国等国家开会和访问。1992 年出访的时间长一些，两次访问日本，一次是 6 月 29 日至 7 月 5 日，这是竹下登邀请中国人民大学新老校长去访问，我和黄达一起去的。1996 年 11 月，应国际劳工局、法国雇主协会和荷兰雇主组织的邀请，到瑞士参加国际劳工大会和到法国、荷兰访问。刚到日内瓦，世界经济论坛主席施瓦布听说我来了，特意推迟去开罗开会的时间宴请我。论坛的马托女士问我：“你 16 年以前来过，今天又到日内瓦了，日内瓦有什么变化?”我考虑了一下，说没有什么变化，跟那时一模一样，甚至连新的建筑都不多。她说：“这就是我们福利政策的结果，工人失业以后生活福利待遇照样都很高，所以我们的经济不用发展。”她还说：“日内瓦年纪大的人越来越多，人口不仅没有增加，而且有所减少，到中国去一看，一年一个样。”我说：“我们是处于发展中，还没有到发达阶段，到发达阶段了也可能是这个样子。”她说：“那可要注意。”她的话对我们有很大启发。又到法国访问，法国雇主协会真正是一个有权威的机构，政府要出台一个新的政策，凡涉及企业的权益，首先通过雇主协会征求企业意见。雇主协会收集企业意见，有时开个会，有时连会都不开，把意见收集起来，向政府提出。我们与法国经济财政部的座谈，也使我有很深的感受。法国经济财政部是负责管国有资产的。国有化也好，私有化也好，具体操作都在它那里。他们讲了三条意见。第一条意见是，中国经济形势大好得益于政治稳定，这是最重要的条件。法国的困境是政治不稳定，今天左派上台，明天右派上台，一个将军一个令，让他们无所适从。他说中国这一点是最重要的，你们可能体会不深刻。法国人对此有深刻体会。第二条意见是，左派政党上台就搞国有化，右派政党上台就搞私有化。戴高乐搞国有化，希拉克把国有化的程度降低到 15%～20%。具体操作都是这个部，都是这些人，因为实行公务员制度，政治家可以变换，但公务员一直保留下来。他们认为，一个企业办得好坏不决定于所有制，国有化有破产的，私有化也有破产的。他们说："去年一年，法国的企业破产了 5.65 万个，今年要超过 6 万个。"法国是多次折腾，最后总结出这么一条经验。这一点对我们启发较大。第三条意见是，人民福利要注意，只能够逐步改善，不能提高太快。因为福利只能提上来，不能降下去。现在法国政府就作难了。朱佩政府一上台就要从这方面开刀，于是工人马上罢工，人民不满。他们说中国是发展中国家，经济正在发展，人民生活正在提高，福利制度正在建立，要特别注意不能与法国攀比。法国就是与北欧攀比，吃了这个亏。他们还说北欧的经济已经上不去了，欧洲包括德国在内，福利都相当高。联想到前些年发生的欧洲主权债务危机，我想其根源与他们的福利制度是有关系的。现在我国的经济发展很快，经济实力日益强大，人民生活越来越好，但欧洲发达国家的前车之鉴，我们一定要吸取。出国参观考察有好处，当然年纪大了，天有不测风云，还是少出为好。

上世纪 90 年代，我仍在不断地思考着我国经济生活中出现的各种问题，关注着党和国家所采取的各种方针政策，并多次到企业进行调查研究，争取为党和国家多献计献策，为企业改革摇旗呐喊。在我 80 周岁时写了《八十述怀》，以表达自己一生的追求和对中国命运的关切。

盛世风光满眼新，耄耋之年几度春。
少壮常怀济民志，垂暮犹存报国心。
征途险阻鼓剩勇，正气张弛系念深。
岁月不居廉颇老，宜将清白贻子孙。

新世纪到来之后，由于年事已高，力不从心，只能站在旁边助威了。但我还是不断勉励自己，要看点文件，多知道一些信息，多增长点知识，在可能的条件下多贡献一点余热，同时严格要求自己，保持晚节。在我 90 岁生日时，许多当年的老战友、老同事前来祝贺。我很感慨，又写了《九十自嘲》勉励自己。

人生九十古来稀，而今百岁亦可期。
步履蹒跚身犹健，耳目昏聩志不移。

思路常新免痴呆，实事求是勿自欺。
喜见神州正崛起，再披彩霞作征衣。

人年龄大了，保持身体的健康、心态的平和和生活的规律十分重要，一是可以提高自己的生活质量，二是不给国家和家庭增添负担。多年来我还保持着一直以来读文件、读书、读报的习惯。2013 年，中国人民大学出版社出版了《袁宝华文集》，一共 10 卷，收录了我几十年来有关经济建设、物资管理、企业管理、工业管理、经济体制改革、经济管理干部教育、职工教育、高等教育等方面的文章、讲话，以及访谈、诗词等。我开始不同意他们编辑这个文集，总感到这些文字都是过去写的，时过境迁，一些文字可能对现在还有一些意义，一些文字则可能没有太大意义。但是大家认为对于了解那个时代和那个时代所做的事情，还是有帮助的。我也就勉强同意了。这个文集由朱镕基同志作序，李岚清、王忠禹、陈锦华同志担任编辑委员会名誉主任，徐绍史同志担任主任。2015 年 5 月 23 日，在朱镕基同志的倡议下，过去在一起工作的同志召开了“袁宝华系列著作出版座谈会”，朱镕基、马凯、顾秀莲、陈锦华、王忠禹等同志和许多老朋友出席了座谈会。朱镕基、马凯、顾秀莲、王忠禹等同志发表了热情洋溢的讲话。开会之前，习近平同志委托办公室的同志专门给我打来电话，对我百岁生日和文集出版表示祝贺，使我很感动，感谢他们的关心。

2015 年 1 月，我年满 100 岁，吟诵了几句凑成《百年谣》，记录了我的心情，也送给大家一起分享。

百度诞辰盛世逢，百年风雨历征程。
百般艰险费攀登，百事顺遂赖奋争。
百花竞艳万木荣，百鸟争喧庆岁丰。
百战河山家国情，百川归海夕阳红。

在上世纪 90 年代初，我就做了写回忆录的准备工作，目的是把我的工作经验告诉后人，同时也是为了让后人了解在中国共产党的领导下，中国革命战争和经济建设的一些史实，总结经验，少走弯路。写回忆录的准备时间比较长，由原国家物资部、国家计委生产组、国家经委、中企联、人民大学、中宣部政研会的一些同志和建国后担任过我秘书的同志帮助回忆、收集资料。王守家、李子庆和张志骧同志做的工作较多。好在我保持了写日记的习惯，所以一些历史情况记得比较清楚。初稿由我口述，贺耀敏同志整理，然后由杨洪、贺耀敏和我的秘书曹明新同志又进一步整理、修改。

初稿成稿后，一直放在我这里，没有想马上出版。最近，一些老同事不断对我讲，希望早日看到回忆录正式出版。在大家的督促下，我才决定把稿子交给中国人民大学出版社来出版。

图书在版编目（CIP）数据

袁宝华回忆录/袁宝华著．—北京：中国人民大学出版社，2018.5
ISBN 978-7-300-20481-9

Ⅰ.①袁…　Ⅱ.①袁…　Ⅲ.①袁宝华-回忆录　Ⅳ.①K827=7

中国版本图书馆CIP数据核字（2018）第063225号

袁宝华回忆录
袁宝华　著
Yuan Baohua Huiyilu

出版发行	中国人民大学出版社		
社　　址	北京中关村大街31号	**邮政编码**	100080
电　　话	010－62511242（总编室）		010－62511770（质管部）
	010－82501766（邮购部）		010－62514148（门市部）
	010－62515195（发行公司）		010－62515275（盗版举报）
网　　址	http://www.crup.com.cn		
	http://www.ttrnet.com（人大教研网）		
经　　销	新华书店		
印　　刷	涿州市星河印刷有限公司		
规　　格	162 mm×230 mm　16开本	**版　　次**	2018年5月第1版
印　　张	30.25 插页5	**印　　次**	2018年5月第1次印刷
字　　数	465 000	**定　　价**	88.00元